Karl Teuschl / Michael He

USA Westküste

Fotos von Hauke Dressler

Inhalt

Hauke Dressler,
Jahrgang 1959, kam nach dem Abitur als Autodidakt zur Fotografie. Seit 1990 arbeitet er freiberuflich als Fotojournalist für Verlage und Magazine mit dem Schwerpunkt Reise und Menschen.

Michael Herl,
Jahrgang 1959, wurde an der Deutschen Journalistenschule in München ausgebildet und arbeitet heute als Autor für verschiedene Zeitschriften in Frankfurt. Er kennt den Westen der USA von zahlreichen Reportagereisen der letzten Jahre.

Karl Teuschl,
Jahrgang 1955, studierte Amerikanistik, Phonetik und Anthropologie in München und Los Angeles. Seit gut 20 Jahren bereist er die USA und Kanada. Der Autor zahlreicher Reiseführer über verschiedene Regionen Nordamerikas lebt als Korrespondent einer führenden Reisezeitschrift in München.

Ein Streifzug entlang der Westküste der USA

300 Sonnentage im Jahr und eine herrliche Lage am Wasser: Die Millionenmetropole San Diego verströmt einen ganz besonderen Charme, dem nicht nur Touristen erliegen. Downtown ist denn auch eine Art überdimensionale Open-air-Bühne, auf der immer was los ist

STATES NAV

Abschied von der Marine, aber nicht von San Diego: Die zweitgrößte Stadt Kaliforniens, Hauptstützpunkt der US Navy, wird für viele Soldaten zur neuen Heimat, wenn sie ihre kleidsame Uniform an den Nagel gehängt haben

Freeclimber's Paradise: Die bizarren Quarzfelsen des Joshua Tree National Park im Süden Kaliforniens sind ein wahres Mekka für die Fans des wagemutigen Sports. In der Mittagshitze sollte allerdings die Vernunft über die Begeisterung siegen

Ein Streifzug entlang der Westküste der USA

Seit jeher ist der Westen Amerikas ein Land der Verheißung. Und der Begriff »Westcoast« steht für weit mehr als nur für die geographische Region am Westrand des Kontinents. Er steht für das Lebensgefühl der Surfer in Südkalifornien und für die Musik der Beach Boys, für die Traumstadt San Francisco und für die unverdorbenen Landschaften in Oregon und Washington mit ihren dramatischen Felsküsten und einsamen Vulkanbergen.

Die Westküste der Vereinigten Staaten war für die Pioniere im letzten Jahrhundert das Land der großen Freiheit, das fernste Ziel auf ihrem Kontinent. Dahinter kam nur noch der unendliche Pazifik. In den unberührten, rauhen Territorien jenseits der Rocky Mountains konnte man sich noch ein neues Leben aufbauen, ein Leben fern von den Zwängen des besiedelten Ostens oder der Enge Europas.

Dieser Traum vom Neuanfang in einem jungfräulichen Land hat die Jahre überdauert, auch heute kommen Besucher an die mittlerweile weit besser erschlossene Westküste, weil sie auf der Suche sind nach Freiheit und Weite. Sie kommen staunend, überwältigt von der Gewalt des Pazifiks, der Herrlichkeit der Berge und der realen oder vermeintlichen Leichtigkeit des amerikanischen Seins an der Westküste. Und sie kommen, weil hier der Mythos des einst Gelobten Landes noch zu spüren ist, wie ihre Vorfahren vielleicht immer noch getrieben von einer kribbelnden Abenteuerlust, vergleichbar mit dem Goldfieber des 19. Jahrhunderts. Gold ist heute keines mehr zu finden, doch die heutigen Schätze der Westküste sind gewiß nicht weniger wertvoll.

Von Mexiko bis Kanada

In Klima und Landschaften bietet die Reise entlang der Pazifikküste ein breites Spektrum: Die drei Staaten Kalifornien, Oregon und Washington reichen etwa vom 33. bis zum 49. Breitengrad. Im Süden, an der Grenze zu Mexiko, ist man auf Höhe von Nordafrika – was das trockene Wüstenklima des Binnenlandes von Südkalifornien durchaus widerspiegelt. 40, ja 45 Grad im Schatten sind im Sommer hier mittags der Normalfall. Nur unmittelbar an der Küste sorgt die Brise vom Meer für etwas Kühlung, und der schon sprichwörtliche Sommernebel wirkt wie eine natürliche Klimaanlage.

An der Westküste werden Freiheitsträume wahr, zu denen die legendäre Traumfabrik Hollywood nicht unerheblich beigetragen hat

HOLLYWOOD

Das Nordende der Region, an der Grenze des Staates Washington zu Kanada, reicht dagegen bereits bis auf die Höhe von Frankfurt und Paris, entsprechend kühler und gemäßigter ist auch das Klima: warme, sonnige Sommer und kalte Winter. Die Stürme, die regelmäßig vom Pazifik heranziehen, sorgen vor allem im Spätherbst für ausgiebige Niederschläge und im Winter für reichlich Schnee in den Bergen.

Zwischen diesen beiden Grenzen liegt die Welt der Westküste: Die geschätzte Luftlinie beträgt gut 2500 Kilometer Küste entlang des Pazifiks. Eine Küste, die zu Recht als eine der schönsten der Welt gilt – mit endlosen, herrlichen Sandstränden im Süden, wilden Klippen, hohen Dünen und stillen Buchten im Norden. Besonders berühmt ist die Steilküste entlang des legendären **Highway One** zwischen Monterey und San Luis Obispo – die vielbesungene Traumstraße der Welt.

Die Topographie des Binnenlandes ist in allen drei Pazifikstaaten ähnlich, denn die gesamte Region entstand vor rund 30 bis 60 Millionen Jahren, als die pazifische Scholle mit Nordamerika kollidierte. Unter hohem Druck wurden damals die nordamerikanischen Kordilleren aufgefaltet, es entstanden mächtige Bergzüge, die sich in mehreren Ketten parallel zur Küste erstrecken: Unmittelbar am Pazifik sind es die **Coast Mountains**, etwas weiter im Hinterland liegen die **Sierra Nevada** Kaliforniens beziehungsweise die **Cascade Mountains** in Oregon und Washington, deren eisbedeckte Vulkangipfel noch immer aktiv sind, wie der Ausbruch des **Mount St. Helens** im Jahr 1980 eindrucksvoll bewies.

Von der trockenen Einöde zum Blütenmeer: Im Frühling erstrahlt die Wüste, die sich im Hinterland der Küste ausbreitet, in leuchtenden Farben

Bis heute sind diese Gebirge zum großen Teil kaum besiedelt und dicht bewaldet – ein Dorado für Naturfreunde. Auf der **Olympic Peninsula** in Washington wachsen verwunschene Regenwälder mit bemoosten Douglasien und Sitkatannen, in den Küstenbergen Kaliforniens ragen über hundert Meter hohe Redwoods gen Himmel, und am Westhang der Sierra Nevada auch die seltenen Sequoias, Mammutbäume mit bis zu zehn Metern Stammdurchmesser – echte Riesen aus der Urzeit.

Zwischen den beiden großen Gebirgssträngen der Westküstenstaaten liegen große, liebliche Täler, deren Fruchtbarkeit schon zu Pionierzeiten die Siedler anzog: Das **Central Valley** in Kalifornien und das **Willamette Valley** Oregons sind die Obstgärten des Westens; Pfirsiche, Äpfel und vielerlei Gemüse werden hier angebaut. Und in den Seitentälern wie etwa dem **Napa Valley** reihen sich zahlreiche Weingüter aneinander, die edle Tropfen von herausragender Qualität produzieren. Daß mit der Weinkultur auch eine feine Cuisine und Lebensart einhergeht, ist selbstverständlich. Die Westküste ist auch ein Land für Genießer.

Drei Staaten – viele Welten

Es ist jedoch nicht nur das Land, das fasziniert. Eingebettet in die berauschenden Naturszenerien des Westens liegen Städte und Dörfchen, manche übriggeblieben aus der Goldgräberzeit wie etwa **Nevada City** und **Columbia**, manche verlassen von den Fischern oder Holzfällern und später von Künstlern besiedelt wie **Carmel**, **Mendocino** und **Cannon Beach** – alle jedoch mit einer wechselvollen und packenden, wenn auch

Die »Native Americans« sind wieder wer: Die Wiederbelebung der indianischen Kultur ist Teil eines neu erstarkten Selbstbewußtseins

kurzen Geschichte voller Wildwest-Anekdoten und skurriler Begebenheiten. Sie haben viel zu erzählen, die kleinen Nester an der Westküste.

Dazwischen, meist recht abgelegen im Hinterland, findet man die Reservate der Indianer. Große kriegerische Stämme gab es an der Westküste nie, die Indianer hier lebten in kleinen Dorfverbänden, waren Sammler, Fischer und Jäger. Mit ihrer steinzeitlichen Kultur konnten sie den heranrückenden Weißen keinen nennenswerten Widerstand entgegensetzen – sie starben an eingeschleppten Krankheiten, wurden in kleine, weitverstreute Reservate abgedrängt und vergessen. Erst in jüngster Zeit regte sich ein neues Erwachen der Kultur, und die Stämme

Nicht nur die Wolkenkratzer an der Hope Plaza streben himmelwärts: Die Mega-Stadt Los Angeles ist bereit für die Herausforderungen des dritten Jahrtausends

begannen, ihre politischen Rechte einzuklagen. Das neue Selbstwertgefühl zeigt sich auch in großen, von den Indianern selbst geführten Kulturzentren und Museen wie etwa im **Reservat der Makah-Indianer** Washingtons oder in der **Warm Springs Reservation** in Oregon. In den Reservatsdörfern selbst herrscht dagegen oft noch Tristesse, es ist schwer für die Indianer, neue Lebensinhalte zu finden.

Völlig anders präsentieren sich die Metropolen der Westküste, die Hochburgen des »American Way of Life«: Vital, jung und selbstverliebt sind sie und in ihren Trends dem alten Europa meist einige Jahre voraus. Hier werden Flugzeuge gebaut und neue Softwareprogramme entwickelt, hier werden die Deals mit den Tigerstaaten Asiens geschmiedet, hier studieren die Manager, Techniker und Wissenschaftler des 21. Jahrhunderts.

Ganz im Süden liegt **San Diego**, die schnell wachsende Großstadt an der Grenze zu Mexiko, heute bereits die zweitgrößte in Kalifornien, die sich dennoch eine ruhige, gelassen-südkalifornische Gangart bewahrt hat. Nördlich davon erstreckt sich die Mega-Metropole **Los Angeles**, eine Stadt mit einer Ausdehnung von über 150 Kilometern, so groß wie die Strecke von Frankfurt nach Köln. Die Einwohnerzahl im Großraum liegt bei 15 Millionen, genau weiß dies niemand zu sagen.

500 Kilometer weiter die Küste hinauf liegt das charmante **San Francisco**, die nostalgische Blumenstadt der Hippies, das Domizil der Lesben und Schwulen, die Heimat der amerikanischen Kontra-Intelligenz, Entstehungsort vieler gesellschaftlicher Bewegungen – und gleichzeitig von solch anheimelnder Schönheit, daß

Kein TV-Klischee, sondern Realität: In Venice Beach gleiten viele junge Südkalifornier tatsächlich auf Rollerblades durch den Tag

es wohl niemanden gibt auf dieser Welt, der sich nicht schon beim ersten Besuch in diese Stadt verliebt.

Den Abschluß im Norden bestreiten **Portland** in Oregon, eine quirlige Hafenstadt am breiten Columbia River, und ganz hoch oben, fast an der Grenze zu Kanada, **Seattle** in Washington. Seattle ist die neue Boomtown im Nordwesten, Heimat der neuen amerikanischen Computergeneration und Geburtsort des Musikstils Grunge, zugleich ein smartes Großstädtchen mit offener Lebensart, mit einem der schönsten Märkte weit und breit und dem besten Cappuccino der Vereinigten Staaten. Mit verantwortlich für den Boom ist nicht zuletzt die grandiose Lage zu Füßen des gletschergekrönten Mount Rainier.

Sun and Fun im Süden des »Golden State«

Ähnlich unterschiedlich wie das Flair der Metropolen ist auch die Atmosphäre der Regionen entlang der Westküste. Im »Golden State« **Kalifornien** – mit 411 000 Quadratkilometern Fläche der größte Staat an der Pazifikküste und mit 31 Millionen Einwohnern auch der am dichtesten besiedelte – treffen zwei Welten aufeinander. Der Süden entspricht allen Klischees. Junge Menschen, knapp, doch züchtig mit neonbunten Stretchklamotten bekleidet, fahren tatsächlich mit braungebrannten Oberkörpern an den palmengesäumten Strandpromenaden auf Rollschuhen, Inline-Skates, Mountainbikes oder ähnlichem Gerät umher. Sie rauchen nicht, sie trinken kaum, sie besuchen regelmäßig das Bodybuilding-Studio – sie repräsentieren das Kalifornien, das die Beach Boys schon prophetisch in den sechziger Jahren herannahen sahen.

Sonne und Strandleben, das scheint für viele das einzig Erstrebenswerte zu sein. »Life's a Beach«, heißt das Motto, das in den Broschüren der Fremdenverkehrsämter über den einschlägigen Kapiteln steht und das von vielen zur Lebensphilosophie erhoben wurde. Mehr als 100 Kilometer Sandstrand vom Feinsten erstrecken sich von San Diego bis nördlich von Los Angeles.

Schon wenige Kilometer weiter im Landesinneren jedoch beginnen die ersten Ausläufer der **Mojave-Wüste**, die einst so manchem Siedlertreck zum Verhängnis wurden. Viele Pioniere blieben hier hängen, die Planwagen tief in den Sand gewühlt. Manche verdursteten, scheiterten an den Schrecken der sengenden Sonne. Doch Amerika wäre nicht Amerika, hätte sich da nicht mächtig etwas verändert. Heute pulsieren hier vollklimatisierte Städte wie **Palm Springs**, mittlerweile kann man hier auf saftigem Grün Golf spielen und anschließend in einen der 15 000 Swimmingpools springen. Und fährt man nur wenige Stunden weiter gen Norden, so steht man bald in einem Urwald, wie er stiller und schöner nicht vorstellbar ist, dem **Sequoia National Park** mit seinen bis zu 3000 Jahre alten Mammutbäumen. Amerika, deine Gegensätze könnten kaum faszinierender sein.

Traumstraße Highway One

Zurück am Pazifik, wird's nach Norden hin schlagartig existentiell. Der Highway 1 folgt hier nämlich einer Küste, die mit »malerisch« zu beschreiben eine grobe Untertreibung wäre. Und das liegt an **Big Sur**, jenem Abschnitt südlich von **Monterey** mit schroffen Klippen und tosender Brandung. Und daran entlang schlängelt sich eben jener Highway 1 – serpentinenreich in der Art einer Achterbahn zwischen Himmel und Meer.

Diese Wahnsinnsstraße wurde in den zwanziger Jahren von Häftlingen des berühmt-berüchtigten Zuchthauses Saint Quentin in schweißtreibender und gefährlicher Arbeit in den Fels gehauen. Amerika schafft sich seine Mythen. »Saint Quentin I hate every inch of you«, sang einst Johnny Cash – fährt man über den Highway 1, kann man sich vorstellen, daß sich damals so mancher Häftling in seine Zelle zurücksehnte.

Als hätte dies für den Mythos nicht gereicht, wurde dieser Küstenabschnitt später zum bevorzugten Wohnsitz und Inspirationsgefilde für Künstler und Schriftsteller. Henry Miller lebte hier 17 Jahre und schrieb 1958 seinen Roman »Big Sur und die Orangen des Hieronymus Bosch«, seinem Kollegen, dem Beat-Autor Jack Kerouac, floß hier das Werk »Big Sur« aus der Feder. Später wurde die Klippenlandschaft zum Dorado der New-Age-Bewegung – noch heute gibt es hier zahlreiche Meditationszentren, ganzheitliche »Fitneß-Farmen« und »Power-Points«, in denen die Adepten nach Erleuchtung suchen. Und nimmt man hier einen Tramper mit, schaut man nicht selten in verklärte Augen und darf sich stundenlange Abhandlungen über die Vorzüge der Gestalttherapie anhören.

Big Sur ist – ähnlich wie die gesamte Küste südlich von San Francisco – besonders an Wochenenden reichlich überlaufen. Wie auf eine Schnur gereiht schlängeln sich die Autos die schroffen Felsen entlang. Doch es ist seltsam, kaum je hat man das Gefühl, einer dieser Massentouristen zu sein. Zu beeindruckend sind die Naturgewalten, zu phänomenal die Farben, zu tief die Abgründe neben dem Sträßlein. »Wer sich hier niederläßt, hofft, der letzte Eindringling zu sein«, schrieb einst Henry Miller. Diese Eigentümlichkeit hat sich Big Sur bewahrt. Selbst wenn hier einmal Charterflugzeuge landen würden, käme sich jeder einzelne Ankömmling angesichts der Macht der Naturgewalten trotzdem verloren vor.

Der grüne Norden Kaliforniens

Bei Big Sur und Monterey verläuft die Grenze zwischen den beiden Hälften Kaliforniens – den ungleichen Schwestern, die sich bis heute nicht verstehen und auch nicht besonders mögen. Unten, da liegt das sorglose, strandverliebte Südkalifornien, und oben, da beginnt der kühlere, wildere, nachdenklichere Norden, der dem Süden Wasser liefern muß und Holz für immer neue Fertighäuser.

San Francisco liegt im Norden, und keiner hier wird je verstehen können, warum jemand in Los Angeles wohnen möchte. Man schätzt die feinere, weit weniger schrille Lebensart, fährt zum Weekend in ein edles Bed & Breakfast im **Napa Valley**, trinkt Wein und ergötzt sich an der California cuisine. Und sogar der allgegenwärtige Fitneß-Fimmel nimmt unter den San Franciscans andere Formen an: Man geht wandern in der grandiosen Bergwelt der Sierra Nevada um den **Yosemite National Park** oder fährt an den Hängen über dem **Lake Tahoe** im Winter Snowboard.

Draußen auf dem Land werden die Mentalitätsunterschiede sogar noch deutlicher: Bodenständigkeit wird hier großgeschrieben – und das im schnellebigen Kalifornien, wo die Bewohner im Schnitt alle fünf Jahre

Das malerische Städtchen Capitola bei Santa Cruz ist nur einer von vielen typisch kalifornischen Strandorten entlang des berühmten Highway One

umziehen. Bodybuilding bedeutet in Nordkalifornien Holzhacken, und »power walking« setzt man gleich mit einem 15-Meilen-Marsch durch die Redwood-Wälder. Gleiches bei der Kost: Dominiert im Süden »health food« in Form von cholesterinfreien Eiern, Käse aus Sojamilch und Wurst aus fettfreier Putenbrust, so legt man hier als Vorspeise einen fetten Lachs auf den Grill und haut sich hinterher ein dickes Steak in die Pfanne, um es zusammen mit Bratkartoffeln, Speck und Spiegeleiern genüßlich zu verzehren. Hier muß man sich nicht im quietschbunten Bade-Outfit am Strand zeigen, hier hat man im Blaumann im Wald zu schuften.
So jedenfalls war es die letzten hundert Jahre, und so ist es bis heute geblieben.

Ab dem Örtchen **Bodega Bay**, 100 Kilometer nördlich von San Francisco, wird es endgültig rustikal und urig-nordkalifornisch. Hier scheinen die Strände einen anderen Charakter zu haben, die Wellen in einem anderen Rhythmus zu tosen und die Möwen in einer anderen Stimmlage zu kreischen. Hier ist die Küste selbst (oder gerade) im Hochsommer oft nebelverhangen, dichte Schwaden driften über die grünen Hänge am Meer – doch schon ein paar Kilometer weiter im Inland sticht erneut die Sonne vom stahlblauen Himmel.

Noch weiter landeinwärts ragen die Dreitausender-Gipfel der **Sierra Nevada** gen Himmel: kühle Bergluft, glasklare Seen, steile Granitwände – ein Paradies für Wanderfans. Und dazwischen immer wieder pittoreske Goldgräbernester mit Wildwest-Holzfassaden, deftigen Steaklokalen und urigen Saloons. Das ist Nordkalifornien, und das ist der Unterschied zum sonnigen Süden.

Überraschender Kontrast: Der Norden ist in jeder Hinsicht bodenständiger und kühler als der schnellebige, sonnige Süden – ein anderes Kalifornien, das freilich nicht weniger fasziniert

Oregon: der Biberstaat

Je weiter man am Pazifik gen Norden fährt, um so rauher wird es. Schon hinter **Eureka** verlieren sich die Touristen mehr und mehr, das Land scheint weiter zu werden, menschenleerer. Spätestens aber an der Grenze zu Oregon sind die Freunde unberührter Natur dann unter sich.

Mit nur drei Millionen Einwohnern ist Oregon der am dünnsten besiedelte Westküstenstaat. Bei einer Fläche von 250 000 Quadratkilometern entspricht das einer Bevölkerungsdichte von nicht einmal 13 Menschen pro Quadratkilometer – im engen Mitteleuropa sind es über 200, die sich eine vergleichbare Fläche teilen müssen. Und wenn man sich dazu noch überlegt, daß gut die Hälfte aller Oregonians in der einzigen Großstadt **Portland** lebt, dann wundert es nicht, wenn man auf der Reise über Land nur ganz selten auf Orte trifft, wenn die riesigen Waldgebiete der **Cascade Mountains** und die spektakuläre, rund 600 Kilometer lange Felsenküste am Pazifik noch heute so wild und ursprünglich sind wie zu Zeiten der ersten Pioniere.

Noch keine 200 Jahre ist es her, daß in diesen Landesteil Amerikas die ersten Weißen vordrangen. Trapper waren es, die damals in ihren Tagebüchern schrieben, daß sie nachts nicht einschlafen konnten, weil die unzähligen Biber in den Seen und Bächen mit ihren Schwänzen aufs Wasser schlugen, daß es knallte, als würden Pistolenschüsse abgefeuert. Ein trefflicher Grund für den Spitznamen des jungen Staates: »Beaver State«.

Ein Naturparadies ist Oregon heute noch, selbst wenn die Biber nicht mehr ganz so zahlreich vertreten sind. Die Pioniere, die auf ihren legendären Trecks über den **Oregon Trail** ab 1843 nach Westen zogen, besiedelten die fruchtbaren Täler des Landes, die Holzfäller schlugen breite Schneisen in die Urwälder. Dennoch wissen die Oregonians, was sie an ihrer Natur haben, gerade deshalb wird der Umweltschutz hier ernsthafter betrieben als in fast allen anderen Staaten Amerikas.

Washington: Regenwälder und Vulkane

Ähnlich naturverbunden und naturbegeistert gibt sich Washington jenseits des mächtigen **Columbia River**, der »Evergreen State«, der sich in der nordwestlichsten Ecke der USA an die Grenze zu Kanada schmiegt. Nur etwa fünf Millionen Menschen leben dort auf einer Fläche von gut 190 000 Quadratkilometern, das ist ein Drittel der Bevölkerung von Los Angeles! Zwar ist der Staat damit rund doppelt so dicht besiedelt wie das benachbarte Oregon, doch auch hier trügt die Statistik: Die meisten Menschen drängen sich im Großraum der Metropole **Seattle**, das Hinterland ist nur spärlich erschlossen.

Washington ist weitgehend Natur pur, und das bedeutet stellenweise ziemlich einsam. Nirgendwo an der Westküste ist die Entfernung zwischen Gletscherwelt und Pazifik so gering wie hier. Morgens in den von Schneegipfeln umrahmten Blumenwiesen des **Olympic National Park** zu wandern, abends mit der Fähre durch das Insellabyrinth der **San Juan Islands** zu schippern oder vor Felstoren und grünbemoosten Monolithen an der umtosten Regenwaldküste spazierenzugehen – alles kein Problem.

An klaren Tagen schweift der Blick von der Hurricane Ridge in Washingtons Olympic National Park bis weit nach Norden – Kanada scheint zum Greifen nah

Und Washington kommt in Mode. Immer mehr Kalifornier zog es in den letzten Jahren hinauf in den Norden – trotz des häufigen Regens. Die Natur, die gute Luft, die Lachse und die gelassene Mentalität der Menschen ziehen sie an. Manche warnen gar schon vor einer »Kalifornisierung« des Staates. »Seattle ist so, wie San Francisco vor 20 Jahren vielleicht mal war«, sagen sie und wollen, daß dies so bleibt. Gemeint ist die Offenheit der Menschen, die Neugier auf Neues, auf Fremde, auf Reisende und deren Gepflogenheiten. Noch hat Washington – wie auch Oregon – kaum Erfahrung als Fernreiseziel. Der pazifische Nordwesten wurde bislang von den Touristenströmen kaum erfaßt – ein ideales Ziel also für eine Entdeckungstour.

Von Goldgräbern und Seelenfängern

Bekannt war unter den Staaten der Westküste über lange Zeit nur Kalifornien. Auch damals, als alles anfing, hieß das Zauberwort »California«. Auf den Schiffen sangen sie den Shanty »Blow boys, blow for Californio, there's plenty of gold so I've been told, on the banks of Sacramento«. Man schrieb das Jahr 1848, und erstmals stand die Westküste im vollen Rampenlicht der Weltgeschichte.

Wie ein Lauffeuer hatte sich die Nachricht in der Alten Welt verbreitet, drüben an der Westküste Amerikas gäbe es Gold. Man bräuchte nur auf die Sandbänke des **Sacramento River** zu gehen und die Nuggets einzusammeln. So machten sich Tausende auf den beschwerlichen Weg quer durch den Kontinent, überquerten schneebedeckte Bergkämme und kämpften sich durch brennend-heiße Wüsten – nur um hinüberzugelangen, hinüber an die Westküste. Andere wagten halsbrecherische Schiffspassagen durch den Panamakanal oder gar rund um Südamerika, um das »Gelobte Land« zu erreichen.

Rund 300 000 Glücksritter strömten in jenen goldenen Jahren nach Kalifornien und veränderten die Siedlungsgeschichte des Westens nachhaltig. Zuvor war die Region nicht mehr als eine verschlafene, kaum erwähnenswerte spanisch-mexikanische Kolonie gewesen. Die ersten Conquistadores waren schon im 16. Jahrhundert von Mexiko aus die Pazifikküste entlang nach Norden gesegelt, erst ab 1769 hatten die Spanier unter Mithilfe von Franziskaner-Padres jedoch mit der Kolonisierung begonnen.

Von San Diego nach Norden hin errichteten die Mönche eine Kette von 21 Missionen. Mit gutem Zureden und eiserner Kontrolle tauften die Gottesmänner die Indianer und hielten sie zur Arbeit für die Kirche an. Daneben entstanden große Ranches, die Rinderleder und Talg an das Mutterland lieferten – doch goldene Schätze wie in Mexiko oder Peru fanden sie in Kalifornien nicht.

Pelzhändler und Pioniersiedler

Um 1800 begannen auch andere ein Interesse an der Westküste zu zeigen: Die Pelzhändler der britischen Hudson Bay Company drangen von Kanada her in das Oregon Territory vor. Die Amerikaner kauften im Jahre 1803 von Napoleon, der für seine Kriege in Europa dringend Geld brauchte, das Louisiana Territory, das vom Mississippi bis zum Pazifik reichte – bis wohin genau, das wußte allerdings damals noch niemand. In den folgenden Jahrzehnten kamen immer mehr Trapper und ab 1840 auch erste Siedler nach Westen – zuerst nach Kalifornien, bald aber auch nach Oregon und Washington.

Dann kam das Schicksalsjahr 1848: Mexiko war im Krieg mit den USA unterlegen und unterzeichnete am 2. Januar einen Friedensvertrag, in dem es seine Kolonie **Kalifornien** an die Vereinigten Staaten abtrat. Wie durch eine Fügung Gottes wurde noch im selben Monat das Gold der **Sierra Nevada** entdeckt, nach dem die Spanier so lange gesucht hatten – der Expansionsdrang der Amerikaner schien wie vom Schicksal gesegnet.

Bereits 1850 wurde Kalifornien zum Staat der Union erklärt. Überall im Hinterland waren plötzlich Städte zu finden, die gestern noch auf keiner Landkarte verzeichnet waren. Die wenigen noch überlebenden Indianer steckte man in ein paar kleine Reservate – von den rund 100 000 Angehörigen der Urbevölkerung um 1848 überlebte die Hälfte die ersten drei Jahre des Goldbooms nicht.

Auch vielen Weißen, Chinesen und Mexikanern erging es in den Goldjahren Kaliforniens nicht besser. Nur wenige machten ihr Glück, die meisten kamen vom Regen in die Traufe. Trotz seiner landschaftlich überwältigenden Schönheit erwies sich das »Gelobte Land« als Schauplatz harter Existenzkämpfe.

Viele der Prospektoren zogen weiter, schürften in **Oregon** und **Washington** nach Gold oder ließen sich als Farmer nieder. Nicht zuletzt durch diese enttäuschten Abenteurer wurde der Westen erschlossen und besiedelt. Vor allem **San Francisco** wuchs damals schnell zur wichtigsten Stadt der Westküste heran.

Im Rausch des Goldes

Es geschah am 24. Januar des Jahres 1848. James Marshall, ein Vorarbeiter des Schweizer Siedlers Johann Sutter, der beim heutigen Sacramento eine Ranch betrieb, sollte in den Bergen der Sierra Nevada am American River ein Sägewerk anlegen. Da sah er im Flußbett etwas glitzern: Gold.

Zuerst hielt der kluge Sutter die Nachricht geheim, er wollte zuerst klarstellen, daß er auch die Schürfrechte auf das Land besaß. Doch der gute Mann hatte Pech. Gerade wurde Kalifornien von Mexiko an die USA verkauft, Sutters Verträge mit der mexikanischen Regierung waren wertlos. Auch sein Appell an Washington blieb letztendlich erfolglos. Schon nach wenigen Wochen hatte sich die Nachricht im ganzen Land herumgesprochen, auf dem gesamten Kontinent, rund um die Welt: Gold in Kalifornien. Schnell waren die ersten Glücksritter aus den angrenzenden Staaten da, bald kamen weitere aus allen Teilen der Erde. Als Präsident Polk im Dezember 1848 die Nachricht offiziell verkündete, waren bereits Zigtausende aus Europa und Asien auf dem Weg in die Neue Welt. In den folgenden Jahren kamen über 300 000 Menschen nach Kalifornien, um in der Sierra Nevada nach Gold zu suchen. Die Bevölkerung des Bundesstaates hatte sich verfünfzigfacht. Die Einwohnerzahl San Franciscos stieg binnen drei Jahren von 300 auf knapp 30 000, Hunderte von Schiffen lagen im Hafen, von ihren Mannschaften verlassen, die hinauf in die Berge gestürmt waren. Überall in der Sierra schossen rauhe Goldgräberstädte aus dem Boden.

Der Goldrausch bedeutete einen ungeahnten Aufschwung für Kalifornien. Die Holzindustrie, die Landwirtschaft, die Hotels und Restaurants florierten ebenso wie die Spielsalons und Rotlichtbars in San Francisco und Sacramento. Viele Goldsucher gaben ihre letzten Ersparnisse für Ausrüstung aus. Maultiere, Zelte, Schaufeln und Waschpfannen wurden von schlauen Geschäftsleuten zu Höchstpreisen verkauft. Sie legten damit den Grundstein für so manches große Familienvermögen im heutigen Kalifornien.

Zuerst beschränkten sich die »Fortyniners«, wie die Glücks-

USA Westküste extra

Die Tage des Gold-Rush sind lange vorbei – doch die Faszination des gelb-glänzenden Metalls ist ungebrochen

ritter des Jahres 1849 genannt wurden, auf das Auswaschen des goldhaltigen Schlamms in den Flüssen. Doch nur wenige fanden Nuggets, die meisten hielten nach einem harten Arbeitstag – wenn überhaupt – nur einige Gramm Goldstaub in den Händen. Die großen Schätze lagen tief im Gestein der Sierra Nevada, in der rund 200 Kilometer langen Hauptader der »mother lodge«, die am Westrand des Gebirges von Coloma bis Mariposa verlief. Es mußten Stollen angelegt werden, um an das begehrte Metall zu kommen. Das war in großem Stil jedoch nur kapitalkräftigen Bergbaufirmen möglich – und so mußten sich viele der Digger, die auf der Suche nach dem großen Glück angereist waren, zu kärglichem Lohn verdingen.

Allein im Jahre 1852 wurde in der Sierra Nevada Gold im Wert von 150 Millionen Dollar gefördert. Doch schon wenige Jahre später waren die Minen erschöpft, zurück blieben Hunderttausende. Die meisten konnten sich nicht einmal die Heimfahrt leisten. So ließen sie sich als Siedler nieder und wurden die Pioniere Kaliforniens – später hochgeachtet und vielfach sehr erfolgreich. Doch so mancher starb in Armut im fremden Land – so wie der Siedler Johann Sutter, auf dessen Land die ersten Nuggets gefunden worden waren und der seine Rechte nie durchsetzen konnte.

Boomzeiten im Westen

Nach dem großen Goldrausch war der Aufstieg der Pazifikstaaten zu einer der beliebtesten und heute auch wirtschaftlich mächtigsten Regionen der USA vorherbestimmt. 1869 erreichte die erste Eisenbahnlinie von Osten her die San Francisco Bay – nun hatten die Orangenpflanzer Südkaliforniens und die Fischer der Nordküste schnellen Zugang zu den Märkten der großen Metropolen an der Atlantikküste, und immer mehr neue Siedler konnten nach Westen ziehen. Bald dampften die »Eisernen Rösser« der **Union Pacific**, der **Santa Fe Railroad** und der **Burlington Northern** von San Diego bis Seattle die ganze Westküste entlang.

Im 20. Jahrhundert setzte sich der Boom der Pazifikstaaten ungebrochen fort: Im sonnigen Hollywood fand die Filmindustrie ein ideales Zuhause, riesige Bewässerungsprojekte machten aus dem dürren **Central Valley** in Kalifornien einen blühenden Obstgarten, Ölvorkommen in Südkalifornien förderten die Ansiedlung von Industrien, und sogar unter der Weltwirtschaftskrise der dreißiger Jahre hatten die Pazifikstaaten weit weniger zu leiden als die anderen Regionen der USA.

Der Zweite Weltkrieg sorgte für weiteres Wachstum: Von 1941 an wurden die Hafenstädte der Westküste zu boomenden Kriegshäfen für die Feldzüge im Pazifikraum, die Werften produzierten Liberty-Schiffe im Akkord, und Flugzeughersteller wie McDonald-Douglas in Los Angeles und Boeing in Seattle wuchsen zu mächtigen Rüstungskonzernen heran. Nach Hunderttausenden Arbeitslosen während der dreißiger Jahre herrschte nun wieder Vollbeschäftigung.

Der Krieg bescherte der bis dahin noch immer dünnbesiedelten Westküste auch einen Schub neuer Zuwanderer. Viele GIs zogen von **San Diego** oder **San Francisco** aus in den Krieg im Pazifik und betraten danach hier wieder amerikanische Heimaterde. Und so manchem gefiel es an der Westküste so gut, daß er sich nach der Ausmusterung hier niederließ und zu dem ohnehin stürmischen Bevölkerungswachstum noch beitrug. Viele schwarze Ex-Soldaten aus den Südstaaten etwa ließen sich in **Los Angeles** und **Oakland** nieder, weil ihnen das liberalere Klima an der Westküste besser gefiel. Bis heute ist Oakland – später der Geburtsort der Black-Power-Bewegung – die Stadt mit der höchsten Bevölkerung an Schwarzen an der Westküste.

Seit den fünfziger Jahren stieg auch die Zahl der mittelamerikanischen Einwanderer vor allem im Süden der Region dramatisch an: Zigtausende von Mexikanern strömten über die lange grüne Grenze nach Kalifornien – legal und illegal. In Städten wie Los Angeles oder San Diego sind die »Chicanos« heute bereits die zweitstärkste Bevölkerungsgruppe nach den Anglo-Amerikanern.

In den letzten Jahrzehnten zählten die Pazifikstaaten zu den am schnellsten wachsenden Regionen der USA: Der Handel mit Japan, Korea, China und Taiwan blühte auf. Zukunftsträchtige Betriebe aus der Computerbranche, Werbefirmen und Design-Büros suchten vor allem um San Francisco, Los Angeles und Seattle ihre neuen Standorte. Und seit in den siebziger Jahren der Massentourismus aufkam, steht die Westküste dank ihrer Naturschönheiten auch bei Besuchern aus aller Welt hoch im Kurs.

On the road...

Heutzutage an der Westküste zu reisen ist weitaus angenehmer, als es wohl einst für die ersten Pioniere auf dem Oregon Trail war. Gute Highways, gepflegte Hotels und idyllisch gelegene Campingplätze bieten die perfekte Infrastruktur für eine Rundfahrt. Berge, Wälder und Strände geben eine grandiose Kulisse für Ihr persönliches »road movie« ab.

Die Westküste ist bis heute eine der ganz großen Traumlandschaften Amerikas, und sie enttäuscht nicht als Reiseziel. Man wird viele Klischees bestätigt bekommen und viele der aus Filmen und Fotokalendern bekannten Attraktionen mit eigenen Augen erleben: San Francisco und den Yosemite Park, Disneyland und die Traumstraße entlang der Pazifikküste.

Sie werden auf ihrer Reise aber auch viel Neues und Verblüffendes entdecken: die feine, höchst abwechslungsreiche Northwest cuisine etwa, die das Klischee vom Hamburgerland Amerika Lügen straft. Oder atemberaubende Naturlandschaften wie etwa **Anza-Borrego** in der Kakteenwüste Südkaliforniens, das umbrandete **Cape Perpetua** an der Felsküste Oregons oder die schroffen Berggipfel im fast unbekannten **North Cascades National Park** in Washington.

Es müssen nicht immer die bekannten Nationalparks und Attraktionen sein, unzählige Schutzgebiete bewahren die schönsten Landschaften der Region, und der »Vorrat« an unberührter Natur ist in den Staaten am Pazifik noch nicht erschöpft. Gehen Sie auf Entdeckungsreise. Es lohnt sich!

Vielvölkerstadt San Francisco

Im Stadtgebiet von San Francisco leben 724 000 Menschen, davon sind nach ihrer Abstammung

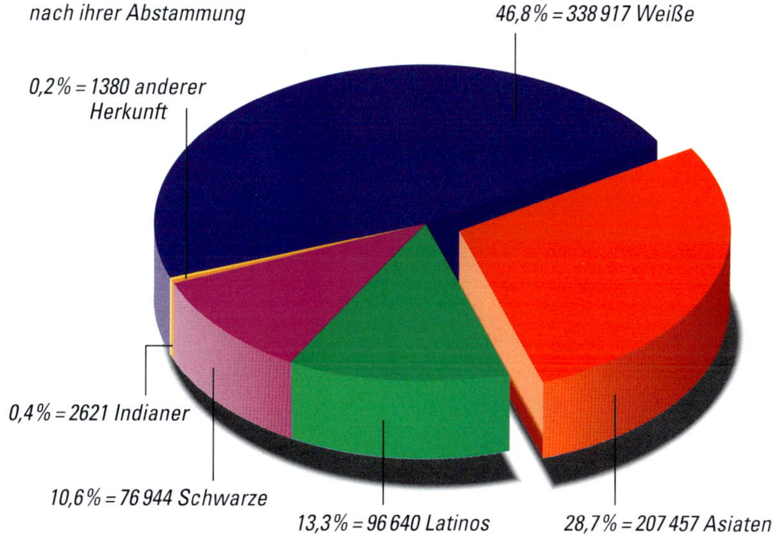

Geschichtlicher Überblick

Ca. 9000 v. Chr. Spätpleistozäne nomadische Indianervölker, deren Vorfahren über die Beringstraße aus Asien kamen, dringen entlang der Westküste nach Süden vor.

Ca. 500 n. Chr. Die historischen Indianerstämme bilden sich heraus. Allein in Kalifornien zählt man etwa 80 unterschiedliche Stämme und Sprachen.

1542 Juan Rodriguez Cabrillo segelt für den spanischen König von Mexiko aus an der Pazifikküste entlang nach Norden und entdeckt die Bucht von San Diego.

1573 Sir Francis Drake landet bei Point Reyes nahe San Francisco.

16. Jahrhundert In langen Abständen erkunden weitere spanische Expeditionen die Westküste bis hinauf nach Alaska.

1769 Um ihren Landanspruch auf Kalifornien zu sichern, beginnen die Spanier unter der Führung von Gaspar de Portola und dem Franziskanermönch Junipero Serra mit der Gründung von Missionen und Militärposten in »Alta California«.

1776 Gründung von San Francisco durch die Spanier. Im selben Jahr erklären sich an der Ostküste die 13 Kolonien Englands für unabhängig: die Geburtsstunde der USA.

1792 Der amerikanische Kapitän Robert Gray entdeckt den Columbia River.

1803 Napoleon verkauft das bis zum Pazifik in Oregon reichende Louisiana-Territorium an die USA. Im folgenden Jahr erkundet eine erste amerikanische Expedition unter Lewis und Clark den neuen Westen.

1811 John Jacob Astor gründet Astoria, die erste amerikanische Pelzhandelsstation am Pazifik.

1821 Mexiko sagt sich – samt der Kolonie Kalifornien – von Spanien los.

1843 Die ersten Siedler kommen über den Oregon Trail nach Westen.

1846 Die Grenze zwischen den USA und der britischen Kolonie Kanada wird am 49. Breitengrad festgelegt.

1848 Mexiko muß nach einem verlorenen Krieg Kalifornien an die USA abtreten. Unmittelbar danach wird in der Sierra Nevada Gold entdeckt.

USA Westküste extra

1850 Dank eines immensen Ansturms von Siedlern während des Goldrausches wird Kalifornien als erster Staat des Westens zum US-Bundesstaat erhoben.
1859 Oregon wird US-Bundesstaat.
1864 Das Yosemite Valley wird zum Naturschutzgebiet erklärt – der erste Vorläufer der heutigen Nationalparks.
1869 Fertigstellung der ersten transkontinentalen Eisenbahnlinie.
1889 Washington wird US-Bundesstaat.
18. April 1906 Großes Erdbeben in San Francisco: 80 Prozent der Stadt werden in den nachfolgenden Großbränden zerstört, 250 000 Menschen obdachlos.
1915 In Hollywood wird der erste abendfüllende Film gedreht: »Geburt einer Nation« von D.W. Griffith.
1916 William E. Boeing baut die ersten Flugzeuge in Seattle.
1929 Beginn der Weltwirtschaftskrise. In den folgenden Jahren ziehen Tausende verarmter Farmer aus dem Mittelwesten nach Kalifornien.
1937 Fertigstellung der Golden Gate Bridge.
1941 Im Zweiten Weltkrieg boomt die Rüstungsindustrie an der Westküste.
1945 Gründung der Vereinten Nationen im Opernhaus von San Francisco.
1955 Disneyland wird eröffnet.
1962 Weltausstellung in Seattle.
1967 In San Francisco feiern die Blumenkinder den »Summer of Love«.
18. Mai 1980 Ausbruch des Mount St. Helens in Washington.
1984 Olympische Sommerspiele in Los Angeles.
1989 Schweres Erdbeben in Santa Cruz nahe San Francisco (7,1 auf der Richterskala).
1991 Freihandelsabkommen (Nafta) der USA mit Mexiko und Kanada.
1992 Blutige Rassenunruhen in Los Angeles.
1996 Nach einigen Jahren der Rezession verzeichnen Kalifornien und auch die anderen Staaten der Westküste nun erstmals wieder kräftiges Wachstum.

Die Westküste der USA planen

Unterwegs zu stillen Buchten und menschenleeren Stränden: Gar nicht weit von der lebhaften Trendstadt Seattle entfernt, bringt Sie die Fähre nach Shaw Island, eine der kleineren Inseln der idyllischen San Juan Islands im nördlichsten Bundesstaat Washington

KATANA-YA RAMEN

Ob Luxusherberge oder Motel, ob Stadthotel oder Lodge – gute Ausstattung und Komfort sind bei den Unterkünften an der Westküste selbstverständlich. Eine schöne Alternative: Bed & Breakfast, Übernachtungsquartiere in – oft historischen – Privathäusern

STOP

Langsam erobert die Natur sich die karge Mondlandschaft wieder zurück, die nach dem Ausbruch des Vulkans Mount St. Helens im Jahr 1980 in Washington entstanden ist. Dennoch werden die gewaltigen Schäden noch lange Zeit sichtbar bleiben

Mit einem Nonstop-Flug sind Sie von Europa aus in etwa elf Stunden an der Westküste. Mit Umsteigen dauert die Reise etwa drei bis vier Stunden länger, aber Sie können dann auch kleinere Orte direkt ansteuern.

Die wichtigsten internationalen Flughäfen der Westküste sind Los Angeles, San Francisco und Seattle. Delta Airlines fliegt zum Beispiel täglich nonstop von Frankfurt nach Los Angeles, die Lufthansa auch von München nach San Francisco. Wenig länger, dafür aber – dank des ständigen Preiskrieges der Airlines – manchmal preisgünstiger sind Umsteigeverbindungen, etwa mit Northwest Airlines über Detroit nach Seattle. Bei den Umsteigeflügen können Sie zudem auch andere Städte wie etwa Portland oder San Diego anfliegen und – meist ohne Aufpreis – einen Stopover im Osten einlegen, etwa in New York. Günstige **Charterflüge** an die Westküste bieten zur Hochsaison unter anderem LTU, Condor und die amerikanische Fluggesellschaft World Airways.

Alle **Zoll- und Einreiseformalitäten** werden am ersten Flughafen erledigt, den man in den USA erreicht. Auch die Koffer müssen Sie dort selbst durch den Zoll bringen. Für den Weiterflug geben Sie dann das Gepäck unmittelbar nach der Zollabfertigung am **Connecting Flights Baggage Counter** wieder ab. Achtung: Auch wenn Sie das Gepäck bis zum Zielflughafen der Reise durchgecheckt haben, müssen Sie es am ersten Flughafen in den USA durch den Zoll bringen.

Ankunft am Flughafen

Den – bereits im voraus gebuchten – Leihwagen übernehmen Sie am besten gleich bei der Ankunft am Flughafen. Die Mietwagenfirmen unterhalten direkt an den Flughäfen eigene **Rental Car Counters**, oder man wird mit kleinen Bussen, die vor der Gepäckausgabe abfahren, zum Büro und den Parkplätzen gebracht. Wenn Sie ein Wohnmobil gebucht haben, ist es meist sinnvoller, zunächst für eine Nacht ins Hotel zu gehen. Ausgeschlafen können Sie dann das ungewohnte Gefährt am nächsten Morgen in Empfang nehmen.

Die Hotels in Reichweite der Flughäfen haben meist eigene **courtesy vans**, die Sie kostenlos abholen. Zu anderen Hotels und in die Stadt selbst verkehren Taxis und Zubringerbusse. Zu empfehlen sind auch die Kleinbusse von Firmen wie Supershuttle, die Sie für wenig Geld (meist 10 bis 20 $) zu jeder gewünschten Adresse im Stadtgebiet bringen.

Wenn Sie sich für einen Umsteigeflug entscheiden, können Sie beispielsweise das charmante San Diego direkt anfliegen

Per Auto, Motorrad oder Wohnmobil lassen sich die Weiten des Westens, die traumhaften Küsten-Highways und einsamen Bergstraßen, die berühmten Nationalparks und Strände am besten erschließen. Nur wenige öffentliche Verkehrsmittel steuern lohnende Ziele an.

Auto, Motorrad und Wohnmobil

Amerika ist ein Autoland, dies gilt ganz besonders für die großen, nur dünn besiedelten Staaten des Westens. Die Sehenswürdigkeiten liegen oft weit auseinander, und die gesamte Infrastruktur ist auf Autofahrer ausgerichtet: Günstige Motels und gute Campingplätze findet man überall entlang der Highways, das Benzin ist preiswert (ca. 60 Pfennig pro Liter), und einen Parkplatz brauchen Sie nirgendwo lange zu suchen. Die großen Entfernungen gilt es bei der Reiseplanung zu berücksichtigen: Damit Ihr Urlaub nicht in Streß ausartet, sollten Sie sich mit dem Auto durchschnittlich nicht mehr als etwa 200 Kilometer pro Tag vornehmen, mit dem Wohnmobil höchstens 150 Kilometer.

Das sehr gut ausgeschilderte Straßensystem ist bestens ausgebaut mit vierspurigen **Interstate Highways** (Autobahnen), **US Highways** (Fernstraßen) und **State Highways** (Landstraßen). Alle Straßen mit gerader Nummer verlaufen in Ost-West-Richtung, Highways mit ungerader Kennziffer von Nord nach Süd.

Es empfiehlt sich, das Mietfahrzeug schon vorab im Reisebüro zu buchen. Dann steht der Mietwagen gleich am Flughafen bereit, beziehungsweise der Camper- oder Motorradvermieter holt Sie ab. Außerdem ist dies meist preisgünstiger, denn Steuern, unbegrenzte Freikilometer sowie die vor Ort recht teure Vollkaskoversicherung (LDW) und eine erhöhte Haftpflichtversicherung (LIS) sind dann im Mietpreis meist schon inbegriffen. Den eigenen Wagen mit nach Amerika zu verschiffen lohnt sich erst ab einer Aufenthaltsdauer von mindestens sechs Wochen, manche Airlines transportieren jedoch Motorräder und Fahrräder relativ preiswert.

Zur Anmietung des Fahrzeugs genügt der nationale **Führerschein**, der internationale kann bei Kontrollen hilfreich sein. Ebenfalls nützlich ist eine **Kreditkarte**, ansonsten müssen Sie einige hundert Dollar Kaution hinterlegen. Das Mindestalter für das Mieten eines Fahrzeugs liegt meist bei 25 Jahren. Ein Tip: Es empfiehlt sich, die Reise als Rundfahrt zu planen, denn bei Einwegmieten fallen hohe Rückführgebühren an – innerhalb Kaliforniens allerdings können Mietwagen meist ohne Aufpreis in anderen Städten zurückgegeben werden. Und noch eins: Alkohol am Steuer ist tabu. Bei Unfällen unter Alkoholeinfluß sind die Strafen drakonisch – und die Versicherung zahlt nicht.

Verkehrsregeln

Im Vergleich zu den engen, oft überfüllten Straßen Europas ist das Fahren auf den amerikanischen Highways ein Vergnügen. Der Verkehr fließt weit gemächlicher als zu Hause, und die Amerikaner im Westen sind sehr rücksichtsvolle Fahrer. Die Verkehrsregeln ähneln weitgehend denen in Europa. Außerhalb geschlossener Ortschaften beträgt die **Höchstgeschwindigkeit** 55 Meilen (88 Stundenkilometer), auf Autobahnen 65 bis 70 Meilen (105 bis 112 Stundenkilometer) und innerhalb der Orte, falls nicht anders ausgeschildert, 30 Meilen (48 Stundenkilometer).

Einige **Besonderheiten** sind allerdings zu beachten: Bei freier Fahrbahn darf man an roten Ampeln rechts abbiegen – auch ohne grünen Pfeil. An Kreuzungen mit »4 Way Stop« darf als erster weiterfahren, wer zuerst gehalten hat. An haltenden Schulbussen mit blinkenden Warnleuchten dürfen Sie nicht vorbeifahren – auch nicht in der Gegenrichtung. Vorsicht auch beim Parken: Auf keinen Fall sollten Sie Ihr Auto vor einem Hydranten abstellen, der Abschleppwagen ist blitzschnell zur Stelle.

Öffentliche Verkehrsmittel

Städtische Busse gibt es zumeist nur in den größeren Orten, doch auch dort werden oft nur einige Hauptrouten bedient. Lediglich in den Innenstädten von Metropolen wie San Francisco, Seattle oder Portland kommt man zu Fuß und mit öffentlichen Bussen oder Trambahnen gut zurecht, für Touren ins Umland sind Sie aber auf ein eigenes Fahrzeug oder auf organisierte Ausflüge angewiesen.

Ebenso wie der Nahverkehr sind auch die Streckennetze der überregionalen Bahn- und Bussysteme sehr weitmaschig. Die Bahngesellschaft **Amtrak** unterhält gerade mal vier Linien, die quer durchs Land führen, sowie eine, die – allerdings zumeist abseits der Küste im Inland – von Seattle bis San Diego reicht. Die Busgesellschaft **Greyhound** bietet ein etwas dichteres Routennetz und steuert auch viele kleinere Orte an.

Beide Gesellschaften bieten Netzkarten an, mit denen man für einen bestimmten Zeitraum das gesamte oder einen Teil des Streckennetzes benutzen kann. Erkundigen Sie sich im Reisebüro, denn sowohl der **Ameripass** von Greyhound wie auch der **Rail Pass** von Amtrak sollten bereits in Europa gekauft werden.

Inlandsflüge

Jede nur etwas größere Stadt der Westküstenstaaten besitzt einen eigenen Flughafen, und die Flüge sind im Vergleich zu Europa preiswert. Zwischen den Metropolen gibt es häufig Shuttle-Flüge zu sehr günstigen Preisen. In Kalifornien sind alle großen amerikanischen Fluggesellschaften vertreten, in Oregon und Washington bietet vor allem Northwest Airlines mit ihrem Regionalpartner Horizon Air viele Verbindungen an.

Wenn Sie Ihre Route vorab planen, können Sie bereits im Reisebüro daheim mit Ihrem Transatlantikflug einen verbilligten VUSA-Tarif für weitere Inlandsflüge buchen, bei mehreren Flugstrecken lohnt sich der Kauf eines Rundflugtickets (**Coupon-Airpass**), wie es von den größeren Airlines angeboten wird.

Luxuriöse Golf-Resorts und feine Strandhotels, herrlich gelegene Campingplätze und gemütliche Bed & Breakfast Inns: An guten Unterkünften herrscht im Westen kein Mangel. Und die klassischen Motels entlang der Highways sind natürlich auch reichlich vertreten.

Die Qualität und Ausstattung der Hotels und Motels entlang der Westküste ist im Vergleich zu denen in Europa recht hoch: Eigenes Bad, Telefon und Fernseher (meist sogar mit Kabelanschluß) gehören selbst in den einfachsten Häusern zum Standard. Sogar die kleinsten Motels haben meist einen Swimmingpool, größere Resort-Hotels in Ferienzentren wie Palm Springs oder San Diego warten mit richtigen Badelandschaften, eigenen Tennisplätzen, Fitneßstudios und häufig sogar einem Golfplatz auf.

Großstädte und Ferienregionen wie Monterey, Santa Barbara, das Napa Valley Nordkaliforniens oder die Olympic Peninsula in Washington bieten eine breite Palette unterschiedlichster Häuser, im Hinterland sind die Möglichkeiten etwas begrenzter: Dort trifft man hauptsächlich auf Motels, kleine Hotels oder rustikale Lodges. Vor allem die preiswerten Häuser der großen **Motelketten** wie Best Western, Motel 6, Comfort Inn oder EconoLodge sind häufig vertreten. Bei einer Rundfahrt können Sie in diesen Kettenmotels jeweils für die folgende Nacht im nächsten Ort kurzfristig reservieren. Oder Sie buchen über die gebührenfreien 1-800-Nummern der Motelketten. Eine Kreditkarte ist da hilfreich, denn sonst wird das Zimmer nur bis 16 oder 18 Uhr freigehalten.

In Hotels und Motels wird der Preis immer pro Zimmer berechnet. Ob ein oder zwei Personen darin schlafen, ist für den Zimmerpreis meist unerheblich. Weitere Personen werden mit fünf bis zehn Dollar in Rechnung gestellt; Kinder übernachten in der Regel kostenlos im Zimmer der Eltern.

Das Frühstück ist im Zimmerpreis nie enthalten. Nach der Nacht im Motel speist man nebenan im Coffee-Shop, im Hotel geht man ins hauseigene Restaurant. Vollpension, genannt **American plan**, gibt es nur auf Ranches und in einigen wenigen Resort-Hotels.

Reservierung

Für die erste Nacht nach der Ankunft sollten Sie auf jeden Fall ein Zimmer vorab reservieren. Auch in Großstädten wie San Francisco oder L.A. lohnt die Zimmerreservierung.

Ansonsten ist es bei der Fahrt über Land meist kein Problem, ein günstiges Motel zu finden – nur in der Nähe der absoluten Top-Attraktionen wie dem Yosemite National Park sind die Unterkünfte stets ausgebucht. An den Feiertagswochenenden Memorial Day, 4. Juli und Labor Day empfiehlt es sich ebenfalls, vorab zu reservieren.

Bed & Breakfast

Vor allem in Oregon, Washington und in Nordkalifornien eröffneten in den letzten Jahren viele Bed & Breakfast-Pensionen. Manchmal werden nur einfache Privatzimmer vermietet, oft aber auch sehr schön möblierte, elegante Zimmer in viktorianischen Villen. Allerdings liegt der Zimmerpreis in diesen edlen historischen B&Bs entsprechend hoch: meist zwischen 80 und 150 $.

Camping

Die Staaten der Westküste eignen sich bestens für den Urlaub mit Wohnmobil oder Zelt. Öffentliche, meist sehr schön gelegene Campingplätze (pro Nacht 5 bis 18 $) finden Sie in den meisten State und National Parks. Außerhalb der Parks liegen die teils recht luxuriösen privaten Campingplätze. Sie sind zwar etwas teurer (15 bis 30 $ pro Nacht), bieten aber Waschsalon, Swimmingpool und für Wohnmobile auch Anschlüsse für Wasser, Strom und Abwasser (**full hook-up**).

Viele staatliche Campingplätze können unter Angabe der Kreditkartennummer im voraus reserviert werden (Destinet, Tel. 619/452-8787).

Empfehlenswerte Hotels und andere Unterkünfte sind bei den einzelnen Orten im Kapitel »Die Westküste der USA und ihre Orte« beschrieben.

Preisklassen
Die Preise gelten für eine Übernachtung im Doppelzimmer für zwei Personen ohne Frühstück.
Luxusklasse ab 200 $
Obere Preisklasse ab 130 $
Mittlere Preisklasse ab 70 $
Untere Preisklasse unter 70 $

Der Pool des Rosario Resort auf Orcas Island ist garantiert wärmer als die eisigen Fluten des East Sound, den man von hier aus gut im Blick hat

Die 10 gemütlichsten Landhotels

Cazanoma Lodge ■ A 7
...weil der Besitzer dieser Lodge tief in einem Wald in Nordkalifornien die besten Wildgerichte weit und breit zubereitet (→ S. 69).

Château du Sureau ■ C 8
...weil ein Hauch von Luxus auch in der Wildnis am Rande des Yosemite National Park manchmal sein muß (→ S. 103).

Crater Lake Lodge ■ C 4
...weil die fein restaurierte historische Lodge mitten im Nationalpark liegt und man einen tollen Blick über den glitzernden Kratersee hat (→ S. 205).

The Holbrooke Inn ■ B 7
...weil hier die Goldgräberzeit wieder lebendig wird und die Atmosphäre dennoch nicht kitschig ist (→ S. 89).

The Kittiwake ■ B 3
...weil man hier so schön aus dem sprudelnden Wasser des Whirlpools im Zimmer aufs Meer hinausblicken kann (→ S. 208).

Orcas Hotel (Foto) ■ C 1
...weil es morgens im ganzen Haus nach frischem Gebäck duftet und man von der Terrasse alle sieht, die gerade mit der Fähre auf Orcas Island ankommen (→ S. 252).

Palm Canyon Resort ■ D 11
...weil es hier mitten in der Wüste im Western-Restaurant die dicksten Steaks gibt (→ S. 136).

The Shelbourne Inn ■ B 2
...weil hier die Mischung von gepflegter Einrichtung und lockerer Atmosphäre stimmt. Und außerdem kennt der Besitzer die verschwiegensten Strandbuchten Washingtons (→ S. 237).

St. George Inn ■ b 2, S. 318
...weil das Örtchen Volcano einst ein ganz wildes war und das Hotel eine Menge aus dieser Zeit zu erzählen weiß (→ S. 319).

Villa Rosa ■ B 10
...weil man hier beim Frühstück am Pool den ganzen Tag vertrödeln könnte und man mitten in Santa Barbara das Gefühl bekommt, auf dem Land zu logieren (→ S. 166).

Besonders urig und gemütlich sind die renovierten Hotels und Lodges aus den Pioniertagen

Frischer Fisch aus dem Pazifik, knackiges Gemüse von den Farmen im Hinterland und dicke Steaks von den Ranches – die Westküste ist in kulinarischer Hinsicht kaum zu überbieten.

Qualitativ sehr hochwertige Zutaten bilden die Grundlage für kulinarische Genüsse, die Feinschmecker und Reisende an der Westküste schätzen werden. Dabei kann man unter vielen internationalen Stilrichtungen wählen: Amerika ist ein Einwandererland, und nirgendwo sonst leben Fernost, Amerika und Europa so friedlich vereint wie in den Pazifikstaaten. Ob thailändisch, chinesisch oder japanisch, ob italienisch, mexikanisch oder französisch – in den meisten größeren Städten sind zahlreiche Landesküchen mit zumindest einem Lokal vertreten.

Außerdem gibt es natürlich reichlich Restaurants mit solider amerikanischer Küche: rustikale Steakhäuser mit großem Salatbuffet, preiswerte Coffee-Shops und exzellente Fischlokale, in denen Lachs, Krebse oder Heilbutt mit Blick über den Pazifik serviert werden. Hungern muß hier niemand – die Portionen sind oft so groß, daß sich viele Amerikaner die üppigen Reste im **doggy bag** zum Mitnehmen einpacken lassen.

California cuisine: leicht und gesund

Aus dem Schmelztiegel der Nationalküchen hat sich an der Westküste eine eigenständige Küche entwickelt. Die Einwanderer aus Ost und West haben sich gegenseitig in die Töpfe geschaut und sich inspirieren lassen. Während noch vor 20 Jahren allerorts Steaks und Hamburger regierten, findet man heute hervorragende moderne Küche auch in kleinen Lokalen – leicht, gesund und ausgefallen.

Der neue Trend entstand – wie könnte es anders sein – vor etwa 20 Jahren in Kalifornien (→ California cuisine: Bouillabaisse statt Bohnensuppe, S. 46). Junge, ideenreiche Köche besannen sich darauf, daß der Ethno-Mix aus asiatischen und europäischen Gewürzen und Rezepten eine wunderbare Voraussetzung für fruchtigen Gaumenkitzel boten. Die **California cuisine** war geboren und gewann über die Jahre auch außerhalb der Großstädte viele Anhänger. Weiter nördlich in Oregon und Washington wird mittlerweile ebenfalls gemixt und experimentiert: **Northwest regional cuisine** nennt sich das dann. Wie auch weiter südlich werden hier strikt örtliche Produkte (oft sogar aus biologischem Anbau) und frischer Fisch aus den Gewässern direkt vor der Küste verwendet. Dabei findet man diese amerikanische Version der Nouvelle cuisine nicht nur in den Gourmettempeln, sondern oft auch in kleinen Bistros und Coffee-Shops.

Auch die **Hotelrestaurants** sollten Sie nicht unterschätzen. Im Gegensatz zu Europa genießen sie in den USA einen guten Ruf. Die meisten gehobenen Restaurants in Seattle und auch in Los Angeles sind großen

In zahlreichen Hotelrestaurants an der Westküste wird so gut gekocht, daß auch Nicht-Hotelgäste gerne kommen

Luxushotels angegliedert. Manche haben sogar mehrere Restaurants in unterschiedlichen Preislagen und Stilrichtungen. Es ist durchaus üblich, auch als Nicht-Hotelgast einen Tisch im Restaurant zu reservieren.

Sehr in Mode gekommen ist in den letzten Jahren der Sonntags-Brunch. Die meisten besseren Hotels und auch viele Restaurants fahren sonntags ein üppiges Buffet auf, wo man sich zu einem Pauschalpreis bedienen kann. Manche Brunchs sind schon zu gesellschaftlichen Einrichtungen geworden, wo sich sehen lassen muß, wer »in« sein will.

Feurig: die mexikanische Küche

Vor allem im Süden Kaliforniens stößt man überall auf preiswerte Taco-Stände und mexikanische Lokale, aber auch weiter nördlich wird gerne mexikanisch gespeist. Zwar sind die Gerichte meist recht schwer und sättigend, aber dank der feurigen exotischen Würze lohnt sich dieser kulinarische Ausflug »south of the border« allemal.

Grundlage der mexikanischen Küche sind **Tortillas**, Fladen aus Maismehl. Sie werden gerollt und gefüllt mit Fleisch, Käse oder Bohnen und heißen dann **burritos**, **enchiladas** oder – in Maisblättern gedünstet – **tamales**. Zu den meisten Gerichten werden saure Sahne und **guacamole**, eine kalte Avocadocreme, sowie **frijoles**, ein sämiges Bohnenmus, gereicht. Wenn Sie mit der mexikanischen Küche noch nicht so vertraut sind, bestellen Sie am besten eine **combination plate** mit ein bißchen von allem.

Die mexikanische Küche ist scharf und verwendet gerne Pfefferschoten, **chiles** genannt. Kaum ein Gericht, in dem die roten oder grünen Scharf-

California cuisine: Bouillabaisse statt Bohnensuppe

Keine 25 Jahre ist es her, da herrschte in den Lokalen der USA noch das große Einerlei. Die amerikanische Küche übertraf alle Vorurteile, die man weltweit gegen sie hegte. Steaks, Hamburger und Donuts bestimmten das kulinarische Geschehen. Höchstens im weltstädtischen New York versuchten sich einige Restaurants an französischer Küche, hier und dort fand man auch einen Chinesen oder einen mexikanischen Taco-Stand. Und selbst im sonst so spritzigen Sunshine State Kalifornien unterschied sich ein »Fine dining«-Restaurant kaum von einem Offizierskasino der Nachkriegszeit – weder was die Qualität, noch was das Ambiente betraf.

Anfang der siebziger Jahre wurde jedoch alles anders. Plötzlich hießen die Köche »chefs«, die Küche »cuisine«, und an den Herden entlang der Pazifikküste wurde gezaubert wie sonst nirgends auf der Welt. Man besann sich darauf, daß im milden Klima Kaliforniens die besten Grundprodukte gedeihen, und übernahm Ideen aus den Küchen der Einwanderer. Den Anfang machten Küchenmeister wie der Österreicher Wolfgang Puck in Los Angeles und die Amerikanerin Alice Waters in ihrem Lokal »Chez Panisse« in Berkeley. Sie verbanden Elemente der Küchen Europas, Amerikas und Asiens und kreierten eine pfiffige, fruchtige und leichte Küche, die »California cuisine«, die gut mit dem neuen Fitneß- und Körperkult der Westküste harmonierte.

Zu Beginn der Küchenrevolution wurde wild experimentiert. Erlaubt war alles, möglich so einiges: Pizza mit japanischem Rettich und Austern aus Maine, Ratatouille mit indischem Curry, Lasagne mit Kirschsoße. Was nicht nachweislich das direkte Ableben des Gastes zur Folge hatte, durfte serviert werden.

Mittlerweile ist die California cuisine aber auf dem Boden des guten Geschmacks gelandet – ohne allerdings ihren erfrischend neuen Charakter zu verlieren. Gekonnt jonglieren die Gourmet-Chefs heute mit den Geschmäckern dieser Welt, verwischen mit einem Löffelschwung die

USA Westküste extra

Fangfrisch auf den Tisch: Meeresfrüchte und Fische aus dem Pazifik

Grenzen zwischen Mexiko, Italien und Japan. »Angel hair pasta mit geräuchertem Lachs« gehört mittlerweile ebenso zu den Standards wie »Hawaiian pesto«, »Mahimahi-Fisch in Sesamkruste« und die mexikanische »black bean sauce« zu den gegrillten Gambas. Daneben tummeln sich allerlei Sushi-Variationen und thailändische Curries auf den Speisekarten, und Carpaccio vom Thunfisch gehört ebenfalls dazu.

Die gute Nachricht ist, daß die neue Kunst nun auch abseits der kulinarischen Hochburgen Los Angeles und San Francisco Einzug in die Lokale hält: In Monterey, in Palm Springs und San Diego, aber auch entlang der wildromantischen Nordküste, etwa in Eureka oder Mendocino, sind immer mehr Restaurants mit pfiffigen und gleichzeitig handwerklich perfekten Köchen anzutreffen. In Oregon und Washington wurde die California cuisine als Anregung genommen und zur Northwest cuisine abgewandelt – ebenfalls frisch und jung und ideenreich. Kleine Bistros und kulinarische Szenetreffs servieren in Örtchen wie Port Townsend oder Cannon Beach Kaninchen mit fruchtiger »cranberry sauce« und Lachse mit »champagne Dijon dill sauce«. Weinregionen wie etwa das berühmte Napa Valley nördlich von San Francisco sind sogar zu wahren Gourmet-Mekkas aufgestiegen.

macher nicht enthalten sind, und sei es als **salsa**, als kalter Dip, den man dazu ißt. Falls Sie doch mal eine allzu scharfe Schote erwischen: Zuerst etwas Guacamole zur Kühlung essen – und anschließend eine Margarita oder ein kaltes mexikanisches Bier trinken.

Gourmet-Shopping

Die kulinarische Vielfalt des Westens spiegelt sich aber nicht nur in den Restaurants. Auch wenn Sie auf einer Wohnmobilreise selber kochen wollen, ist die Auswahl groß: Ein Steak fürs Lagerfeuer und frischen Salat dazu finden Sie selbst im tiefsten Hinterland noch in jedem Laden. Und in den besseren Supermärkten und Delikateßläden der Städte ist die Auswahl schier überwältigend: In den Regalen liegen Obst aus dem Central Valley Kaliforniens, Lachs aus Alaska und Steaks aus Kansas. Hinzu kommen internationale Spezialitäten, die häufig regional produziert werden: Sushi-Zutaten und echte Salami, frischgemixte mexikanische Salsa und Mozzarellakäse.

Sogar gutes Brot ist heute vielerorts zu finden. Baguettes, Ciabattas oder Sauerteigbrote werden von kleineren Spezial-Bäckereien in hervorragender Qualität produziert und an die Supermärkte und Restaurants geliefert. Und eine Neuerung wird besonders Kaffeefreunde interessieren: Vorbei sind die Zeiten der typisch amerikanischen dünnen Wasserbrühe. »Espresso« heißt das Zauberwort. Hervorragender Kaffee ist mittlerweile vor allem im Nordwesten in jedem Nest erhältlich – und die Bandbreite an Cappuccino-Varianten übertrifft sogar jene in Italien um ein Vielfaches (→ Kaffee – die neue Sucht, S. 274).

Im Restaurant

Mit legerer Kleidung sind Sie fast überall richtig angezogen. Nur in den gehobenen Restaurants werden vom Herrn Jackett und Krawatte erwartet. Dafür gibt es jedoch ein paar andere, ungewohnte Regeln: In allen besseren Lokalen und auch in vielen einfachen Coffee-Shops steht gleich am Eingang ein Schild »Please wait to be seated«. Man stellt sich an, und eine Hosteß führt die Gäste dann zum Tisch. Wenn irgend möglich, sollten Sie im Restaurants vorab einen Tisch reservieren – sonst hilft oft nur, sich auf die Warteliste setzen zu lassen und in der Zwischenzeit die Bar aufzusuchen.

Beim Bezahlen läßt man 15 Prozent Bedienungsgeld am Tisch liegen oder rechnet es auf dem Kreditkartenbeleg dazu. Apropos Kreditkarten: Visa und Eurocard/Mastercard werden außer in den ganz kleinen Hamburgerbuden praktisch überall akzeptiert, gehobene Restaurants nehmen meist auch American Express und Diners Club.

Rauchen ist generell verpönt, viele Restaurants haben schon gar keine **smoking section** mehr – und wenn, dann in der dunkelsten Ecke. Nikotin ist definitiv »out« in Amerika. Koffein bekommt man dagegen reichlich. Kaffee wird wie auch das allgegenwärtige Eiswasser kostenlos immer wieder nachgeschenkt.

Die Mahlzeiten

Die erste Mahlzeit des Tages fällt in den USA meist recht üppig aus: Eier mit Speck, Omeletts, oder **pancakes** (Pfannkuchen) mit Ahornsirup oder **French toast** (Arme Ritter). Aber gerade an der gesundheitsbewußten

Westküste gibt es häufig auch »Muesli« und frische Obstteller.

Das Mittagessen ist meist nur eine kleine Zwischenmahlzeit. Suppe, ein Sandwich und ein Salat genügen den meisten Amerikanern. Das Abendessen ist die Hauptmahlzeit des Tages und wird auf dem Land oft schon zwischen 18 und 19 Uhr eingenommen, in den Städten gegen 20 Uhr.

Alkohol erst ab 21 Jahren

Standardgetränk im Westen Amerikas ist Bier – leichtes amerikanisches von Großbrauereien wie Coors oder Budweiser, das für europäische Kehlen etwas wässrig schmeckt, und vielfach auch süffigere Importbiere aus Mexiko (Dos Equis, Tecate, Corona), Europa (Beck's, Heineken) oder Australien (Fosters). Seit einigen Jahren sind vor allem in Oregon und Washington die **microbreweries** auf dem Vormarsch: kleine Brauereien, die nach individuellen Rezepturen sogar Weizenbiere und Ales brauen. Die zugehörige Kneipe einer Microbrewery ist meist ein beliebter Szenetreff. Allerdings nur für alle über 21 Jahre: Das **drinking age** wird in Amerika streng kontrolliert, und wer jung aussieht, muß am Eingang der Bar schon mal den Ausweis zücken.

Was so harmlos aussieht, kann sich als höllisch scharf entpuppen: Die mexikanische Küche hat's in sich

Eine gute Auswahl an Weinen bieten vor allem die gehobeneren Restaurants. Neben italienischen und französischen Tropfen stehen meistens kalifornische Weine auf der Karte, in Oregon und Washington oft auch regionale Weine, die sich durchaus sehen lassen können. Daneben schenken die Bars natürlich noch eine reiche Palette härterer Drinks aus: Beliebt sind Bourbon-Whisky, Tequila und Cocktails wie Margaritas, Tequila Sunrise oder Daiquiris mit frischen Früchten.

Empfehlenswerte Restaurants und andere Lokale sind bei den einzelnen Orten im Kapitel »Die Westküste der USA und ihre Orte« beschrieben.

Hilfestellung beim Bestellen und Reservieren leisten der Eßdolmetscher (→ S. 50) und der Sprachführer (→ S. 348).

Preisklassen

Die Preisklassen beziehen sich auf ein Menü ohne Getränke, Steuern und Trinkgeld.
Luxusklasse ab 70 $
Obere Preisklasse ab 40–70 $
Mittlere Preisklasse ab 25–40 $
Untere Preisklasse unter 25 $

Eßdolmetscher

A

alcoholic beverages: alkoholische Getränke
almonds: Mandeln
anchovies: Sardellen
angel hair pasta: sehr dünne Nudeln
appetizer: Vorspeise
apple: Apfel
– *juice:* Apfelsaft
– *sauce:* Apfelmus
apricot: Aprikose
asparagus: Spargel

B

bacon: Speck
bagel: festes Brötchen mit Loch in der Mitte
baked potato: Folienkartoffel
barbecue: grillen
beans: Bohnen
beef: Rind
beer: Bier
– *on tap:* Bier vom Faß
bisque: Hummer- oder Krebssuppe
blackened: scharf angebraten mit schwarzer Kruste
blueberries: Heidelbeeren
boiled: gekocht
– *potatoes:* Salzkartoffeln
boneless: ausgebeint
booze: Schnaps
bottle: Flasche
braised: geschmort, gedünstet
bread: Brot
broiled: gegrillt
Brussels sprouts: Rosenkohl
burger (hamburger): Bulette
bun: weiches Brötchen
buffalo/chicken wings: kroß gebratene und scharf gewürzte Hähnchenflügel als Vorspeise
butter: Butter

C

cabbage: Kohl
Caesar salad: Eisbergsalat mit Sardellendressing und gehobeltem Parmesankäse
cake: Kuchen, Torte
camomile tea: Kamillentee
candy: Bonbons, Süßigkeiten
caraway: Kümmel
carrots: Karotten
casserole: Eintopfgericht
catfish: Wels
cauliflower: Blumenkohl
celery: Sellerie
cereal: Cornflakes, Müsli
charbroiled: gegrillt
check: Rechnung
cheesc: Käse
cherries: Kirschen
chicken: Huhn
chiles: scharfe Paprikaschoten
chili: Fleischeintopf mit Bohnen
chives: Schnittlauch
chocolate: Kakao, Schokolade
chowder: dicke Suppe von Fisch, Fleisch oder Muscheln
chuck steak: Schultersteak
cider: Apfelwein
cinnamon: Zimt
clams: Muscheln
coffee: Kaffee
cold cuts: Aufschnitt
coleslaw: Krautsalat
cooked: gekocht
cookies: Plätzchen
corn: Mais
– *on the cob:* Maiskolben
cottage cheese: Hüttenkäse
crab: Taschenkrebs
cranberries: Preiselbeeren
crawfish: Krebs
cream: Sahne
crispy: knusprig
cucumber: Gurke
cup: Tasse
cutlet: Schnitzel

D

Danish pastry: Gebäck
dark beer: dunkles Bier
dates: Datteln
decaffeinated (decaf): koffeinfrei
deep fried: fritiert
dessert: Nachtisch
diet: Diät
dip: Tunke für Gemüse und Cracker
dolphin: Makrele
domestic beer: einheimisches Bier
donut: Krapfen, Berliner
drawn butter: ausgelassene Butter
dressing: Salatsoße
drinking water: Trinkwasser
dry wine: trockener Wein
duck: Ente
dumplings: Klöße

Trucker's Paradise: Wo Fernfahrer haltmachen, gibt es deftige Kost. So ein klassischer amerikanischer Truckstop serviert Portionen, die mindestens so eindrucksvoll sind wie die chromglänzenden Riesenlaster

E

eel: Aal
egg: Ei
eggs sunny side up: Spiegeleier
– over easy: Eier gewendet
eggplant: Aubergine
elk: Hirsch
endives: Endiviensalat
entree: Hauptgang

F

farm fresh: frisch vom Bauern
farm-raised: aus Freilandhaltung
fennel: Fenchel
figs: Feigen
filet mignon: Filetsteak
fish: Fisch
– soup: Fischsuppe
fowl: (Wild-)Geflügel
French fries: Pommes frites
French toast: Arme Ritter
fried: in der Pfanne gebraten
fruit: Obst

G

game: Wildbret
garlic: Knoblauch
ginger ale: Ingwerlimonade
goose: Gans
gooseberry: Stachelbeere
grapes: Weintrauben
gravy: Bratensoße
green beans: grüne Bohnen
ground beef: Gehacktes

H

halibut: Heilbutt
ham: Schinken
hard-boiled egg: hartgekochtes Ei
hash: Haschee
hazelnut: Haselnuß
heart: Herz
herbal tea: Kräutertee
herbs: Kräuter
herring: Hering
hot chocolate: heiße Schokolade
honey: Honig
hops: Hopfen
horseradish: Meerrettich
house wine: Hauswein

I, J

ice cream: Speiseeis
– *sundae:* Eisbecher
– *tea:* Eistee
imported beer: importiertes Bier
jalapeno: scharfe Peperoni
jam: (Orangen-)Marmelade
jelly: Gelee
jerky: Dörrfleisch

K

kelp: Seetang
kernels: Körner
kidney: Niere
knuckles: Haxe

L

lamb chop: Lammkotelett
leek: Lauch, Porree
leg of lamb: Lammkeule
lemon: Zitrone
lemonade: Zitronenlimonade
lentils: Linsen
lettuce: Kopfsalat
light beer: leichtes, helles Bier
lime: Limone
liqueur: Likör
liquor: Spirituosen
liver: Leber
lobster: Hummer
loin: Lendenstück

M

mackerel: Makrele
Mahimahi: Dorade, Goldmakrele
maple syrup: Ahornsirup
Margarita: Tequila mit Limonensaft
marmalade: Marmelade
mashed potatoes: Kartoffelbrei
meat: Fleisch
– *balls:* Fleischklößchen
– *loaf:* Hackbraten
medium: rosa gebraten
– *rare:* halb durchgebraten
Mesquite grilled: auf Holzfeuer gegrillt
microwave: Mikrowelle
milk: Milch
– *shake:* Milchmixgetränk mit Eis und Früchten
minced meat: Hackfleisch
mineral water: Mineralwasser
mint: Minze
mixed greens: gemischter Salat
moose: Elch
muffin: kleines Brötchen oder Kuchen
mullet: Meeräsche
mushrooms: Pilze
mussels: Miesmuscheln
mustard: Senf
mutton: Hammel

N

New York steak: Rindersteak mit Fettrand
night cap: Schlummertrunk, letzte Bestellung
noodles: Nudeln
nuts: Nüsse

O

oil: Öl
on draft/on tap: vom Faß
onions: Zwiebeln
orange juice: Orangensaft
oysters: Austern

P

pancake: Pfannkuchen
parsley: Petersilie
pastry: Gebäck, Kuchen
peach: Pfirsich
peanuts: Erdnüsse
pear: Birne
peas: Erbsen
pepper: Pfeffer
peppermint tea: Pfefferminztee
peppers: Paprikaschoten
pickles: eingelegte Gurken, Blumenkohl, Zwiebeln
pie: Pastete oder Kuchen
pineapple: Ananas
plums: Pflaumen
poached eggs: verlorene Eier
pork: Schweinefleisch
– chop: Schweinekotelett
porridge: Haferbrei
port: Portwein
porterhouse steak: großes Steak mit Filetstück und Knochen
potatoes: Kartoffeln
pot-roast: Schmorbraten
poultry: Geflügel
prawn: Garnele
prime rib: Braten aus dem Zwischenrippenstück vom Rind

Lust auf Exotisches? Japanische Sushi-Lokale sind an der Westküste weit verbreitet

produce: frisches Gemüse
prunes: Backpflaumen
puff pastry: Blätterteig
pumpkin: Kürbis

R

rabbit: Kaninchen
radish: Radieschen, Rettich
raisins: Rosinen
rare: fast roh
raspberries: Himbeeren
red cabbage: Rotkohl
red currants: rote Johannisbeeren
red wine: Rotwein
rhubarb: Rhabarber
rib: Rippe
rib-eye: stark marmoriertes Steak mit Fettkern

Die 10 urigsten Diners und Hamburgerlokale

Clark's Skagit River Cabins ■ D 1
...weil hier in den Cascade Mountains von Washington alles noch genauso ist wie in den Fifties: Motel, Tankstelle und Diner unter einem Dach (Rockport, 5675 Hwy 20).

Corvette Diner ■ b 3, S. 152
...weil hier im Univiertel Hillcrest sogar eine echte Corvette im Lokal steht (San Diego, 3946 5th Ave.).

The Diner ■ a 1, S. 318
...weil es hier inmitten des feinen Weintals von Napa amerikanisches und mexikanisches Fast food aus streng biologisch angebauten Produkten gibt (Yountville, 6476 Washington St.).

Fog City Diner ■ e 2, S. 108
...weil das Interieur dieses nachgebauten Diners so schön blitzend verchromt ist (San Francisco, 1300 Battery St.).

10x10

Hamburger Mary's ■ d 6, S. 108
...weil hier im Herzen des Szeneviertels SoMa mitten in der Nacht die verrücktesten Typen verkehren (San Francisco, 1582 Folsom St.).

Hi-Way 101 Diner ■ C 1
...weil die Kunstledergarnituren so ungemein original wirken und die Ober immer gut gelaunt sind (Sequim, 392 West Washington St.).

Julie's Supper Club ■ d 6, S. 108
...weil die Decke des Musiklokals in einem unglaublich kitschigen Rosa gehalten ist (San Francisco, 1123 Folsom St.).

The Owl Tavern (Foto) ■ b 1, S. 318
...weil hier schon die alten Goldgräber ihre Hamburger futterten und man spät abends noch Billard spielen kann (134 Mill St., Grass Valley).

RG's Giant Hamburgers ■ B 10
...weil es in diesem winzigen Lokal die besten Hamburger Südkaliforniens gibt und auch der Chili-Cheeseburger hervorragend schmeckt (922 State St., Santa Barbara).

The Roxy ■ a 2, S. 220
...weil dieser schmuddelige Schuppen aus den 30er Jahren so herrlich schräg ist und rund um die Uhr geöffnet hat (Portland, 1121 S. W. Stark St.).

Die Fifties leben: Seit einigen Jahren liegen die nostalgischen Diner voll im Trend

rice: Reis
roast: Braten
roasted: im Ofen gebraten
roll: Brötchen
rootbeer: Malzbier mit Minzgeschmack
rosé wine: Roséwein
rye bread: Roggenbrot

S

salad bar: Salatbuffet
salmon: Lachs
sausage: Wurst
sautéed: gedünstet
scallops: Jakobsmuscheln
scrambled eggs: Rühreier
sea bass: Barsch
seafood: Meeresfrüchte
shark: Hai
shellfish: Schalentiere
shrimps: Garnelen, Krabben
side dish: Beilagen
sirloin steak: Lendensteak
slice: Scheibe
smoked: geräuchert
(red) snapper: Seebarbe
soda/soft drink: nichtalkoholisches Getränk
soft-boiled egg: weichgekochtes Ei
sole: Seezunge
soup: Suppe
sour cream: saure Sahne
sourdough bread: helles Sauerteigbrot
soy sauce: Sojasoße
sparkling wine: Schaumwein
special of the day: Tagesgericht
spinach: Spinat
spirits: Spirituosen
spread: Brotaufstrich
squash: Kürbis
steamed: gedämpft
stewed: geschmort
stir-fried: kurz gebraten (im Wok)
stout beer: dunkles, starkes Bier
strawberries: Erdbeeren
stuffed: gefüllt
suckling pig: Spanferkel
sugar: Zucker
Surf & Turf: Steak mit Hummer oder Garnelen
sweetbread: Kalbsbries
sweets: Süßspeisen
swordfish: Schwertfisch
syrup: Sirup

T

taco: knusprige Tortilla, gefüllt mit Hackfleisch, Tomaten, Zwiebeln und Käse
tart: Törtchen
T-bone steak: Steak mit Filetstück und Knochen
tea: Tee
tenderloin: Filetstück
thyme: Thymian
tip: Trinkgeld
tomato juice: Tomatensaft
trout: Forelle
tuna: Thunfisch
turkey: Truthahn

V

veal: Kalb
vegetables: Gemüse
vegetarian salad: Rohkostsalat
venison: (Rot-)Wild
vinegar: Essig

W

waffles: Waffeln
waiter/waitress: Kellner/Kellnerin
walnut: Walnuß
well done: gut durchgebraten
wheat: Weizen
whipped cream: Schlagsahne
white wine: Weißwein
wine by the glass: offener Wein
without ice: ohne Eis

Ob in den Edelboutiquen am Rodeo Drive von Los Angeles oder in einem Factory Outlet auf dem Lande – die USA sind für die Europäer zu einem Einkaufsparadies geworden. Denn der günstige Dollar macht's möglich.

Vor allem Jeans, Freizeitkleidung und schicke Trendklamotten, wie etwa von Calvin Klein, CDs, Computerspiele und bunte Walkmen, die neueste Turnschuhmode von Nike oder L. A. Gear oder auch wasserfeste Goretex-Outfits für den modischen Hiker – alles ist in Amerika preiswerter und früher zu haben als zu Hause. Ein Einkaufsbummel gestaltet sich höchst angenehm – der Kunde ist in Amerika noch König: Auch wenn man nichts kauft, wird man mit einem freundlichen »please come again« verabschiedet.

Lohnend ist ein Besuch in den **Shopping Malls** der größeren Orte, riesigen klimatisierten Einkaufsparadiesen mit 100 oder 150 Boutiquen und Kaufhäusern. Auch die Innenstädte von Seattle, Portland, San Francisco und San Diego bieten reichlich Möglichkeiten – einzig Los Angeles kann mit seiner Downtown für die Shopper wenig Staat machen.

Das Wort, das Sie beim Einkaufen in Amerika am häufigsten sehen wer-

In Sachen Souvenirs kennt die Phantasie der Amerikaner keine Grenzen: Wie wäre es mit einer Haifisch-Attrappe fürs heimische Badezimmer?

den, heißt **sale**, »Ausverkauf«. Im Schnitt bieten bestimmt zehn Prozent aller Läden in einer Mall Preisnachlässe an. An den großen Feiertagswochenenden greift die Reduzierungswelle auf fast alle Geschäfte über – und der Einkaufsbummel wird dann leicht zum Kaufrausch.

Sehr beliebt sind an der Westküste die mittlerweile überall aus dem Boden schießenden **Factory Outlets**, große Ladenzentren etwas außerhalb der Städte mit Fabrikverkauf von Markenfirmen wie Levi's, Timberland oder Calvin Klein. Kleidung, Schuhe und andere Waren sind dort zwar oft zweite Wahl oder stammen aus der Vorjahreskollektion, aber bei um die Hälfte reduzierten Preisen stört das die preisbewußten Amerikaner wenig.

Foto- und Videokameras sind in Amerika kaum günstiger als zu Hause, elektronische Geräte und Sportartikel dagegen bekommen Sie vielfach weit billiger als in Europa: Computer, Tennis- und Golfausrüstung zum Beispiel. Doch Vorsicht: Der Zoll am heimischen Flughafen hat ein scharfes und geschultes Auge...

Souvenirs, Souvenirs

In Los Angeles werden Sie um ein T-Shirt mit Mickymaus-Aufdruck kaum herumkommen, und in San Francisco ist eines mit der Golden Gate Bridge fällig. Aber es gibt auch noch andere typische Mitbringsel, mit denen Sie sich selbst oder den Lieben daheim eine Freude machen können. Wie wäre es etwa mit dem Samenkorn eines Mammutbaumes oder einer Kleinkunst-Skulptur aus Treibholz? In Oregon werden typische karierte Wollhemden und leckere Haselnußbutter hergestellt, aus Washington können Sie sich geräucherten Lachs mitbringen oder charakteristischen Indianerschmuck.

Zur zünftigen Amerikareise gehört natürlich auch ein Western-Souvenir: Vom Stetsonhut zum Westernhemd oder einem Paar originaler Cowboystiefel können Sie in den **Western Stores** der größeren Orte alles bekommen. Gute Literatur über die jeweilige Region und oft auch örtliche Produkte finden Sie in den kleinen Läden der Museen. In Kalifornien werden Sie vor allem in den Galerien und Boutiquen von Szenemeilen wie etwa der **Melrose Avenue** in Los Angeles oder der **Union Street** in San Francisco fündig: Schriller Modeschmuck von morgen, Klamotten aus den Fifties und allerlei schräger Nippes wird dort angeboten.

Öffnungszeiten

Zwar gibt es kein Ladenschlußgesetz in den USA, doch die meisten »normalen« Geschäfte sind von Montag bis Freitag zwischen 9 und 18 Uhr geöffnet. Anders die Boutiquen und Läden der großen Einkaufszentren und die Kaufhäuser: Sie halten ihre Türen werktags von 9.30 bis 19 oder 20 Uhr offen, Donnerstag, Freitag und Samstag sogar bis 21 Uhr und sonntags von 12 bis 17 Uhr. Große Lebensmittel-Supermärkte sind in den Städten oft rund um die Uhr geöffnet.

Der Sprachführer (→ S. 348) hilft Ihnen bei der Verständigung mit den Verkäufern.

Luxuriöser Konsumtempel mit eindeutig europäischem Flair: Das Kaufhaus Neimann Marcus am Union Square von San Francisco erinnert an die Galeries Lafayette in Paris

Die Westküste der USA und ihre Orte

Die »Painted Ladies« kennt jeder, auch wenn er noch nie in San Francisco war: Die viktorianischen Holzhäuser am Alamo Square vor der glitzernden Kulisse von Downtown mit der Transamerica Pyramid sind ein klassisches Postkartenmotiv

Eine Art »Wolf im Schafspelz« ist der Mount Rainier im Bundesstaat Washington, denn unter seiner dicken Schicht aus Schnee und Eis verbirgt sich vulkanisches Gestein. 26 Gletscher strömen an den Flanken des 4392 Meter hohen weißen Riesen hinab

Sonnenbaden, sporteln oder schmökern: Wo das Wasser des Pazifik zu kalt ist zum Schwimmen – etwa im Norden Kaliforniens –, macht das Strandleben dennoch Spaß. Am Hermosa Beach in Los Angeles allerdings ist auch ein Sprung in die Fluten vergnüglich

Der Norden des »Golden State« bietet ein Kontrastprogramm zum lauten, schrillen Süden. Die üblichen Klischees von kalifornischen Beachboys und spritzigem Strandvergnügen treffen hier nur ganz am Rande zu. Der Norden gibt sich eher beschaulich und naturverbunden: mit einsamen Bergregionen in der Sierra Nevada, mit klippenumrahmten Strandbuchten und nebelverhangenen Redwood-Wäldern entlang der Küste, mit pittoresken Fischernestern und windschiefen Goldgräberstädten.

Das lebenslustige San Francisco ist das Tor zum Norden Kaliforniens. Unmittelbar um die Metropole zieht sich rings um die San Francisco Bay noch ein Kranz von Vorstädten – recht einförmige, ständig wachsende Büro- und Wohnstädte, die sich aber unter dem Namen **Silicon Valley** als Denkfabrik der Computerindustrie weltweiten Ruhm erworben haben. Gleich jenseits der Chip-Fabriken jedoch beginnt das ländliche, idyllische Nordkalifornien: Kaum eine Stunde Fahrt nordöstlich von San Francisco etwa liegen zwei der angesehensten Weinbauregionen der Neuen Welt, **Napa** und **Sonoma Valley**. Liebliche Täler für Genußmenschen, deren Landschaften wie eine kalifornische Kreuzung aus Burgund und Toskana wirken, mit paradiesischen kleinen Landgasthöfen, stilvollen Restaurants – und natürlich hervorragenden Weinen.

Rauher und wilder wird es entlang der Pazifikküste und weiter nördlich um **Eureka** und **Crescent City**. Natur pur, klare Luft, wortkarg-freundliche Menschen und dicke Steaks gibt es hier. Im feuchten Küstensaum gedeihen die riesigen Redwoods, die höchsten Bäume der Welt. Und wenn auch die Holzfäller seit gut hundert Jahren ihre Äxte in den Urwäldern schwingen, so gibt es wie etwa im **Redwood National Park** doch noch völlig unberührte Abschnitte, in denen man sich unter den hölzernen Giganten vorkommt wie in einer gotischen Säulenhalle.

Im Goldland der Sierra Nevada

Ähnlich wildromantisch ist das **Gold Country** am Westhang der Sierra Nevada, wo die Menschen einst auf dem schmalen Grat zwischen kargem Dasein und unermeßlichem Reichtum

Zähe Burschen: Ihre respekteinflößende Größe verdanken die Baumriesen im Redwood National Park ihrer Widerstandsfähigkeit gegen Schädlinge und Waldbrände – und dem milden Klima

balancierten – den meisten von ihnen blieb nur harte Arbeit und wenig Brot. Die Atmosphäre der Goldrauschzeiten ist noch heute spürbar, und in so manchen der Goldgräberorte wie etwa **Columbia** oder **Jamestown** scheint die Zeit stehengeblieben zu sein.

Nur wenig weiter, hoch in den Bergen der Sierra Nevada, wartet eines der berühmtesten Schatzkästlein Kaliforniens: der **Yosemite National Park**. Gut 3 Mio. Besucher zählt das Schutzgebiet pro Jahr, und der Rummel um die Aussichtspunkte nimmt allmählich Dimensionen wie in Disneyland an. Doch läßt sich dort faszinierende Natur und Abgeschiedenheit erleben, sobald man die ausgetrampelten Pfade verläßt und sich ins Hinterland des Parks begibt.

Sonnenuntergang bei Big Sur: An diesem unvergleichlichen kalifornischen Küstenabschnitt kann man die Seele baumeln lassen

Gleiches gilt für eine weitere kalifornische Traumlandschaft einige Highwaystunden westlich an der Pazifikküste: Schon in **Monterey** kann man innerhalb weniger Minuten dem Trubel der **Cannery Row** entfliehen und an einem ruhigen Strand in **Pacific Grove** oder bei **Big Sur** vor einem unglaublichen Sonnenuntergang sitzen und die tosenden Wellen beobachten, den Wind spüren, das Salz schmecken – um sich dann wieder ins Kneipenleben zu stürzen. Und am nächsten Tag kann man den legendären **Highway One** hinabfahren, jene kurvige Küstenstraße auf schwindelerregenden Klippen, das malerische Panorama genießen und ob dieser gewaltigen Naturschönheiten ungläubig den Kopf schütteln. Doch hier ist das Timing wichtig: Im Hochsommer herrscht hier wie überall an der nordkalifornischen Küste oft Nebel. Klare Sicht und weniger Verkehr haben Sie auf dieser Traumstraße im Frühjahr und Herbst.

Bodega Bay ■ A7

Ein Geheimtip ist das Fischerdörfchen nördlich von San Francisco zwar nicht mehr, aber – zumindest wochentags – immer noch recht beschaulich und ein guter Ausgangspunkt für Touren entlang der Küste. Im langgestreckten **Sonoma Coast State Beach** nördlich der Stadt lassen sich schöne Badebuchten, Klippenstrände und Campingplätze entdecken. Am **Goat Rock Beach** bei dem idyllisch gelegenen Örtchen **Jenner** nahe der Mündung des Russian River kann man im Sommer oft Seehunde beobachten. Ein Schmankerl für Cineasten wartet 10 km im Landesinnern: Im Ort **Bodega** steht noch das Schulhaus, in dem Alfred Hitchcock 1962 »Die Vögel« drehte.

Bei einem organisierten Ausritt können auch Ungeübte die Umgebung der Bodega Bay erkunden

Hotels und andere Unterkünfte

Cazanoma Lodge
Die perfekte Idylle: eine urige Lodge mitten im Wald, neben einem rauschenden Wildbach etwa 12 km östlich der Mündung des Russian River. Vermietet werden 4 Zimmer mit herrlichem Ausblick und 2 Blockhütten mit offenem Kamin. Im Restaurant kocht der Besitzer selbst, zum Beispiel prima Wildgerichte.
1000 Kidd Creek Rd.
Cazadero, CA 95421-0037
Tel. (707) 632-5255
Mittlere Preisklasse

Holiday Inn Bodega Bay
Modernes Hotel direkt am Meer. Die meisten der 45 Zimmer haben Balkon, manche auch einen offenen Kamin.
521 SR 1
Bodega Bay, CA 94923
Tel. (707) 875-2217, Fax 875-2964
Mittlere Preisklasse

Jenner Inn
Ein Komplex aus mehreren alten Häusern mit großzügigen Zimmern und Apartments, großteils mit offenem Kamin, Küche und fantastischem Blick auf die Bucht. Zwei Häuschen stehen direkt am Ufer.
10400 Hwy 1, P. O. Box 69
Jenner, CA 95450
Tel. (707) 865-2377, Fax 865-0829
19 Zimmer
Mittlere bis Obere Preisklasse

Campingplatz

Bodega Bay RV Park
Gepflegter Campingplatz nahe der Bucht am Nordende der Stadt.
2000 Hwy 1
Bodega Bay, CA 94923
Tel. (707) 875-3701

Essen und Trinken

Jenner-by-the-Sea
Ein Küchenmeister aus der Schweiz bietet im kleinen, legeren Restaurant des **Jenner Inn** europäisch-kalifornische Spitzenküche. Besonders zu empfehlen: die fangfrisch zubereiteten Fische und Krustentiere.
10400 Hwy 1, Jenner
Tel. (707) 865-1192
Tgl. 11–22 Uhr
Mittlere Preisklasse

Lucas Wharf Restaurant
Uriges Fischrestaurant am Hafen. Zu erwarten ist keine große Küche, jedoch gute Fischgerichte, solide und schmackhaft zubereitet.
595 Hwy 1, Bodega Bay
Tel. (707) 875-3522
Tgl. 11–21.30, Fr und Sa bis 22 Uhr
Untere Preisklasse

Carmel

(→ S. 79)

Coloma

■ b 1, S. 318

Ein winziges Westernnest wie viele am Highway 49 in der Sierra Nevada – doch eines mit besonderer Bedeutung: Hier stand die Wiege des großen Goldrauschs, hier fand am 24. Januar 1848 James Marshall beim Bau eines Sägewerks die ersten Nuggets. Coloma scheint sich seit den goldenen Tagen wenig verändert zu haben und hält mit Museen und restaurierten Westernfassaden die alte Tradition hoch. Interessant sind die romantisch überwucherten Friedhöfe der Digger.

Hotel

Coloma Country Inn
Hübsches und nicht kitschiges Bed & Breakfast-Haus von 1852 mit 5 Zimmern und 2 Cottages im Garten.
345 High St.
Coloma, CA 95613
Tel. (916) 622-6919
Mittlere Preisklasse

Sehenswertes

Marshall Gold Discovery State Park
Das rekonstruierte Sägewerk am American River, die Hütte des Goldentdeckers, seine Werkzeuge und vieles mehr illustrieren die Goldrauschzeit.
SR 49, nördlich der Stadt
Tgl. 8 Uhr bis zur Dunkelheit
Eintritt 5 $ pro Auto

Crescent City ■ A5

Besonders schön ist die nördlichste Stadt der kalifornischen Küste nicht gerade: Hafenanlagen, Sägewerke, breite Ausfallstraßen. Doch dank der großen Redwood-Schutzgebiete, die sich hier entlang der Küste und weit ins Landesinnere erstrecken, lohnt sich das Städtchen als Aufenthaltsort. Von hier aus lassen sich Touren, etwa in den **Redwood National Park**, in den **Del Norte** oder den **Jedediah Smith Redwoods State Park**, unternehmen. In der Stadt selbst empfiehlt sich eine Fahrt am **Pebble Beach Drive** und ein Besuch der **Undersea World** (304 Hwy. 101, im Sommer tgl. 8–20 Uhr), das die Meeresfauna des Pazifik hinter schweren Glasscheiben zeigt. Und bei Ebbe können Sie von der Stadt durch das Watt zum historischen **Battery Point Lighthouse** auf einer vorgelagerten Insel laufen.

Hotels und andere Unterkünfte

Bay View Inn
Architektonisch reizvoller Neubau am Meer, nur wenige Minuten zur Innenstadt. Viele der 66 Zimmer haben Balkon mit Blick aufs Wasser.
310 Hwy 101
Crescent City, CA 95531
Tel. (707) 465-2050, Fax 465-3690
Untere Preisklasse

Crescent Beach Motel
Ein langgestreckter Neubau etwas südlich der Stadt direkt am Strand, sauber und komfortabel.
1455 Redwood Hwy South (101)
Crescent City, CA 95531
Tel. (707) 464-5436
26 Zimmer
Untere Preisklasse

Patrick Creek Lodge
Nostalgie der dreißiger Jahre tief in den **Siskiyou Mountains**: Die Lodge etwa 35 km östlich von Crescent City vermietet komfortable Zimmer im hölzernen Haupthaus sowie in einem Motel-Anbau. Gutes Restaurant.
13950 Hwy 199
Gasquet, CA 95543
Tel. und Fax (707) 457-3323
18 Zimmer
Untere bis Mittlere Preisklasse

Essen und Trinken

Beachcomber
Beliebtes Restaurant 3 km südlich der City direkt am Strand. Serviert werden fangfrische Fische und Krustentiere sowie Steaks vom Holzkohlengrill.
1400 Hwy 101
Tel. (707) 464-2205
Tgl. außer Mi 18–22 Uhr
Untere bis Mittlere Preisklasse

Service

Crescent City-Del Norte Chamber of Commerce
1001 Front St.
Crescent City, CA 95531
Tel. (707) 464-3174, Fax 464-9676

Smith River National Recreation Area
Informationen über Wanderwege und Campingmöglichkeiten in dem 120 000 ha großen Schutzgebiet in den Bergen östlich von Crescent City.
10600 Hwy 199, P. O. Box 228
Gasquet, CA 94453
Tel. (707) 457-3131

Eureka ■ A5

Das bereits um 1850 als Holzhafen gegründete Städtchen an der weiten Humboldt Bay zählt zwar heute rund 30 000 Einwohner und ist der größte kalifornische Hafen nördlich von San Francisco, doch die Atmosphäre ist die einer Kleinstadt. Das Leben verläuft ruhig und beschaulich, der alte Hafen strahlt eine faszinierende Morbidität aus, die viktorianische Innenstadt eine gelassene Eleganz.

Typisch für die Bauweise der Häuser der früheren Holzkönige – und eines der beliebtesten Fotomotive der Region – ist die **Carson Mansion** (143 M St.), eine reichverzierte Villa aus dem Jahre 1885.

Hier müssen Sie sich mit einem Erinnerungsfoto begnügen: Das Carson House in Eureka, eine prachtvolle viktorianische Villa von 1885, kann leider nicht besichtigt werden

Mit welchem Gerät einst die Holzfäller den gigantischen Redwoods zu Leibe rückten, können Sie in den **Blue Ox Millworks** (X St.) erleben. Noch tiefer in die Geschichte der Region führen die Ausstellungen im 1853 erbauten und heute teilweise rekonstruierten **Fort Humboldt** am Südrand des Ortes, von dem aus einst General Ulysses Grant seine berüchtigten Indianerkriege führte.

Hotels und andere Unterkünfte

Hotel Carter
Stilvolles Hotel im Zentrum. Die 24 Zimmer sind teils modern, teils antik möbliert, manche haben Kamin und eine riesige, ins Zimmer integrierte Badewanne.
301 L St.
Eureka, CA 95501
Tel. (707) 444-8062, Fax 444-8063
Mittlere Preisklasse

Matador Motel
Angenehmes kleines Motel, etwa 10 Gehminuten zur Innenstadt.
129 4th St./C St.
Eureka, CA 95501
Tel. (707) 443-9751
25 Zimmer
Untere Preisklasse

Essen und Trinken

Restaurant 301 at Hotel Carter
Eines der besten Restaurants der Nordküste: fantasievolle neukalifornische Küche mit nordischem Einschlag. Die Atmosphäre ist edel, doch nicht steif.
301 L St.
Tel. (707) 444-8062
Do–Mo 18–21 Uhr
Mittlere bis Obere Preisklasse

Im Samoa Cookhouse, wo einst Holzfäller ihren Bärenhunger stillten, werden noch heute Riesenportionen aufgetischt

Samoa Cookhouse
Uriger geht es kaum: Dieses Lokal aus dem 19. Jh. auf der Halbinsel Samoa war einst eine Holzfällerkantine. Angeschlossen ist ein Museum zur Holzfällerei.
445 West Washington St.
Tel. (707) 442-1659
Tgl. 6–15 und 17–21, So 6–21 Uhr
Untere Preisklasse

Service

Eureka/Humboldt County Convention and Visitors Bureau
1034 2nd St.
Eureka, CA 95501
Tel. (707) 443-5097, Fax 443-5115

Humboldt Bay Harbour Cruise
75minütige Rundfahrten mit dem alten Fährschiff »MV Madaket«.
C St. am Hafen
Tel. (707) 445-1910
Mai–Okt tgl. 13, 14.30, 16 und 17.30 Uhr
Fahrpreis 9,50 $

Garberville ■ A6

In dem kleinen Ort mitten in den Redwoods, einem ehemaligen Holzfällernest, leben die meisten der mittlerweile etwa 900 Einwohner seit den sechziger Jahren von »alternativer Wirtschaft«. Denn nach der Blumenkinderzeit in San Francisco zogen viele Hippies hierher und widmeten sich dem Anbau von Marihuana. Dies hat sich bis heute gehalten und verleiht dem Örtchen im Tal des Eel River noch immer ein nostalgisches Aussteigerimage.

Berühmt ist das alljährlich im August stattfindende Reggae-Festival von Garberville. Doch es gibt auch andere, »normale« Attraktionen: etwa die Baumgiganten des **Humboldt Redwoods State Park** nördlich der Stadt, ein 20 000 ha großes Schutzgebiet mit vielen Wanderwegen, oder die **Avenue of the Giants**, eine von Redwoods gesäumte Seitenstraße parallel zum Highway 101.

Hotel

Hartsook Inn
Mitten in den Redwoods, nahe am Russian River gelegene Anlage mit rustikalen, doch gemütlich eingerichteten Blockhütten. Das dazugehörige Restaurant bietet deftige Holzfällerkost.
Hwy 101
Piercy, CA 95587
Tel. (707) 247-3305, Fax 247-3320
62 Zimmer
Untere Preisklasse

Lake Tahoe ■ C7

Er wirkt fast wie ein Bergsee in der Schweiz, der 35 km lange und fast 20 km breite Lake Tahoe, der hoch oben am Grat der Sierra Nevada an der Grenze zum Nachbarstaat Nevada liegt. In seinem extrem klaren, tiefblauen Wasser spiegeln sich die meist schneebedeckten Gipfel, am Ufer steht so manches Fachwerkhaus – »Little Switzerland« auf kalifornisch. Im Sommer ist der See ein beliebtes Ziel für Badefreuden, im Winter locken zahlreiche ausgezeichnete und schneesichere Skigebiete in den Bergen ringsum zum Wedeln. Den schönsten Eindruck erhält man bei der kurvigen Fahrt entlang des Westufers vorbei an ruhigen State Parks und Buchten wie der idyllischen **Emerald Bay** (auch Wanderwege).

Größter Ort ist **South Lake Tahoe** an der Südspitze, direkt an der Grenze zu Nevada, in dem im Gegensatz zu Kalifornien das Glücksspiel erlaubt ist. So warten auch direkt hinter der Grenzlinie in **Stateline** riesige Casino-Hotels auf Spiellustige (oder -süchtige) aus dem Golden State.

Hotels und andere Unterkünfte

Harvey's
Eines der riesigen Casino-Hotels, die aber verblüffend preiswert sind – man rechnet damit, daß die Gäste ihre Dollars an den Spieltischen lassen. Tut man dies nicht, übernachtet man günstig mit herrlichem Blick auf See und Berge (nach Sonderangeboten fragen).
Stateline, NV 89449
Tel. (702) 588-2411, Fax 588-6643
740 Zimmer
Mittlere bis Obere Preisklasse

Der tiefblaue Lake Tahoe ist im Sommer Ziel von Wassersport- und Wanderfreunden, im Winter aufgrund seiner schneesicheren Lage Dorado von Skifahrern

Holiday House
Freundliche kleine Anlage am Nordufer mit 6 Zimmern im Haupthaus sowie 5 Blockhütten direkt am Ufer, alle mit offenem Kamin und voll eingerichteter Küche.
7276 North Lake Blvd.
Tahoe Vista, CA 96148
Tel. (916) 546-2369
Mittlere Preisklasse

Richardson Resort
Einfaches Resort-Hotel direkt an einem breiten Sandstrand. Vermietet werden 36 Zimmer und 30 Holzhäuschen, manche mit offenem Kamin.
Hwy 89
South Lake Tahoe, CA 96158
Tel. (916) 541-1801
Untere bis Mittlere Preisklasse

Tahoe Valley Campground
Privater Campingplatz in einem Wäldchen nahe beim See.
1175 Melba Drive
South Lake Tahoe, CA 96158
Tel. (916) 541-2222

Sehenswertes

Ponderosa Ranch
Das Filmhaus, in dem einst Ben Cartwright nebst Söhnen die ach so heile Westernwelt mimten, kann heute besichtigt werden.
100 Ponderosa Ranch Rd.
Incline, Nevada (Nordufer)
Tgl. 9.30–17 Uhr
Eintritt 8,50 $, Kinder 5,50 $

Squaw Valley
Der Skiort in einem Seitental nördlich des Lake Tahoe wurde eigens für die Olympischen Winterspiele 1960 aus dem Boden gestampft.
Seilbahn: 1960 Squaw Valley Rd.
Juli/Aug. tgl. 10–22, sonst bis 16 Uhr
Fahrpreis 12 $, Kinder 5 $

Essen und Trinken

Carlos Murphy's
Großes und buntes amerikanisch-mexikanisches Lokal.
3678 Hwy 50, South Lake Tahoe
Tel. (916) 542-1741
Tgl. 11–23 Uhr
Untere Preisklasse

La Playa
Gepflegtes Restaurant mit kalifornischer Küche und großer Terrasse.
7042 North Lake Blvd.
Tahoe Vista
Tel. (916) 546-5903
Tgl. 11–15 und 17–22 Uhr
Mittlere Preisklasse

River Ranch
Gemütliches Dinnerlokal in einem historischen Bau am Ufer des Truckee River; gute Wildgerichte.
Hwy 89, Alpine Meadows Rd.
Tel. (916) 583-4264
Tgl. 17–21.30 Uhr
Mittlere Preisklasse

Service

Lake Tahoe Visitors Authority
1156 Ski Run Blvd.
South Lake Tahoe, CA 96150
Tel. (916) 544-5050, Fax 544-2386

Tahoe North Visitors and Convention Bureau
850 North Lake Blvd.
Tahoe City, CA 95730
Tel. (916) 583-3494, Fax 581-4081

Tahoe Queen
Mit einem alten Schaufelraddampfer geht's über den See.
Ski Run Marina, South Lake Tahoe
Tel. (916) 541-3364

Lassen Volcanic National Park: Von sicheren Holzstegen aus können Sie geheimnisvoll-dunkle Kraterseen bewundern und vulkanische Tätigkeit beobachten. Richtige Abenteuerluft schnuppert man auf den herrlichen Wanderwegen des Nationalparks

Lassen Volcanic National Park ■ B6/C6

Der ewige Schnee auf dem Gipfel täuscht, der 3187 m hohe **Lassen Peak** ist der einzige noch aktive Vulkan Kaliforniens. Zuletzt brach er im Jahre 1915 aus und spie eine 10 km hohe Wolke aus Asche und Geröll aus. Zeichen seiner inneren Unruhe sind die Schwefelgase, die auch heute noch in der **Sulphur Works Thermal Area** aus dem Gestein aufsteigen. Der 43 000 ha große Nationalpark wird von der (im Winter gesperrten) State Road 89 durchquert, an der mehrere Campingplätze liegen.

Von der Straße zweigen mehrere Wanderwege in die Berglandschaft ab, etwa der 5 km lange **Bumpass Hell Trail**, der über Holzplanken durch zischende Dampfwolken führt. Will man ganz hoch hinaus, so führt ab der Markierung 22 an der State Road 89 ein 4 km langer Pfad zum Gipfel.

Hotels und andere Unterkünfte

Best Western Hilltop Inn
Gepflegtes Hotel in verkehrsgünstiger und doch zentraler Lage. Einige der 112 Zimmer mit Küche. Restaurant.
2300 Hilltop Drive
Redding, CA 96002
Tel. (916) 221-6100, Fax 221-2867
Mittlere Preisklasse

Vagabond Inn
Zentral in der Stadt gelegenes und dennoch ruhiges Hotel mit 69 Zimmern, schönem Innenhof und Pool.
2010 Pine St.
Redding, CA 96001
Tel. (916) 243-3336, Fax 243-5730
Untere Preisklasse

Service

Lassen Volcanic National Park
Visitor Center am Highway 89 bei Manzanita Lake. Postadresse:
P.O. Box 100
Mineral, CA 96063
Tel. (916) 595-4444, Fax 595-3262

Mendocino ■ A6

Der alte Holzfällerort auf hoher Klippe über der wildromantischen Mendocino-Küste wurde schon in den sechziger Jahren von Künstlern aus San Francisco entdeckt. Bis heute ist das von viktorianischen Häusern geprägte Städtchen ein Zentrum für Kunst und Kunsthandwerk. In vielen Galerien und im **Mendocino Art Center** (45 200 Little Lake Rd.) sind die Werke der regionalen Maler und Bildhauer zu bewundern.

Mindestens ebenso schön aber sind die alten Villen wie etwa das **Ford House** (735 Main St., Visitor Center), das als Museum restaurierte **Kelley House** (45007 Albion St.) sowie die Klippen und wellenumtosten Felstore des **Mendocino Headlands State Park** am Westrand des Ortes.

Hotels und andere Unterkünfte

Mendocino Hotel
Charmanter viktorianischer Holzbau aus dem Jahre 1878 direkt am Hafen. Die 51 Zimmer sind original wie damals eingerichtet, teilweise sogar mit der typischen Badewanne mitten im Raum. Gutes Restaurant.
45080 Main St.
Mendocino, CA 95460
Tel. (707) 937-0511, Fax 937-0513
Mittlere Preisklasse

Fotogene Idylle an der nordkalifornischen Küste: der alte Holzfällerort Mendocino

Stanford Inn by the Sea
Klein, aber fein ist hier die Devise: Die 25 luxuriösen Zimmer bieten einen offenen Kamin und einen herrlichen Blick übers Meer; im gläsernen Wintergarten warten Pool und Sauna.
44850 Comptche-Ukiah Rd.
Mendocino, CA 95460
Tel. (707) 937-5615, Fax 937-0305
Luxusklasse

Essen und Trinken

Albion River Inn
Das Aussichtsrestaurant des kleinen Luxushotels an der Küste 15 km südlich von Mendocino lockt vor allem mit ausgezeichneten Fischgerichten.
3790 North Hwy 1, Albion
Tel. (707) 937-1919
Tgl. 17.30–21.30, Fr und Sa 5–22 Uhr
Mittlere bis Obere Preisklasse

Little River Inn
Umrahmt von einer schönen Gartenanlage wird hier etwas südlich von Mendocino kalifornische Nouvelle cuisine zelebriert – Blick über die Küste inklusive. Angeschlossen ist ein hübsches kleines Hotel.
7751 North Hwy 1, Little River
Tel. (707) 937-5942
Tgl. 17.30–21.30 Uhr
Mittlere Preisklasse

The Moosse Café
Freundliches Café-Restaurant in der Ortsmitte mit kalifornischer Küche.
390 Kasten St.
Tel. (707) 937-4324
Tgl. 10–21 Uhr
Untere Preisklasse

Service

Catch A Canoe & Bicycles, Too
Hier kann man Kanus, Kajaks und hochwertige Mountainbikes leihen.
Hwy 1/Comptche-Ukiah Rd.
Tel. (707) 937-0273

Mono Lake ■ C8

Der 200 qkm große Salzsee an der Ostflanke der **Sierra Nevada** (Zufahrt über Tioga Pass oder US 395) nur 20 km vom Osteingang des Yosemite-Parks mutet an wie eine Märchenwelt: Bizarre Kalktuffgebilde ragen aus ihm heraus wie surrealistische Plastiken. Doch die Schönheit hat einen traurigen Hintergrund. Die jahrtausendealten natürlichen Kunstwerke traten erst vor wenigen Jahren an die Oberfläche, weil der Wasserspiegel sinkt. Um Los Angeles mit Wasser zu versorgen, leitete man die Zuflüsse des Sees um – die Existenz vieler Zugvögel und der kalifornischen Möven, die am Mono Lake ihre Nistplätze haben, ist bedroht (Visitor Center und Unterkünfte in **Lee Vining**).

Und wenn Sie schon auf der Ostseite der Sierras sind, dann dürfen Sie einen Abstecher nach **Bodie** nicht verpassen – die wohl stimmungsvollste Geisterstadt Kaliforniens mit malerischen Westernfassaden, die seit gut hundert Jahren unberührt blieben. Anfahrt: über die SR 270 nördlich von Lee Vining.

Monterey/Carmel ■ B8

Monterey, ein großer Name, eine große Vergangenheit – und dennoch nur 32 000 Einwohner. Die weite Bucht von Monterey wurde bereits 1602 von den Spaniern entdeckt, 150 Jahre später machten die Conquistadores die neugegründete Siedlung zur Hauptstadt ihrer Kolonie »Alta California«. Als jedoch während des Goldrausches die Amerikaner den Regierungssitz nach Sacramento verlegten, verfiel Monterey in einen Dornröschenschlaf als Fischerstadt. Hier schrieb John Steinbeck 1938 seinen Roman »Cannery Row« (»Die Straße der Ölsardinen«), in dem er die Ausbeutung der Arbeiter in den Fischkonservenfabriken schilderte.

Erst nach dem Zweiten Weltkrieg erwachte Monterey wieder und wurde mit seinen Nachbarstädten **Pacific Grove** und **Carmel** zum Touristenmagneten. Heute kommen jährlich 3 Mio. Besucher auf die herrlich gelegene Halbinsel südlich der großen Monterey Bay, viele davon als Ausflügler aus dem 180 km entfernten San Francisco. Sie kommen wegen der berühmten **Fisherman's Wharf** und der hübschen Altstadt in Monterey, wegen der Golfplätze und des mondänen Bohème-Flairs in der Künstlerstadt Carmel, wegen des tosenden Pazifiks mit seinen romantischen Stränden am **17-Mile-Drive** – und wegen der **Cannery Row**, die sich heute zur turbulenten Vergnügungsmeile mit Bars, Läden und Restaurants gemausert hat.

Die Monterey-Halbinsel ist außerdem ein idealer Standort für Tagestouren zu den Weingütern im Hinterland und zu Fahrten entlang der Steilküste am Pazifik, nach **Big Sur** etwa oder in das spektakuläre Naturschutzgebiet von **Point Lobos**, wo sich zwischen den umbrandeten Klippen oft Seelöwen und Ottern beobachten lassen.

Hotels und andere Unterkünfte

Borg's Ocean Front Motel
Einfaches Motel in ruhiger Lage direkt am Pazifik. 22 der 60 Zimmer haben einen Blick aufs Meer und sind dafür um ein Drittel teurer.
635 Ocean View Blvd.
Pacific Grove, CA 93950
Tel. (408) 375-2406
Untere Preisklasse

Carmel Village Inn
Schön begrüntes, kleines Hotel am Ortsrand von Carmel.
Ocean Ave., P. O. Box 5275
Carmel, CA 93921
Tel. (408) 624-3864, Fax 626-6763
34 Zimmer
Mittlere Preisklasse

Highlands Inn
Elegantes Ferienhotel in spektakulärer Lage hoch am Hang über dem Pazifik etwas südlich des Ortes. Pool, ausgezeichnetes Aussichtsrestaurant »Pacific's Edge«.
P. O. Box 1700
Carmel Highlands, CA 93921
Tel. (408) 624-3864, Fax 626-6763
142 Zimmer
Luxusklasse

Otter Inn
Gepflegtes kleines Hotel nur wenige Minuten zu Fuß von der Cannery Row. Geräumige Zimmer, einige mit Whirlpool und offenem Kamin.
571 Wave St.
Monterey, CA 93940
Tel. (408) 375-2299, Fax 375-2352
33 Zimmer
Mittlere Preisklasse

Plaza Hotel
Gehobenes Hotel direkt am Anfang der Cannery Row, teilweise auf Pfählen über dem Wasser gebaut. Alle Zimmer sind groß und komfortabel, manche haben Balkon, die meisten auch Blick auf die Bucht.
400 Cannery Row
Monterey, CA 93940
Tel. (408) 646-1700, Fax 646-0285
290 Zimmer
Obere Preisklasse

Sehenswertes

Carmel Mission
Eine der schönsten Missionskirchen Kaliforniens: Die von üppigen Gärten umgebene Mission San Carlos Borromeo del Rio Carmelo wurde 1770 erbaut, und hier hatte der legendäre Pater Junípero Serra seinen Hauptsitz, sein Grab ist in der Kirche vor dem Altar (mindestens 1 Stunde).
3080 Rio Rd., Carmel
Mo–Sa 9.30–16.30, So ab 10.30 Uhr
Spende von 2 $ erbeten

Monterey Bay Aquarium
Eines der besten, größten und modernsten Aquarien weltweit: In 23 riesigen Becken tummeln sich über 6500 Meeresbewohner. Haie, Seeotter, Wale, Barrakudas, Oktopusse, Quallen und viele andere sind durch die dicken Scheiben zu beobachten. Die Meeresbiologen des Aquariums erforschen auch den gewaltigen Tiefseecanyon vor der Küste und zeigen Filme von Tauchfahrten. Sehr beliebt sind auch die Fütterungs-Shows, zum Beispiel bei den Seeottern (mindestens 3 Stunden).
886 Cannery Row
Tgl. 10–18 Uhr
Eintritt 11,75 $, Kinder 5,75 $

17-Mile-Drive
27 km windet sich diese Panoramastraße um die Westspitze der Monterey-Halbinsel von Pacific Grove nach Carmel. Die Fahrt führt vorbei an herrlichen Stränden, schroffen Klip-

Wo früher eine Fischfabrik stand, erhalten die Besucher des Monterey Bay Aquarium heute einen faszinierenden Einblick in die Welt der lebendigen Meeresbewohner

pen und stillen Buchten, aber auch durch **Pebble Beach**, das Viertel der Superreichen mit sattgrünen Golfplätzen direkt am Meer. Besonders bei Sonnenuntergang zu empfehlen (1 Stunde reine Fahrzeit).
6,50 $ pro Auto, Motorräder verboten

Museen

Monterey State Historic Park
Verstreut über die Altstadt Montereys wurde ein halbes Dutzend Adobe-Häuser aus der spanischen Zeit restauriert und als Museen eingerichtet. Ein markierter »Path of History« führt vom alten Zollgebäude am Hafen zu den einzelnen Gebäuden.
20 Custom House Plaza
Tgl. 10–17 Uhr
Eintritt 5 $, Kinder 2,50 $

Wo geht's denn hier zur Cannery Row? Die Bewohner des geschichtsträchtigen Ortes Monterey helfen Ihnen sicher gerne bei der Spurensuche

Steinbeck Memorial Museum
In diesem verschachtelten Häuschen – vollgestopft mit Möbeln, Fotos und Manuskripten – soll John Steinbeck gelebt und gewirkt haben.
470 Foam Ave., Monterey
Tgl. 10–18 Uhr
Eintritt frei

Essen und Trinken

Chart House
Es gehört zu einer Kette, es liegt mitten im Cannery-Row-Trubel – und dennoch ist das Restaurant eines der besten der Stadt: fantastische Lage mit Aussicht, frische Fische und saftige Steaks.
444 Cannery Row, Monterey
Tel. (408) 372-3362
Mo–Do 17–22, Fr 17–23, Sa 16–23, So 16–22 Uhr
Mittlere Preisklasse

The Fishwife
Fischrestaurant mit karibischem Flair beim Asilomar Beach.
1996 Sunset Drive, Pacific Grove
Tel. (408) 375-7107
Tgl. 11–22, So ab 10 Uhr

Rio Grill
Sehr beliebtes Szenelokal mit perfekter kalifornischer Küche – das tröstet über die wenig attraktive Lage in einem Shopping-Center leicht hinweg.
Rio Rd./Hwy 1
Tel. (408) 625-5436
Tgl. 11.30–22, Sa bis 23 Uhr
Mittere bis Obere Preisklasse

Sardine Factory
Riesiges Lokal in einer ehemaligen Sardinenfabrik mit gläsernem Kuppeldach. Gutes Seafood, pfiffig-kalifornisch zubereitet.
701 Wave St., Monterey
Tel. (408) 373-3775
Tgl. 17–22.30, So 14–22 Uhr
Mittlere Preisklasse

Toasties
Quirlig-buntes Bistro-Café mit tollem Frühstück und leichten Hauptspeisen.
702 Lighthouse Ave., Pacific Grove
Tel. (408) 373-7543
Tgl. 6–22, Sa und So ab 8 Uhr
Untere Preisklasse

Einkaufen

Cannery Row Antique Mall
In dieser alten Fabrikhalle haben über 120 Antiquitätenhändler ihre Stände. Vom alten Telefon übers Tankstellenschild bis zum Spielzeugauto gibt es schier alles, was das Sammlerherz begehrt.
471 Wave St., Monterey

Service

Monterey Visitors & Convention Bureau
380 Alvarado St.
Monterey, CA 93940
Tel. (408) 649-1770,
Fax 649-3502

American Bicycles
Hier kann man Räder für Touren am 17-Mile-Drive und am Highway 1 mieten.
486 Washington St., Monterey
Tel. (408) 375-2144,
Fax 375-3843

Mount Shasta ■ B5

Er ist von weither zu sehen, der 4317 m hohe, ewig mit Eis und Schnee bedeckte Gigant im hohen Norden Kaliforniens, der dem Örtchen zu seinen Füßen den Namen gab.

Die wenig besiedelte Region um den Vulkan ist ein hervorragendes Gebiet für Wanderungen und Bergtouren. Rundum sind Wege ausgeschildert, auch zum **Lake Siskiyou** und zum **Castle Lake**, zwei klaren, kühlen Seen südwestlich des Mount Shasta. Noch interessanter für Wassersportfreunde ist der 50 km südlich gelegene **Shasta Lake**, ein weitverzweigter See mit idealen Möglichkeiten zum Wasserski- und Bootfahren.

Auch die kleinen, nostalgischen Pionierorte im weiteren Umkreis wie **Weaverville**, **Shasta** oder **Yreka** lohnen einen Besuch.

Goldene Tropfen im Golden State

Den Anfang machten die Mönche. Bereits im 18. Jahrhundert pflanzten die Franziskaner in ihren kalifornischen Missionen die ersten Reben für Meßwein an, allerdings meist von recht schauerlicher Qualität. Erst im folgenden Jahrhundert begannen europäische Einwanderer mit dem Weinbau, allen voran ein Ungar. Graf Arogos Haraszthy war im Jahre 1857 der erste kommerzielle Weinbauer, mit einem Tropfen namens »Buena Vista« wurde er schnell reich. Viele eiferten ihm nach, und schon Ende des 19. Jahrhunderts gab es allein im Napa Valley über 600 Weinbaubetriebe. Das Geschäft florierte, Wein war beliebt bei den durstigen Goldgräbern.

Das Ende jedoch kam schnell, und es war mit bloßem Auge kaum zu erkennen: Die gemeine Reblaus hatte sich breitgemacht und fast alle Rebwurzeln vernichtet. Die Betriebe, die sie nicht ruinierte, gingen mit der Prohibition im Jahre 1919 zugrunde. Nach dem Ende des Alkoholverbots (1933) erholte sich der Weinanbau nur stockend: Die Technik war veraltet, die Rebstöcke waren wenig ertragreich, zudem hatten Importeure von europäischen Weinen den Markt unter sich aufgeteilt.

Noch in den sechziger Jahren gab es kaum mehr als ein Dutzend Winzer im Napa Valley – doch dann begann der Aufstieg. Mit dem Geld amerikanischer, französischer und japanischer Investoren holte man Fachleute ins Land, und es gelang tatsächlich, in nicht einmal 20 Jahren aus Napa und Sonoma Valley Weinbaugebiete von Weltruf zu machen. Es gibt mittlerweile im Napa Valley rund 200 Betriebe, im Sonoma-Tal etwa 35. Produziert werden mit modernster Technik vorwiegend die Weißweine der Sorten Chardonnay, Gewürztraminer, Sauvignon und vereinzelt auch Rieslinge. Bei den Roten dominieren die eigentlich typische Bordeauxtraube Merlot sowie Pinot noir, Cabernet und Zinfandel, eine Rebsorte, die vermutlich aus dem dalmatinisch-slowenischen Raum nach Amerika kam und heute – mit großem Erfolg – fast nur noch in Kalifornien angebaut wird.

Die klimatischen Bedingungen im Napa und Sonoma Valley sind ideal. Viel Sonne und eine leichte Nebelfeuchtigkeit,

USA Westküste extra

»Poesie in Flaschen«: Mit der Meinung über die Qualität kalifornischen Weins hält man hier nicht hinterm Berg

die nachts vom Meer heranzieht, garantieren hohe, qualitativ gute Erträge. Wegen des konstanten Klimas kennt man auch kaum »gute« oder »schlechte« Jahrgänge wie in Europa, wo ein kühler Sommer enorme Qualitätseinbußen zur Folge haben kann. Oftmals erreicht man in Kalifornien weit über 14 Volumenprozent Alkohol; Werte, an die nicht einmal heiße Mittelmeergebiete wie Griechenland oder Spanien herankommen.

Selbst eine neue Reblausplage in den letzten Jahren schmälerte die Zuversicht der kalifornischen Weinbauern kaum. Man pflanzte kurzerhand neue, resistentere Sorten an. Viele betrachteten dies sogar als Chance, ihre Anbauflächen neu zu organisieren, rationeller zu bepflanzen und so auf den veränderten Markt zu reagieren.

Vorbei sind die Zeiten, als man aus Europas Kellereien geringschätzig über den Großen Teich blickte. Für viele Betriebe der Alten Welt sind die kalifornischen »winemakers« mittlerweile ein Vorbild – in punkto Marketing könnten sich die meisten gewiß eine dicke Scheibe bei den Amerikanern abschneiden. Ob allerdings im Burgund, in der Toskana oder in der Pfalz alles so rationell ablaufen muß wie in Napa und Sonoma, darüber werden die Weingeister noch länger heftig zu zanken haben.

Hotels und andere Unterkünfte

The Tree House
Ungewöhnlich stilvolles Hotel der Best-Western-Kette mit schönem Pool und hellen, großen Zimmern, meist mit Blick auf den Mount Shasta.
111 Morgan Way
Mount Shasta, CA 96967
Tel. (916) 926-3101, Fax 926-3542
95 Zimmer
Mittlere Preisklasse

Campingplatz

Lake Siskiyou Camp Resort
Weitläufiges Campinggelände direkt am Seeufer mit 360 Plätzen und allem Komfort. Bootsverleih.
P. O. Box 276
Mount Shasta, CA 96067
Tel. (916) 926-2618

Essen und Trinken

Lily's
Kleines, verschachteltes Restaurant in der Ortsmitte mit gemütlicher Atmosphäre und buntgemischter Küche.
1013 South Mount Shasta Blvd.
Tel. (916) 926-3372
Tgl. 7–22 Uhr
Untere Preisklasse

Service

Mount Shasta Visitors Bureau
300 Pine St.
Mount Shasta, CA 96067
Tel. (916) 926-4865, Fax 926-0976

Napa Valley

■ B 7

Geht es um amerikanische Weine, so kommt die Rede unweigerlich auf dieses 50 km lange, schmale Tal eine Fahrstunde nordöstlich von San Francisco: das Napa Valley. Seit Mitte des 19. Jh. wird hier Wein angebaut, aber erst gut 100 Jahre später erlangten die Tropfen aus dem Tal Weltruhm; die meisten Weingüter entstanden in den siebziger Jahren. Für Weinkenner, aber auch nur zum Sightseeing lohnt sich eine Tour durch das Napa Valley, denn allein die teils historisch angehauchten, teils postmodern gestylten Güter verdienen nähere Betrachtung. Die Reben werden zumeist auf der Talsohle angepflanzt, die Hänge sind mit lichten Eichen- und Kiefernwäldern bewachsen. Hauptachse des Tales ist der stark befahrene Highway 29, beginnend bei **Napa**, dem geschäftigen Hauptort mit gut 60 000 Einwohnern. Weiter Richtung Norden führt die US 29 durch kleinere Orte bis nach **St. Helena** und **Calistoga**, einem Kurort und Quelle des berühmten Mineralwassers. Hier sprüht der **Old Faithful Geysir** alle 40 Minuten eine 20 m hohe Fontäne in die Luft. Die meisten Weingüter liegen außerhalb der Ortschaften, viele auch an der parallel zur US 29 verlaufenden ruhigeren Seitenstraße **Silverado Trail**.

Hotels und andere Unterkünfte

Best Western Inn
Modernes Hotel mit 68 Zimmern am Rande der Innenstadt von Napa; gutes Preis-Leistungs-Verhältnis.
100 Soscol Ave.
Napa, CA 94558
Tel. (707) 257-1930, Fax 255-0709
Mittlere Preisklasse

Calistoga Inn
Charmantes Hotel mit nur 18 Zimmern aus der Zeit der Jahrhundertwende in der Ortsmitte mit großen, schön renovierten und meist original eingerichteten Zimmern und zwei guten Restaurants im Haus.
1250 Lincoln Ave.
Calistoga, CA 94515
Tel. (707) 942-4101
Untere Preisklasse

Meadowood Resort
Ein Luxushotel hoch in den Hängen des Tales, mit Blick über Wiesen, Wälder und Weinberge. Selbstverständlich gehören ein Golfplatz, mehrere Tennisplätze, ein Fitneßcenter, zwei Pools und ein First-class-Restaurant dazu.
900 Meadowood Lane
St. Helena, CA 94574
Tel. (707) 963-3646, Fax 963-3532
99 Zimmer
Luxusklasse

Napa Valley Lodge
Moderne Hotelanlage, gut gelegen im Herzen des Tales; die 55 Zimmer sind sehr ansprechend hell möbliert. Gute Restaurants nahebei.
2230 Madison St.
Yountville, CA 94599
Tel. (707) 944-2468, Fax 944-9362
Obere Preisklasse

Silverado Country Club
Ein Paradies für Golfer und Genießer: Das elegante Resorthotel bietet zwei 18-Loch-Golfplätze, Tennisplätze und mehrere Pools in einer weitläufigen Gartenanlage.
1600 Atlas Peak Rd.
Napa, CA 94558
Tel. (707) 257-0200, Fax 257-5400
260 Zimmer
Obere Preisklasse bis Luxusklasse

Sehenswertes

Weingüter
Das Napa Valley ist vor allem bekannt für seine würzigen Chardonnays, feine Pinot blancs und Cabernet Sauvignons, daneben werden aber auch Gewürztraminer, Pinot noir, Merlot und andere Trauben angebaut. Die meisten Güter haben **tasting rooms** und Weinläden (meist von 10–17 Uhr geöffnet), oft auch Picknicktische im idyllischen, rebenumrankten Garten.

Einige Tips zur Weinprobe: Führungen durch die Kellereien bieten zum Beispiel die großen Güter **Beringer** (2000 Main St., St. Helena) und **Robert Mondavi** (7801 St. Helena Hwy, Oakville, Voranmeldung unter Tel. 259-9463). Zur Weinverkostung lohnen sich **Trefethen** (1160 Oak Knoll Ave., Napa), **Merryvale Vineyards** (1000 Main St., St. Helena), **S. Anderson** (1473 Yountville Crossroad, Yountville) oder **Grgich Hills** (1829 St. Helena Hwy, Rutherford) und auf der Ostseite des Tales **Clos du Val** (5330 Silverado Trail, Napa) sowie **Silverado** (6121 Silverado Trail, Napa). Sehenswert ist auch das vom Stararchitekten Michael Graves gestaltete Gut **Clos Pegase** (1060 Dunaweal Lane, Calistoga), und von den **Sterling Vineyards** bietet sich ein schöner Blick über das ganze Tal.

Kalifornischen Schaumwein können Sie im Schloß des französischen Champagnermoguls Taittinger **Domaine Carneros** (1240 Duhl Rd., Napa) oder bei **Domaine Chandon** (1 California Drive, Yountville) probieren. Guten Wein und eine ebenso gute Kunstsammlung finden Sie in der **Hess Collection** (4411 Redwood Rd., Napa, Tel. 255-1144) in den Hügeln am Südende des Napa Valley.

Einkaufen

Napa Factory Stores
Große Shopping Mall mit Direktverkauf von 40 Markenfirmen wie Esprit oder Mikasa.
Hwy 29/First St. Exit, Napa

Vintage 1870
Große Mall mit Boutiquen, Souvenirläden, Cafés – und natürlich einem gut sortierten Weinladen. Im **Antique Fair** nebenan lassen sich auch witzige Utensilien für Weinfreunde finden.
6525 Washington St., Yountville

Essen und Trinken

All Seasons Café
Ungezwungenes Café-Restaurant mit lockerer Atmosphäre und pfiffig-leichter kalifornischer Küche. Die hervorragenden Weine werden auch im benachbarten Laden verkauft.
1400 Lincoln Ave., Calistoga
Tel. (707) 942-9111
Tgl. 11–22, Fr–So ab 8 Uhr
Mittlere Preisklasse

Anestis'
Ein griechisches Restaurant im Napa Valley – warum eigentlich nicht? Serviert wird viel Gegrilltes, viel Fisch, auf Wunsch auch draußen im kleinen Gärtchen.
6518 Washington St., Yountville
Tel. (707) 944-1500
Tgl. 11–22 Uhr
Mittlere Preisklasse

The Diner
(→ Die 10 urigsten Diners und Hamburgerlokale, S. 54/55)

Terra
Hervorragende neukalifornische Küche in historischer Atmosphäre. Der Küchenchef ist Japaner, das bürgt für Phantasie und Abwechslung.
1345 Railroad Ave., St. Helena
Tel. (707) 963-8931
Tgl. außer Di 18–22 Uhr
Obere Preisklasse bis Luxusklasse

Tra Vigne
Stimmungsvoller Treff der schicken Szene aus San Francisco mit italienisch-kalifornischer Cuisine.
1050 Charter Oak Ave., St. Helena
Tel. (707) 963-4444
Tgl. 11.30–22 Uhr
Mittlere bis Obere Preisklasse

Service

Napa Valley Visitors Bureau
1310 Napa Town Center
Napa, CA 94559
Tel. (707) 226-7459,
Fax 255-2066

Balloons Above The Valley
Frühmorgens starten zwischen den Weingärten etwas nördlich von Napa Flüge im Heißluftballon. Reservierung vorab nötig.
Tel. (707) 253-2222

Napa Valley Wine Train
Dinner und Weinprobe krönen die Fahrt mit einem historischen Zug aus den fünfziger Jahren ab Napa.
1275 McKinstry St.
Tel. (707) 253-2111

Nevada City ■ B7

Das hübsch herausgeputzte, hügelige Städtchen am Westrand der Sierra Nevada war einst einer der größten und reichsten Goldgräberorte Kaliforniens. Heute leben hier noch knapp 3000 Menschen, vorwiegend vom Tourismus. Im historischen **Nevada Theater** (401 Broad St.) aus dem Jahre 1865 werden immer noch Melodramen aufgeführt, und vor dem **National Hotel** stehen wieder Pferdekutschen und warten auf Fahrgäste. Auch der Nachbarort **Grass Valley** entstand im Gold Rush, ist aber nicht ganz so putzig restauriert.

Auf die Spuren der Goldsucher können Sie sich zunächst im **Firehouse Museum** (214 Main St.) in Nevada City begeben. Im benachbarten Grass Valley ist das weitläufige Gelände **Empire Mine State Historic Park** (10791 East Empire St.) zu besichtigen, ein riesiges Bergwerk mit fast 600 km Stollen, aus dem rund 180 t Gold gewonnen wurden.

Hotel

The Holbrooke Inn
Eines der authentischen Hotels des Gold Country: Erbaut im Jahre 1851, war es einst das beste Haus weit und breit. Heute ist es stilecht restauriert, im historischen Dining Room wird moderne französisch-kalifornische Küche serviert.
212 West Main St.
Grass Valley, CA 95945
Tel. (916) 273-1353, Fax 273-0434
28 Zimmer
Mittlere Preisklasse

Essen und Trinken

Friar Tuck's
Gute amerikanische Kost im kleinen Restaurant oder nebenan in der Bar

Mythos Nevada City:
Aus seiner Vergangenheit als eine der größten und reichsten Goldgräberstädte schlägt der Ort heute touristisches Kapital

bei Live-Musik. Gute Weine und Faßbier.
111 North Pine St., Nevada City
Tel. (916) 265-9093
Tgl. 10–22 Uhr
Untere bis Mittlere Preisklasse

The Owl Tavern
(→ Die 10 urigsten Diners und Hamburgerlokale, S. 54/55)

Point Reyes National Seashore ■ A7

Das Schutzgebiet südlich von Bodega Bay umfaßt knapp 300 qkm einsame Strände, Klippen und Douglasienwälder mit über 200 km Wanderwegen. Schön ist der Blick von der alten **Point Reyes Light Station** an der Spitze der weit in den Pazifik ragenden Halbinsel.

Informationen über den hier verlaufenden St.-Andreas-Graben geben der **Earthquake Trail** sowie das **Bear Valley Visitor Center** in Olema (Tel. 415/663-1092).

Redwood National Park ■ A5

Über 40 000 ha erstreckt sich diese größtenteils unberührte Wald- und Küstenlandschaft, bestehend aus mehreren Teilstücken im National Park und in mehreren State Parks. Der Haupteingang liegt bei **Orick** im Süden (Visitor Center). Dort in der Nähe, in der mit einem Shuttlebus zu erreichenden **Tall Trees Grove**, stehen auch die mächtigsten der bis zu 2500 Jahre alten Redwoods, darunter der mit 112 m höchste Baum der Welt. Im Park sind über 300 km Wanderwege ausgeschildert, besonders schön sind Touren entlang der Küste, etwa am **Fern Canyon**, einer Lichtung im **Prairie Creek State Park**.

Herbstzeit ist Kürbiszeit: Dann verhelfen die »pumpkins« selbst verrosteten Oldtimern am Straßenrand – wie hier im Redwood National Park – noch zu etwas Glanz

Unterkunft

Hostelling International Redwood National Park
Herrlich am Meer gelegene Jugendherberge mit 30 Betten in der alten Villa eines Holzbarons.
14480 Hwy 101
Klamath, CA 95548
Tel. (707) 482-8265

Service

Redwood National & State Parks
1111 2nd St.
Crescent City, CA 95531
Tel. (707) 464-6101, Fax 464-1812

Russian River Valley

■ a 1, S. 318

Das Weinbaugebiet von Sonoma reicht über das Russian River Valley fast bis zur Pazifikküste. Die edelsten Lagen ziehen sich zwar entlang der Hänge um den Hauptort Sonoma, aber auch weiter nördlich gibt es zwischen Hopfen- und Obstplantagen noch prämierte Tropfen, etwa bei **Ferrari-Carano** (8761 Dry Creek Rd., Healdsburg). Die schönsten Orte der Region sind **Healdsburg** und **Guerneville**, beide am Russian River gelegen.

Hotel

Camelia Inn
Stolzes Herrenhaus aus dem Jahre 1869 mit Pool in einem großen Garten. Die Zimmer sind geschmackvoll antiquarisch möbliert.
211 North St.
Healdsburg, CA 95448
Tel. (707) 433-8182
9 Zimmer
Mittlere Preisklasse

Essen und Trinken

Madrona Manor
Nobles Restaurant im gleichnamigen viktorianischen Hotel am Nordende des Sonoma Valley mit gepflegter französisch-amerikanischer Küche.
1001 Westside Rd., Healdsburg
Tel. (707) 433-4231
Tgl. 18–21, So auch 11–14 Uhr
Obere Preisklasse

Sacramento

■ B 7

Man schrieb das Jahr 1839, als der Schweizer Johann Sutter am Sacramento River eine Ranch gründete – »Neu-Helvetien« nannte er sie. Neun Jahre später jedoch fand einer seiner Arbeiter Gold in der Sierra Nevada, eine Stadt wurde gegründet, Tausende von Abenteurern überrannten das Land des Schweizers – und Sutter starb später als armer Mann. Er liegt heute mit Tausenden von anderen Goldrausch-Pionieren aus aller Welt auf dem **City Cemetary** (10th St./Broadway) begraben. Seine Siedlung Sacramento jedoch florierte, wurde 1854 gar Hauptstadt von Kalifornien – und ist es noch immer.

Heute leben 390 000 Menschen in Sacramento, dennoch herrscht eine ruhige, fast verschlafene Atmosphäre. Neben der Politik bestimmen der große Hafen am **Sacramento River** und vor allem die Landwirtschaft im umliegenden **Central Valley** die Wirtschaft der Stadt. An frühere Zeiten erinnert die **Old Town** am Flußufer: Die alte Stadt aus dem 19. Jh. ist heute ein Vergnügungsviertel mit Kneipen, Restaurants und einigen Museen. Die Innenstadt wird beherrscht vom prunkvollen, 1874 fertiggestellten **State Capitol**, in dem heute noch das Parlament tagt.

Redwoods – die letzten Riesen

Sie sind schon respekteinflößend, diese gewaltigen Baumriesen im Norden Kaliforniens. Über hundert Meter hoch wachsen sie, mit mächtiger Krone und dicker, rostbrauner Rinde, und sie werden bis zu 2500 Jahre alt.

Diese Giganten begannen ihr langes Leben als zarte Sämlinge, als man sich in Athen gerade mit dem Gedanken trug, die Akropolis zu bauen, als sich in Westeuropa die Kelten mit den ersten eisernen Waffen auf die Jagd begaben, und als in Nordkalifornien die ersten Yurok- und Wiyot-Indianer lebten.

Die Redwoods konnten so alt werden, weil ihnen das milde, neblige Meeresklima ideale Lebensbedingungen bietet, weil ihre dicke, faserige Borke auch den schlimmsten Waldbränden trotzt, und weil sie kein entflammbares Harz besitzen, sondern nur einen bitteren Lebenssaft, der gegen Schädlinge und Krankheiten resistent ist. Zudem vermehren sich die Bäume sehr leicht, oft genügt ein abgefallener Ast, um einen neuen Ableger hervorzubringen.

Die **Küsten-Redwoods** (Sequoia sempervirens) sind um einiges höher und schlanker als ihre stämmigeren, bis zu 3000 Jahre alten Verwandten, die **Mammutbäume** (Sequoia gigantea) am Westhang der Sierra Nevada. Der größte Vertreter dort ist der »General Sherman Tree« im Giant Forest des Sequoia National Park, er mißt 84 Meter bei einem Durchmesser von 11 Metern – das größte lebende Wesen unserer Erde. Der mächtigste Küsten-Redwood dagegen, der »Tall Tree« in der Tall Trees Grove nördlich von Eureka, ist zwar weit schmäler, aber dafür stolze 112,1 Meter hoch. Er ist der höchste Baum der Welt und über 2000 Jahre alt.

Vor etwa 60 Millionen Jahren, im Zeitalter der Dinosaurier, bedeckten Redwoods weite Teile der Erde. Als sich das Klima veränderte, hielten sich die größten Bestände an der Westküste Nordamerikas. Noch im 19. Jahrhundert erstreckten sich die Sequoien-Wälder über eine Fläche von fast 800 000 Hektar und nahmen fast die gesamte Küstenregion von Monterey bis weit nach Oregon ein. Zum Vergleich: Das 80 Kilometer lange Schutzgebiet der Redwood National and State Parks zwi-

USA Westküste extra

David für Goliath: Umweltschützer machen sich dafür stark, daß die bis zu 2500 Jahre alten Redwoods nicht mehr gefällt werden dürfen

schen Eureka und Crescent City umfaßt heute gerade mal 15 200 Hektar, also keine zwei Prozent des ursprünglichen Verbreitungsgebietes.

Das Sterben der Riesen begann mit dem Goldrausch in Kalifornien. Ihr hartes Holz eignete sich bestens für Bahnschwellen und Stützbalken in den Bergwerkstollen. Schon im Jahre 1870 waren die größten und ältesten Bäume abgeholzt. Und die Holzindustrie blieb profitabel, als die Tage des Goldrausches schon fast vorbei waren. Erst 1918 gründete sich die »Save the Redwoods League«, eine Vereinigung zum Schutz der urzeitlichen Riesen. Es war schon fast zu spät.

Heute sind die Redwoods in 18 Naturparks geschützt – doch nur bedingt. Immer noch walzen sich Rodungsmaschinen durch die Wälder, die pro Tag bis zu tausend Bäume fällen. Dies nennt sich »kontrollierter Einschlag« und ist legal.

Ein Zustand, gegen den Umweltschützer seit Jahren ankämpfen – und sie finden immer mehr Zustimmung bei der Bevölkerung. Denn Arbeitsplätze schafft der Kahlschlag kaum mehr. Eine moderne Rodungsmaschine kommt mit zwei bis drei Mann Bedienungspersonal aus. Somit wäre dann auch das letzte Argument für das Abholzen der einzigartigen Urbäume entkräftet…

Hotels und andere Unterkünfte

Central Motel
Einfaches, aber sauberes, kleines Motel am Ostende der Innenstadt.
818 16th St.
Sacramento, CA 95814
Tel. (916) 446-6006
14 Zimmer
Untere Preisklasse

Hartley House
Gepflegtes Bed & Breakfast in einem ruhigen viktorianischen Haus.
700 22nd St.
Sacramento, CA 95116-4012
Tel. (916) 447-7829, Fax 447-1820
5 Zimmer
Mittlere Preisklasse

Hyatt Regency
Der 15stöckige Neubau direkt neben dem Capitol ist das erste Haus am Platze. Fast alle Zimmer bieten einen herrlichen Blick über die Stadt. Fitneßcenter, Pool, Sauna.
1209 L St.
Sacramento, CA 95814
Tel. (916) 443-1234, Fax 321-6699
500 Zimmer
Mittlere bis Obere Preisklasse

Sehenswertes

Sutter's Fort
Das Palisadenfort des glücklosen »Stadtgründers« Johann August Sutter wurde rekonstruiert. In mehreren Gebäuden ist zu sehen, wie die Siedler damals lebten und arbeiteten.
27th St./L St.
Tgl. 10–17 Uhr
Eintritt 5 $, Kinder 2 $

Museen

Railroad Museum
Eines der größten Bahnmuseen Amerikas: Auf drei Stockwerken ist alles rund um die berühmten Bahnen des Wilden Westens ausgestellt, darunter 21 Lokomotiven und Waggons. Zum Museum gehört auch die nachgebaute **Central Pacific Station** an der Front Street, der Original-Bahnhof, der einst den Endpunkt der transkontinentalen Linie bildete. Im Sommer kann man mit einem Dampfzug mitfahren (mindestens 2 Stunden).
125 I St. (Old Town)
Tgl. 10–17 Uhr
Eintritt 5 $, Kinder 2 $

State Indian Museum
Kultur und Kunsthandwerk der ersten Bewohner Kaliforniens sind hier anschaulich dargestellt: Werkzeuge, Schmuck, Kleidungsstücke und eine große Sammlung fein geflochtener Körbe (mindestens 1 Stunde).
2618 K St. (neben Fort Sutter)
Tgl. 10–17 Uhr
Eintritt 2 $, Kinder 1 $

Towe Ford Museum of Automotive History
Ein Museum rund um das Automobil: Die weltweit größte Sammlung an Ford-Oldtimern wurde hier zusammengetragen, nämlich 175 Fahrzeuge von den Anfängen im Jahre 1903 bis in die fünfziger Jahre (mindestens 1 Stunde).
2200 Front St.
Tgl. 10–18 Uhr
Eintritt 5 $, Kinder 1 $

Essen und Trinken

The Firehouse
Feine kalifornische Küche in der vornehm restaurierten Feuerwache der Old Town. Sehr elegant sitzt man auch im Innenhof.
1112 2nd St. (Old Town)
Tel. (916) 442-4772
Tgl. 11.30–14 und 17.30–22 Uhr, Sa nur abends geöffnet
Mittlere bis Obere Preisklasse

Hot & Spicy
Waschechte Südstaatenküche, also scharf gewürzte und dunkel gebratene Steaks, Hühnchen, Shrimps und Fische. Dazu dicke Bohnen und am Wochenende Live-Musik im großen Innenhof.
1023 A Front St. (Old Town)
Tel. (916) 443-5051
Tgl. 11–22, Fr und Sa bis 2 Uhr
Untere bis Mittlere Preisklasse

Max's Opera Cafe
Helles, kühles Restaurant im Stil eines New Yorker Deli-Restaurants, aber mit leichter kalifornischer Küche. Abends beginnen die Kellner zu singen!
1735 Arden Way
Tel. (916) 927-6297
Tgl. 11.30–22, Fr und Sa bis 24 Uhr
Untere Preisklasse

Service

Sacramento Visitors Bureau
1421 K St.
Sacramento, CA 95814
Tel. (916) 264-7777, Fax 264-7788

San Jose ■ B8

Die weit ausufernde Großstadt am Südende der San Francisco Bay zieht jährlich mehr als 1 Mio. Besucher an. Nicht weil sie bereits 1777 gegründet wurde, nicht weil sie von 1849 bis 1851 einmal die Hauptstadt Kaliforniens war, sondern weil San Jose das Zentrum des **Silicon Valley** ist, wo Hunderte von Chipfabriken und Software-Firmen die Welt der Zukunft gestalten. Fast 850 000 Einwohner hat die Stadt heute und damit San Francisco schon überflügelt. Attraktionen sind hier dünn gesät, doch auch auf einer rein touristischen Reise durch Kalifornien lohnt sich ein Abstecher in die High-Tech-Welt – auch mit Kids.

Sehenswertes

Stanford University
Die renommierte, 1891 gegründete Hochschule im Vorort **Palo Alto** ist der Impulsgeber des Silicon Valley: Hier forschen die Nobelpreisträger von morgen. Für alle Normalbürger bleibt es bei einem Bummel über den schön angelegten, sehr typischen Campus, einem Blick vom **Hoover Tower** und eventuell einer faszinierenden Führung durch die Anlage des 3 km langen **Teilchenbeschleunigers** (Reservierung unter Tel. 926-22 04).

Winchester Mystery House
Sarah Winchester, die Witwe des Büchsenmachers, fürchtete die Geister all jener, die durch die Waffen ihres Gatten ums Leben kamen. Ein Wahrsager riet ihr, solange sie ein Haus baue, sei sie sicher. So ließ sie ab 1884 ein Haus mit 160 Zimmern, 47 Kaminen und unzähligen Geister-

fallen wie Tapetentüren, Blindtreppen und Falltüren erstellen – 38 Jahre lang, bis zu ihrem natürlichen Tod.
525 South Winchester Blvd.
Juni–Sept. tgl. 9–17.30,
sonst 9–16 Uhr
Eintritt 12,50 $, Kinder 6,50 $

Museen

Children's Discovery Museum
Finanziert von Stephen Wozniak, dem Gründer der Firma Apple, lernen Kinder spielerisch den Umgang mit Computern. Ein Muß für die Hacker von morgen.
180 Woz Way/Auzerias St.
Di–Sa 10–17, So ab 12 Uhr
Eintritt 6 $, Kinder 3 $

Intel Museum
Im Werksmuseum der Chip-Firma Intel im benachbarten **Santa Clara** sieht man, wie Roboter in Reinluft-räumen Silikon schneiden, es chemisch behandeln und Chips mit über 3 Mio. Transistoren herstellen.
2200 Mission College Blvd.
Mo–Fr 8–17 Uhr
Eintritt frei

Tech Museum of Innovation
Früher hieß dieses Computermuseum »The Garage« in Anlehnung an die vielen Garagen in San Jose, in denen einst die PC-Pioniere bastelten. Die Ausstellungen schildern die Geschichte des Silicon Valley. Sie können aber auch selbst kreativ sein, etwa an Computern Fahrräder gestalten, ein Haus planen und auch gleich testen, ob es einem Erdbeben standhält.
145 West San Carlos St.
Tgl. außer Mo 10–17 Uhr
Eintritt 6 $, Kinder 4 $

Santa Cruz

■ B8

Es geht lebhaft zu in dem Badeort an der nördlichen **Monterey Bay**, nicht zuletzt wegen der hier ansässigen **University of California**. Bereits Mitte des 19. Jh. war der breite Strand von Santa Cruz ein beliebtes Ausflugsziel für Wasserratten, und bald entstand eine Amüsiermeile wie in Coney Island an der Ostküste.
Der **Beach Boardwalk** stammt aus dem Jahre 1903 und ist der älteste in Kalifornien. Die Karussells und die hölzerne Achterbahn stehen bereits seit 1924. Über all dem Rummel am Strand dürfen Sie aber die Umgebung nicht vergessen: In den Hügeln nördlich der Stadt stehen im **Big Basin State Park** am Highway 9/236 herrliche Redwood-Wälder, unmittelbar südlich von Santa Cruz liegt **Capitola**, ein typisch kalifornischer Strandort mit langem Pier, junger Surferszene und quirligen Cafés.

Hotels und andere Unterkünfte

The Dream Inn »On the Beach«
Zwar ist das Betongebäude auf den Klippen von außen nicht sonderlich hübsch, doch man hat einen schönen Blick auf die Bucht und direkten Zugang zum Strand.
175 West Cliff Drive
Santa Cruz, CA 95060
Tel. (408) 426-4330
164 Zimmer
Mittlere Preisklasse

Sundown in Capitola: Ein langer Strandtag unter kalifornischer Sonne neigt sich dem Ende zu

Silicon Valley: vom Apfel zum Mikrochip

Es geht um den Typ von Jungen, den es überall auf der Welt gibt. Meist ist er schlaksig, trägt eine dicke Brille und altmodische Hemden, ist Klassenbester in Mathe und Physik und wird von den anderen als Sonderling oder Streber abgestempelt. Man würde ihn nie zum Klassensprecher wählen, und als Pausenbrot hat er eine vertrocknete Käsestulle von vorgestern dabei.

Dieser Typ Junge wird in den USA »nerd« genannt, und »nerds« sind dort oft sehr erfolgreich. Besonders südlich von San Francisco, in dem 30 Kilometer langen Tal zwischen Palo Alto und San Jose, in dem früher Rinder weideten und Apfelbäume wuchsen. Heute arbeiten hier »nerds« und produzieren kleine Knöpfe aus Silikon – Mikrochips genannt. Warum gerade hier? Vielleicht, weil hier im Jahre 1938 die Herren Hewlett und Packard eine Maschine konstruierten, die elektronische Töne schuf. Sie verkauften sie an Walt Disneys Filmemacher in Hollywood und bauten von dem Erlös eine kleine Fabrik. Die Entwicklung schritt voran, und über die Jahre entstanden im Umkreis von Hewlett-Packard immer mehr Firmen. In den sechziger Jahren schließlich rüsteten die beiden Erfinder ihre Maschinen mit den revolutionären Silikonchips aus – ein Ersatz für die schwerfälligen Röhren und Relais. Fortan nannte man das einstige Rindertal »Silicon Valley«.

Dann kam die nächste Generation. Die Kinder der Beschäftigten und ihre Freunde waren von der Chip-Idee fasziniert und bastelten in Vaters Garage an neuen Möglichkeiten – und neuen Spielen. Glück und Erfolg hatten damit vor allem zwei Jungs, ein schlaksiger und ein dicklicher, Steve Jobs und Stephen Wozniak. Sie bastelten 1976 in einer Garage in Cupertino westlich von San Jose einen hölzernen Kasten mit einigen Drähten und Chips, den man an einen Fernseher und einen Videorekorder anschließen konnte. Als Informationsträger fungierten Videokassetten – fertig war der erste PC, der Personalcomputer für den Hausgebrauch. Die Jungs nannten ihn »Apple«, weil hier

USA Westküste extra

Das Silicon Valley zwischen Palo Alto und San Jose gilt als Brutstätte der Computerindustrie

im Tal schließlich so viele Äpfel wuchsen. Hätten sie ihn – was genausogut möglich gewesen wäre – »beef« genannt, würde heute Millionen von PCs überall auf der Welt ein kleines buntes Rindvieh zieren. Apple wurde zum Weltkonzern.

Heute haben fast alle amerikanischen Computerkonzerne ihre Zentrale im Silicon Valley, und hier befindet sich auch eine Ideenschmiede der Internet-Entwicklung. Aus dem verschlafenen Tal an der San Francisco Bay wurde ein riesiges Gewerbe- und Forschungsgebiet der Hochtechnologie. So mancher heutige Student der Universitäten von Berkeley und Palo Alto wird sich noch im Cyberspace reich klicken.

Und all die Bastler von damals, sie sind heute lebende Legenden. Es gibt einige Dutzend Garagen in Palo Alto, San Jose oder Santa Clara, die bei den Computerfreaks als Kultstätten gelten. Viele Firmenchefs verschweigen gar die Adresse ihrer Anfänge, um die Anwohner von den Touristenströmen zu verschonen.

Nach Stephen Wozniak wurde sogar eine Straße benannt, der »Woz Way« in San Jose, wo der Apple-Gründer für zwei Millionen Dollar ein Computermuseum für Kinder einrichtete und oft selbst Schulklassen hindurchführt. Und es dürfte ihn eher freuen, wenn er dabei überdurchschnittlich viele Kids mit dicken Brillen ausmacht.

Seaside Lodge
Einfaches Motel direkt am Strand, die meisten der 31 Zimmer bieten Blick aufs Meer.
301 Beach St.
Santa Cruz, CA 95060
Tel. (408) 426-0420
Untere Preisklasse

Essen und Trinken

Carniglia's
Italienisch angehauchtes Seafood-Restaurant direkt an der Spitze der Wharf mit phantastischem Ausblick.
49a Municipal Wharf
Tel. (408) 458-3600
Tgl. 10–22 Uhr
Mittlere Preisklasse

Sonoma Valley ■ B7

Es ist nicht so bekannt wie das benachbarte Napa Valley, doch auch im Sonoma Valley werden Spitzenweine gekeltert. Manche Kenner sagen gar, Sonoma habe Napa mittlerweile den Rang abgelaufen. Älter ist die Weinkultur Sonomas in jedem Fall, denn schon die spanischen Missionare pflanzten hier vor 200 Jahren Meßwein an. Das spanische Erbe des Städtchens **Sonoma** – die alte Mission und mehrere historische Adobehäuser – wird im **Sonoma State Historic Park** (20 East Spain St.) bewahrt.

Hotels und andere Unterkünfte

El Pueblo Inn
Einfaches, doch gepflegtes Motel mit 41 Zimmern in hölzernen Bungalows.
896 Napa St.
Sonoma, CA 95476
Tel. (707) 996-3651, Fax 935-5988
Untere Preisklasse

Sonoma
Alteingesessenes viktorianisches Hotel direkt an der Plaza mit 17 renovierten und original möblierten Zimmern.
110 West Spain St.
Sonoma, CA 95476
Tel. (707) 996-2996
Mittlere Preisklasse

Sonoma Mission Inn
Ein Treff der Stars und High-Society – aber mit genügend Kleingeld fühlt sich bestimmt jeder wohl in diesem spanisch gestylten, nostalgischen Luxusresort mit Kurbad, Fitneßzentrum und großen Gärten.
18149 Sonoma Hwy
Boyes Hot Springs, CA 95476
Tel. (707) 938-9000, Fax 938-4250
170 Zimmer
Obere Preisklasse bis Luxusklasse

Sehenswertes

Jack London State Park
Jack London verlebte auf dieser Farm seine letzten Jahre und liegt hier begraben. Ein kleines Museum widmet sich dem Leben des trinkfesten Schriftstellers.
London Ranch Rd., Glen Ellen
Tgl. 9.30–17 Uhr
Eintritt 5 $ pro Fahrzeug

Weingüter
Zu den ältesten Weingütern Kaliforniens gehören die **Buena Vista Winery** (Old Winery Rd.) und die **Gundlach-Bundschu Winery** (2000 Denmark St.) aus dem Jahre 1858. **Sebastiani** (389 4th St. East) ist einer der größten Weinproduzenten der USA, das kleinere Gut **Ravenswood** (18701 Gehricke Rd.) glänzt mit Zinfandel- und Merlot-Weinen.

Essen und Trinken

Babette's Restaurant & Wine Bar
Kleines Restaurant im Hinterhof in der Nähe der Plaza mit phantasievoller kalifornischer Küche und hervorragenden Weinen.
464 1st St., Sonoma
Tel. (707) 939-8921
Tgl. 12–22 Uhr
Untere bis Mittlere Preisklasse

Eastside Oyster Bar
Auf Fisch spezialisiertes Trend-Lokal mit ausgezeichneter kalifornischer Küche; hübscher Hinterhof, ausgezeichnete Weine.
133 E. Napa St.
Tel. (707) 939-1266
Tgl. 11.30–14 und 17–22 Uhr, im Winter Di und Mi geschl.
Mittlere Preisklasse

Sonora

C 8

Die Bezirkshauptstadt Sonora und die kleineren Nachbarstädte Columbia, Jamestown und Murphys waren einst Hochburgen der Goldgräber in der Sierra Nevada. Sonora wurde 1848 von erfahrenen Bergleuten aus dem mexikanischen Sonora gegründet, die sehr schnell fündig wurden. In Columbia lebten bald über 15 000 Menschen, es wäre sogar fast die Hauptstadt Kaliforniens geworden. Hier in der Gegend wandte man erstmals ein neues Schürfverfahren an: **hydraulic mining**, bei dem das Gold mit großen Wasserspritzen ausgewaschen wurde. Das weitgehend original erhaltene **Columbia** steht heute komplett unter Denkmalschutz, aber auch die Main Streets in **Jamestown** und **Murphys** bezaubern mit historischem Flair. Vergessen Sie darüber aber nicht die Natur ringsum: Im **Calaveras Big Trees State Park** östlich von Murphys etwa wartet ein schöner Hain von Mammutbäumen (Lehrpfade).

Hotels und andere Unterkünfte

City Hotel
Fast ein Museum ist dieses restaurierte Goldgräberhotel von 1856. Die 10 Zimmer sind original ausgestattet. Gutes Restaurant.
Columbia, CA 95310
Tel. (209) 532-1479
10 Zimmer
Mittlere Preisklasse

Lodge at Manuel Mill
Gemütliches, rustikales B & B-Haus mit nur 5 Zimmern; ein kleiner See vor der Türe und rundum nur Natur.
White Pines Rd.
Arnold, CA 95223
Tel. (209) 795-2622
Untere bis Mittlere Preisklasse

Museum

Railtown 1897 State Historic Park
Ein großes Freilichtmuseum mit Lokomotiven, Waggons und einem Bahnhof aus der Gold-Rush-Zeit. An Sommerwochenenden auch Fahrten mit einer Dampfeisenbahn.
5th Ave., Jamestown
Tgl. 9.30–16.30 Uhr
Eintritt 2,50 $, Kinder 1,50 $

Essen und Trinken

National Hotel Restaurant
Verfeinerte amerikanische Küche im Speisesaal des Westernhotels; schöner Saloon.
77 Main St., Jamestown
Tel. (209) 984-3446
Tgl. 11–22 Uhr, So ab 9 Uhr Brunch
Untere bis Mittlere Preisklasse

Yosemite National Park

■ C8

Bereits 1864 wurde der schönste Teil der Sierras von Präsident Abraham Lincoln zum Schutzgebiet erklärt: eine grandiose Berglandschaft aus bis zu 3500 m hohen schneebedeckten Granitgipfeln und dunklen Wäldern, im Sommer üppig blühenden Bergwiesen und kristallklaren Seen. Der blumige Name stammt aus der Sprache der Miwok-Indianer, die so die hier einst häufigen Grizzlybären bezeichneten.

Zentraler – und besonders im Sommer recht überlaufener – Teil des 3084 qkm großen Parks ist das **Yosemite Valley**, ein 12 km langes Wiesental, umsäumt von steilen, bis zu 1000 m hohen Granitwänden, die von den Gletschern der Eiszeiten glattgeschliffen wurden. Vom **Visitor Center** (Museum) fahren Busse in den für Autos gesperrten Ostteil des Tales zu den Trailheads für Wandertouren. So etwa zum **Happy Isles Trail Center**, von dem aus Sie zu den Wasserfällen **Vernal** und **Nevada Falls** gelangen. Einen Fahrradverleih für Touren im Valley finden Sie bei der **Yosemite Lodge** und im **Curry Village**.

Weitere Naturschönheiten sind der 2695 m hohe **Half Dome**, die bei Extremkletteren sehr beliebte Steilwand des **El Capitan** und der **Yosemite Fall**, ein Wasserfall, der in drei Stufen 739 m in die Tiefe stürzt. Seitenstraßen führen vom Yosemite Valley zum **Glacier Point** mit herrlichem Panorama über das Tal und in den Südteil des Parks zu den fast 3000 Jahre alten Mammutbäumen der **Mariposa Grove** (Wanderwege und geführte Touren).

Atemberaubende Wasserfälle und eindrucksvolle Granitfelsen wie der »Half Dome« – der Yosemite National Park kann mit so vielen Highlights aufwarten, daß Sie einen Besuch auf keinen Fall versäumen sollten

Weit ruhiger und weniger von Touristen besucht ist das Hinterland des Parks. Die (im Winter geschlossene) **Tioga Pass Road** klettert durch die saftiggrünen Hochmoorwiesen der **Tuolumne Meadows** über den 3031 m hohen Tioga Pass. Zahlreiche Wanderwege zweigen von der Straße ab, auch in den nur zu Fuß erreichbaren Nordteil des Parks.

Hotels und andere Unterkünfte

Alle Unterkünfte im Park werden zentral verwaltet und sollten möglichst lange vorab reserviert werden.

Das schönste Quartier ist das historische **Ahwahnee Hotel** (123 Zimmer, Obere Preisklasse), das ebenso wie das große Mittelklassehotel **Yosemite Lodge** (306 Zimmer und 189 Cabins, Mittlere Preisklasse) und das Hüttendorf **Curry Village** (183 Cabins und 427 Zelte, Untere Preisklasse) im Yosemite Valley liegt. Etwas ruhiger liegt am Highway 41 das historische **Wawona Hotel** (105 Zimmer, Mittlere Preisklasse). Reservierung bei:

Yosemite Park & Curry Co.
5410 East Home Ave.
Fresno, CA 93727
Tel. (209) 252-4848, Fax 452-0542

Best Western Yosemite Gateway Inn
Verkehrsgünstig am Südeingang des Parks gelegenes Neubau-Hotel mit 2 Pools und Waschsalon.
40530 Hwy 41
Oakhurst, CA 93644
Tel. (209) 683-2378, Fax 683-3813
118 Zimmer
Untere bis Mittlere Preisklasse

Château du Sureau
Luxusschlößchen einer Wienerin in herrlicher Landschaft am Südrand des Parks; die Zimmer sind mit wertvollen Möbeln eingerichtet. Gutes Restaurant.
48688 Victoria Lane
Oakhurst, CA 93644
Tel. (209) 683-6860, Fax 683-0800
9 Zimmer
Luxusklasse

Comfort Inn Mariposa
Solides, sauberes Kettenmotel westlich des Parks.
4994 Bullion St.
Mariposa, CA 95338
Tel. (209) 966-4344, Fax 966-4655
61 Zimmer
Untere bis Mittlere Preisklasse

Campingplätze

15 Campingplätze liegen im Park, bei einigen herrscht »first come, first served«, doch die meisten, vor allem die im Yosemite Valley, müssen reserviert werden – bis zu 8 Wochen im voraus bei:

Destinet
9450 Carroll Park
San Diego, CA 92121
Tel. (619) 452-8787, innerhalb der USA (800) 436-7275

Service

Yosemite National Park
Besucherzentren gibt es im Yosemite Valley und am Tioga Pass. Im **Wilderness Center** des Yosemite Valley bekommen Sie Tips und Permits für längere Wanderungen ins Hinterland. Postadresse für Vorab-Infos:
P. O. Box 577
Yosemite National Park, CA 95389
Tel. (209) 372-0200

Die 10 hübschesten Städte

Cannon Beach ■ B2
...weil das langgezogene, schmucke Dörfchen in Oregon alle Urlaubserwartungen erfüllt und die wilde Küste ringsum zu den herrlichsten Landschaften der Westküste zählt (→ S. 201).

Capitola ■ B8
...weil man so nett am kleinen Hafen mit den bunten Häuschen spazierengehen und vom langen Pier aus den Surfern zusehen kann (→ S. 96, 313).

Carmel ■ B8
...weil Clint Eastwood hier schon mal Bürgermeister war, die Strandbucht so schön gelegen ist und die Amerikaner vor Verzückung hier immer ganz aus dem Häuschen geraten (→ S. 79).

Hood River ■ C3
...weil hier zwar das Ufer des mächtigen Columbia River durch die Autobahn verbaut ist, aber in den Kneipen der lebhaften, nett restaurierten Altstadt die Windsurfing-Szene tobt wie sonst nirgendwo in Amerika (→ S. 211).

Mendocino ■ A6
...weil das liebevoll restaurierte viktorianische Städtchen an der Nordküste Kaliforniens so wunderbar Nostalgie verströmt (→ S. 77).

Nevada City ■ B7
...weil man in diesem Westernort mitten im Goldland der Sierra Nevada ständig versucht ist, mit dem Spaten und der Goldwaschpfanne nach Nuggets zu suchen (→ S. 89).

Port Townsend ■ C1
...weil der traditionsreiche Hafenort am Puget Sound von allen Städten der Olympic Peninsula seine historische Atmosphäre am besten bewahrt hat (→ S. 248).

San Francisco (Foto) ■ A7
...weil »the City« unumstritten einfach die schönste Stadt der Westküste ist. Ende der Diskussion (→ S. 106).

Santa Barbara ■ B10
...weil sich nirgendwo das lockere California Feeling besser erleben läßt als in den spanisch gestylten Straßen dieser alten Missionsstadt in Südkalifornien (→ S. 165).

Snohomish ■ D1
...weil das Antiquitätenstädtchen in Washington immer noch viktorianischen Glanz ausstrahlt und es hier den verrücktesten Nippes zu kaufen gibt (→ S. 255).

Die verspielte viktorianische Architektur macht die historischen Städtchen der Westküste besonders attraktiv

Nicht ohne Grund gilt San Francisco schon seit langem als die beliebteste Stadt der USA. Die facettenreiche City am »Goldenen Tor« ist charmant und genußfreudig, laut, bunt und voller Widersprüche. Hier fahren weniger Autos als anderswo, hier ißt man weniger Hamburger, hier ist es leicht, von der Hektik des Alltags eine Stufe zurückzuschalten. Die herrliche Lage der Stadt auf einer Landzunge zwischen dem Pazifik und der weiten, blauen San Francisco Bay trägt das Ihre dazu bei, Urlaubsstimmung aufkommen zu lassen.

■ A7

»Es ist merkwürdig, doch von fast jedem, der irgendwann verschwunden ist, heißt es, er sei in San Francisco wieder gesehen worden«, schrieb einst Oscar Wilde im Bemühen, das Phänomen San Francisco zu erklären. Wo sonst auch sollte jemand abtauchen, der es anderswo nicht mehr aushielt? Wo sonst als in San Francisco, im bunten Trubel von **Chinatown**, in den pizzaduftenden Trattorias von **North Beach**, auf dem Trittbrett eines **Cable Car** oder auf den Wiesen des **Golden Gate Park**, in der Flower-Power-Szene von **Haight-Ashbury**, im Salsa-Viertel um die **Mission Street**, in der wohligen Watte des Sommernebels oder irgendwo drüben, auf einem Hügel jenseits der **Golden Gate Bridge**? Wo sonst könnte man gleichermaßen untertauchen und sich behaupten?

Das Verschwinden hat Tradition in San Francisco, schon immer wirkte die Stadt wie ein Magnet für Aussteiger und Aufsteiger. Mitte des 19. Jh., rund 70 Jahre nachdem Pater Junípero Serra hier ein Missionsdorf gegründet hatte, begann die Karriere der Stadt: »Gold« lautete das Zauberwort im Jahre 1848. Binnen weniger Monate kamen Tausende von Abenteurern aus aller Welt. Bald lagen Hunderte von Schiffen verlassen im Hafen, der Handel mit Schaufeln, Pfannen und Whisky blühte, die Kaschemmen im Hafenviertel verzeichneten Rekordumsätze. Die Einwohnerzahl der Stadt wuchs bis 1851 auf 50 000 Menschen, Banken wurden gegründet, Hotels errichtet, bald auch eine Eisenbahn gebaut. 20 000 chinesische Arbeiter holte man dafür, und als man sie nicht mehr brauchte, kasernierte man sie in Chinatown, gleich neben North Beach, dem Viertel der Italiener.

Kultobjekt der New-Age-Bewegung: Von den 48 Stockwerken der Transamerica Pyramid im Financial District ist nur die 27. Etage für die Öffentlichkeit zugänglich

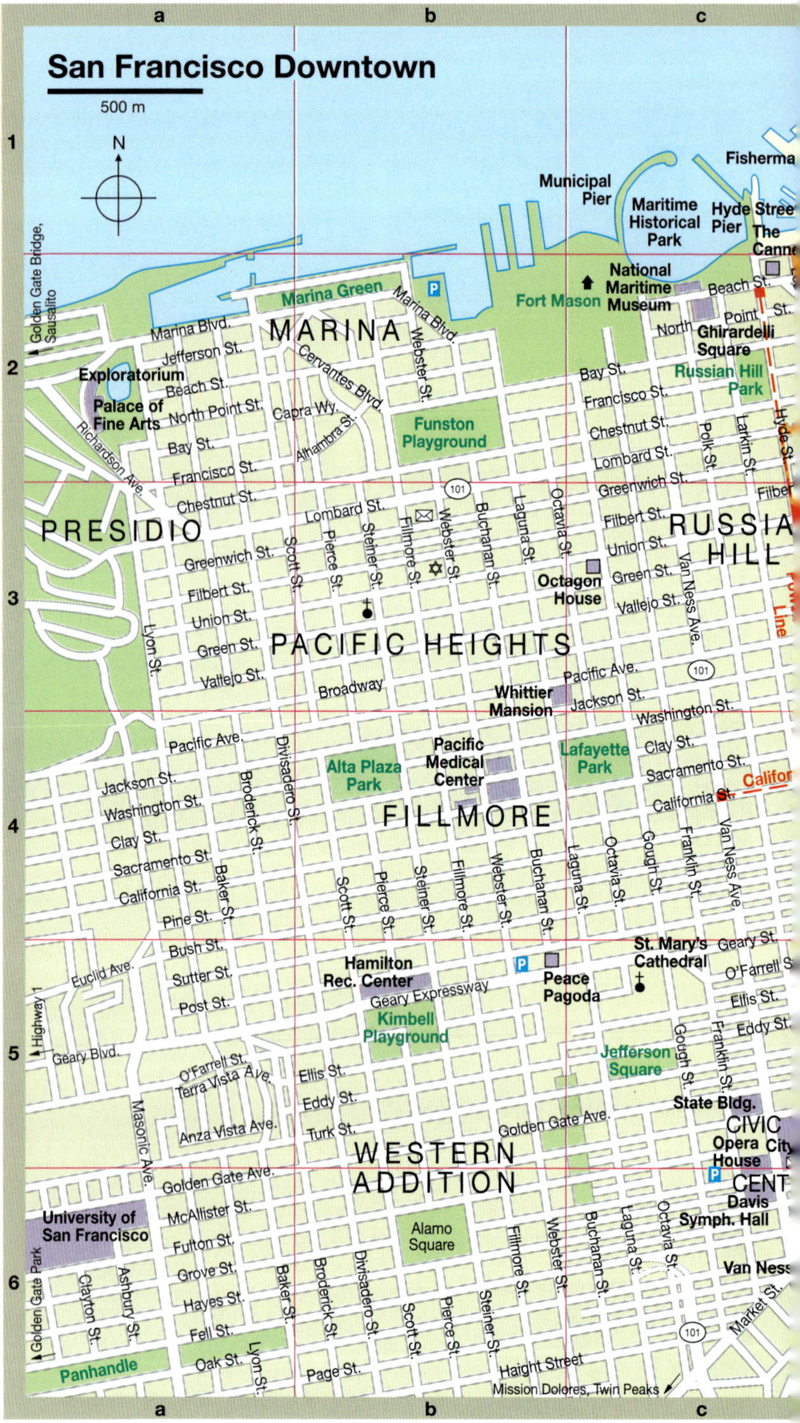

Die Buchstaben-Zahlen-Kombinationen im Text verweisen auf die Planquadrate dieser Karte.

d
e
f
1
2
3
4
5
6
San Francisco Bay
Alcatraz
Bay Cruises
Sausalito, Tiburon
Pier 39
Jefferson St.
The Embarcadero
TELEGRAPH HILL
Coit Tower
NORTH BEACH
CHINA-TOWN
SOUTH OF MARKET
Ferry Building
Oakland, Berkeley
San Francisco-Oakland Bay Bridge
Transamerica Pyramid
Embarcadero Center
Chin. Culture Center
Cable Car Museum
Grace Cathedral
The Ritz Carlton
Chinatown Gate
St. Peter and Paul
Washington Square
Bohème
San Remo
The Andrews
The Fitzgerald
Commodore
Hostelling International
Parc Fifty Five
Cable Car Turntable
Powell St.
Union Square
Center for the Arts
San Francisco Museum of Modern Art
Yerba Buena Gardens
Moscone Convention Center
Cartoon Art Museum
Ansel Adams Center for Photography
Montgomery St.
Embarcadero
Transbay Terminal
Fed. Bldg.
Civic Center
Hall of Justice
San Francisco Caltrain Depot
Mission Creek Marina
James Lick Skyway
Powell-Mason Line
SFO Int. Airport, San Jose
Spaziergang mit Laufrichtung
Cable Car
Kirche
Synagoge
Information
Hotel
Jugendherberge
Post
Parkplatz
U-Bahn
Sehenswürdigkeit, öffentl. Gebäude
Grünfläche

Erdbeben – Schicksal der City

1903 lebten in San Francisco bereits 425 000 Menschen, die Stadt florierte – bis zum Morgen des 18. April 1906. Ein Erdbeben der Stärke 8,3 machte 300 000 Bürger obdachlos, 452 starben. (Das erneute schwere Beben von 1989 zeigte, wie unsicher der Boden unter der Stadt auch heute noch ist.) Schon um 1915 stand San Francisco jedoch wieder in voller Blüte, sogar über die Weltwirtschaftskrise in den dreißiger Jahren rettete man sich und beschäftigte Heerscharen von Arbeitslosen mit Großbauten wie der **Oakland Bay Bridge** und **Golden Gate Bridge**. Im Zweiten Weltkrieg herrschte Vollbeschäftigung: San Francisco wurde Kriegshafen und Zentrum der Rüstungsindustrie.

Einfach schön: Eine Fahrt mit der Cable Car ist die reizvollste – und bequemste! – Art, die Hügel von San Francisco zu erklimmen

In den sechziger Jahren entwickelte sich das heute noch zutreffende Image San Franciscos als Stadt der Toleranz und Weltoffenheit. In **North Beach** entstand die intellektuelle Beat-Bewegung, später feierten die Blumenkinder in Haight-Ashbury den »Summer of Love«, in **Berkeley** protestierten die Studenten, und in **Oakland** kämpfte die Black-Power-Bewegung gegen die Diskriminierung der Schwarzen. Während der siebziger Jahre schließlich formierte sich hier das »gay movement«, die Schwulenbewegung, als politische und gesellschaftliche Kraft. Nicht zuletzt deshalb unterhält San Francisco heute weltweit führende Einrichtungen zur Aids-Hilfe und Aids-Forschung.

Das liberale, nonkonformistische Klima der Stadt lockt seit Jahrzehnten die Homosexuellen aus allen Teilen des Landes an. In San Francisco muß man sich nicht verstecken, seine Neigungen nicht im stillen Kämmerlein ausleben. Ein ganzer Stadtbezirk, der **Castro District**, entwickelte sich im

Laufe der Jahrzehnte zur Bühne der Schwulenszene. Schon seit den siebziger Jahren gibt es einen eigenen Stadtrat der »gays«, die fast 100 000 Schwulen und Lesben sind zu einem wichtigen politischen und wirtschaftlichen Faktor geworden, und zwei sich ganz offen umarmende Männer oder Frauen gehören ganz selbstverständlich ins alltägliche Straßenbild. Der Stolz der Bewegung zeigt sich jedes Jahr Ende Juni bei der großen Parade zum **Gay-Lesbian Freedom Day** auf der Market Street – der Tag ist aber heute auch ein Anlaß zur Trauer um die Aids-Opfer San Franciscos.

Weltoffenheit und Toleranz

Die Metropole, in deren Großraum mittlerweile 6,4 Mio. Menschen leben, hat aus den Fehlern einer Zeit gelernt, als man Chinesen und Schwarze unterdrückte, und hat begriffen, welche Vorteile die multikulturelle Struktur einer Stadt bietet. Man ist offener, lockerer, toleranter als anderswo.

Dieses Flair ist auch heute überall spürbar, nicht nur in North Beach und Chinatown. Die Szenen durchmischen sich immer mehr: Im spanischen Mission District leben nicht mehr nur Latinos, in Castro nicht nur Schwule, im Hippie-Viertel Haight-Ashbury trinkt auch mal einer mit Krawatte seinen »caffè latte«, vor den Luxuskaufhäusern am Union Square verkaufen Obdachlose ihre eigene Zeitung, das »Street Sheet«. Und sogar an der Fisherman's Wharf – eigentlich ein Touristenzentrum – ist wesentlich weniger Nepp spürbar als in vergleichbaren Gegenden anderer Städte.

Hotels und andere Unterkünfte

The Andrews Hotel ■ d 4, S. 108
Sympathisches kleines Hotel aus dem Jahre 1905 nahe beim Union Square. Die Zimmer sind dank einer halbrunden Wand zur Straße interessant geschnitten und pfiffig eingerichtet.
624 Post St.
San Francisco, CA 94109
Tel. (415) 563-6877, Fax 928-6919
48 Zimmer
Mittlere Preisklasse

Bohème ■ d 3, S. 108
Modern und geschmackvoll eingerichtetes Minihotel in North Beach in der Art einer feinen Pariser Pension. Die Zimmer sind groß und hell, das Personal ist sehr freundlich.
444 Columbus Ave.
San Francisco, CA 94133
Tel. (415) 433-9111, Fax 362-6292
15 Zimmer
Mittlere Preisklasse

Commodore Hotel ■ d 4, S. 108
Der Backsteinbau von 1927 nahe dem Union Square ist eines der originalgetreusten Hotels in San Francisco. Das Haus im Art-déco-Stil wurde erst 1995 behutsam renoviert, man verzichtete auf Kitsch und Nippes. Das Commodore war einst beliebt bei Künstlern und Lebemännern, die stimmungsvolle Bar und der Diner im Stil der fünfziger Jahre erinnern daran.
825 Sutter St.
San Francisco, CA 94109
Tel. (415) 923-6800, Fax 923-6804
113 Zimmer
Mittlere Preisklasse

Geologie: Wenn die Erde bebt...

Man spricht nicht davon in Kalifornien, doch jeder weiß es, und jeder erwartet es, und jeder ist darauf vorbereitet. Irgendwann in den nächsten 10, 20 oder 50 Jahren ist es wieder soweit – ein »Big One«, ein großes Erdbeben, wird den Golden State kräftig durchrütteln. So wie damals, am Morgen des Karfreitag 1906 in San Francisco, als die Stadt von einem Erdbeben der Stärke 8,3 erschüttert wurde und in den folgenden Bränden 80 Prozent der Stadt in Schutt und Asche gelegt wurden.

Erst in jüngster Zeit hat die Erde unter den Metropolen Kaliforniens wieder gebebt: 1989 in San Francisco und 1994 in Los Angeles mit einer Stärke von immerhin 6,6 auf der Richterskala. Doch diese Beben fielen glimpflicher aus, weil die Häuser heute nach neuester Technik »erdbebensicher« gebaut werden. Und man ist heute auch besser vorbereitet: In jedem Telefonbuch sind **earthquake pages** zu finden, einige Seiten mit Verhaltenstips für den Fall der Fälle. Wenn die Erde wackelt, soll man sich zum Beispiel sofort unter einen Tisch flüchten und wegen der Splittergefahr von den Fenster wegbleiben. Viele Kalifornier haben zudem ein »earthquake kit« im Haus mit Notrationen für einige Tage.

Auch den Besucher kann es treffen. Man wacht irgendwann in der Nacht im Hotelzimmer auf – mit einem mulmigen Gefühl, als würde jemand das Bett rücken. Und dann schwingt die Deckenlampe leicht hin und her. Erdbeben! Doch es besteht kein Grund zur Sorge: Hunderte von kleinen, fast unmerklichen Beben erschüttern alljährlich Kalifornien – ohne irgendwelchen Schaden anzurichten. Wirklich große Beben kommen nur alle 80 bis 100 Jahre vor.

Fast alle Erdbeben treten um den von zahlreichen Spalten und Rissen in der Erdkruste umgebenen **San Andreas Fault** auf, eine Verwerfung, die sich vom Golf von Kalifornien längs durch den halben Staat über San Francisco nordwärts zieht. Bei Point Reyes erreicht die Spalte dann das Meer und verschwindet in den Tiefen des Pazifiks. Dieser Sankt-

USA Westküste extra

San Francisco erschütterte zuletzt im Oktober 1989 ein schweres Erdbeben – 6,6 auf der Richterskala

Andreas-Graben entstand durch die Kollision der pazifischen Platte mit der nordamerikanischen Festlandsscholle. Unendlich langsam, mit nur wenigen Zentimetern pro Jahr, reiben die beiden Platten aneinander, verhaken sich und reißen sich mit einem Ruck wieder los. Immer neue Erdbeben sind die Folge.

Die Bebenzone Kaliforniens verläuft genau an der Nahtstelle zwischen den Platten. Der Südwesten des Staates um Los Angeles und San Diego liegt auf der Pazifik-Platte und wird irgendwann abbrechen und ins Meer hinaus driften. Doch es lohnt sich noch nicht, in der Wüste bei Palm Springs ein Grundstück zu kaufen und auf Meerblick zu hoffen – bis dahin werden noch einige Millionen Jahre vergehen.

Auch weiter im Norden, wo man sich lange erdbebensicher wähnte, liegt nach neuesten Forschungen ein Pulverfaß im Untergrund: Die tektonischen Reibungszonen zwischen der San-Juan-de-Fuca-Platte und der nordamerikanischen Scholle machen ein größeres Beben im Nordwesten Washingtons während der nächsten Jahrzehnte wahrscheinlich. Aber das hat wie auch in Kalifornien bisher noch niemanden veranlaßt wegzuziehen – man lebt einfach ein bißchen intensiver, jetzt und heute.

The Fitzgerald ■ d 4, S. 108
Ein stolzes kleines Altbauhotel nahe dem Union Square mit 47 hellen Zimmern; kleines Frühstück inklusive.
620 Post St.
San Francisco, CA 94109
Tel. (415) 775-8100, Fax 775-1278
Mittlere Preisklasse

Hostelling International ■ d 4, S. 108
Große Jugendherberge nahe dem Union Square mit über 200 Betten in 2- bis 3-Bett-Zimmern.
312 Mason St.
San Francisco, CA 94102
Tel. (415) 788-5604, Fax 788-3023
Untere Preisklasse

Parc Fifty Five ■ d 5, S. 108
Modernes, gepflegtes Turmhotel an der Market Street mit allen Annehmlichkeiten. Schöne Aussicht.
55 Cyril Magnin
San Francisco, CA 94102
Tel. (415) 392-8000, Fax 392-4734
Obere Preisklasse

The Ritz Carlton ■ d 4, S. 108
Absolute Luxusklasse: ein herrlicher, aufwendig restaurierter Prunkbau von 1909 in bester Lage zwischen Nob Hill und Chinatown. Die 336 Zimmer sind mit antiquarischen und stilvollen Designermöbeln ausgestattet. Fitneßcenter, Pool und drei ausgezeichnete Restaurants.
600 Stockton St.
San Francisco, CA 94108
Tel. (415) 296-7465, Fax 296-8559
Luxusklasse

San Remo Hotel ■ d 2, S. 108
Verschachteltes, etwas verrücktes Hotel in North Beach, das 1906 vom Gründer der Bank of America als Wohnheim für Erdbebenopfer erbaut wurde. Alle 64 Zimmer sind unter-

Der kleine Park am Alamo Square ist zwar nicht groß, aber dafür hat man von hier aus die berühmte Zuckerbäckerkulisse der pastelligen Reihenhäuschen im Blickfeld

schiedlich geschnitten und eingerichtet. Das Bad ist auf dem Gang. Gäste sind vorwiegend junge Leute aus Europa.
2237 Mason St.
San Francisco, CA 94133
Tel. (415) 776-8688, Fax 776-2811
Mittlere Preisklasse

Seal Rock Inn
Modernes kleines Hotel in absoluter Traumlage am Pazifik – allerdings ganz im Westen der Stadt und im Sommer öfters eingenebelt. Hübscher Innenhof mit Pool.
545 Point Lobos Ave.
San Francisco, CA 94121
Tel. (415) 752-8000
27 Zimmer
Mittlere Preisklasse

Spaziergang

San Francisco ist ganz unamerikanisch fußgängerfreundlich: Die Innenstadt ist bestens zu Fuß und mit den legendären Cable Cars zu ergründen, nur für eine Tour durch das weitere Stadtgebiet lohnt sich ein Wagen.

Startpunkt für den Bummel ist der **Union Square** im Herzen des Geschäftsviertels. Parallel zu den Gleisen der Cable Car geht es hinab zur Hauptverkehrsader **Market Street**, wo Sie sich im **Visitor Center** im Untergeschoß der Hallidie Plaza mit Infos eindecken können. Gleich gegenüber beginnt das Viertel **SoMa** (South of Market), einst ein häßlicher Lagerhallenbezirk, heute bevorzugtes Quartier von Künstlern und Kneipengängern. Dort liegt auch das **Museum of Modern Art**, San Franciscos neueste kulturelle Errungenschaft.

Auf der quirligen Market Street geht es weiter nach Osten: zu Fuß oder mit einem der **Street Cars**, schnittigen Straßenbahnen aus den fünfziger Jahren, die San Francisco von vielen Städten der USA geschenkt bekam und restaurierte. Von der Endstation **Embarcadero Center** bummeln Sie auf der Clay Street durch die Hochhausschluchten des **Financial District**, vorbei an der 48stöckigen, 1972 erbauten **Transamerica Pyramid**. Das Hochhaus war damals höchst umstritten, wurde aber dann zum Kultobjekt der New-Age-Bewegung und zu einem Wahrzeichen der Skyline.

Gleich dahinter beginnt **Chinatown**: Sehen Sie sich etwas in den fernöstlichen Gassen um, ehe Sie dann auf der **Grant Avenue** weiterbummeln nach **North Beach**, in das alte Viertel der Italiener. An der Kreuzung Broadway/Columbus Avenue finden sich die letzten Relikte der düsteren North-Beach-Vergangenheit: einige Rotlichtschuppen und Peep-Shows. Doch ringsum dominieren witzige kleine Pizzerien, Cafés und Trattorien – ideal für eine Mittagspause.

Danach lohnt sich der Aufstieg über die **Filbert Street** auf den **Telegraph Hill** zum Panoramablick über Stadt und Bucht. Anschließend können Sie die **Filbert Steps** hinabsteigen, entlang der Piers zur **Fisherman's Wharf** weiterbummeln und je nach Zeit noch eine Hafenrundfahrt unternehmen. Auf dem Rückweg lohnt ein Abstecher zur **Lombard Street**, die sich in Schlangenlinien hinauf zur **Hyde Street** windet. Von hier sind Sie dann mit der Cable Car schnell wieder zurück am Union Square.

Dauer: 1 Tag
Karte: S. 108/109

GW
HOTEL
MAYOR
FRANK JORDAN
For The Streets of San Francisco

Rundfahrt

Zum »Goldenen Tor«
Die weiteren Attraktionen und Aussichtspunkte im Stadtgebiet lassen sich auf einer eintägigen Rundfahrt gut miteinander verknüpfen: Zuerst geht´s auf dem Highway 101 zur **Golden Gate Bridge**. Von dort folgt man den Schildern **49-Mile Scenic Drive**, der offiziellen Sightseeing-Route, entlang der Pazifikküste nach Westen. Vorbei am **Palace of the Legion of Honor**, einem Kunstmuseum mit einer ausgezeichneten Rodin-Sammlung, schlängelt sich die Route zum **Cliff House**, einem schon 1863 gegründeten Restaurant auf einer hohen Klippe über dem Meer.

Nach einer Verschnaufpause am weiten Strand des **Ocean Beach** führt der Weg weiter durch den **Golden Gate Park** und mit einem Abstecher nach **Haight-Ashbury**, dem alten Viertel der Blumenkinder mit seinen prächtigen viktorianischen Häusern, weiter hinauf zu den **Twin Peaks**. Vom höchsten Punkt der Stadt bietet sich dort ein sensationeller Blick über die Innenstadt und die Bay.

Beim Rückweg in die City können Sie dann noch einen Stopp im **Castro-Viertel**, dem Stadtteil der Schwulen um die Szenemeile Castro Street, oder an der **Mission Dolores** einlegen.

Eine Welt für sich ist das Chinesenviertel in San Francisco. Bei einem Bummel durch Chinatown sollten Sie vor allem die kleinen Straßen abseits der touristisch ausgerichteten Grant Avenue inspizieren

Sehenswertes

Alamo Square ■ b 6, S. 108
Die klassische Postkartenansicht von San Francisco: im Hintergrund die Skyline der Downtown, im Vordergrund präsentiert sich eine Reihe alter, dezent geschminkter Schönheiten, die **Painted Ladies**, wie die in Pastelltönen gehaltenen viktorianischen Holzhäuser genannt werden. Hier am Alamo Square sind die putzigen Reihenhäuschen vorwiegend im »Queen-Anne-Stil« des ausgehenden 19. Jh. mit runden Türbögen, spitzen Giebeln und Erkern erbaut.
Ecke Fulton St./Scott St.

Chinatown ■ d 4/e 4, S. 108
Das lebhafte Viertel beiderseits der **Grant Avenue** ist die größte chinesische Gemeinde außerhalb Asiens. Eine zauberhafte Mischung aus Gerüchen, Geräuschen und Farben: In unzähligen kleinen Läden werden Gewürze, Geschirr, Lebensmittel und Nippes verkauft, in den Auslagen hängen geröstete Gänse, Schweinsfüße und Rippchen, draußen auf der Straße werden lebende Hühner, Frösche und Fische angepriesen. Auch wenn Chinatown recht touristisch geworden ist, die Atmosphäre blieb erhalten. Am eindrucksvollsten ist es, frühmorgens hier zu bummeln.

Einen interessanten Einblick in die Kultur des Viertels bieten die Ausstellungen des **Chinese Culture Center** (im Holiday Inn, 750 Kearny St., Di–Sa 10–16, So ab 12 Uhr). Authentischer sind die kleinen **Tempel**, die versteckt im Obergeschoß ganz normaler Wohnhäuser liegen. Einige befinden sich in dem schmalen Gäßchen Waverly Place, so der **Norras-Tempel** (Nr. 109), der **Jeng Sen** (Nr. 146) und der **Tin How** (Nr. 125).

Die 10 schönsten Ausflugstouren

Alcatraz ■ a 2, S. 318
...weil man sich auf der einstigen Gefängnisinsel in der San Francisco Bay vorkommt wie Al Capone (→ S. 122).

Channel Islands National Park ■ B 10
...weil es in diesem noch ganz unbekannten Nationalpark auf einer Inselgruppe vor Südkalifornien weit und breit kein Fast-food-Restaurant gibt (→ S. 138).

Jacksonville ■ B 5
...weil das alte Goldgräbernest in den Bergen Südoregons schon oft Kulisse für Westernfilme war (→ S. 212).

Julian ■ D 11
...weil es in diesem Nest hoch in den Coast Mountains über San Diego den vielleicht besten Apfelkuchen Amerikas gibt (→ S. 312).

Mount Baker ■ D 1
...weil die Autotour in die Cascade Mountains nahe der kanadischen Grenze in eine der schönsten Berglandschaften Washingtons führt (→ S. 232, 239).

Mount Hood ■ C 3
…weil der Hausberg Portlands der höchste und schönste Vulkan Oregons ist und in der historischen Timberline Lodge schon Jack Nicholson verrückt-spielte (→ S. 213, 218).

Palm Springs Aerial Tramway (Foto) ■ D 10
…weil man in wenigen Minuten mit der Seilbahn aus der Wüste in die grünen Höhen der San Jacinto Mountains hinaufschwebt (→ S. 149).

Point Lobos ■ a 3, S. 318
…weil in diesem Naturschutzgebiet etwas südlich von Monterey die Felsküste so bizarr zerklüftet ist (→ S. 79).

San Juan Islands ■ C 1
…weil man da mit dem Schiffchen gemütlich durch die Inselwelt tuckert und auf der Fahrt sogar Schwertwale beobachten kann (→ S. 250).

Three Capes Loop ■ B 3
…weil das 50 Kilometer lange Sträßchen immer neue Panoramen über die Steilküste Oregons eröffnet und man an den Stränden interessantes Treibgut finden kann (→ S. 212).

Ein »Ausflug« kann an der Westküste leicht eine zwei- bis dreitägige Tour werden

Civic Center ■ c5/c6, S. 108
Das nach dem Erdbeben von 1906 im neoklassizistischen Stil erbaute Kultur- und Verwaltungszentrum liegt um einen weiten Platz am Westrand der Innenstadt.

Auffälligster Bau ist das Rathaus San Franciscos, die **City Hall**, ein pompöser Säulenbau mit einem 96 m hohen Kuppeldach nach dem Vorbild des Petersdoms in Rom. Die berühmte Oper von San Francisco hat ihr Heim unmittelbar dahinter im **War Memorial Opera House**, auf dessen Bühne am 26. Juni 1945 die Charta der Vereinten Nationen unterzeichnet wurde. Die moderne **Davis Symphony Hall** daneben wurde 1980 eingeweiht, mußte aber wegen akustischer Mängel 1991 noch einmal grundlegend umgebaut werden.

Embarcadero Center ■ e3
Das moderne San Francisco wird am besten durch Bauten wie diesen 1981 fertiggestellten Hochhauskomplex am Fuße der Sacramento Street dokumentiert. Man kann in den neun durch Stege und Rolltreppen verbundenen Gebäuden regelrechte Exkursionen unternehmen.

Sehenswert sind zum Beispiel das futuristisch anmutende **Hyatt Regency Hotel** mit einem 17stöckigen Atrium, verziert mit kühler Kunst und viel Efeu, sowie der weite Platz des Villaincourt Fountain davor. Das benachbarte **Ferry Building** mit dem spanisch anmutenden Glockenturm war vor hundert Jahren, als es noch keine Brücken gab, das belebteste Gebäude der Stadt. Bis zum Bau der 13 km langen Oakland Bay Bridge 1936 blieb das Fährhaus das Tor zu San Francisco.

Fisherman's Wharf ■ c1/d1, S. 108
Kaum zu glauben, daß dies einst ein idyllischer kleiner Hafen war, wo italienische Fischer ihre Boote festmachten und den Fang verkauften. Heute ist »the Wharf« die Touristenmeile schlechthin. Der Trubel beginnt im Osten mit Pier 39, einem großen hölzernen Landesteg, auf dem sich – wie an der gesamten Hafenpromenade – Souvenirläden und Lokale drängeln. Auf mehreren Bühnen treten Straßenkünstler auf, unten vom Wasser ertönt das heisere Bellen der Seelöwen. Vorbei an den Piers, wo die Boote zu den Hafenrundfahrten ablegen, kommt man weiter westlich zu den beiden Klassikern der Fisherman's Wharf: **The Cannery** ist eine restaurierte Konservenfabrik aus dem Jahre 1907. Beim **Ghirardelli Square**, einige Schritte weiter, handelt es sich um eine alte Schokoladenfabrik, hinter deren Backsteinfassaden sich nun Restaurants und Cafés befinden.

Die seriöseste Attraktion des Viertels ist übrigens der **Maritime Historical Park** (Hyde Street Pier, tgl. 10–17.30 Uhr), zu dem sogar eine ganze Flotte echter Schiffe gehört.

Golden Gate Bridge
Der rotgolden schimmernde Hängekoloß im Norden der City ist das berühmteste Wahrzeichen der Stadt. Erbaut wurde die 2,7 km lange Brücke mit den beiden 227 m hohen Pylonen von 1933 bis 1937. Da das Wasser an diese Stelle bis zu 100 m tief ist, galt das Unterfangen zunächst als völlig unmöglich – doch heute rollen alljährlich 50 Mio. Fahrzeuge über das »Goldene Tor« am Eingang zur San Francisco Bay. Gute Aussichtspunkte auf beiden Seiten der Brücke.

Golden Gate Park

Keine Frage, San Franciscos »grüne Lunge« ist einer der schönsten und berühmtesten Stadtparks weltweit. Ein 5 km langer, 800 m breiter Streifen von Wäldchen und Wiesen im Häusermeer der Stadt: Hier fanden nach dem Erdbeben 1906 Hunderttausende Zuflucht in Notzelten. Hier feierten die Hippies ihren »Summer of Love«, und hier ist noch heute am Wochenende der beliebteste Treff der Stadt. Bereits 1866 wurde beschlossen, in dem Dünengebiet am Westrand der City einen Park anzulegen. W.H. Hall, ein Gartenarchitekt aus Stockton, und später der Schotte John McLaren kultivierten die Dünen und pflanzten Tausende von Bäumen, Büschen und Blumen aus aller Welt, legten Rasenflächen, Wege und Spielplätze an.

Schmuckstück des Parks ist das 1878 erbaute **Conservatory of Flowers** am Osteingang, ein herrlicher Glasbau im Stil der Londoner Kew Gardens. Einige Schritte weiter liegen um den **Music Concourse** einige der besten Museen der Stadt: das **M. H. De Young Memorial Museum** mit dem **Asian Art Museum** und die **California Academy of Sciences** (→ S. 125) . Besonders während der Kirschblüte im Frühling sehr hübsch ist der benachbarte **Japanese Tea Garden**. Der ruhigere Westteil des Parks birgt große Grünflächen, ein Bisongehege und mehrere kleine Seen.

Mission Dolores

Es ist ein Relikt aus der Gründerzeit der Stadt, das Kirchlein der Mission San Francisco de Asis. Im Jahre 1776 gegründet, wurde es aus luftgetrockneten Adobe-Ziegeln erbaut, das Ziegeldach gestützt von dicken Red-

Nicht aus der Ruhe zu bringen: Die Seelöwen am Pier 39 an der Fisherman's Wharf lassen sich von Zuschauern nicht stören

»Jailhouse Rock«: die Insel Alcatraz

Eine Fahrt auf das nur fünf Hektar große Inselchen inmitten der Bucht von San Francisco ist bei Touristen beliebt. Man schaukelt durch die glitzernden Wellen der Bay mit dem Schiffchen hinüber und sieht hinter sich die Skyline der City, links die Golden Gate Bridge – ein schöner Ausflug. Die Herren, die früher diese Reise antreten »durften«, konnten sich mit Sicherheit weniger daran erfreuen. Sie wurden in eigens dafür konstruierten Bahnwaggons auf Spezialfähren hinübergeschippert. Und die meisten von ihnen mußten befürchten, das Eiland nicht mehr bei lebendigem Leib zu verlassen.

»The Rock«, wie die Insel Isla de los Alcatraces (Insel der Pelikane) einst von den Spaniern getauft wurde, war eines der am meisten gefürchteten Gefängnisse der USA. Bereits im Jahre 1853 hatten hier amerikanische Truppen eine Festung errichtet, später wurde die Felseninsel zum Militärkerker. 1934 schließlich machte sie die Bundesregierung zum Zuchthaus für Schwerverbrecher. Kaum eine berüchtigte kriminelle Größe der USA, die hier nicht wenigstens ein paar Jahre zugebracht hätte, allen voran der Mafioso Al Capone. Manche brachten es hier erst zu Berühmtheit, wie etwa Robert Stroud, der »Vogelmann von Alcatraz«, dessen Leben mit Burt Lancaster verfilmt wurde.

Die Gefangenen waren in 348 Zellen in vier Blocks untergebracht, von denen aus Sicherheitsgründen keine an eine Außenwand grenzte – also auch kein Fenster hatte. Jede Zelle war 1,50 Meter breit, 3 Meter lang und 2,13 Meter hoch. Auf diesem engen Raum befanden sich ein Eisenbett, ein Stuhl, ein Klapptisch, zwei Regale, eine Toilette und ein Waschbecken. Zum Gang hin gab es keine Wand, sondern nur ein Gitter, die Gefangenen wurden ständig von den Wärtern beobachtet.

Jeden Morgen um 6.30 Uhr war Wecken, um 6.55 Uhr der Morgenappell, fünf Minuten später gab es Frühstück. Ab 7.25 Uhr hatten die Gefangenen zur Arbeit anzutreten, entweder in der Wäscherei, der Gärtnerei, der Schusterei oder in anderen Betrieben. Mit-

Endstation für schwere Jungs: Bis 1963 war Alcatraz das am meisten gefürchtete Gefängnis der USA für Gewaltverbrecher

tagessen wurde um 11.40 Uhr ausgegeben, von 12.20 bis 16.20 Uhr ging es wieder an die Arbeit. Nach dem Abendessen um 16.25 Uhr hatten alle um 16.45 Uhr wieder in den Zellen zu sein. Es folgte eine lange Nacht, immer wieder unterbrochen durch insgesamt 13 Zählappelle der Wärter. Fernsehen, Radios und Tageszeitungen waren verboten, bei besonders guter Führung erhielten einige wenige Insassen Zugang zu der spärlich ausgestatteten Gefängnisbibliothek. Auch Besuche waren so gut wie unmöglich, 80 Prozent der Insassen durften während ihrer gesamten Zeit im Zuchthaus keine Angehörigen oder Freunde empfangen.

Diese Regeln blieben über 39 Jahre unverändert: von 1934 bis 1963; jede Lockerung wäre zu Lasten der Ausbruchsicherheit gegangen. Trotz insgesamt 36 Fluchtversuchen gelang es vermutlich keinem der Häftlinge, die zwei Kilometer bis hinüber nach San Francisco zu schwimmen. Von fünf Ausbrechern fehlt jede Spur, ihre Leichen wurden nie gefunden.

Erst im Jahre 1963 wurde dem unmenschlichen Strafvollzug schließlich auf Betreiben von Robert Kennedy ein Ende gesetzt. Was blieb, ist ein makabres Ausflugsziel (Anmeldung für Touren einige Tage vorab unter Tel. 415-546-2700; Abfahrt an der Fisherman's Wharf).

wood-Balken, die mit Lederriemen verbunden sind. Diese flexible Konstruktion ließ die Kirche auch alle Erdbeben überstehen und macht sie heute zum ältesten Bauwerk San Franciscos. Die reichverzierte Basilika daneben wurde 1913 nach dem großen Erdbeben errichtet.

Südlich an die Mission grenzt der **Mission District**, das spanische Viertel der Stadt um 22nd und 24th Avenue, mit vielen mittelamerikanischen Läden, Restaurants und großen, farbenprächtigen **murals**, meist sozialrealistischen Wandgemälden vorwiegend mexikanischer Maler (zum Beispiel in der Balmy Alley).
Kirche tgl. 9–16 Uhr
Eintritt 1 $

Nobelviertel Telegraph Hill: Die wohlhabenden Bürger der Stadt genießen von ihrem Wohnzimmerfenster aus den herrlichen Blick über San Francisco und die Bucht

Telegraph Hill

Der knapp 100 m hohe Hügel, gekrönt vom hoch aufragenden **Coit Tower**, ist ein unverwechselbarer Teil der Skyline San Franciscos. Er bietet von oben auch einen der schönsten Panoramablicke über die City und das Golden Gate. Der 68 m hohe Turm wurde übrigens 1933 erbaut, finanziert von der Millionärswitwe Lillie Hitchcock Coit. Die Dame hatte ein Faible für die Feuerwehr und stiftete in ihrem Testament diesen einer Feuerwehrspritze nachempfundenen Betonturm. Die Wände im Erdgeschoß schmücken sozialrealistische Wandgemälde mit Alltagsszenen der dreißiger Jahre in San Francisco.
Aufzug im Turm tgl. 10–18 Uhr
Eintritt 3 $, Kinder 2 $

Museen

Anselm Adams Center for Photography ■ e 5
Ein kleines, aber hochangesehenes Museum für Fotografie mit Werken des großen Naturfotografen Anselm Adams sowie Sonderausstellungen (mindestens 1 Stunde).
250 4th St.
Di–So 11–17 Uhr
Eintritt 4 $, Kinder 2 $

Cable Car Museum ■ d 3, S. 108
Ein lebendiges Zeugnis der Geschichte der berühmten Straßenbahnen: Im Keller sieht man die riesigen Antriebsräder, oben sind alte Wagen sowie Fotografien zum Werdegang der Cable Cars ausgestellt (mindestens 1 Stunde).
Washington St./Mason St.
Tgl. 10–18, im Winter bis 17 Uhr
Eintritt frei

California Academy of Sciences
Naturgeschichte faszinierend präsentiert – auch für Kinder: Dinosaurier und Erdbeben, Meeresströmungen und bunte Fische. In einem Planetarium kann man auf Sternensuche gehen (mindestens 2 Stunden).
Music Concourse, Golden Gate Park
Tgl. 10–17, im Sommer 9–18 Uhr
Eintritt 7 $, Kinder 1,50 $

Cartoon Art Museum ■ e 5, S. 108
Eines von nur drei Museen in den USA, die sich der Geschichte von Donald Duck, Familie Feuerstein & Co. widmen. Gezeigt werden Techniken des Cartoonzeichnens sowie Beispiele aus den Anfängen dieser Kunst (mindestens 1 Stunde).
814 Mission St.
Mi–Fr 11–17, Sa ab 10, So 13–17 Uhr
Eintritt 3,50 $, Kinder 1,50 $

Exploratorium ■ a 2, S. 108
Hier wird die Welt der Physik, der Chemie und der Technik fühlbar und erlebbar. Man kann einen Sturm im Wasserglas erzeugen, meterdicke Seifenblasen machen und sieht seine Mutter in Regenwurmgröße. Alles ist möglich – und alles ist erklärbar. Untergebracht ist dieses Museum zum Staunen im Palace of Fine Arts, einem Überbleibsel der Panama-Pazifik-Ausstellung von 1915 (mindestens 2 Stunden).
3601 Lyon St./Marina District
Di–So 10–17, Mi bis 21.30 Uhr
Eintritt 9 $, Kinder 5 $

M. H. De Young Memorial Museum
Das größte Kunstmuseum San Franciscos wurde 1894 gegründet. Schwerpunkt der Ausstellungen sind Werke nordamerikanischer Meister, aber auch Afrika, Ozeanien und Europa sind vertreten. Zum selben Komplex gehört auch das hervorragende Asian Art Museum mit 12 000 Exponaten aus allen Bereichen asiatischer Kunst (mindestens 2 Stunden).
Music Concourse, Golden Gate Park
Mi–So 10–17 Uhr
Eintritt 6 $, Kinder frei

San Francisco Museum of Modern Art ■ e 4, S. 108
Allein das Haus ist schon den Besuch wert: Seit 1995 residiert das Museum in einem spektakulären 60-Mio.-Dollar-Neubau des Schweizers Mario Botta. Drinnen sind vor allem expressionistische Werke des 20. Jh. sowie zeitgenössische Kunst zu sehen – auch aus Kalifornien (mindestens 2 Stunden).
151 3rd St./Ecke Mission St.
Di–So 11–18, Do bis 21 Uhr
Eintritt 7 $, Kinder frei

Essen und Trinken

Aqua ■ e 3, S. 108
Trend-Lokal im Financial District mit entsprechendem Publikum: viele junge Menschen in teurem Tuch. Hervorragend zum Leute beobachten – und Seafoodessen.
252 California St.
Tel. (415) 956-9662
Mo–Fr 11.30–14.30, Mo–Do 17.30–22.30, Fr und Sa bis 23 Uhr
Obere Preisklasse

Bohemian Cigar Store ■ d 2, S. 108
Eine italienische Pizzeria wie aus dem Bilderbuch: In der Ecke raucht der Ofen, das Publikum ist buntgemischt. Donnerstags gibt's Polenta.
566 Columbus Ave.
Tel. (415) 929-0407
Tgl. 10–24, Mo nur bis 23 Uhr
Untere Preisklasse

Café de la Presse ■ e 4, S. 108
Ein Bistro, wie es sich ein Amerikaner in Paris vorstellt. Vorne werden Zeitungen verkauft, hinten lümmelt sich die Kundschaft an kleinen Tischen.
352 Grant Ave.
Tgl. 7–23 Uhr
Untere Preisklasse

Carnelian Room ■ e 4, S. 108
Gepflegtes Edelrestaurant im 52. Stock der Bank of America mit überwältigender Aussicht. Das Essen ist ebenfalls von gehobener Qualität, gekocht wird im neukalifornischen Stil. Auch schön für Cocktails.
555 California St.
Tel. (415) 433-7500
Tgl. 18–22.30 und So 10–14.30 Uhr
Obere Preisklasse

ChaChaCha ■ c 2, S. 108
Sehr beliebtes Szenelokal im Viertel Haight-Ashbury mit karibischer Küche.
1801 Haight St.
Tel. (415) 386-57 58
Tgl. 11–16 und 17–23 Uhr
Untere bis Mittlere Preisklasse

Elite Café ■ d 6, S. 108
Ein Klassiker aus Alt-San-Francisco: mit Holz-Separées und hervorragenden Seafoodgerichten. Probieren Sie auch den Cajun Martini.
2049 Fillmore St.
Tel. (415) 346-86 68
Tgl. 17–23, So auch 10–15 Uhr
Mittlere Preisklasse

Fog City Diner
(→ Die 10 urigsten Diners und Hamburgerlokale, S. 54/55)

Green's ■ c 2, S. 108
Wenn's vegetarisch sein soll, dann ist dies die beste Adresse! Hervorragende Küche und dazu ein spektakulärer Blick über die Bay.
Fort Mason, Building A
Tel. (415) 771-6222
Di–So 11.30–14, Mo–Sa 17.30–21.30 Uhr
Mittlere Preisklasse

Hamburger Mary's
(→ Die 10 urigsten Diners und Hamburgerlokale, S. 54/55)

Hongkong Teahouse ■ d 3, S. 108
Klassisches Dim-Sum-Lokal mitten in Chinatown, wuselig und mittags immer proppevoll.
835 Pacific Ave.
Tel. (415) 391-6365
Tgl. 10–15 und 17–22 Uhr
Untere Preisklasse

North Beach ist mit seinen vielen kleinen Cafés gerade richtig für eine Verschnaufpause beim Stadtbummel

House of Nanking ■ e 3, S. 108
Eines der authentischen China-Lokale: Die Gerichte sind die gleichen wie anderswo, die Qualität jedoch spürbar besser, der Service freundlicher.
919 Kearny St.
Tel. (415) 421-1429
Tgl. 11–22 Uhr
Untere Preisklasse

Icon Byte Bar and Grill
■ d 6, S. 108
Trendiges Computercafé in SoMa mit Terminals für die Reise durchs Internet. Dazu gibt's kleine Snacks.
299 Ninth St./Ecke Folsom St.
e-mail: icon@bytebar.com
Meist 11–22 Uhr

Julie's Supper Club
(→ Die 10 urigsten Diners und Hamburgerlokale, S. 54/55)

Massawa
Warum nicht mal ostafrikanisch? Rind, Huhn oder Lamm, dazu viel Gemüse, interessant gewürzt. Serviert wird auf einer großen Platte, von der sich alle bedienen. Kein Alkohol.
1538 Haight St.
Tel. (415) 621-4129
Tgl. 11.30–22, Fr und Sa bis 23 Uhr
Untere Preisklasse

McCormick & Kuleto's
■ c 2, S. 108
Eines der besten Seafoodrestaurants der Stadt. Zwar sehr touristenträchtig im Ghirardelli Square gelegen, aber mit herrlichem Blick auf die Bucht.
900 North Point St.
Tel. (415) 929-1730
Tgl. 11.30–1 Uhr
Mittlere Preisklasse

The Steps of Rome Trattoria
■ d 3, S. 108
Kleine, anspruchsvolle Trattoria in North Beach mit authentischer römi-

scher Küche. So original, daß mancher Kellner kaum Englisch spricht.
362 Columbus Ave.
Tgl. 11–23 Uhr
Tel. (415) 986-6480
Mittlere Preisklasse

Zuni Café & Grill ■ c 6, S. 108
Gehobene kalifornische Küche, Austern, gepflegte Weine – und buntgemischtes Szenepublikum am Rande des Castro-Viertels.
1658 Market St.
Tel. (415) 552-2522
Tgl. 9–23 Uhr
Mittlere Preisklasse

Einkaufen

Chestnut Street ■ e 3, S. 108
Zwischen Divisadero und Fillmore Street entwickelt sich derzeit die neueste Trendmeile San Franciscos.

City Lights Book Store ■ d 4, S. 108
Geschichtsträchtiger Buchladen in North Beach, gegründet in der Zeit der Beat-Bewegung. Lyrik- und Kunstbücher.
261 Columbus Ave.

European Book Company ■ c 4, S. 108
Internationale Bücher, Zeitungen und Zeitschriften.
925 Larkin St.

Fillmore Street
(→ Die 10 lohnendsten Einkaufsadressen, S. 226/227)

Haight Street
Devotionalien rund um die Zeit der Blumenkinder: Patschuli-Öl, Sandalen, Batikhemden etc.
1157 Masonic Ave./Haight St.

House of Blue Jeans ■ d 5, S. 108
Riesenauswahl an Levis-Klamotten zu günstigen Preisen in drei Läden.
1059, 1029 und 979 Market St.

Macy's ■ d 4, S. 108
Zwei Gebäude mit exklusiver Mode, Schuhen und Accessoires. Das führende Kaufhaus der Stadt.
Stockton St./O'Farrell St.

Recycled Records
(→ Die 10 lohnendsten Einkaufsadressen, S. 226/227)

S. F. Greetings ■ e 4, S. 108
Die ausgefallensten Ansichtskarten der Stadt, teils auch künstlerisch wertvoll.
338 Grant Ave.

San Francisco Shopping Centre
(→ Die 10 lohnendsten Einkaufsadressen, S. 226/227)

Union Street ■ b 3/c 3, S. 108
Die witzigsten Boutiquen der Stadt finden Sie auf dieser Edelmeile zwischen Steiner Street und Van Ness Avenue.

Am Abend

Das traditionelle Nightlife-Viertel **North Beach** und das trendige **SoMa** (South of Market) sind die beliebtesten Ziele der Nachtschwärmer. Welche Bands wann und wo auftreten, erfahren Sie in den Freitags- und Sonntagsausgaben der Zeitungen oder im »S. F. Weekly«.

Beliebte Bars für den Start der Nightlife-Tour sind zum Beispiel die Klassiker **Vesuvios** (255 Columbus Ave.), die **Washington Square Bar** (1707 Powell St.), **Harry Denton´s** (161 Steuart St.) oder – mit Aussicht

– die Drehbar des **Hyatt Regency Embarcadero**. Anschließend empfiehlt sich für Jazz und karibische Küche **Miss Pearl's Jam House** (601 Eddy St.) oder **Bixx** (56 Gold St., Tel. 433-6300), ein eleganter Jazz-Dinnerclub im Stil der fünfziger Jahre. Live-Rock und -Blues gibt es im **Eagle Café** (Pier 39), im urig-rauchigen **Saloon** (1232 Grant Ave.), bei **Slim's** (333 11th St.) in SoMa und im **Café du Nord**, einem Billardcafé der Castro-Szene (2170 Market St.). Am späteren Abend sammeln sich die Szenegänger dann vorwiegend in den Tanzschuppen von SoMa: etwa in der **DNA Lounge** (375 11th St.) oder im **Club DV8** (540 Howard St.).

Klassik, Ballett und Oper erwarten Sie in der **Davis Symphony Hall** (Tel. 864-6000) und im **Opera House** (Tel. 864-3330) des **Civic Center** sowie im neuen **Center for the Arts** (701 Mission St., Tel. 978-2787). Das anspruchsvolle **American Conservatory Theater** (Tel. 749-2228) präsentiert klassisches Theater auf verschiedenen Bühnen der Stadt. Moderne, teils auch experimentelle Aufführungen bietet das **Magic Theater** in Fort Mason (Tel. 441-8822). Die beliebteste Musikrevue der Stadt ist seit Jahrzehnten **Beach Blanket Babylon** (Club Fugazi, 678 Green St., Tel. 421-4222).

Service

San Francisco Convention and Visitors Bureau

Ein Visitor Center gibt es im Untergeschoß der Hallidie Plaza, 900 Market St. Für Anfragen vorab:
201 3rd St., Suite 900
San Francisco, CA 94103-3185
Tel. (415) 391-2000, Fax 227-2668

Öffentliche Verkehrsmittel

Mit **Cable Cars** (drei Linien), **Street Cars** (Straßenbahnen in der Market Street), Bussen oder der U-Bahn **BART**, die vor allem in die Vororte fährt, kommen Sie schnell in jeden Winkel der Stadt. Ein Streckennetz ist im Visitor Center erhältlich, wo Sie auch die für alle Linien gültigen **Muni-Passports** bekommen (1 Tag 6 $, 3 Tage 10 $, 7 Tage 15 $).

Sightseeing-Touren

Neben den regulären Busrundfahrten wie etwa von **Grey Line** (Tel. 558-9400) gibt es zahlreiche geführte Rundgänge: Spaziergänge zu versteckten Ecken in Chinatown bietet **All about Chinatown** (Tel. 982-8839), die Kaffeehauskultur der Stadt erleben Sie auf den zweistündigen Gängen von **Javawalk** (Tel. 673-8144).

Pflicht ist auch eine Bootsrundfahrt mit der **Blue & Gold Fleet** (Tel. 705-5444) oder der **Red & White Fleet** (Tel. 546-2700; auch Touren nach Alcatraz) ab den Piers von Fisherman's Wharf. Mit ebenso schönem Blick und viel preiswerter sind die **Fähren**: ab Fisherman's Wharf und vom Ferry Building an der Market Street nach Sausalito, Tiburon oder Oakland.

Veranstaltungskarten

BASS Ticketmaster
Telefonische Bestellung von Karten für Konzerte, Oper, Theater etc. unter Angabe der Kreditkartennummer. Gegen Bares können Sie für denselben Abend bei **TIX** am Union Square (Di–Sa 11–18 Uhr) Karten zum halben Preis kaufen.
Tel. (510) 762-2272

Ausflugsziele

Berkeley

a 2, S. 318

Eine kleine Stadt am Ostufer der San Francisco Bay mit großem Namen: An der renommierten, bereits 1873 gegründeten **University of California** begannen in den sechziger Jahren mit dem »Free Speech Movement« die Studentenunruhen, die das gesamte Land ergriffen und später nach Europa überschwappten. Heute geht es ruhiger zu in Berkeley, die Studenten begnügen sich damit, an ihrer Karriere zu basteln. Zentrum der Unistadt ist die **Telegraph Avenue** mit vielen bunten Cafés, CD- und Buchläden. Auch ein Bummel über den weitläufigen Campus der Uni lohnt sich: zum 94 m hohen, 1914 erbauten **Sather Tower** (Lift), zum **Museum of Anthropology** in der Kroeber Hall oder durch den **Botanical Garden** im Strawberry Canyon.

Oakland

a 2, S. 318

Oakland war schon immer die ungeliebte Schwester von San Francisco, eine weitläufige, nicht besonders attraktive Hafenstadt. Hier im großen Hafen jobbte einst Jack London und schrieb seine ersten Romane. An ihn erinnert das alte Hafenviertel **Jack London Square** mit seinen restaurierten Holzhäusern, mit vielen Kneipen, Restaurants und Geschäften. Sogar sein Boot ist hier ausgestellt, und seine Stammkneipe **First and Last Chance Saloon** hat immer noch geöffnet.

Anfang der sechziger Jahre entstand in Oakland die **Black-Power-Bewegung**, ein Aufbegehren der Schwarzen gegen den Rassismus in

Die Zeit der Hippies ist vorbei – doch die Künstler sind geblieben: Im idyllischen Sausalito auf der »anderen« Seite der San Francisco Bay läßt sich's gut leben

der weißen Gesellschaft Amerikas. Noch heute sind über 40 Prozent der 380 000 Einwohner Oaklands **African-Americans**, und viele von ihnen leben am Rande des Existenzminimums.

Sehenswertes

Oakland Mormon Temple

Vom Hügel des bombastischen Tempels am Südrand von Oakland reicht der Blick weit über die San Francisco Bay. Im Visitor Center erfahren Sie Näheres über die Kirche der Mormonen.
4770 Lincoln Ave.
Tgl. 9–21 Uhr
Eintritt frei

Museen

African American Museum

Die Geschichte der Schwarzen in Amerika wird hier einfühlsam erzählt. Besonders interessant sind Sonderausstellungen wie »Schwarze Frauen in der Gesellschaft«.
5606 San Pablo Ave.
(ab 1997: 659 14th St.)
Di 11.30–19, Mi und Sa und So 10–17.30, Fr 12–17.30 Uhr
Eintritt frei

Oakland Museum of California

Der Werdegang des Staates Kalifornien ist hier sehr anschaulich dargestellt. Man sieht, wie die ersten Siedler lebten, erfährt einiges über die Indianer, auch die Hippie-Bewegung, die Studentenunruhen und das »Black Power Movement« werden nicht ausgespart.
1000 Oak St.
Mi–Sa 10–17, So 12–19 Uhr
Eintritt 4 $, Kinder 2 $

Eine besonders reizvolle Möglichkeit, die Umgebung San Franciscos kennenzulernen: per Segelboot

Sausalito

■ a 2, S. 318

Das einstige Fischernest jenseits der Golden Gate Bridge ist das beliebteste Ausflugsziel von San Francisco (Fährverbindung ab Ferry Building und Fisherman's Wharf). In den siebziger Jahren war Sausalito eine Enklave der Hippies und Künstler, man lebte auf Hausbooten und war »selig«. Heute ist alles anders, aber immer noch recht idyllisch. Spaziert man auf der Hauptstraße **Bridgeway** entlang, hat man einen herrlichen Blick auf San Francisco, man kann in einem der vielen Cafés einkehren, in den Galerien und Kunsthandwerksläden Mitbringsel kaufen und an der **Houseboat Marina** ganz am Nordende des Ortes sehen, wie einst die Hippies lebten.

Hippies: »If you're going to San Francisco...«

Der »Summer of Love« des Jahres 1967 ist bis heute eine Legende in San Francisco. Scott McKenzie rief mit seinem Song die Blumenkinder Amerikas in die City an der Bay. Und sie kamen, propagierten Liebe statt Krieg, schliefen im Golden Gate Park, schluckten LSD und hörten die Greatful Dead.

Die Anfänge der Hippiezeit lagen schon in den fünfziger Jahren. Die Literaten und Künstler der Beatnik-Bewegung hatten in North Beach an den Grundfesten der amerikanischen Spießergesellschaft gerüttelt. Sie hatten den Altherren-Jazz zum Bebop weiterentwickelt, die Dichterlesung zum Happening gemacht und das Theater zum Experiment. In den sechziger Jahren begannen die Studenten in Berkeley mit ihren Protesten gegen Atomversuche und die Todesstrafe, und im benachbarten Oakland formierte sich die Black-Power-Bewegung gegen den alltäglichen Rassismus in der amerikanischen Gesellschaft.

Es wurde viel politisiert damals. Doch plötzlich war da nur noch Liebe. Mit Blumen im Haar und seligem Lächeln machten sich Zigtausende junger Leute auf nach San Francisco. Sie trampten, fuhren mit den Überlandbussen oder kamen in buntbemalten, uralten Kleinbussen. Sie wohnten in Großkommunen, ließen sich nieder in den heruntergekommenen viktorianischen Villen in Haight-Ashbury, sie brauchten kein Geld, sie tanzten und tauchten die Probleme dieser Welt in bunte Farben.

Man gründete Volksküchen, unterhielt Läden, in denen jeder soviel bezahlte, wieviel er gerade hatte, und ein freies Krankenhaus, wo jeder kostenlos behandelt wurde. Sie waren extrem, die Hippies in San Francisco, doch sie waren es, weil die amerikanische Gesellschaft genauso extreme Formen angenommen hatte. Das Gegenteil von »Love and Peace« wurde täglich landesweit gelebt: Rassismus, Kriegstaumel, Profitsucht, Leistungsdruck.

Eines der wichtigsten Lebenselixiere war die Musik. Auf den Wiesen des Golden

Die Hippies der Neunziger? Immerhin: Die Ablehnung gesellschaftlicher Zustände verbindet Grunge-Kids und »Achtundsechziger«

Gate Park gründeten sich Bands wie die Greatful Dead, Santana, Jefferson Airplane und Janis Joplin mit ihrer Big Brother Band.

Der Höhepunkt – und gleichzeitiges Ende der Bewegung – war der »Sommer der Liebe« 1967. Über eine halbe Million junger Leute kamen nach Haight-Ashbury. Man hörte kostenlose Open-air-Konzerte im Golden Gate Park, man war liebestrunken, man rauchte Marihuana und nahm LSD, um das Bewußtsein zu erweitern. Der Szene-Guru und einstige Harvard-Dozent Timothy Leary predigte gar, LSD verschaffe spirituelle Erleuchtung. Vielen wurde die Synthetik-Droge jedoch zum Verhängnis, sie starben wie Janis Joplin an einer Überdosis. Hauptgrund für das Sterben der Hippie-Bewegung jedoch waren nicht die Drogen, es war die Kommerzialisierung. Das System war stärker, nur mit Liebe war ihm nicht beizukommen. Bald wurde mit den Blumenkindern Geld verdient. Man gründete Radiosender, veranstaltete Sightseeing-Touren durch Haight-Ashbury, und so manche Sandale wurde von windigen Händlern für einige Cents in Indien eingekauft und teuer an der Haight Street verhökert. Daß es unter ihnen solche Leute gab, das hatten die jungen Suchenden anfangs nie für möglich gehalten. Als sie es merkten, war es längst zu spät.

Sonne, Strand und braungebrannte junge Menschen beim Rollerblading oder Surfen, daran denkt man bei Südkalifornien zuerst – und die Klischees sind gar nicht so weit von der Realität entfernt. Es regnet tatsächlich extrem selten, unter ewig blauem Himmel dehnen sich Traumstrände umrahmt von bunten Strandorten, die man aus zahllosen Hollywoodfilmen kennt, und der Jugendkult, das Ideal vom gestylten Body, ist nirgends so ausgeprägt wie hier. Doch Südkalifornien kann auch mit heißen, einsamen Wüsten und stillen Bergwäldern aufwarten.

Badeurlaub macht bei einer Reise entlang der Westküste erst in Südkalifornien richtig Spaß, denn nur hier wird das Wasser wirklich warm genug für den Sprung in die Wellen.

Zwischen schier endlosen Stränden und kleinen Buchten liegen typisch südkalifornische Städte wie **Santa Barbara**, **Laguna Beach** und **La Jolla**, die so sehr an Badeorte an der Côte d'Azur oder der Riviera erinnern. Palmengesäumte Küstenpromenaden, Straßencafés, schöne Menschen und offene Autos: Das Glück hört offenbar auf den Namen »Southern California«. Und wem der Trubel zuviel wird, der kann ein paar Meilen weiter eine ruhige Bucht entdecken. Über 400 km Strand können gar nicht flächendeckend vom »easy living« überschwemmt werden.

Besonders im Frühjahr zeigt sich die Küstenregion von ihrer reizendsten Seite: Im April und Mai strahlen die Hänge der Coast Mountains in jungem Grün, Ginster und kalifornischer Mohn setzen bunte Farbtupfer, und draußen im Meer ziehen die letzten Wale der Saison vorüber. Im Sommer ist es vor allem morgens oft neblig, doch am Nachmittag füllen sich die Strände mit Sonnenanbetern und allerlei skurrilem Volk. Ganz anders dagegen im September und Oktober: Nun fegen die heißen Santa-Ana-Winde aus der Wüste über die Berge, die Luft ist oft glasklar, noch um Mitternacht herrschen manchmal 30 Grad, und in den Straßencafés tobt das Leben bis spät in den Abend.

Mittendrin in der Küstenpracht liegen die Metropole **Los Angeles** und, kurz vor der Grenze zu Mexiko, **San Diego** – immerhin die zweitgrößte Stadt Kaliforniens und die sechstgrößte der USA. Dennoch strahlt gerade San Diego eine jeden Besucher ansteckende Heiterkeit und Lebensfreude aus – jedenfalls solange man nicht die Viertel betritt, in denen mexikanische Einwanderer um ihre Existenz zu kämpfen haben.

Doch auch diese sozialen Probleme scheinen in Südkalifornien von einer nonchalanten Lässigkeit verschluckt zu werden.

Oasen in der Wüste

Dieses lässige Lebensgefühl des »California way of life« versandet nicht etwa an der Küste des blauen Pazifiks – es läßt sich auch gerne in die Wüste schicken. Wie sonst wäre es zu erklären, daß innerhalb weniger Jahrzehnte mitten in der kargen Wüste jenseits der Küstenberge eine künstliche Oase namens **Palm Springs** entstand? Eine Stadt mit 80 ewig grünen Golfplätzen, über 15 000 Swimmingpools und mit Hotels, an deren Rezeption kleine Bäche vorbeiführen? Auch der Überfluß scheint einen Namen zu haben. Doch wer klagt, hat hier nichts verloren. Man muß dieses Faszinosum genießen, muß sich mit den Wassermassen durch den Wüstensand treiben lassen…

Und wem auch dies zuviel wird, auf den wartet schon wenige Meilen weiter im Hinterland ein einzigartiges Panoptikum der Natur. Die schier grenzenlose **Anza-Borrego-Wüste** etwa oder die bizarren Felsgebilde im **Joshua Tree National Park**. Ein Stück weiter nördlich locken die öde und zugleich so faszinierende Wüstenlandschaft des **Death Valley** und die Mammutbäume des **Sequoia National Park**, eine grüne Bergwildnis hoch oben in der **Sierra Nevada**, die nur im südlichen Zipfel von einer Straße durchquert wird. Der einsame Rest des Schutzgebietes kann nur erwandert werden. Auch das ist Südkalifornien – eine Idylle, Welten entfernt von Strand und Trubel.

Mormonen verpaßten ihnen im 19. Jahrhundert den Namen »Joshua Trees«: Die bizarren Bäume mit dem kahlen Stamm erinnerten die gläubigen Siedler an den Propheten Joshua

Anza-Borrego Desert State Park ■ D 11

Es ist mit knapp 2500 qkm Fläche etwa so groß wie das Saarland, dieses Wüstenschutzgebiet in der **Colorado Desert** Südkaliforniens. Eine öde, sonnendurchglühte Felslandschaft mit bizarr erodierten Berghängen, engen Canyons und schier endlosen steinigen Ebenen. Doch die Region ist keineswegs so leblos, wie es auf den ersten Blick scheint. Rund 600 Wildblumen- und Kakteenarten gedeihen hier und überdecken das Land im März/April mit einem bunten Blütenteppich. Die Pracht währt allerdings nur bis Ende April, dann wird sie von der Sonne verbrannt, und die Temperaturen steigen wieder auf bis zu 45 Grad.

Kojoten, Wüstenratten, Geier und allerlei anderes Getier bevölkern die kühleren Schluchten, darunter auch Bergschafe (spanisch: **borrego**), nach denen der Park – übrigens der größte State Park Kaliforniens – benannt wurde. Den zweiten Teil seines Namens erhielt er nach dem Spanier Juan Bautista de Anza, der 1774 mit 240 Siedlern und 1000 Stück Vieh durch diese Wüste gen San Francisco zog und damit den einzigen im Winter schneefreien Weg nach Kalifornien entdeckte, der später von Tausenden von Goldsuchern genutzt wurde.

Einziger Ort im Park ist **Borrego Springs**, ein kümmerliches Oasennest mit 4000 Einwohnern, in dem das Leben recht gemächlich verläuft. Man gibt sich dem Diktat der glühenden Sonne hin. Im **Visitor Center** bekommen Sie bei den Rangers Tips für Campingplätze, Rundfahrten und Wanderwege; Ausstellungen erläutern das (Über-)Leben in der Wüste. Gleich nahe dem Besucherzentrum beginnt zum Beispiel der 3 km lange **Borrego Palm Canyon Trail**, weitere Lehrpfade gibt es bei **Yaqui Well** und im kakteenreichen **Blair Valley**, wo auch jahrtausendealte indianische Felszeichnungen zu sehen sind.

Hotels und andere Unterkünfte

La Casa del Zorro
Ein feudales Resort-Hotel aus dem Jahr 1938 im mexikanisch-maurischen Stil mit Pools, Tennisplätzen und dem sehr empfehlenswerten Restaurant »Butterfield Dining Room«.
3845 Yaqui Pass Rd.
Borrego Springs, CA 92004
Tel. (619) 767-5325, Fax 767-4782
77 Zimmer
Mittlere bis Obere Preisklasse

Palm Canyon Resort
Einfache, aber gepflegte Hotelanlage mit 44 Zimmern etwas außerhalb des Ortes im Stil einer Westernstadt mit Pool und einem rustikalen Restaurant. Angeschlossen ist ein gutausgestatteter Campingplatz.
221 Palm Canyon Drive
Borrego Springs, CA 92004
Tel. (619) 767-5341, Fax 767-4073
Untere bis Mittlere Preisklasse

Service

Anza-Borrego Desert State Park
P. O. Box 229
Borrego Springs, CA 92004-0299
Tel. (619) 767-4684, Fax 767-3099

Kühle Erfrischung mitten in der Wüste Anza-Borrego Desert State Park: Ein kleiner Wasserfall im Borrego Palm Canyon sorgt bei 45 Grad für »Aaah-Erlebnisse«

Channel Islands National Park ■ B 10

Wohl weil man ihn nur per Schiff erreicht, ist dies einer der einsamsten und am wenigsten bekannten Nationalparks der USA. Fünf Inseln gehören zu dem 1980 gegründeten Park, dazu ein 4300 qkm großes Meeresschutzgebiet ringsum, in dem keine Ölbohrungen stattfinden dürfen. Der völlig unberührte Archipel ist ein Refugium für Seehunde, Seelöwen, Kormorane, See-Elefanten, kalifornische Pelikane und viele weitere Arten von bedrohten Seevögeln und Meerestieren sowie eine Vielzahl geschützter Pflanzen, von denen etwa 70 Arten nur auf den Channel Islands wachsen.

Vom Hafen in **Ventura** aus verkehren Fähren zum Park: Am beliebtesten ist das knapp 20 km und 90 Bootsminuten vom Festland entfernte **Anacapa Island**, wo die Ranger bei geführten Wanderungen auf einem 2,5 km langen Rundweg die Pflanzen und Tiere erklären. Auch auf den vier anderen Inseln darf man die markierten Pfade nicht verlassen, um das Ökosystem nicht zu stören.

Hotel

Colony Harbortown Marina Resort
Neue Anlage direkt am Yachthafen, nur wenige Minuten vom Fähranleger zu den Channel Islands entfernt. Viele der 153 Zimmer haben einen Balkon mit Blick auf den Hafen. Ein Seafood-Restaurant ist angegliedert.
1050 Schooner Drive
Ventura, CA 93001
Tel. (805) 658-1212, Fax 658-6347
Mittlere Preisklasse

Service

Channel Islands Visitor Center
Ein kleines Museum informiert über den Park; Info über Aktivitäten sowie Anmeldung für die Campingplätze im Park (nur für Zelte).
1901 Spinnaker Drive
Ventura, CA 93001
Tel. (805) 658-5730, Fax 658-5799

Island Packers Company
Täglich werden Fahrten auf die Inseln und auch Tauchgänge zu den einzigartigen Kelpwäldern vor der Küste unternommen. Vorbestellung ratsam.
1867 Spinnaker Drive
Ventura, CA 93001
Tel. (805) 642-1393
Fahrtkosten je nach Insel 32–52 $

Death Valley National Park ■ D 9

Das gut 200 km lange, vor allem in den Sommermonaten glühendheiße Wüstental an der Grenze zu Nevada war einst der Schrecken der Siedler und Goldsucher. So manche wurden während der Durchquerung Opfer der gnadenlosen Hitze – der Rekord liegt bei 57 Grad Celsius! Schon sein Entdecker, der Spanier Juan Bautista de Anza, nannte es »Tierra de los Muertes«, Land der Toten. Zwar hat das Tal seither von seinem Schrecken verloren, vielmehr faszinieren die buntgefärbten Felsformationen, bizarren Seitencanyons und Vulkankrater, doch auch heutzutage will ein Besuch wohlgeplant sein. Das 1994 zum Nationalpark erklärte, 13 500 qkm große Gebiet ist zwar durch Straßen erschlossen, dennoch sollten Sie vor allem für Wanderungen ausreichend Getränke mitbringen (4 l pro Person und Tag) und es möglichst nur in den Wintermonaten bereisen.

Das Death Valley entstand durch einen geologischen Grabenbruch und war noch während der letzten Eiszeit weitgehend mit Wasser gefüllt. Es liegt jedoch großteils unter dem Meeresspiegel, die Seen konnten nicht abfließen und trockneten aus. Zurück blieben weite Salzebenen, in denen im letzten Jahrhundert Borax abgebaut wurde. Berühmt waren die von 20 Maultieren gezogenen Gespanne, die bis zu 36t Borax geladen hatten.

Beginnen sollten Sie Ihre Tour beim **Furnace Creek Visitor Center**. Nahebei, am **Zabriskie Point**, der im gleichnamigen Antonioni-Film Berühmtheit erlangte, bietet sich vor allem frühmorgens ein spektakulärer Blick über die ockerfarbige Erosionslandschaft. Wenige Meilen südlich führt der 15 km lange **Artist's Drive** zu den farbenprächtigsten Felsformationen, und noch etwas weiter südlich liegt in einer schneeweißen Salzebene bei **Badwater** der tiefste Punkt der USA: 86 m unter dem Meeresspiegel.

Einen etwas längeren Abstecher erfordert der 1669 m hoch über dem Tal gelegene **Dante's View**, von dem aus sich ein gewaltiges Panorama über das ganze Tal bis hin zum 4418 m hohen Mount Whitney in 100 km Entfernung eröffnet. Im Norden des Parks sind vor allem die 36 qkm großen Sanddünen von **Stovepipe Wells** sehenswert sowie die »bemalten Felsen« im **Titus Canyon**.

Die Salzwüste Badwater (nomen est omen!) ist der tiefste Punkt der USA. Vom Parkplatz aus können Sie ein Stück zu Fuß durch die Salzebene laufen, um diese Sehenswürdigkeit im Death Valley National Park »abhaken« zu können – aber dafür können Sie dann auch behaupten, 86 Meter unter dem Meeresspiegel spazierengegangen zu sein

Wasser: Die nächste Dürre kommt bestimmt

Südkalifornien boomt – und das seit gut hundert Jahren. Immer mehr Menschen wollen hier im sonnigen, trockenen Klima ihren Traum vom Paradies leben. Doch das südkalifornische Paradies ist künstlich – und durstig wie kaum eine andere Region unserer Erde. Während weltweit der durchschnittliche Tagesbedarf eines Menschen mit 80 Litern Wasser angesetzt wird, verbraucht der Kalifornier im Schnitt 800 Liter – für Swimmingpools und Obstplantagen, für Autowaschanlagen und Golfplätze.

Der gesamte Süden des Golden State ist eigentlich Wüste. Ausreichend Regen und Schnee fällt nur im grünen Norden des Staates. So haben sich die Wasserplaner des durstigen Molochs Los Angeles schon früh daran gemacht, das kostbare Naß über gewaltige Pipelines und Aquädukte vom Colorado River und aus den fernen Bergen der Sierra Nevada herbeizuschaffen. Über 2200 Kilometer Kanäle wurden gegraben, riesige Staudämme angelegt und Pumpstationen gebaut. Den Anfang machte das 1913 fertiggestellte Los Angeles Aqueduct, das über 375 Kilometer Länge aus dem Owens Valley jährlich 2,6 Milliarden Liter Wasser von der Ostseite der Sierras bis Los Angeles befördert – ein technisches Meisterwerk, in dessen Kanälen und Tunnels das Wasser auf der gesamten Länge nur durch die Schwerkraft fließt. Doch das Aquädukt legte auch die Farmen im einst blühenden Owens Valley trocken und löste damit blutige »Wasserkriege« aus, wie sie im Filmklassiker »Chinatown« in Szene gesetzt wurden.

Der Durst der Städte und Plantagen des Südens wuchs immer weiter: Das 700 Kilometer lange California Aqueduct wurde gebaut, das vor allem die fruchtbaren Felder im Central Valley mit Wasser aus dem Sacramento Delta bei San Francisco versorgt, und ein 400 Kilometer langer Kanal, der das Lebenselixier vom Colorado River nach Los Angeles leitet. Für Milliarden Dollar entstand ein gigantisches Lebenserhaltungssystem für die urbane Kultur Südkaliforniens.

USA Westküste extra

»White Tank« heißen diese Felsformationen im niederschlagsarmen Joshua Tree National Monument

Baulöwen, Immobilienspekulanten und nicht zuletzt das übermächtige Wasserwerk von Los Angeles, das »Department of Water and Power«, profitierten vom stetig steigenden Bedarf. Doch der kostbare Rohstoff ist auch im Norden Kaliforniens nicht unerschöpflich verfügbar. Die Vorräte gehen zur Neige. Erst in allerjüngster Zeit hat ein Umdenken begonnen – die Stimmen von Naturschützern und warnenden Wissenschaftlern wurden endlich gehört. Doch es wird lange dauern, bis sich ökologisch sinnvolle Verhaltensweisen durchsetzen – und die Bevölkerung steigt ständig weiter an. Die Wasserknappheit ist heute während langer Trockenperioden oft schon so akut, daß die Stadtregierungen zu drastischen Sparmaßnahmen greifen müssen. Autos dürfen dann nicht mehr gewaschen werden, spezielle Duschköpfe verringern den Wasserfluß beim Baden, und manche Orte mußten sogar das Wasser rationieren.

Notgedrungen hat sich so auch ein neuer Trend in den Vorgärten entwickelt: Kakteen und Wüstengärten schmücken immer mehr Eigenheime. Wer sich während einer Dürre doch einen Rasen leisten will, ruft den Anstreicher, der das braun vertrocknete Gras mit grüner wasserlöslicher Farbe besprüht. Das hält bis zum nächsten Regen. Eine dauerhafte Investition, denn wie heißt es so schön: »It never rains in Southern California ...«

Hotels und andere Unterkünfte

Furnace Creek Inn & Ranch
Die einzige Unterkunft im Herzen des Parks: eine große Resortanlage mit Bars und Restaurants, Pferdeställen, mehreren Pools und sogar einem Golfplatz. Der »Inn« ist ein historisches Hotel aus dem Jahre 1927 und bietet 68 luxuriöse Zimmer (geöffnet nur von Oktober bis Mai). Die 224 Zimmer der ganzjährig betriebenen »Ranch« sind in einfachem Motelstil gehalten.
P. O. Box 1
Death Valley, CA 92328
Tel. (619) 786-2345 Fax 786-2514
Mittlere Preisklasse bis Luxusklasse

Sehenswertes

Scotty's Castle
Dieses skurrile Schlößchen in der Einsamkeit am Nordrand des Parks baute sich der Chicagoer Versicherungsmagnat Albert Johnson in den zwanziger Jahren mit Hilfe seines Partners »Death Valley Scotty«, einem legendären Goldgräber und Wildwest-Darsteller. Heute wird der Bau als Museum geführt.
Mesquite Spring/North Hwy
Führungen tgl. 9–17 Uhr
Eintritt 8 $, Kinder 4 $

Service

Death Valley National Park
Im Visitor Center in Furnace Creek gibt es Ausstellungen und Videoshows zu sehen.
P. O. Box 579
Death Valley, CA 92328
Tel. (619) 786-2331, Fax 786-3283

Als Millionär ist man eben wer: Mitten in der Wüste erbaute der Versicherungsmagnat Albert Johnson in den zwanziger Jahren sein maurisches Schlößchen

Joshua Tree National Park ■ D 10

Auf der Suche nach Farmland stieß eine Gruppe Mormonen Mitte des 19. Jh. in der Mojave-Wüste Südkaliforniens auf seltsam anmutende Bäume. Der kahle Stamm und die wie Arme aufragenden Äste erschienen ihnen wie der Prophet Josua (englisch: Joshua), der seine Arme gen Himmel hob, also nannten sie die stacheligen Gewächse **Joshua Trees**. Die bis zu 18 m hohe Yucca-Art wächst nur im mexikanischen Hochland und hier, an den Hängen der San Bernardino Mountains östlich von Palm Springs.

Der heutige 2200 qkm große Wüsten-Nationalpark birgt neben den typischen Joshua-Bäumen aber auch eine Fülle weiterer Arten: Kakteen und Wildblumen, daneben Tiere wie Berglöwen, Kojoten und Känguruhratten.

Die schönste Zeit im Park ist von März bis Mai, wenn die Blumen und Kakteen in voller Blüte stehen. Doch auch sonst bietet die wilde Landschaft mit ihren bizarren Granitfelsen – ein Mekka für Freeclimber – faszinierende Eindrücke in einer der schönsten Wüstenregionen Kaliforniens. Die meisten Felsformationen und Wanderwege liegen im Nordteil des Parks, der von der SR 62 aus zugänglich ist. Ein Muß ist der Aussichtspunkt **Keys View**, von dem bei klarem Wetter der Blick bis ins 150 km entfernte Mexiko reicht. Gute Naturpfade von je etwa 1–2 Stunden Länge finden Sie im völlig von Felsblöcken umschlossenen **Hidden Valley** und beim Campingplatz **Jumbo Rocks**.

Service

Joshua Tree National Park
Besucherzentren gibt es bei **Twentynine Palms** im Norden und bei **Cottonwood** im Süden. Mehrere einfache, aber sehr schön gelegene Wüsten-Campingplätze. Infoadresse:
74485 National Park Drive
Twentynine Palms, CA 92277
Tel. (619) 367-7511, Fax 367-6392

Kings Canyon National Park

(→ S. 169)

Laguna Beach ■ C 10

Trotz großer Beliebtheit hat es das Küstenstädtchen eine Fahrstunde südlich von Los Angeles geschafft, sein flippiges Flair zu erhalten, nicht zuletzt dank einer langen Tradition als Künstlerort. Grelle Neonreklamen sind in Laguna Beach verboten, selbst die Kettenmotels machen nur mit geschnitzten Holztafeln auf sich aufmerksam.

In der Innenstadt um Broadway, Cliff Drive und Coast Highway finden Sie Shoppingarkaden, Cafés und zahlreiche (teils leider recht kitschige) Galerien, davor erstreckt sich eine herrlich weite Strandbucht. Das **Laguna Art Museum** (301 Cliff Drive) widmet sich ganz den Werken kalifornischer Künstler, übers Jahr ist das Städtchen Schauplatz mehrerer Kunstfestivals und des **Pageant of the Masters**, bei dem rund 150 Schauspieler die Szenen berühmter Gemälde nachstellen.

Die 10 herrlichsten Strände

Bandon State Park ■ B 4
...weil man hier in wunderbarer Einsamkeit im abgelegenen Süden Oregons zerklüftete Buchten und steile Kaps entdecken kann (→ S. 199).

Cannon Beach ■ B 2
...weil hier vor der Küste der größte Felsmonolith Oregons, der »Haystack Rock«, aus den schäumenden Brechern des Pazifik ragt (→ S. 201).

Deception Pass State Park ■ C 1
...weil man von hier einen herrlichen Blick auf die Brücke zwischen Fidalgo Island und Whidbey Island hat (→ S. 257).

La Jolla Cove ■ a 2, S. 152
...weil man im glasklaren Wasser der winzigen Bucht bei San Diego so schön schnorcheln kann (→ S. 153).

Lost Coast ■ A 6
...weil man sich an den Stränden in diesem verlorenen Zipfel Kaliforniens fühlen kann wie Robinson Crusoe (→ S. 321).

Pismo Beach ■ B 9
...weil man sich hier richtig amerikanisch fühlen und kilometerweit mit dem Auto über den Strand brausen darf (→ S. 163, 315).

Third Beach bei La Push ■ B 1
...weil er so wunderbar abgelegen im Reservat der Quileute-Indianer liegt (→ S. 331).

Torrey Pines State Preserve ■ a 1, S. 152
...weil man hier in einem verwunschenen Kiefernwald wandern und anschließend an ruhigen Stränden baden kann (→ S. 310).

Venice Beach (Foto) ■ b 2, S. 176
...weil sich hier die Stars, die Schönen und die Verrückten von Los Angeles treffen (→ S. 183).

Zuma Beach ■ C 10
...weil sich an diesem größten Strand von Los Angeles jedes Wochenende alle Bodysurfer und Boogie-Boarders treffen (→ S. 183).

Wellenreiten ist fast Nationalsport in Südkalifornien – Windsurfer sieht man dagegen nur ganz selten

Hotels und andere Unterkünfte

Eiler's Inn
Gemütliches Häuschen fast am Strand mit mediterranem Innenhof, in dem das Frühstück serviert wird. Die 12 Zimmer sind groß und geräumig. Der Besitzer spricht Deutsch.
741 South Coast Hwy
Laguna Beach, CA 92651
Tel. (714) 494-3004, Fax 497-2215
Mittlere Preisklasse

Inn at Laguna
Terrassenförmig am Hang über dem Meer gelegenes Hotel. 70 moderne, große Zimmer.
211 North Coast Hwy
Laguna Beach, CA 92651
Tel. (714) 497-9722, Fax 497-9972
Mittlere bis Obere Preisklasse

Sport ist angesagt in Kalifornien – und wer noch zu klein zum Joggen ist, bekommt im Kinderwagen schon mal einen Vorgeschmack

The Ritz Carlton Laguna Niguel
Eines der schönsten und elegantesten Hotels Kaliforniens, hoch auf den Klippen südlich von Laguna Beach. Selbstverständlich verfügt man über einen Privatstrand, mehrere Pools und Tennisplätze, Golf- und Parkanlagen.
33533 Ritz Carlton Drive
Dana Point, CA 92629
Tel. (714) 240-2000, Fax 240-1061
393 Zimmer
Luxusklasse

Essen und Trinken

The Beach House
Direkt am Strand gelegenes Restaurant mit gehobener amerikanischer Küche. Spezialitäten sind frischer Fisch und Steaks vom Grill. Gute Weinkarte.
619 Sleepy Hollow Lane
Tel. (714) 494-9707
Tgl. 8–15 und 16.30–22, Sa bis 23 Uhr
Mittlere Preisklasse

Las Brisas
Kalifornische Cuisine mit mexikanischem Einschlag, dazu eine Terrasse mit fabelhafter Aussicht auf die Bucht. Berühmt sind die Krustentiere.
361 Cliff Drive
Tel. (714) 497-54 34
Tgl. 8–15.30 und 17–22, Fr und Sa bis 23, So ab 9 Uhr
Mittlere Preisklasse

Einkaufen

Auster Studio
Moderne Drucke und Gemälde einheimischer Künstler.
2405 Laguna Canyon Rd.

Studio 7
Galerie mit Werken moderner kalifornischer Künstler.
384-B North Coast Hwy

Palm Springs

D 10

Schon vor Urzeiten waren Cahuilla-Indianer zu Füßen der **San Jacinto Mountains** am Rande der Wüste auf schattige Palmenoasen mit heißen Quellen gestoßen und hatten hier den Sommer verbracht. Später folgten ein paar weiße Siedler, doch es blieb ruhig und einsam. Erst ab 1930 begann die steile Karriere von Palm Springs: Filmstars aus Hollywood entdeckten die Wüste als ihren Winterspielplatz und Altersruhesitz. Frank Sinatra, Bob Hope – alles, was Rang und Namen hatte, ließ sich hier nieder. Man bewässerte das öde Land, baute Pools und Golfplätze und schuf so eine gigantische künstliche Oase, die sich heute über **Rancho Mirage** bis **Indian Wells** hinzieht.

Lange besaß Palm Springs das Image einer Rentnerstadt, doch das hat sich in den letzten Jahren gründlich geändert: Vor allem am Wochenende kommen die Szene-People aus LA zur Party in der Wüste und lassen sich in den luxuriösen Resort-Hotels verwöhnen (Hochsaison ist der Winter, im heißen Sommer sind die Hotels vergleichsweise preiswert). Jährlich 2 Mio. Besucher zählt man heute in Palm Springs. Sie übernachten in mehr als 200 vollklimatisierten Hotels, golfen und spielen Tennis, flanieren über die Haupteinkaufsstraße **Palm Canyon Drive**, lassen sich sehen in den schicken Straßencafés, schauen den Gärtnern beim Bewässern der unzähligen Grünanlagen zu und kühlen sich am Nachmittag im Pool des Hotels ab – sonst gibt es nicht viel zu tun in Palm Springs. Doch das gerade ist der Reiz dieser eigenartigen Stadt.

Wenn Ihnen der Müßiggang nicht genügt und Sie sich etwas mit der Flora und Fauna der Wüste beschäftigen wollen, lohnt sich ein Besuch im **Palm Springs Desert Museum** (101 Museum Drive), das neben der Naturgeschichte der Region auch Werke einheimischer Künstler zeigt, sowie im Wüstenzoo **The Living Desert** (47-900 Portola Ave.), in dem neben Kakteen auch Kojoten, Zebras und Gazellen aus den Trockengebieten unserer Erde zu bewundern sind. Ohne Zäune und Gehege erlebt man die Wüste in den **Indian Canyons** am Südende des Palm Canyon Drive: Die drei palmenbewachsenen Schluchten im Reservat der Agua-Caliente-Indianer sind ein beliebtes Wanderrevier. Noch heute gehört übrigens die Hälfte aller Grundstücke in Palm Springs den Indianern, die dadurch hohe Mieteinnahmen haben. Sie sind – sehr passend für Palm Springs – die reichsten Indianer Amerikas.

»Jurassic Park« läßt grüßen: Die Dinosaurier in Cabazon, westlich von Palm Springs, sind von imposanter Statur

Hotels und andere Unterkünfte

Estrella Inn
Stimmungsvolles First-class-Hotel in einer Gartenanlage mit drei Pools und vielen Palmen mitten in der Stadt, erbaut im Jahre 1930. Vermietet werden 50 Zimmer im Haupthaus sowie 14 Apartments in komfortablen Bungalows.
415 South Belardo Rd.
Palm Springs, CA 92262
Tel. (619) 320-4117, Fax 323-3303
Mittlere Preisklasse bis Luxusklasse

Marriott's Desert Springs Resort
Ein spektakuläres Luxusresort mit Lagunen und Kanälen mitten in der Wüste. Die 884 Zimmer des weitläufigen Komplexes werden von zwei Golfplätzen umrahmt, und an der Rezeption kann man sogar per Boot vorfahren. Wunderbar verrückt.
74-855 Country Club Drive
Palm Desert, CA 92260
Tel. (619) 341-2211, Fax 341-1872
Obere Preisklasse bis Luxusklasse

Oasis Hotel
Eines der traditionsreichsten Hotels mitten in der City. Es war jahrzehntelang Treffpunkt der Stars und Sternchen von Hollywood. Heute strahlen die zwei Gebäude mit den 20 großen Zimmern einen herrlich morbiden Glanz aus.
177 West Tahquitz Canyon Way
Palm Springs, CA 92262
Tel. (619) 320-7205
Untere Preisklasse

Tropics Hotel
Großzügige Anlage in Citynähe mit zwei Pools. Vermietet werden 92 Zimmer im mexikanischen Stil sowie kleine Villen.
411 East Palm Canyon Drive
Palm Springs, CA 92262
Tel. (619) 327-1391, Fax 323-3493
Untere bis Mittlere Preisklasse

Sehenswertes

Palm Springs Aerial Tramway/ San Jacinto Mountains
Eine 1963 von Schweizer Ingenieuren erbaute Seilbahn schaukelt sich auf eine Höhe von 2600 m auf den Mount San Jacinto. Dort warten ein Restaurant, ein herrlicher Ausblick über die Weite der Wüste sowie 80 km Trails durch Bergwälder. Vorsicht: Oben kann es 20 Grad kälter sein als unten.
Tramway Rd./Hwy 111
Mo–Fr 10–21, Sa und So ab 8 Uhr
Fahrt 16,95 $, Kinder 10,95 $

Essen und Trinken

Carlo's Italian Deli
Kleine italienische Trattoria in der City mit hervorragender Küche.
125 La Plaza/South Indian Canyon Drive
Tgl. außer Mo 10–22 Uhr
Tel. (619) 325-5571
Untere Preisklasse (keine Kreditkarten)

Eveleen's
Gediegenes kleines Restaurant im Hinterhof mit exzellenter französisch-kalifornischer Küche, hervorragender Weinkarte und freundlichem Service.
664 North Palm Canyon Drive
Tel. (619) 325-4766
Tgl. außer So 11.30–14.30 und 17.30–22 Uhr, Sa nur abends
Obere Preisklasse

Las Casuelas Terraza
Riesiges buntes Lokal mit ansprechender amerikanisch-mexikanischer Küche und schöner Terrasse.
222 South Palm Canyon Drive
Tel. (619) 325-2794
Tgl. 11–22, So ab 10 Uhr
Untere bis Mittlere Preisklasse

Einkaufen

Desert Fashion Plaza
Über 60 Modeschöpfer bieten in diesem Einkaufszentrum in der City ihre Produkte an. Der Tip für alle, die mit der Zeit gehen wollen.
123 North Palm Canyon Drive

Am Abend

Vor allem an den Wochenenden ist abends in Palm Springs viel los: Am **Palm Canyon Drive** formiert sich ein Korso der Luxusschlitten mit jungen Schönen aus L.A., danach geht es in die Bars wie etwa **Zelda's Nightclub** (168 North Indian Canyon Drive) oder in die Latin- und Salsa-Disko **!Caramba's** (70-050 Hwy 111, Rancho Mirage). Der **Club Fantasy** (84-245 Indio Springs Drive, Indian Wells) bietet Shows im »Las-Vegas-Stil« und Disko für die reifere Jugend.

Service

Greater Palm Springs Convention and Visitors Bureau
69-930 Hwy 111
Rancho Mirage, CA 92270
Tel. (619) 770-9000, Fax 770-9001

Desert Balloon Charters
Fahrten im Heißluftballon durch die heiße Luft über dem Wüstental.
Tel. (619) 346-8575

Smoke Tree Stables
Geführte Reittouren durch die Wüste.
2500 Toledo Ave., Palm Springs
Tel. (619) 327-1372

San Diego ■ C 11/D 11

Obwohl San Diego eine Großstadt, ja eine Metropole mit 1,1 Mio. Einwohnern ist (im Großraum sind es sogar 2,6 Mio. Menschen), erscheint sie überschaubar, charmant, kleinstädtisch ruhig – fast ein wenig provinziell. Genau das ist das San-Diego-Phänomen, das alle Bewohner lieben und das auch Besuchern sofort auffällt. Vielleicht liegt es an der südkalifornischen Mentalität der Menschen, vielleicht an den 300 Sonnentagen im Jahr oder der herrlichen Lage zwischen großen Lagunen und blauem Pazifik, vielleicht an der Nähe zu Mexiko, vielleicht an den braungebrannten jungen Surfern, Radlern und Joggern, die überall ins Stadtbild gehören – über die Gründe läßt sich nur spekulieren.

Wie fast alle Städte Südkaliforniens wurde auch San Diego von spanischen Missionaren gegründet. 1769 baute Pater Junípero Serra auf dem heutigen Presidio-Hügel eine Mission, aus der sich ein Städtchen mit Häusern im mexikanischen Adobe-Stil entwickelte, die heutige **Old Town**. Ende des 19. Jh. sorgte dann der Industrielle Alonzo E. Horton für den weiteren Aufschwung: Er rückte San Diego näher ans Wasser und baute auf einem 390 ha großen Areal am Hafen eine neue Stadt aus Ziegelhäusern – die heutige **New Town**, die eigentliche City. San Diego entwickelte sich zur bedeutenden Hafenstadt, die im Zweiten Weltkrieg als Hauptstützpunkt der US-Marine weiter boomte. Tausende von Militärangehörigen zogen her, und die meisten blieben auch nach dem Krieg. Zusammen mit vielen Einwanderern aus Mexiko machten sie aus San Diego eine der größten Städte der USA.

Und das Wachstum ist ungebrochen – hohe Lebensqualität und großer Freizeitwert locken einen steten Strom von Zuwanderern an: 80 Golfplätze und 110 km Strände, beste Bedingungen für Segler und Surfer sowie hübsche Vororte wie das bunte **La Jolla** und eine für Amerika ganz ungewöhnlich belebte Innenstadt sorgen für die hohe Attraktivität der Stadt.

Hotels und andere Unterkünfte

Clarion Hotel Bay View
■ b 3, S. 152

21stöckiges Hotel mit 312 modernen, geräumigen Zimmern, nur wenige Minuten von der Altstadt entfernt und mit herrlicher Aussicht auf die Bucht. Der Clou ist ein Pool auf dem Dach.
660 K St.
San Diego, CA 92101
Tel. (619) 696-0234, Fax 231-8199
Mittlere Preisklasse

Del Coronado ■ b 3, S. 152

Der viktorianische Prachtbau (→ Manche mögen's heiß: das Hotel Del Coronado, S. 156) auf der Halbinsel Coronado hat nichts von seiner Glorie eingebüßt, auch die neueren der 691 Zimmer im Anbau passen im Stil zum historischen Anwesen. Tennisplätze und Golfplatz.
1500 Orange Ave.
Coronado, CA 92101
Tel. (619) 522-8000, Fax 522-8238
Obere Preisklasse bis Luxusklasse

Den Luxus einer eigenen Yacht können sich nur wenige leisten – doch San Diego und seine Bewohner strahlen eine Heiterkeit und Lebensfreude aus, die jeden Besucher in ihren Bann zieht

Hostelling International ■ b 3, S. 152
Jugendherberge mit 84 Betten in der Innenstadt.
500 West Broadway
San Diego, CA 92107
Tel. (619) 525-1531

La Jolla Beach Travelodge ■ a 2, S. 152
Freundliches, neurenoviertes Motel gegenüber vom Strand im Vorort La Jolla.
6750 La Jolla Blvd.
La Jolla, CA 92037
Tel. (619) 454-0716, Fax 454-1075
Untere bis Mittlere Preisklasse

The Maryland Hotel ■ b 3, S. 152
Sauberes Hotel mit 282 Zimmern in einem stilvoll renovierten Backsteinbau mitten in der Downtown.
630 F St.
San Diego, CA 92101
Tel. (619) 239-9243, Fax 235-8968
Untere Preisklasse

Die Buchstaben-Zahlen-Kombinationen im Text verweisen auf die Planquadrate dieser Karte.

US Grant Hotel ■ b3, S. 152
Das 1910 erbaute Hotel im **Gaslamp Quarter** ist nicht erst seit der aufwendigen Renovierung im Jahre 1985 eines der stilvollsten und charmantesten Häuser der Stadt. Die 280 Zimmer sind trotz der zentralen Lage relativ ruhig, der Service unprätentiös und freundlich. Das Restaurant zählt zu den besten der Stadt.
326 Broadway
San Diego, CA 92101
Tel. (619) 232-3121, Fax 232-3626
Mittlere Preisklasse

La Valencia Hotel ■ a2, S. 152
First-class-Hotel mit spanischem Flair im Herzen von **La Jolla**. Die 100 Zimmer liegen um einen palmenbestandenen Innenhof, teils mit Blick aufs Meer. Drei sehr gute Restaurants.
1132 Prospect St.
La Jolla, CA 92037
Tel. (619) 454-0771, Fax 456-3921
Obere Preisklasse

Campingplatz

De Anza Harbor Resort
■ a2, S. 152
Direkt am Strand der Mission Bay gelegener großer Campingplatz.
2727 De Anza Rd.
San Diego, CA 92109
Tel. (619) 273-3211

Rundfahrt

Die einzelnen Viertel und Attraktionen sind im weitläufigen San Diego über das ganze Stadtgebiet verstreut. Eine erste Tagesrundfahrt könnte so aussehen: Beginnen Sie mit einem kurzen Bummel in **Old Town**, anschließend fahren Sie über I-5 und Garnet Avenue zum Pazifik. Durch den bunten Strandvorort **Mission Beach** fahren Sie dann südwärts auf die Point Loma Peninsula zum **Cabrillo National Monument**, wo mit herrlichem Blick über Meer und Stadt ein Denkmal mit kleinem Museum an den Portugiesen erinnert, der 1542 die Bucht von San Diego entdeckte.

Zurück in die Stadt: In der Downtown lohnt sich ein Bummel durch das witzig gestaltete Freiluft-Shopping-Center **Horton Plaza**, das **Seaport Village** am Hafen und durch das Viertel der viktorianischen Häuser um die 5th Avenue. Dieses **Gaslamp Quarter** ist heute Zentrum des Altstadtlebens mit vielen Musikkneipen. Wenn noch Zeit bleibt, können Sie zum Sonnenuntergang einen Abstecher auf die Halbinsel **Coronado** einplanen und auf der Terrasse des **Hotel Del Coronado** einen gepflegten »Sundowner« nehmen.

Sehenswertes

Balboa Park
(→ S. 155)

La Jolla ■ a2, S. 152
Man bezeichnet den Küstenvorort 20 km nördlich von San Diego oft als »kalifornisches St. Tropez«. La Jolla ist bevorzugtes Wohndomizil von Künstlern und Surfern, Lebemännern und wirklich Reichen. Hauptbeschäftigung hier ist, über die **Prospect Street** und die **Girard Avenue** zu promenieren, vorbei an schicken Cafés, Boutiquen und Galerien. Zum weiteren Zeitvertreib bietet sich eine Schnorcheltour in der **La Jolla Cove** an oder ein Besuch des **Stephen Birch Aquarium-Museum** mit hervorragenden ozeanographischen Ausstellungen und vielen Fischarten des Pazifiks (2300 Expedition Way, tgl. 9–17 Uhr).

Mission San Diego de Alcala
■ b 2, S. 152
Kaliforniens älteste Mission mutet im Vergleich zu vielen anderen eher klein und beschaulich an, wenn auch die Padres hier einst eine große Landwirtschaft mit 20 000 Schafen und 10 000 Rindern unterhielten.
Die hübsche Kapelle hat noch heute besonders bei der spanischen Bevölkerung eine wichtige Funktion.
10818 San Diego Mission Rd.
Tgl. 9–17 Uhr
Eintritt 1 $, Kinder frei

Old Town ■ b 3, S. 152
Die historische Keimzelle der Stadt um die **San Diego Avenue** besteht aus zwei Dutzend restaurierten Adobe-Häuschen, in denen heute Souvenirläden und mexikanische Restaurants untergebracht sind. Im **Visitor Center** (Robinson House, 4002 Wallace St.) bekommen Sie einen Plan. Die Geschichte des Viertels ist im **Junípero Serra Museum** (2727 Presidio Drive) dargestellt.

San Diego Zoo
Ein weltweit führender und vorbildlicher Tierpark: Die 4000 Tiere leben in artgerechten Gehegen, die Gorillas im Regenwald, die Hippos in einer nachgestalteten Flußlandschaft. Man kann das 50 ha große Gelände mit Tälern, Seen und Wäldern mit der **Skyfari Tram** überqueren, einer fast lautlosen Schwebebahn.
Balboa Park
Tgl. ab 9 Uhr
Eintritt 13 $, Kinder 6 $

Sea World ■ a 2, S. 152
Ein gigantisches maritimes Spektakel: Im größten Ozeanarium der Welt wird fast alles präsentiert, was in den Meeren dieser Welt sein Zuhause hat. Schwertwale, Delphine und

Jahrmarkt der Eitelkeiten: der Boardwalk von San Diegos Mission Beach

Seeotter führen Kunststückchen vor, Haie kann man durch dicke Scheiben näher betrachten, und Seelöwen spritzen die Besucher naß.
Sea World Drive/Mission Bay
Tgl. ab 10, Juni–Sept. ab 9 Uhr
Eintritt 28,95 $, Kinder 20,95 $

Museen

Balboa Park ■ b 3, S. 152
Der fast 500 ha große Park nordöstlich der Innenstadt war 1915 Schauplatz der Panama-Kalifornien-Weltausstellung, von der noch zahlreiche Bauten im spanischen Barockstil erhalten blieben, so etwa der 60 m hohe **California Tower** (Visitor Center nebenan im **House of Hospitality**).

In den Bauten ringsum sind heute zahlreiche Museen untergebracht: das **Aerospace Museum** (tgl. 10–16.30 Uhr) mit einer Sammlung von 65 Flugzeugen, das **Model Railroad Museum** (Mi–So 11–16 Uhr) mit der größten Miniatureisenbahnanlage der Welt und das **Automotive Museum** (tgl. 10–16.30 Uhr) mit mehr als 60 Prachtexemplaren des Automobilbaus vom Ford T bis zum Ferrari. Doch damit nicht genug: Auch das **Museum of Art** (Di–So 10–16.30 Uhr) mit Werken alter europäischer Meister und moderner kalifornischer Kunst sowie das **Museum of Man** (tgl. 10–16.30 Uhr), das schon 1915 gegründet wurde und sich der Kulturgeschichte der Menschheit widmet, lohnen einen Besuch. Besonders für Kinder und Jugendliche interessant ist das **Reuben H. Fleet Space Theater and Science Center** (tgl. 9.30–21.30, Fr und Sa bis 22.30 Uhr), wo auf einer riesigen IMAX-Leinwand imposante Natur- und Weltraumfilme zum Mitfiebern gezeigt werden.

Firehouse Museum ■ b 3, S. 152
In der alten Feuerwache erklärt ein echter Feuerwehrmann die Sammlung: ein gutes Dutzend Löschfahrzeuge, Helme aus aller Welt, Fotos von Bränden und vieles mehr. Und über Lautsprecher hört man den aktuellen Funkverkehr der Feuerwehr von San Diego mit (mindestens 30 Minuten).
1572 Columbia St.
Do und Fr 10–14, Sa und So 10–16 Uhr
Eintritt in Form von Spenden

Maritime Museum of San Diego ■ b 3, S. 152
Jeder Winkel des 1898 in San Francisco vom Stapel gelaufenen Fährschiffes »Berkeley« ist vollgestopft mit Instrumenten, Schiffsmodellen, Motoren und Plänen. Ebenfalls zum Museum gehören das Dampfboot »Medea« und das 1863 erbaute Segelschiff »Star of India« (mindestens 1 Stunde).
1206 North Harbor Drive
Tgl. 9–20 Uhr
Eintritt 6 $, Kinder 2 $

Essen und Trinken

Bassam ■ b 3, S. 152
Kleines Bistro-Café wie in Paris. Serviert werden leichte Gerichte und Selbstgebackenes. Der Clou ist eine Theke mit Zigarren. Es darf hier geraucht werden, und das in Kalifornien!
41 Market St.
Tgl. 8–22 Uhr
Untere Preisklasse

Corvette Diner
(→ Die 10 urigsten Diners und Hamburgerlokale, S. 54/55)

Manche mögen's heiß: das Hotel Del Coronado

Es gibt Hotels und Luxushotels – und es gibt Legenden. Das Del Coronado auf der gleichnamigen Halbinsel vor San Diego ist so eine Legende: Seit gut hundert Jahren ist der weißrote Holzpalast, der der Phantasie eines Zuckerbäckers zu entstammen scheint, die Ferienherberge der High-Society. Schon zur Jahrhundertwende residierten hier die Präsidenten und Industriemagnaten Amerikas. Richtig berühmt wurde das Hotel aber 1958 als Kulisse für einen der großen Kultfilme Hollywoods: »Manche mögen's heiß«, die Komödie mit Jack Lemmon, Tony Curtis – und Marilyn Monroe. Die Traumfrau der Nation trieb allerdings – so geht das Hotelgerücht – Regisseur Billy Wilder schier zur Verzweiflung: Die simple Frage »Wo ist der Whisky?« etwa bereitete der blonden Diva derartige Probleme, daß erst bei der 59. Wiederholung alles im Kasten war.

Eröffnet wurde »The Del« schon 70 Jahre bevor Marilyn am Hotelstrand flanierte. Damals, im Herbst 1888, ging für den stolzen Besitzer Elisha Babcock ein Lebenstraum in Erfüllung: Der Eisenbahn-Bedienstete aus dem US-Staat Indiana witterte ein Riesengeschäft, als er die menschenleere, mit Gestrüpp überwucherte Coronado-Halbinsel zum erstenmal sah. Bankkredite und die Ersparnisse von Freunden machten's möglich: Für 110 000 Dollar sicherte sich Babcock die komplette Halbinsel und hatte noch genügend Kleingeld übrig, um das Hotel auf den Seesand zu setzen.

Auf der Baustelle schufteten mehr als 2000 Arbeiter im Akkord – die zähesten von ihnen aus China. Aus Paris kam das Porzellan, aus Belgien die Gläser, aus England die Klodeckel. Zum Schluß wurden noch fast 20 Kilometer Teppich ausgerollt: Die Gäste konnten kommen.

Seither hat das Del Coronado jedes Jahr mehr VIPs gesehen, als es Fenster hat. Und das sind immerhin genau 2372. Nicht so genau bekannt ist dagegen die Zahl der typischen roten Holzschindeln auf dem Dach des »Del«. Die meisten Hotelfans kamen beim Nachzählen nur bis 1,73 Millionen,

USA Westküste extra

Nicht erst seit Billy Wilders Kultfilm eine Herberge für VIPs: kein Wunder, daß das Luxushotel unter Denkmalschutz steht…

meinten aber, nur noch etwa 100 000 vor sich zu haben. Danach starben sie entweder oder konnten ihre Rechnung nicht länger bezahlen.

Das Hotel spielte übrigens auch eine Rolle in der wohl berühmtesten Liebesgeschichte nach Romeo und Julia. Im Frühjahr 1920 zog nämlich ein blaublütiger Gast ein: Seine Hoheit, der Prince of Wales, späterer König Eduard VIII. Bei einem Cocktailempfang warf er hier den ersten Blick auf jene amerikanische Schönheit, für die er 16 Jahre später die englische Krone aufgab. Wallis Simpson war damals noch die Frau eines Offiziers des nahen Marinestützpunktes. Wie nahe sich der Prinz und die später geschiedene Hausfrau aus San Diego damals kamen, ist nicht überliefert – aber das Feuer war entfacht…

Von Kennedy bis Kissinger, von John Wayne bis Richard Nixon reicht die Liste der Del-Coronado-Gäste. Ronald Reagan verhandelte mit dem Präsidenten Mexikos in Suite Nummer 3253. George Bush spielt im »Del« Tennis, Ex-Wimbledon-Star Chris Evert ebenso. Die heutigen großen Namen schweben im Helikopter ein. Früher war der Gipfel an Stil die Anreise im eigenen Eisenbahn-Salonwagen bis vor den roten Teppich der Hoteltreppe. Von der Seeseite näherte sich Humphrey Bogart am liebsten dem »Del« – auf seinen feuchtfröhlichen Yacht-Trips von Los Angeles aus.

Croce's ■ b3, S. 152
Feine kalifornische Küche in lockerer Atmosphäre bietet Ingrid Croce, die Witwe des Folk-Musikers Jim Croce. Abends Jazz im Club nebenan.
802 5th Ave.
Tel. (619) 233-4355
Tgl. 9–23 Uhr
Mittlere Preisklasse

Dakota Grill & Spirits ■ b3, S. 152
Großer rustikaler Saloon mit Steaks vom Grill, Pizza aus dem Holzofen.
901 5th Ave.
Tel. (619) 234-5554
Tgl. 11–23 Uhr
Mittlere Preisklasse

The Fish Market ■ b3, S. 152
Frische Fische und Krustentiere. Besonders zu empfehlen sind die Austern und die Sushi-Bar. Herrlicher Blick über die Bucht.
750 North Harbor Drive
Tel. (619) 232-3474
Tgl. 11–22 Uhr
Mittlere Preisklasse

George's ■ a2, S. 152
Hier läßt man sich sehen in La Jolla. Von der Terrasse hat man einen bezaubernden Blick auf den Pazifik, serviert wird neukalifornische Kost.
1250 Prospect St.
Tel. (619) 545-4244
Tgl. 9–23 Uhr
Mittlere Preisklasse

Mr. A's ■ b3, S. 152
Amerikanisches Fine-dining-Restaurant mit plüschigem Interieur und etwas steifen Kellnern. Das Restaurant liegt im 12. Stock.
2550 5th Ave.
Tel. (619) 239-1377
Tgl. 11–14.30 und 18–22.30, Sa und So nur ab 18 Uhr
Obere Preisklasse

Im Balboa Park kommt jeder auf seine Kosten: Sie können den vorbildlichen Zoo, ein Theater oder eines der zahlreichen Museen besuchen – oder einfach nur durch den Park schlendern

Saluté Ristorante Italiano ■ b3, S. 152
Italienisches Lokal mit hervorragenden Pizzen und Fischgerichten. Mitten im Raum rauscht ein Wasserfall.
708 4th Ave.
Tel. (619) 234-8166
Tgl. 11–23 Uhr
Mittlere Preisklasse

Einkaufen

Factory Outlet Center ■ c4, S. 152
35 Geschäfte mit Markenartikeln von Levi's, Dockers, Jockey, Nike und anderen zu stark herabgesetzten Preisen.
4498 Camino de la Plaza
San Yisdro (I-5, 25 km südlich von San Diego nahe der Grenze zu Mexiko)

Der Blick auf die umliegenden Bankgebäude ist so richtig passend: Wer im Mariott Hotel in der belebten Innenstadt absteigt, genießt Luxus pur – was natürlich seinen Preis hat

Horton Plaza
(→ Die 10 lohnendsten Einkaufsadressen, S. 226/227)

Le Travel Store
Gegenstände, die jeder Reisende angeblich braucht – vom »survival kit« bis zum aufblasbaren Kleiderbügel.
745 4th Ave.

Am Abend

Auch wenn das Univiertel **Hillcrest** nördlich der Downtown University/Fifth Ave.) eine gute Kneipenszene entwickelt hat und auch in **La Jolla** abends das Leben tobt, bleibt das Zentrum des Nachtlebens das **Gaslamp Quarter** in der New Town (Down Town). Jazz hört man bei **Croce's** (→ S. 158), Rhythm & Blues bei **Ingrid's** nebenan, Blues und Rock im Keller bei **Bodie's** (528 D St.). Größer ist der Disko-Keller in der **E Street Alley**, einem Vergnügungstempel in den Katakomben unter der E Street (zwischen 4th St. und 5th St.).

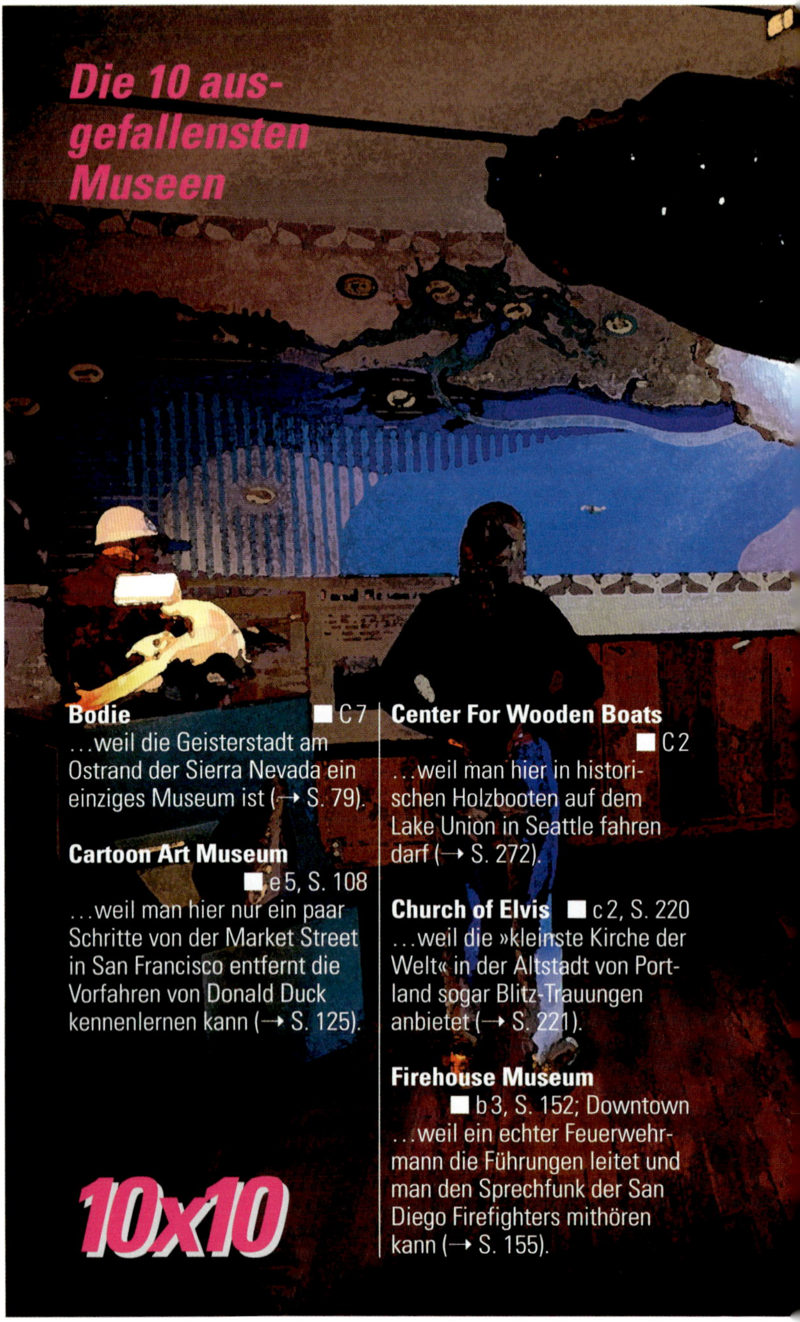

Die 10 ausgefallensten Museen

Bodie ■ C 7
…weil die Geisterstadt am Ostrand der Sierra Nevada ein einziges Museum ist (→ S. 79).

Cartoon Art Museum ■ e 5, S. 108
…weil man hier nur ein paar Schritte von der Market Street in San Francisco entfernt die Vorfahren von Donald Duck kennenlernen kann (→ S. 125).

Center For Wooden Boats ■ C 2
…weil man hier in historischen Holzbooten auf dem Lake Union in Seattle fahren darf (→ S. 272).

Church of Elvis ■ c 2, S. 220
…weil die »kleinste Kirche der Welt« in der Altstadt von Portland sogar Blitz-Trauungen anbietet (→ S. 221).

Firehouse Museum ■ b 3, S. 152; Downtown
…weil ein echter Feuerwehrmann die Führungen leitet und man den Sprechfunk der San Diego Firefighters mithören kann (→ S. 155).

Intel Museum ■ B 8
…weil hier in Santa Clara – mitten im Silicon Valley – auch Computermuffel verstehen werden, wie ein PC funktioniert (→ S. 96).

Museum of Neon Art
■ c 2, S. 176; Downtown
…weil hier sogar die Mona Lisa in Neon sehr apart aussieht und man es gar nicht für möglich hält, was in LA aus bunten Röhren alles gemacht werden kann (→ S. 185).

Railtown 1897 State Historic Park ■ b 2, S. 318
…weil die in Jamestown ausgestellte Lokomotive Nr. 3 schon im Westernfilm »Butch Cassidy und Sundance Kid« mitgewirkt hat (→ S. 101).

Samoa Cookhouse ■ A 5
…weil man hier in Eureka beim Betrachten der Holzfällerwerkzeuge auch ein dickes Steak serviert bekommt (→ S. 73).

Whale Museum (Foto) ■ C 1
…weil man hier im alten Hafenort Friday Harbor auf San Juan Island sogar hören kann, wie sich Wale miteinander unterhalten (→ S. 253).

Die Amerikaner lieben ihre kurze, wilde Geschichte, und jedes Nest hat ein kleines Pioniermuseum

Service

San Diego Visitors Bureau
Info-Zentrum in der Horton Plaza in der Innenstadt. Postadresse:
401 B St., Suite 1400
San Diego, CA 92101
Tel. (619) 236-1212, Fax 696-9371

Hornblower
Neben regulären Bootstouren werden auch Dinner-Kreuzfahrten angeboten.
Harbor Drive, Cruise Ship Terminal
Tel. (619) 234-8687

Old Town Trolley Tours
Zweistündige Sightseeingfahrten zu allen wichtigen Sehenswürdigkeiten der Stadt. Man kann aber nach Belieben bei den einzelnen Attraktionen aussteigen und mit dem nächsten Bus weiterfahren.
Tel. (619) 298-8687

San Diego Harbor Excursion
Ein- und zweistündige Hafenrundfahrten vor der Skyline und durch den riesigen Marinestützpunkt.
1050 North Harbor Drive
Tel. (619) 234-4111

Aquarius Surf'n Skate
Vermietung von Fahrrädern, Surfboards, Rollerblades etc.
747 Pacific Beach Drive
Tel. (619) 488-9733

Seaforth
Vermietung von Jetskis, Segel- und Motorbooten.
1641 Quivira Rd., Mission Bay
Tel. (619) 223-1681

San Juan Capistrano

■ C10

Der bereits 1776 von den spanischen Franziskanern gegründete Ort ist vor allem berühmt für seine Schwalben, die um die alte Mission herum nisten: Mit verblüffender Pünktlichkeit kommen sie alljährlich am 19. März aus ihren 10 000 km entfernten Winterquartieren in Argentinien und fliegen am 23. Oktober wieder gen Süden – jeweils Anlaß für ein Fest in der Stadt. Sehenswert im Ort sind außer der Mission zahlreiche schöne, alte Adobe-Häuser sowie der restaurierte Bahnhof der Santa Fe Railroad aus dem Jahre 1895. Von der Stadt sind es nur wenige Fahrminuten zur Küste mit ihren langgezogenen Stränden wie etwa **Doheny State Beach** und **San Clemente State Beach**.

Hotels und andere Unterkünfte

Dana Villa
Hübsches Motel im spanischen Stil mit Zimmern um einen palmenbewachsenen Innenhof. Nur wenige Minuten zum Strand. Gutes mexikanisches Restaurant.
34311 South Coast Hwy
Dana Point, CA 92629
Tel. (714) 496-5727
22 Zimmer
Untere Preisklasse

Surfside Inn
Zweistöckiges Hotel, nur durch die Küstenstraße vom Doheny Beach getrennt. Alle Zimmer haben einen Balkon mit Barbecue-Grill.
34680 Pacific Coast Hwy
Capistrano Beach, CA 92624-1301
Tel. (714) 240-7681, Fax 493-5793
37 Zimmer
Mittlere Preisklasse

Campingplatz

Doheny State Beach
Ein schattiges Campinggelände mit 120 Standplätzen an der Mündung des San Juan Creek, nur wenige Meter vom Strand entfernt.
25300 Dana Point Harbor Drive
Dana Point, CA 92629
Tel. (714) 496-6171

Sehenswertes

Mission San Juan Capistrano
Mit seinem Museum zur spanischen Geschichte, den weitläufigen Arkadengängen und drei Kirchen aus unterschiedlichen Epochen ist dies eine der eindrucksvollsten Missionen Kaliforniens. Von der großen Kathedrale aus dem Jahr 1806 sind allerdings nur noch Ruinen erhalten. Im Jahre 1920 schön restauriert wurde die Serra Chapel aus dem Jahre 1778, das älteste Gebäude Kaliforniens. Der barocke, über 300 Jahre alte Altar aus Kirschholz mit eingelegten Goldverzierungen wurde eigens aus Barcelona herbeigeschafft. Zu besichtigen sind auch die Klausen der Mönche, Werkstätten, Küchen und Indianerfriedhof.
Ortega Hwy./Camino Capistrano
Tgl. 8.30–17 Uhr
Eintritt 4 $, Kinder 3 $

San Luis Obispo ■ B 9

Das Städtchen mit heute 42 000 Einwohnern wurde bereits im Jahre 1772 als Mission der Franziskaner gegründet. Die alte Kirche bildet noch heute den Mittelpunkt der kleinen Innenstadt rund um die **Higuera Street** mit einigen schönen Cafés, Kneipen und Geschäften (donnerstags ist Farmer's Market). Umstrittenes Wahrzeichen des Ortes aber ist etwas nördlich an der US 101 das **Madonna Inn**, ein verrücktes rosafarbenes Hotel, so geschmacklos kitschig, daß es schon wieder als Attraktion gilt.

Von San Luis Obispo sind es nur wenige Autominuten zur Küste: Im Norden liegt das Fischernest **Morro Bay**, im Süden erstreckt sich der lange Dünenstrand von **Pismo Beach** mit einer ganzen Reihe kleiner, quirliger Strandorte. An einem Teil des brettharten Sandstrandes dürfen hier auch – einzigartig in Kalifornien – Autos fahren: Anlaß für kräftigen Rummel im Sommer. Aber es gibt auch ruhigere, autofreie Dünenlandschaften mit Wanderwegen, Campingplätzen und guten Bademöglichkeiten.

Hotels und andere Unterkünfte

Heritage Inn
Kleines familiäres Hotel mit 9 Zimmern, ähnlich einer europäischen Pension, mit lockerer Atmosphäre.
978 Olive St.
San Luis Obispo, CA 93405
Tel. (805) 544-7440
Mittlere Preisklasse

Pismo State Beach
Großes Strandareal mit zwei Campingplätzen etwa 25 km südlich von San Luis Obispo.
Tel. (805) 489-2684

Sea Crest Resort Motel
Etwas erhöht auf einer Klippe gelegener dreistöckiger Neubau. Alle 160 Zimmer haben Balkon oder Veranda, die meisten mit Blick aufs Meer. Zum Strand führt eine Treppe.
2241 Price St.
Pismo Beach, CA 93449
Tel. (805) 773-4608
Untere bis Mittlere Preisklasse

Sehenswertes

Mission San Luis Obispo de Tolosa
Die Mission, heute an einer schönen Plaza gelegen, wurde nach dem Bischof von Toulouse benannt. Täglich werden mehrere Gottesdienste gehalten, ein kleines Museum zeigt Kunsthandwerk der Chumash-Indianer.
Chorro St./Monterey St.
Tgl. 9–16.30, im Winter bis 16 Uhr
Eintritt in Form von Spenden

Essen und Trinken

Harbor Hut Restaurant
Alteingesessenes Fischlokal direkt am Fischereihafen mit deftiger Kost vom Holzkohlegrill und schöner Terrasse.
1205 Embarcadero, Morro Bay
Tel. (805) 772-2255
Tgl. 11–22, Jan.–April bis 21 Uhr
Untere bis Mittlere Preisklasse

Mother's Tavern
Großes Lokal mit lockerer Atmosphäre und riesigem Tresen. Gute Steaks, Burger und Biere vom Faß.
725 Higuera St., San Luis Obispo
Tel. (805) 541-3853
Tgl. 11–22 Uhr
Untere Preisklasse

San Simeon ■ B9

Das Städtchen am Pazifik etwas nördlich von San Luis Obispo böte nichts außer Kuhweiden, langen Stränden, stillen Buchten und hohen Wellen, hätte da nicht einst ein verrückter Millionär einen Traum verwirklicht und hoch in den Bergen oberhalb der Küste ein Schloß gebaut.

Hotels und andere Unterkünfte

El Rey Inn
Gepflegtes Hotel an der Durchgangsstraße, jedoch mit schönem Blick auf den Pazifik. Manche der Zimmer haben einen offenen Kamin.
9260 Castillo Drive
San Simeon, CA 93452
Tel. (805) 927-3998, Fax 927-8268
56 Zimmer
Mittlere Preisklasse

Piedras Blancas Resort
Einfaches Motel in mehreren Holzhäusern in malerischer Lage auf einer Klippe 12 km nördlich von San Simeon.
P. O. Box 97
San Simeon, CA 93452
Tel. (805) 927-4202
11 Zimmer
Untere Preisklasse

Sehenswertes

Hearst Castle (Hearst San Simeon State Historic Monument)
Unmögliches war schon immer möglich in Amerika. Bestes Beispiel ist dieses skurrile Schloß, das sich der Pressezar William Randolph Hearst zwischen 1919 und 1947 bauen ließ. Die 115 Zimmer des maurisch gestalteten Baus sind zum Bersten gefüllt mit aus Europa herbeitransportierten Kunstschätzen: Skulpturen, Gemälden, Möbeln und Gobelins. Schon der **gift shop** im Visitor Center ist an Kitsch kaum zu überbieten. Von hier fahren Busse hinauf zum Schloß.
Führungen tgl. 8.20 – 15.20 Uhr
Eintritt 14 $, Kinder 8 $
Reservierung: Tel. (805) 927-2020 und innerhalb der USA über Mistix: Tel. (800) 444-4445

Santa Barbara ■ B 10

Der Zopf ist ab: Das Küstenstädtchen am Fuß der bis zu 1800 m hohen **Santa Ynez Mountains** hat sein lange gehegtes Image einer Rentneroase (auch Ronald Reagan erholte sich hier immer von seinen Pflichten als Präsident) endgültig abgelegt. Die 85 000-Einwohner-Stadt gibt sich heute jung, vital und zukunftsfroh. Computerfirmen brachten junge Leute in die Stadt, und die sehr schön am Meer gelegene **University of California** im Vorort **Isla Vista** sorgt für eine Menge partyseliger Studenten.

Gegründet wurde Santa Barbara am 4. Dezember 1786, dem Tag der heiligen Barbara, als Pater Junípero Serra im Territorium der Chumash-Indianer eine Mission eröffnete. Der Ort blieb eine verschlafene Ansammlung von Lehmhäusern, bis Ende des 19. Jh. wohlhabende Touristen von der Ostküste das milde Klima dieses Küstenstreifens zu schätzen lernten. 1910 wurden in Santa Barbara sogar – lange vor Hollywood – Filme gedreht. Erst ein schweres Erdbeben am 29. Juni 1925 unterbrach den Aufstieg, ein großer Teil der Stadt wurde zerstört. Beim Wiederaufbau verordneten die Stadtväter sehr weise einen einheitlich maurisch-mexikanischen Stil. Noch heute müssen Neubauten diesem Erscheinungsbild entsprechen, Hochhäuser und allzu schrille Neonreklamen sind verpönt.

So bietet das Städtchen – vor allem um die von vielen Geschäften und Restaurants gesäumte Hauptstraße **State Street** im alten Stadtkern – heute ein bezauberndes altspanisch-mediterranes Bild mit roten Ziegeldächern und weißgetünchten Wänden, hübsch umrankt von Palmen und subtropischen Blüten. Besonders schön zu sehen ist dies vom Turm des **Santa Barbara County Courthouse** (1100 Anacapa St., Eintritt frei), das bei seiner Eröffnung 1929 als »schönste Behörde der USA« gefeiert wurde. Neben der Altstadt sind es aber vor allem die langen Sandstrände, für die Santa Barbara berühmt ist: Nördlich der Stadt liegen herrliche State Beaches, wie **Refugio**, **El Capitan** und **Gaviota**, alle mit Campingplätzen.

Hotels und andere Unterkünfte

Ala Mar Hotel
Einfaches kleines Hotel mit 20 Zimmern in einem großen Holzhaus direkt an der Stearns Wharf.
102 West Cabrillo Blvd.
Santa Barbara, CA 93101
Tel. (805) 962-9208
Untere Preisklasse

Eagle Inn
Gemütliches Apartmenthotel aus den dreißiger Jahren mit 21 Zimmern um einen schattigen Innenhof. Nur eine Straße vom Strand entfernt.
232 Natoma Ave.
Santa Barbara, CA 93101
Tel. (805) 965-3586, Fax 966-1218
Mittlere bis Obere Preisklasse

Four Seasons Biltmore
Traumhaft am Meer gelegener, weitläufiger Bau aus dem Jahre 1927 im klassischen Santa-Barbara-Stil. Zur Anlage gehören ein eigener Strand sowie mehrere Pools und Tennisplätze, alle versteckt in einem großen Palmengarten. Alle 234 Zimmer haben einen Balkon und einen Kamin.
1260 Channel Drive
Montecito, CA 93108
Tel. (805) 969-2261, Fax 969-5682
Luxusklasse

Villa Rosa
Ein kleines Hotel in einer hübschen Villa, fast wie in Südfrankreich oder der Toskana. Die Zimmer sind in einer gelungenen Mischung mit Antiquitäten und rustikalen Möbeln eingerichtet, die meisten mit offenem Kamin und Blick auf den Pool im Innenhof, wo morgens Kaffee und Croissants serviert werden. Nur wenige Minuten zum Strand.
15 Chapala St.
Santa Barbara, CA 93101
Tel. (805) 966-0851, Fax 962-7159
18 Zimmer
Mittlere bis Obere Preisklasse

American Football einmal anders: Santa Barbara ist berühmt für seine langen Sandstrände, auf denen eben nicht nur sonnengebadet wird

Sehenswertes

Santa Barbara Mission
Das älteste Gebäude der Stadt und noch heute eine Perle der spanischen Missionsarchitektur: Die von zwei massigen Türmen flankierte Kirche wurde nach einem Erdbeben im Jahre 1820 erbaut. In einem kleinen Museum ist das Leben der Patres detailliert dargestellt. Auf dem benachbarten Friedhof sind mehr als 4000 Chumash-Indianer und einige der ersten Siedler bestattet.
Laguna St./East Los Olivos St.
Tgl. 9–17 Uhr
Eintritt 3 $, Kinder frei

Stearns Wharf
Die weit in die Bucht hineinragende hölzerne Landungsbrücke wurde bereits 1872 vom Holzhändler John Peck Stearns erbaut und ist der älteste Pier der gesamten Westküste. Bei einem Feuer 1923 wurde die Wharf schwer beschädigt und erst nach langer Restaurierung 1981 wieder-

eröffnet. Heute sind hier Restaurants, Galerien, ein Fischmarkt und das **Sea Center** untergebracht, in dem neben lebensgroßen Walmodellen in Salzwasserbecken die Flora und Fauna des Pazifiks veranschaulicht wird.
State St./Cabrillo Blvd.

Museen

Museum of Natural History
Neben der Naturgeschichte Kaliforniens ist auch zu sehen, wie einst die Chumash-Indianer gelebt haben, welche Kleidung sie trugen, wie sie kochten und welche Werkzeuge sie benutzten (mindestens 2 Stunden).
2559 Puesta del Sol Rd.
Tgl. 9–17, So ab 10 Uhr
Eintritt 5 $, Kinder 3 $

Santa Barbara Museum of Art
Ein kleines, aber feines Kunstmuseum im Herzen der Stadt, das dank eines relativ hohen Etats eine ansehnliche Sammlung zeigt: vor allem zeitgenössische amerikanische Maler und französische Impressionisten. Berühmt sind die Fotografie- und Puppenausstellungen (mindestens 2 Stunden).
1130 State St.
Di–Sa 11–17, So 12–17 Uhr
Eintritt 4 $, Kinder 2,50 $

Essen und Trinken

Bay Café
Legeres Café-Restaurant in Strandnähe mit frischen, pfiffigen Seafood-Gerichten, einem kleinen Innenhof und buntem Publikum.
131 Anacapa St.
Tel. (805) 963-2215
Tgl. 11–15 und 17–21.30 Uhr
Untere bis Mittlere Preisklasse

Citronelle
Ableger des berühmten Restaurants **Citrus** in Los Angeles. In lockerer, doch gehobener Atmosphäre wird im obersten Stock des **Santa Barbara Inn** feinste neukalifornische Küche serviert – dazu gibt's einen herrlichen Blick auf den Pazifik.
901 Cabrillo Blvd.
Tel. (805) 963-0111
Tgl. 7–10, 12–14.30 und 18–21.30 Uhr, Fr und Sa abends länger
Obere Preisklasse

Natural Café
Witziges Bio-Café mit guten Salaten und anderen gesunden Kleinigkeiten – alles aus biologischem Anbau.
508 State St.
Tgl. 11–22 Uhr
Untere Preisklasse

Piranha Sushi & Robata
Ein schicker Japaner: kreatives Sushi und jede Menge Szene-People.
632 State St.
Tel. (805) 965-2980
Di–So 11.30–14 und 17.30–22.30 Uhr
Mittlere Preisklasse

RG's Giant Hamburgers
(→ Die 10 urigsten Diners und Hamburgerlokale, S. 54/55)

Steamer's
Großes, quirliges Lokal mit viel einheimischem Publikum. Spezialität sind Fische, Krustentiere und Steaks vom Holzkohlegrill.
214 State St.
Tel. (805) 966-0260
Tgl. 11.30–15 und 17–22, Fr und Sa bis 23 Uhr
Mittlere Preisklasse

Einkaufen

El Paseo
Dieses Einkaufszentrum mit Boutiquen, Galerien und Restaurants wurde schon zu Beginn der zwanziger Jahre rund um das historische Haus der Familie De La Guerra im spanisch-maurischen Stil erbaut. Gleich gegenüber liegt das neue, aber ebenso auf historisch getrimmte Einkaufszentrum **Paseo Nuevo**.
State St./De La Guerra St.

Am Abend

Schön zum Flanieren bei Sonnenuntergang ist die **Stearns Wharf**, danach beginnt der Rummel in den Bars an der **State Street**, die vor allem am Wochenende auch Live-Musik bieten, etwa im **Calypso** (Nr. 514 State St.), im **El Paseo** (Nr. 800) oder im **Soho** (Nr. 1221). Im etwas ruhigeren **Joseppi's** (Nr. 434) treten gute Blues- und Jazzcombos auf.

Service

Santa Barbara Visitors Bureau
12 East Carrillo Street
Santa Barbara, CA 93101
Tel. (805) 966-9222, Fax 966-1728

Captain Don's Harbor Tours
Bootstouren im Santa Barbara Channel, Walbeobachtung und Angeltrips.
219 Stearns Wharf
Tel. (805) 969-5217

Beach Rentals
Zur Auswahl stehen Rollerblades, Mountainbikes und Tandems.
22 State St.
Tel. (805) 966-6733

Alisal Ranch
Pferdevermietung und Ausritte durch das Santa Ynez Valley.
1054 Alisal Rd.
Solvang
Tel. (805) 688-4215

Santa Ynez Valley ■ B 10

Mehr und mehr Weinkenner haben in den letzten Jahren dieses liebliche Wein- und Wiesental nördlich von Santa Barbara entdeckt: Zwar werden hier erst seit den siebziger Jahren Reben gepflanzt, doch die Qualität der Pinot noirs, Chardonnays und Cabernet Sauvignons der mittlerweile rund 40 **Wineries** kann sich sehen lassen – ein noch unentdecktes »Napa Valley«, ideal für eine genüßliche Tagestour an der SR 154 zu Weingütern wie den **Firestone Vineyards** (5017 Zaca Station Rd.) im hübschen Landstädtchen **Los Olivos** oder den **Carey Cellars** (1711 Alamo Pintado Rd.) in **Solvang**. Die Anbaugebiete erstrecken sich bis weit in den Norden ins Santa Maria Valley.

Sequoia/Kings Canyon National Parks ■ C 8/C 9

Sie werden bis zu 3000 Jahre alt und über 80 m hoch, die mächtigen Mammutbäume (**Sequoia gigantea**), die in den beiden aneinandergrenzenden Nationalparks noch zu Hunderten stehen – in einem ihrer letzten Refugien. Ihren Namen erhielten die Riesen 1847 von einem österreichischen Forscher, der sie nach »Sequoyah«, einem berühmten Häuptling der Cherokee-Indianer, benannte.

Der größte Teil der beiden – im Jahre 1943 zu einem 3495 qkm großen Park vereinigten – Schutzgebiete kann nur zu Fuß durchquert werden. 1300 km Wanderwege führen durch die dichtbewaldete Bergwelt, in der rund 1300 Pflanzen- und Tierarten beheimatet sind. Beliebt bei Bergsteigern ist der Aufstieg auf den 4418 m hohen **Mount Whitney**, den höchsten Berg der USA außerhalb Alaskas (Anreise über den Hwy 395 auf der Ostseite der Sierras).

Nur zwei Straßen führen – vorbei an mehreren Hainen mit Sequoias – in die Parks: Der Highway 180 folgt über **Grant Grove** (Visitor Center) dem Kings River in den von steilen Granitwänden gesäumten Kings Canyon, der **General's Highway** (Hwy 198) schlägt einen Bogen durch den Südteil des Parks und führt vorbei am größten Baum des Parks, dem **General Sherman Tree** – mit 84 m Höhe und über 30 m Umfang ist er sogar das größte Lebewesen unserer Erde. Gleich in der Nähe bietet sich vom **Moro Rock**, einem gewaltigen Granitfelsen, ein weiter Blick über die Sierras und das Central Valley.

Schwarzbären sind im Sequoia National Park keine Seltenheit, doch Sie sollten sie weder füttern noch reizen – die Tiere, die auch die kalifornische Flagge zieren, sind nämlich keineswegs zahm

Hotels und andere Unterkünfte

Best Western Holiday Lodge
Moderne, relativ ruhig gelegene Anlage mit Pool, nur wenige Minuten vom Südeingang des Parks.
40105 Sierra Drive
Three Rivers, CA 93271
Tel. (209) 561-4119, Fax 561-3427
54 Zimmer
Untere bis Mittlere Preisklasse

Park Lodges
Die vier rustikalen, sehr einfachen Blockhütten-Lodges im Park werden zentral verwaltet. Die **Giant Forest**

Lodge (243 Zimmer, Untere bis Mittlere Preisklasse) liegt im Sequoia Park, die **Grant Grove Lodge** (52 Cabins, Untere Preisklasse) im Kings Canyon. Reservierung (lange im voraus) bei:
Guest Services Inc.
P. O. Box 789
Three Rivers, CA 93271
Tel. (209) 561-3314, Fax 561-3135

Campingplätze

Im Sequoia NP liegen 7 Plätze, im Kings Canyon sind es 4, die bis auf einen auch für Wohnmobile zugelassen sind. Alle sind zu reservieren über Destinet (→ S. 41).

Service

Sequoia/Kings Canyon National Parks
P. O. Box 789
Three Rivers, CA 93271
Tel. (209) 565-3134, Fax 561-3135

Solvang ■ B 10

53 km nördlich von Santa Barbara beginnt Dänemark – so hat es zumindest den Anschein, denn das 5000-Seelen-Örtchen wurde 1911 von dänischen Siedlern gegründet, die aus dem Mittleren Westen hierherkamen. Bis heute ist in Solvang alles dänisch: Windmühlenflügel drehen sich, die Häuser stützt ein Fachwerk, die Frauen tragen blondes Haar, hölzerne Schuhe und skandinavische Tracht. Die Amerikaner, die in hellen Scharen anreisen, lieben es. In all dem nordischen Trubel wirkt die **Mission Santa Inés** (1760 Mission Drive) von 1804 etwas deplaziert, ist aber mit ihrem Arkadengang und dem kleinen Museum durchaus einen Besuch wert.

Essen und Trinken

The Danish Inn Restaurant
Einfaches, aber empfehlenswertes Lokal in der Innenstadt mit Spezialitäten, die man in Kalifornien für dänisch hält. Beliebt ist das Buffet, »smorgasbord« genannt.
1547 Mission Drive
Tel. (805) 688-4813
Tgl. 11.30–22, Sa und So ab 9 Uhr
Untere bis Mittlere Preisklasse

Tijuana ■ C 11

Bis in die Zweimillionenstadt »south of the border« sind es von San Diego nur 35 km (Straßenbahn von der Downtown; zur Einreise genügt der Reisepaß). Den Mietwagen sollten Sie an der Grenze besser stehen lassen, er ist in Mexiko nicht versichert. Zwar repräsentiert Tijuana nicht das authentische Mexiko, doch ein Bummel über die wuseligen, bunten Märkte an der **Avenida de la Revoluciòn** und eine Einkehr in einem der Restaurants ist es allemal wert.

Die stolzen Baumriesen im Sequoia und im Kings Canyon National Park sind bis zu 3000 Jahre alt und teilweise über 80 Meter hoch – und halten damit Rekorde

Wüste: Überleben bei 50 Grad im Schatten

Frühmorgens im Joshua Tree National Park: Es ist Frühjahr, ein Hauch von Frost liegt in der Luft, doch die höhersteigende Sonne sticht schon warm herab und läßt ahnen, daß zu Mittag wieder 30 Grad herrschen werden. Ein grauer Kojote streicht um das Camp, eine Springmaus huscht nach der nächtlichen Futtersuche in ihren Bau unter einem Creosotebusch, während sich im jungen Grün eine Wüstenschildkröte raschelnd auf Blättersuche begibt. Nach dem Frühjahrsregen sind die Täler nun mit bunten Blüten übersät, die jedoch nur einige Tage überleben werden, ehe sie die sengende Sonne verdorren läßt.

Frühjahr in der Wüste, Leben überall. Doch das Überleben in den heißen, wasserarmen Ökosystemen Südkaliforniens ist nicht leicht. In der Colorado-Wüste nahe der mexikanischen Grenze herrschen oft Mittagstemperaturen von mehr als 50 Grad Celsius. Aber auch in der oberhalb von 900 Meter gelegenen und daher etwas kühleren Mojave-Wüste ist das Überleben nicht leichter. Wasser gibt es nur wenig, und die Pflanzen und Tiere müssen zu den glühenden Sommertemperaturen auch noch Frost im Winter ertragen.

Flora und Fauna der Wüste haben über Jahrmillionen ausgefeilte Strategien entwickelt, um in diesem so lebensfeindlichen Land existieren zu können. Die Wüstenblumen wachsen und blühen nur wenige Wochen, danach liegen die Samen manchmal jahrelang im Sand – bis zum nächsten Regen. Auch größere Pflanzen wie etwa die »Joshua trees«, eine Lilienart, legen in den heißen Monate eine kräftesparende Wachstumsphase ein.

Viele kleinere Tiere, wie Wüstenmäuse, Fledermäuse oder Känguruhratten, sind nachtaktiv, um die Verdunstung so gering wie möglich zu halten. Auch ihre Jäger, Rotluchse, Kojoten und Klapperschlangen, haben sich deshalb auf die Nacht umgestellt. Im Dunkeln sind die Augen weniger wichtig, daher haben die Wüstentiere oft ihre anderen Sinne perfektioniert: Die Klapperschlange etwa kann –

USA Westküste extra

Wüstenpflanzen blühen nur für kurze Zeit im Frühling – wenn genug Regen gefallen ist

mit ihrer Zunge – hervorragend riechen und besitzt außerdem ein Organ, das auf Wärme reagiert und so Beute orten kann.

Wasser gewinnen viele Tiere allein aus ihrer Nahrung, sie verringern durch lange Nasengänge die Verdunstung in der Atemluft, haben besonders wirksame Nieren oder können, wie etwa die Wüstenschildkröte, aus ihrer Blase gespeichertes Wasser zurückgewinnen. Und während zum Beispiel der Steinadler auf den Wind angewiesen ist, der ihn tagtäglich zu fernen Wasserstellen bringt, verläßt sich der »roadrunner«, ein überwiegend am Boden lebender Erdkuckuck, auf seine schnellen Beine – die erjagen ihm genügend Eidechsen und kleine Nagetiere, um seinen Wasserbedarf zu decken. Viele Arten der Wüstenflora und -fauna sind heute vom Aussterben bedroht; bewässerte Plantagen und ausufernde Siedlungen der Menschen haben ihren Lebensraum immer mehr beschnitten. Erst in den letzten Jahrzehnten wurde der Wert der so öde erscheinenden Trockenlandschaften erkannt, und Naturschützer machten sich für ihren Erhalt stark.

Ein Meilenstein für die Rettung der Wüsten Kaliforniens war 1994 der **California Desert Protection Act**, der einen großen Teil des Binnenlandes in Südkalifornien schützt: 2,3 Millionen Hektar in Wildnisgebieten – eine Region fast doppelt so groß wie die Schweiz.

Brennpunkt LA: Keine andere Stadt des Westens ist so widersprüchlich, so gigantisch, so glamourös, so faszinierend. Sie ist die Stadt der Hollywoodstars und der Mickey Mouse, der Schwarzen- und Latinoghettos, der knackigen Bodybuilder von Venice Beach und der silikonverstärkten Schönen von Beverly Hills. 15 Millionen Menschen leben hier unter der sengenden Sonne Südkaliforniens, in einer Superstadt größer als das Ruhrgebiet, in einer brodelnden Metropole voller Impulse und Kontraste.

■ C 10

»Der Amerikaner ist ein Wesen mit vier Rädern.« Nirgendwo wird die Wahrheit dieser Spitze deutlicher als in Los Angeles. 8 Mio. Autos fahren täglich auf den Freeways und Straßen der Mega-Stadt. Auf dem zehnspurigen Freeway 405 können Sie morgens die darinsitzenden Wesen bei den verschiedensten Tätigkeiten beobachten: Sie trinken auf dem Weg ins Büro Kaffee, rasieren sich oder ziehen den Lippenstift nach. Das Auto als Zuhause – bei immer gleichbleibenden 110 Stundenkilometern.

Furchtbar, meinen Sie? Man gewöhnt sich schnell daran. Mobilität ist oberstes Gebot in Los Angeles. Denn nur so lassen sich die schillernden Facetten dieser ausufernden Metropole voll auskosten: die langen Strände von **Malibu** und **Venice**, die Szeneviertel **West Hollywood**, **Santa Monica** und **Westwood**, die großartigen – und weit auseinanderliegenden – Museen, die unglaubliche Vielfalt der Restaurants und Klubs, die Einkaufsmeilen und Villenviertel von **Beverly Hills** und die Filmstudios von **Hollywood**.

Ein Mosaik der Mikrokosmen

Es gibt nicht ein Los Angeles, nicht eine einzelne Stadt mit Kern, Vororten und Umland, wie man das aus Europa kennt.

Selbst **Downtown LA**, wo zwar die meisten Hochhäuser stehen, ist kein Stadtzentrum im herkömmlichen Sinne – Zentren mit Hochhäusern gibt es mehrere in der großen Küstenebene zwischen den San Gabriel Mountains und dem Pazifik. Unter dem Oberbegriff Los Angeles vereinen sich fünf Regierungsbezirke zu einer zusammenhängenden Stadtregion, von denen allein **LA County** fast 9 Mio. Einwohner in 88 Städten besitzt – Los Angeles selbst ist mit 3,5 Mio. Menschen zwar die größte, aber nur eine von vielen Städten, deren Grenzen in diesem gewaltigen Siedlungsbrei gar nicht mehr auszumachen sind.

All diese unterschiedlichen Städte, die Viertel der Einwanderer, der

Latinos, der Schwarzen, der Koreaner, der Vietnamesen, ergeben zusammen mit den weiten Strandzonen und den erstaunlich unberührten Naturschutzgebieten in den umliegenden Bergen ein knallbuntes Mosaik unterschiedlichster Welten. Daß diese Superstadt trotz der vielen Probleme so gut funktioniert, ist kaum zu fassen.

Die Wirtschaftskraft von Los Angeles ist größer als die ganz Australiens, der Hafen ist der größte ganz Amerikas. Hier werden Computer und Flugzeuge ebenso hergestellt wie medizinische und chemische Produkte. Bekleidungs-, Möbel- und Schmuckindustrie sind vertreten wie auch Hochfinanz und Spielzeugfertigung. Und für die Film- und Musikindustrie ist Hollywood ohnehin der Nabel der Welt.

Die Metropole Los Angeles ist heute die zweitgrößte Stadt Amerikas nach New York, und die »Big Orange« wird den »Big Apple« wohl bald überholt haben.

Vom Dorf zur Superstadt

Dabei hatte der steile Aufstieg von Los Angeles nur sehr zögerlich begonnen. Im Jahr 1781 gründeten einige spanische Siedler ein erstes Dorf an der Stelle der heutigen Downtown, einige Ranches folgten und ab 1850 auch die ersten Orangenplantagen. Doch noch 1880, als San Francisco schon längst eine Großstadt war, hatte Los Angeles nur 10 000 Einwohner.

Erst um 1900 begann dann das phänomenale Wachstum: Im Stadtgebiet von LA und entlang der ganzen südkalifornischen Küste wurde Öl

Downtown Los Angeles: Hier strecken sich zwar die meisten Wolkenkratzer gen Himmel, doch eine City nach europäischem Vorbild ist es damit noch nicht. Vielmehr erstreckt sich die Metropole über eine riesige Fläche mit mehreren Stadtzentren

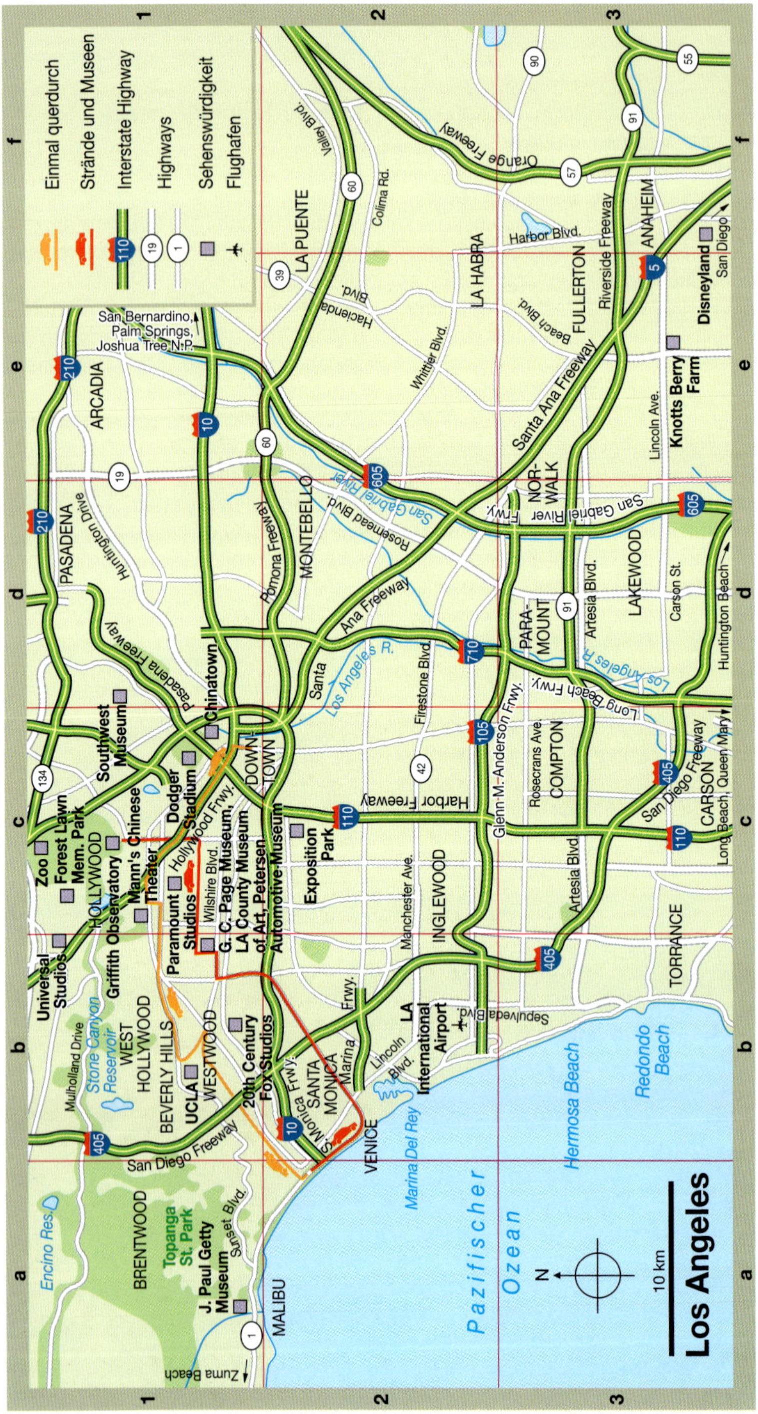

Die Buchstaben-Zahlen-Kombinationen im Text verweisen auf die Planquadrate dieser Karte.

entdeckt, die ersten großen Aquädukte, die Wasser aus dem Norden in die Wüste von Los Angeles brachten, wurden eröffnet, und zugleich begann die junge Filmindustrie in Hollywood zu florieren. Nicht zuletzt dank der Zelluloid-Traumwelten, die Stars und Studios den Menschen im ganzen Land vorgaukelten, wurde Südkalifornien und damit LA zum Magnet für Zuwanderer – und auch für Touristen, die endlich einmal mit eigenen Augen die Drehorte ihrer Lieblingsfilme erleben wollen.

Seither ist das Wachstum ungebrochen. Zwar schien es noch Anfang der neunziger Jahre, als würden Rezession und Großstadtprobleme Los Angeles doch unterkriegen, aber mittlerweile hat sich auch dieser Trend wieder umgekehrt. Ob Wassernot oder Bandenkriege, Erdbebengefahr oder Rassenunruhen – nichts scheint die Riesenstadt nachhaltig zu beeinträchtigen.

Glamour und Faszination von LA sind ungebrochen, der berüchtigte Smog ist dank bleifreier Autos heute sogar wieder seltener als vor zehn Jahren. Für die Einwanderer aus Mexiko und Südamerika ist Los Angeles nach wie vor das Traumziel. Und manche betuchtere Angelenos, die Anfang der neunziger Jahre den Rassenkrawallen und Erdbeben in ruhigere Staaten entflohen waren, kehren jetzt wieder zurück: LA kann man eben durch nichts ersetzen.

Die Stadt ist mediterran-idyllisch in manchen Vierteln, häßlich verslumt in anderen, sie ist schnellebig und leichtlebig, schön, erschreckend und unbarmherzig, schillernd und glamourös. Nur eines ist LA garantiert nie: langweilig.

Zuschauer garantiert: Am Venice Beach stellen Skateboardfahrer ihr akrobatisches Können unter Beweis – ein interessiertes Publikum findet sich immer

Hotels und andere Unterkünfte

Bel Air ▪ b1, S. 176
Ein legendäres Refugium der Stars und Superreichen: Inmitten von Teichen (samt Schwänen) und herrlichen Gärten wirkt dieses Nobel-Resort wie ein feines Landhaus – und ist doch nur Minuten vom Trubel in Beverly Hills entfernt. 92 luxuriöse Zimmer, perfekter Service, Fitneßclub, elegantes Restaurant und Lounge.
701 Stone Canyon Rd.
Los Angeles, CA 90077
Tel. (310) 472-1211, Fax 476-5890
Luxusklasse

Cadillac Hotel ▪ b2, S. 176
Kleines Strandhotel mit nur 40 Zimmern in einem renovierten Art-déco-Bau am Venice Beach.
8 Dudley Ave.
Venice, CA 90291
Tel. (310) 399-8876
Untere bis Mittlere Preisklasse

Carmel ▪ a2, S. 176
Einige der 120 Zimmer dieses Mittelklassehotels sind recht klein – doch die Lage ist unschlagbar: zwei Straßen vom Strand und mitten im Flanierviertel Santa Monica.
201 Broadway
Santa Monica, CA 90401
Tel. (310) 451-2469, Fax 393-4180
Mittlere Preisklasse

Hotel del Capri ▪ b1, S. 176
Älteres, aber gepflegtes Motel mit 80 Suiten und einem stimmungsvollen Innenhof; nehmen Sie ein Zimmer am Pool. Gute Lage am Rande des Szeneviertels Westwood.
10587 Wilshire Blvd.
Los Angeles, CA 90024
Tel. (310) 474-3511, Fax 470-9999
Mittlere Preisklasse

Hostelling International
▪ a2, S. 176
Große Jugendherberge mit 200 Betten in bester Lage nur ein paar Schritte vom Strand.
1436 2nd St.
Santa Monica, CA 90401
Tel. (310) 393-9913, Fax 393-1769
Untere Preisklasse

Ramada Plaza ▪ b1, S. 176
Ein Kettenhotel, aber mit witzigem, postmodern-coolem Design auch in den 175 Zimmern. Viel junges Künstler- und Musikerpublikum. Gute Lage zwischen Hollywood und Beverly Hills. Auch Nachtschwärmer sind hier nahe am Geschehen.
8585 Santa Monica Blvd.
West Hollywood, CA 90069
Tel. (310) 652-6400, Fax 652-2135
Mittlere bis Obere Preisklasse

The Regent Beverly Wilshire
▪ b1, S. 176
Seit 1928 die feinste Adresse im Nobelort Beverly Hills, nicht umsonst verführte »Pretty Woman« hier ihren Märchenprinzen Richard Gere. Die schönsten der 275 sehr großen Zimmer liegen im prachtvollen Altbau des Grandhotels mit Blick auf den Rodeo Drive. Der Service ist perfekt, die drei Restaurants des Hauses sind Treffs der Hollywoodszene. Bei einem Täßchen Tee in der Lobby Lounge sieht man manches bekannte Gesicht.
9500 Wilshire Blvd.
Beverly Hills, CA 90212
Tel. (310) 275-5200, Fax 274-2851
Luxusklasse

Eine schön restaurierte Eingangshalle im Stil des Art déco empfängt die Gäste des Cadillac Hotel

St. Regis Motor Hotel ■ b 1, S. 176
Nettes, sehr preiswertes Motel mit nur 35 Zimmern zwischen Santa Monica und Westwood; direkt an einer Buslinie zum Strand.
11955 Wilshire Blvd.
Los Angeles, CA 90025
Tel. (310) 477-6021, Fax 479-5907
Untere Preisklasse

Wyndham Bel Age ■ b 1, S. 176
Elegantes First-class-Hotel nur ein paar Schritte vom Sunset Boulevard. Alle 200 Zimmer sind als großzügige Suiten gestaltet, Clou ist der Dachgarten mit Pool und Blick über LA.
1020 San Vicente Blvd.
West Hollywood, CA 90069
Tel. (310) 854-1111, Fax 289-7763
Obere Preisklasse

Rundfahrten

Die meisten Attraktionen und interessanten Viertel liegen zwischen **Downtown** und dem Pazifik im Westteil der Stadt. Das riesige **East LA** ist das Reich der Latinos, der Einwanderer aus Mexiko und Zentralamerika, und in den Stadtteilen **South Central** und **Watts** im Süden leben vorwiegend Schwarze – Regionen, in denen man sich als Tourist nicht unbedingt herumtreiben sollte.

Drei bis vier Tage brauchen Sie mindestens, um auch nur einen flüchtigen Überblick zu bekommen. Dann können Sie selbst entscheiden, ob LA, diese unmögliche Metropole, nun ein Moloch ist oder tatsächlich die Trendstadt des 21. Jh.

Ein Fahrzeug ist zum Sightseeing in LA unerläßlich – und auch etwas Planung vorab. Die Stadt rollt für ihre Besucher nicht unbedingt den roten Teppich aus – zu sehen und erleben aber gibt es reichlich. Hier eine Gebrauchsanweisung für drei Tage:

Mann's Chinese Theater: Den Hof des 1927 eröffneten, chinesisch gestylten Premierenkinos am Hollywood Boulevard pflastern die Hand- und Fußabdrücke vieler Stars

1. Tag: einmal querdurch
Beginnen wir mit einem Kurzbesuch in **Downtown** (über I-10 oder Wilshire Boulevard von den Hotels im Westen gut zu erreichen). Parken Sie beim **Music Center** (Hope St./1st St.), wo sich vor dem **Dorothy Chandler Pavilion** (hier in der Oper findet alljährlich die Oscar-Verleihung statt) ein schöner Blick auf die aus vielen Filmen bekannte **City Hall** bietet. Von hier können Sie zu Fuß durch die Hochhausschluchten bummeln: vorbei am postmodernen Bau des **Museum of Contemporary Art** (250 South Grand Ave., Di–So 11–17 Uhr; gute Sonderausstellungen zeitgenössischer Künstler) und den gewaltigen Türmen der **California Plaza**. Über die Stufen der Hope Street gelangen Sie zur prächtig restaurierten **Central Library** und weiter hinab zum **Pershing Square** mit dem **Biltmore Hotel** (515 South Olive St.) – hier sollten Sie einen Blick in die Lobby werfen. Eine Straße östlich davon am **Broadway**, der heute wie eine mexikanische Marktstraße wirkt, lohnen das **Bradbury Building** (304 South Broadway) mit seinem oft schon in Filmen gezeigten Innenraum und der **Grand Central Market** gegenüber einen Besuch.

Wieder per Auto geht es dann weiter an den Nordrand der Innenstadt zur **Olvera Street**, der mexikanisch-bunten, aber recht touristischen Altstadt, wo einst das »Pueblo des Los Angeles« stand. Interessanter ist nebenan die kleine **Chinatown** um Hill Street und Broadway (Tip zum Dim-Sum-Lunch: **Empress Pavilion**, 988 North Hill St., Tel. 617-9898).

Einige Ausfahrten weiter nördlich auf dem Freeway 101 fahren Sie dann auf dem legendären **Hollywood Boulevard** weiter nach Westen.

Rollerblades sind wegen der großen Entfernungen in LA nur bedingt zum Sightseeing geeignet

Bald belebt ein buntes Treiben die Straßen; Souvenirläden und Filmshops säumen den Weg. Beliebtestes Fotomotiv ist hier das **Mann's Chinese Theater**, das chinesisch gestylte Premierenkino mit den Hand- und Fußabdrücken der arrivierten Schauspieler in Beton vor dem Eingang und Messingsternen für die Stars auf den Gehsteigen.

Zwei Straßen weiter südlich verläuft der **Sunset Boulevard**, der – umgeben von protzigen Reklametafeln – weiter nach **West Hollywood** und durch die exklusiven Shops und Restaurants der **Sunset Plaza** nach **Beverly Hills** mit seinen Palmenalleen und feinen Villenstraßen führt. Am Beverly Drive heißt es links abbiegen, und schon sind Sie im Viertel um den Rodeo Drive, der in den drei Blocks südlich des Santa Monica Boulevard zur superteuren Shoppingmeile wird. Auf dem Wilshire Boulevard fahren Sie dann nach Westwood Village, in das quirlige Studentenviertel der University of California (UCLA) um Westwood Boulevard und Broxton Avenue. Ein Viertel, das auch abends sehr beliebt zum Bummeln ist, denn hier gibt es zahlreiche Premierenkinos, Kneipen und Restaurants.

Gleich jenseits der I-405 schließt sich das weitläufige grüne Wohnviertel Brentwood an, wo Raymond Chandler schrieb (12216 Shetland Lane) und Marilyn Monroe ihre Schlaftabletten schluckte (12305 Fifth Helena Drive). Auf dem Wilshire Boulevard ist es nun nicht mehr weit zum Meer in Santa Monica. Hier können Sie in der Third Street Promenade noch etwas bummeln und dann am Santa Monica Pier oder auf den Klippen den Sonnenuntergang genießen.

2. Tag: Strände und Museen

Am Vormittag ist Strandleben angesagt: Von Santa Monica sind es nur ein paar Autominuten nach Venice, wo Sie, je nach Gusto und Sportlichkeit, am Ocean Front Walk bummeln, bräunen oder Rollschuh fahren können. Vor allem an den Wochenenden tobt hier die Szene, und am Muscle Beach stylen die schönen Männer ihre Körper. Vom Sidewalk Café (1401 Ocean Front Walk) bietet sich der beste Blick auf diese Bühne der Eitelkeiten.

Zwei Straßen vom Strand entfernt verläuft die Main Street, wo sich zwischen Hill Street und Kinney Street Boutiquen, Galerien und schicke Cafés drängeln – ideal zum Lunch. Hier liegt auch World's Gym (812 Main St.), eines der berühmten Bodybuilding-Studios von LA.

Am Nachmittag geht es dann über den Venice Boulevard weiter zur Museumsmeile von Los Angeles um Fairfax Avenue und Wilshire Boulevard. Drei große Museen stehen zur Wahl: das LA County Museum of Art, das naturkundliche George C. Page Museum und das Petersen Automotive Museum.

Danach steht ein Bummel an der Trendmeile Melrose Avenue auf dem Programm: In den Straßenzügen östlich der Fairfax Avenue wird sie zur »Neon Melrose« mit flippigen Läden, Szene-Cafés und schrillem Publikum. Falls Sie sich hier rechtzeitig losreißen können, sollten Sie zum Sonnenuntergang dann zum Griffith Observatory am Ende der Western Avenue weiterfahren: Hier gibt's den schönsten Blick über LA.

3. Tag: Mickey oder Kingkong

Einen Tag Zeit sollten Sie sich für die Kunstwelten von Los Angeles nehmen. Disneyland in Anaheim ist die erste Wahl, und auf dem Weg dorthin sollten Sie einen kurzen Abstecher einplanen: zur spektakulären Crystal Cathedral. Das 1981 von den Architekten Johnson & Burgee erbaute Gotteshaus ist vollständig aus Glas konstruiert und bietet Platz für fast 3000 Gläubige. Der stählerne Glockenturm des Baus stammt von Philip Johnson. Wenn Sie etwas mehr Zeit haben, sollten Sie eine Tour durch die Universal Studios mitmachen und anschließend den Forest Lawn Memorial Park aufsuchen, auf dem viele Stars begraben liegen, sowie die Westernausstellungen des nahen Gene Autry Museum anschauen.

Sehenswertes

Disneyland ■ f3, S. 176
Der Urvater aller Vergnügungsparks und absolute Touristenpflicht in Kalifornien: Seit 1955 wird hier die Welt der Phantasie gefeiert. In neun »Ländern« können Sie heute Achterbahn fahren, Shows und große Paraden sehen und perfekt gestaltete Traumlandschaften durchreisen. Sehenswert sind übrigens nicht nur die neuen Attraktionen wie etwa das »Indiana Jones Adventure«, sondern auch die schon vor 30 Jahren perfekt inszenierten Spektakel wie etwa die »Pirates of the Caribbean« oder »It's a small World«. Ein Tag vergeht im Fluge.
1313 Harbor Blvd., Anaheim
Tgl. 10–18, an Wochenenden und im Sommer 9–24 Uhr
Eintritt 33 $, Kinder 25 $

Marina del Rey ■ b2, S. 176
Im größten künstlichen Hafen der Westküste dümpeln Tausende von eleganten Yachten und Segelbooten. Im **Fisherman's Village** am Ende des Fiji Way können Sie an den Anlegern bummeln oder in einem der Cafés dem bunten Treiben zusehen.

Queen Mary
Der 1934 vom Stapel gelaufene, größte Passagierdampfer der Welt liegt heute als Museum vor Anker: schön für einen nostalgischen Bummel durch die Salons im Art-déco-Stil und die riesigen Maschinenräume. Die ehemaligen Kabinen sind heute ein Hotel.
Long Beach Harbor
Tgl. 10–18 Uhr
Eintritt 10 $, Kinder 6 $

Strände
Die beliebtesten Surferstrände sind **Zuma Beach** und der **Malibu Surfrider State Beach** im Norden von LA und der **Huntington Beach** ganz im Süden. Die besten Wellen rollen im August/September sowie nach Stürmen im Winter an Land. Gut zum Schwimmen, Sonnenbaden, Flanieren und Leutebeobachten sind **Santa Monica Beach** und natürlich der berühmte **Venice Beach**. Etwas weiter südlich, an den Stränden von **Hermosa Beach** und **Redondo Beach**, wurde die Fernsehserie »Baywatch« gedreht – verlassen Sie sich aber nicht darauf, daß David Hasselhoff ständig hier Dienst tut.

University of California at Los Angeles (UCLA) ■ b1, S. 176
Die 1929 erbaute Universität am Fuß der Santa Monica Mountains ist mit fast 35 000 Studenten eine der größten Hochschulen des Landes. Typischer Campus mit schönem Skulpturengarten. Im Uni-Laden in der Ackerman Union gibt es Sweatshirts mit dem berühmten UCLA-Aufdruck.

Universal Studios ■ b1, S. 176
Ob ein Erdbeben oder eine Attacke durch Kingkong – im riesigen Vergnügungspark der Studios wird die Filmwelt hautnah erlebbar. Und bei der geführten Fahrt mit der Tram werden die Tricks der Branche erklärt. Außerdem: Stunt- und Tiershows. Neueste Attraktion ist die Dinowelt von »Jurassic Park«. Zum Gelände gehört auch der **Universal Citywalk**, ein Shopping- und Vergnügungskomplex mit herrlichen alten Neonschildern.
Lankershim Blvd./US 101
Im Sommer tgl. ab 8, sonst ab 9 Uhr
Eintritt 33 $, Kinder 25 $

Museen

Exposition Park ■ c 2, S. 176
Im Kulturzentrum zwischen dem großen Campus der **University of Southern California** und dem **Memorial Coliseum**, dem Schauplatz der Olympischen Spiele von 1932 und 1984, stehen eine ganze Reihe ausgezeichneter Museen: so das **Natural History Museum**, das vor allem die Natur und Geschichte Kaliforniens behandelt, das **California Afro-American Museum** und das technisch orientierte **California Museum of Science and Industry**, dem ein eigenes **Aerospace Museum** zur Luft- und Raumfahrttechnologie sowie ein IMAX-Kino angeschlossen sind.
Exposition Blvd./South Figueroa St.
Di–So 10–17 Uhr

Standesgemäß: John Paul Getty errichtete sein Museum – das reichste der Welt – in Malibu, der Heimat vieler Showgrößen

Gene Autry Museum ■ c 1, S. 176
Hollywood und der Wilde Westen sind das Thema dieses weitläufigen Museums: Filmplakate, Filmrevolver und auch viele echte Wildwest-Relikte. Gute Sonderausstellungen.
Griffith Park
Di–So 10–17 Uhr
Eintritt 7,50 $, Kinder 3 $

George C. Page Museum ■ b 1, S. 176
Relikte der Eiszeit aus einer Teerquelle mitten in LA: Mammute und Säbelzahntiger illustrieren das prähistorische Südkalifornien.
5801 Wilshire Blvd.
Di–So 10–17 Uhr
Eintritt 6 $, Kinder 2 $

John Paul Getty Museum ■ a 1, S. 176
Angeblich das reichste Museum der Welt – ihm stehen jährlich 100 Mio. Dollar zur Verfügung! Die große Antikensammlung ist im Nachbau einer altrömischen Villa untergebracht, alle

übrigen Kunstschätze sind ab 1997 im **Getty Center**, einem spektakulären Neubau von Richard Meier, in Brentwood zu bewundern.
17985 Pacific Coast Hwy, Malibu
Di–So 10–17 Uhr
Eintritt frei (Parkplatzreservierung nötig, Tel. 458-2003, oder Sie kommen per Stadtbus Nr. 434)

LA County Museum of Art
■ b 1, S. 176
Die Kunst der Welt von der Antike bis zur Moderne in fünf großen Bauten. Besonders schön: der Japanese Pavilion von Bruce Goff. Große Wanderausstellungen von Weltruf.
5905 Wilshire Blvd.
Di–Fr 10–17, Sa und So 11–18 Uhr
Eintritt 6 $, Kinder 1 $

Museum of Neon Art (MONA)
■ c 2, S. 176
Die Kunst der bunten Leuchtstoffröhren in allen Formen und Farben.
501 West Olympic Blvd. (Downtown)
Di–Sa 11–18 Uhr
Eintritt 3 $, Kinder frei

Petersen Automotive Museum
■ b 1, S. 176
Ein Museum zur Geschichte des Automobils mit über 200 Schmuckstücken und nachgestellten Szenen aus den frühen Tagen der Highwaykultur.
6060 Wilshire Blvd.
Di–So 10–18 Uhr
Eintritt 7 $, Kinder 3 $

Southwest Museum ■ d 1, S. 176
Indianische Kultur von Alaska bis Südamerika: Kachina-Puppen, geflochtene Körbe und vieles mehr.
234 Museum Drive
Di–Sa 11–17, So 13–17 Uhr
Eintritt 5 $, Kinder 2 $

Essen und Trinken

Abiquiu ■ b 2, S. 176
Cool gestyltes Trend-Lokal mit hervorragender neumexikanischer Küche.
1413 5th St., Santa Monica
Tel. (310) 395-8611
Di–Fr 11.30–14, Di–Sa 17.30–22 Uhr
Mittlere Preisklasse

Aunt Kizzy's Back Porch
■ b 2, S. 176
Etwas verstecktes Lokal mit authentischem Südstaaten-Soulfood (schwer und fettig) und vielen Basketballspielern als Gästen. Kein Alkohol.
4325 Glencoe Ave., Marina del Rey
Tel. (310) 578-1005
Tgl. 11–14 und 17–22 Uhr
Untere Preisklasse

Caffé Luna ■ b 1, S. 176
Beliebtes Szenelokal mit hübschem Innenhof und italienischer Küche.
7463 Melrose Ave., West Hollywood
Tel. (213) 655-8647
Tgl. 8–3 Uhr
Untere bis Mittlere Preisklasse

Canter's ■ b 1, S. 176
Eine Tradition in Hollywood: ein jüdisches Deli, 24 Stunden täglich geöffnet und mit herrlich schrägem Publikum spätnachts.
419 North Fairfax Ave., West Hollywood
Untere Preisklasse

Cheese Cake Factory ■ b 2, S. 176
Ein Treff der schicken Yachtszene: mit Terrasse am Wasser, beliebter Bar, neukalifornischer Küche und natürlich Käsekuchen.
4142 Via Marina, Marina del Rey
Tel. (310) 306-3344
Tgl. 11.30–14 und 17.30–23 Uhr
Mittlere Preisklasse

Clifton's Cafeteria ■ c 1, S. 176
Ein Klassiker aus dem Jahre 1935: deftige amerikanische Kost wie »meatloaf« (Hackbraten), dazu nostalgisches Dekor samt einem Redwood-Wald.
626 South Broadway, Downtown
Tgl. 8–21 Uhr
Untere Preisklasse

DC3 ■ b 2, S. 176
Edelrestaurant in einer cool gestylten Halle mit Blick über das Rollfeld (gleich nebenan ist das Museum of Flying). Die lange Bar ist ein beliebter Treff der schönen Menschen von LA.
Santa Monica Airport
Tel. (310) 399-2323
Mo–Fr 11.30–14, Di–So 18–23 Uhr
Mittlere bis Obere Preisklasse

Ed Debevic's ■ b 1, S. 176
Die »Fifties« leben! Hamburger und Milkshakes zu Klängen von Bill Haley und anderen Jukebox-Hits.
134 North La Cienega, Beverly Hills
Mo–Do 11.30–14 und 17.30–22, Fr–Sa 11.30–24, So 11.30–22 Uhr

Jackson's Farm ■ b 1, S. 176
Schickes Szenelokal im Country-Look gleich neben dem Rodeo Drive; gute Pasta und Fischgerichte – und hervorragende Desserts.
8908 Beverly Drive, Beverly Hills
Tel. (310) 273-5578
Tgl. 11.30–14 und 18–22 Uhr
Mittlere Preisklasse

MoBay ■ b 2, S. 176
Gemütliches kleines Lokal mit lauschigem Garten und kalifornisch-karibischer Küche.
1031 Abbott Kinney, Venice
Tel. (310) 452-7472
Tgl. 11–14 und 16.30–23 Uhr
Mittlere Preisklasse

Röckenwagner ■ b 2, S. 176
Neukalifornische Spitzenküche (mit einigen deutschen Anklängen) aus den Händen des Freiburgers Hans Röckenwagner. Sehr im Trend.
2435 Main St., Santa Monica
Tel. (310) 399-6504
Tgl. 11–14 und 18–22.30 Uhr
Obere Preisklasse

72 Market Street Bar & Grill ■ b 2, S. 176
Bei Seafood und Steaks mit französischem Touch werden hier oft auch Stars gesichtet – kein Wunder, das Lokal gehört Dudley Moore.
72 Market St., Venice
Tel. (310) 392-8720
Mo–Fr 11–14 und tgl. 18–22 Uhr
Mittlere Preisklasse

Spago ■ b 1, S. 176
Edelkoch Wolfgang Puck führt LAs wohl berühmtestes Lokal – und die Stars kommen nach wie vor, um hier feinste California cuisine zu tafeln.
1114 Horn Ave., West Hollywood
Tel. (310) 652-4025
Tgl. 18–22 Uhr
Obere Preisklasse bis Luxusklasse

Thunder Road House ■ b 1, S. 176
Ein uriger Holzbau als Heiligtum der Harley-Fans in LA, serviert wird deftige amerikanische Kost.
8363 Sunset Blvd., West Hollywood
Tgl. 11.30–14 und 17–22 Uhr
Untere Preisklasse

Tommy Tang's ■ b 1, S. 176
Im Szeneviertel an der Melrose Ave. ist dies schon ein Traditionslokal: Thai-Küche und eine Sushi-Bar.
7313 Melrose Ave., West Hollywood
Tel. (213) 651-1810
Tgl. 11.30–14.30 und 17–22 Uhr
Untere Preisklasse

Ein Einkaufsbummel am Rodeo Drive ist ein Parcours durch die Welt der Star-Designer – und erfordert mehr als etwas Kleingeld. Aber vielleicht begnügen Sie sich ja mit Windowshopping – und der nicht unwahrscheinlichen Aussicht, dabei ein paar bekannte Gesichter zu erspähen

Einkaufen

Melrose Avenue
(→ Die 10 lohnendsten Einkaufsadressen, S. 226/227)

Montana Avenue ■ b 1, S. 176
Trend-Boutiquen, Cafés und schöne Menschen, dazu eine leichte Brise vom Meer: gut zum Flanieren und zum Shopping mit Understatement.
Santa Monica/Brentwood

Rodeo Drive ■ b 1, S. 176
Die eleganteste und teuerste Einkaufsstraße in LA. Alle großen Namen von Gucci bis Saks sind vertreten. Ideal zum »Starwatching« und Nippeskaufen. Nett zum Bummeln sind auch die Innenhöfe: etwa die **Rodeo Collection** oder der wie eine Londoner Gasse gestylte Komplex **2 Rodeo**.
Beverly Hills

Samuel French Bookstore ■ b 1, S. 176
Alle nur erdenklichen Bücher über Hollywood, Film und Theater.
7623 Sunset Blvd.

South Coast Plaza ■ C 10
Das größte Einkaufszentrum Südkaliforniens. Einfach gigantisch – mehr ist dazu nicht zu sagen.
Bristol St./Interstate 405
Costa Mesa (Orange County)

Third Street Promenade
(→ Die 10 lohnendsten Einkaufsadressen, S. 226/227)

Die 10 besten Restaurants mit Aussicht

Albion River Inn ■ A 6
...weil unten in der Bucht der Pazifik ganz besonders mächtig tobt und man bei fabelhaftem Seeblick ebenso fabelhaften Lachs essen kann (→ S. 78).

Carnelian Room ■ e 4, S. 108
...weil man hier im 52. Stock der Bank of America das Essen mit Blick auf die Skyline San Franciscos genießt (→ S. 126).

Chart House ■ B 8
...weil hier trotz allem Trubel der Cannery Row die Hafenstimmung am schönsten ist. Vor allem dann, wenn die rote Sonne im Meer versinkt und die Fischer mit ihren Booten aufs Meer hinausfahren (→ S. 82).

Ernie's at Edgewater ■ a 2, S. 260
...weil man vor den großen Fenstern dieses Pfahlbaus die Ozeanfrachter im Hafen von Seattle vorüberziehen sieht und der Koch die besten Lachsrezepte kennt (→ S. 273).

George´s ■ a 2, S. 152
...weil sich hier auf der Terrasse über dem Pazifik allabendlich die buntesten Vögel von La Jolla ein Stelldichein geben (→ S. 158).

Jake's del Mar ■ C 11
...weil hier manchmal die Pazifikwellen gegen die Panzerglasscheiben klatschen (→ S. 310).

Nepenthe ■ B 8
...weil man bei dem Traumblick über die Steilküste Zentralkaliforniens verstehen kann, warum Big Sur so viele Künstler inspirierte (→ S. 315).

Rosario Resort (Foto) ■ C 1
...weil von hier der Sonnenuntergang über dem East Sound von Orcas Island besonders romantisch erscheint (→ S. 252).

Roseanna's Café ■ B 3
...weil zwar die Bedienungen in diesem rustikalen Fischlokal furchtbar langsam sind, aber bei der herrlichen Lage an der kleinen Bucht von Oceanside in Oregon das niemandem etwas ausmacht (→ S. 325).

Yamashiro ■ b 1, S. 176
...weil das funkelnde Lichtermeer von Los Angeles nirgends so verzaubert wie bei diesem Edeljapaner hoch oben in den Hügeln von Hollywood (→ S. 190).

Deftige Steaks und frischer Lachs sind die beliebtesten Schmankerl an der Westküste

Tower Records ■ b 1, S. 176
Einer der größten CD- und Videoläden in LA. 24 Stunden geöffnet.
8840 Sunset Blvd., West Hollywood

Westside Pavillion ■ b 1, S. 176
Eines der neueren und besseren Shopping-Paradiese: architektonisch ausgefallen und in der Nähe der Hotels im Westteil der Stadt.
Pico/Westwood Blvd., West LA

Am Abend

West Hollywood ist das beliebteste Ziel der Nachtschwärmer: In den Bars und Lokalen der **Melrose Avenue** zeigt sich vor allem die junge, schrille Avantgarde-Szene, in den Klubs am **Sunset Boulevard** (vor allem um die Sunset Plaza) trifft sich die arrivierte Szene. Auch in **Westwood Village** mit seinen Kinos und Kneipen ist abends viel los, weitere Viertel für Szenegänger (hier vor allem Studenten, Muskelmänner und Strandschönheiten) sind **Marina del Rey** sowie **Third** und **Main Street** in Santa Monica. In vielen Diskos und Nachtklubs wird man nur eingelassen, wenn man dem Türsteher zusagt. Termine für Bands und Konzerte finden Sie im Wochenend-»Calendar« der »LA Times« oder in der Stadtzeitung »LA Weekly«.

Einige Tips: Die schönsten Plätzchen für einen Drink bei Sonnenuntergang sind draußen am Pazifik **Gladstone's** (Pacific Coast Hwy/Sunset Blvd.), das japanische Lokal **Yamashiro** (1999 North Sycamore Ave.) hoch in den Hügeln von Hollywood und die Bar im obersten Stock des **Bonaventure Hotel** (404 South Figueroa St.) in der Downtown mit fabelhaften Blick über die Lichter der Stadt.

Gute Bars mit Hollywoodflair für den nächsten Drink sind zum Beispiel das mit Starfotos gepflasterte **Café Formosa** (7156 Santa Monica Blvd.), das urige **Barney's Beanery** (8447 Santa Monica Blvd.) oder die **Atlas Bar** (3760 Wilshire Blvd.). Anschließend können Sie im **House of Blues** (8430 Sunset Blvd.; Mitbesitzer ist »Blues Brother« Dan Akroyd) bei amerikanischer Südstaatenkost oder in **Jack's Sugar Shack** (1707 North Vine St.) Blues hören. Berühmte Nachtklubs sind zum Beispiel das **Roxy** (9009 Sunset Blvd.), der legendäre **Cinegrill** des Hollywood Roosevelt Hotel (7000 Hollywood Blvd.) und das **Roxbury** (8225 Sunset Blvd.). Am späteren Abend locken die großen Disko-Klubs, die oft auch Live-Konzerte von Rock- und Popbands bieten: unter anderem **The Palace** (1735 North Vine St.) und das **Mayan** (1038 South Hill St.). Im Westen der Stadt trifft sich die Szene in der großen Pool-Bar **Yankee Doodle's** (1410 3rd St.) in Santa Monica, der **Main Line Brewing Co.** (1056 Westwood Blvd.) in Westwood oder der **Baja Cantina** (311 Washington Blvd.) und bei **T. G. I. Friday's** (13 470 Maxella Ave.) in Marina del Rey.

Service

Los Angeles Convention & Visitors Bureau ■ c 1, S. 176
Besucherzentren in der **Downtown** (685 South Figueroa St.) und im Jane's House in **Hollywood** (6541 Hollywood Blvd.).
Mo–Sa 9–17 Uhr
Postadresse:
633 West Fifth St., Suite 6000
Los Angeles, CA 90071
Tel. (213) 689-8822, Fax 624-9746

Santa Monica Visitors Bureau
Ein tgl. 10–16 Uhr geöffnetes Infozentrum liegt an der Ocean Avenue Nr. 1400.
Postadresse: 529 Broadway
Santa Monica, CA 90401
Tel. (310) 393-7593, Fax 319-6273

Öffentliche Verkehrsmittel

Nur Santa Monica besitzt ein gutes, sicheres Busnetz, das von Venice bis Westwood reicht. Im übrigen Stadtgebiet verkehren die Busse der **Metropolitan Transit Authority** (MTA), doch durch die vielen Stopps und die weiten Entfernungen ist das Busfahren mühsam. Sinnvoll sind die Minibusse **DASH**, die werktags für 25 ¢ in der Downtown verkehren. Die U-Bahn der Stadt ist zum Sightseeing leider wenig nützlich.

Stadtrundfahrten

Es gibt einige interessante Spezialtouren: Architekturführungen durch die Downtown bietet jeden Samstag die **Los Angeles Conservancy** (Tel. 623-2489), Rundfahrten zu den Häusern der Stars, Drehorten und Schauplätzen der Rock'n'Roll-Geschichte sind bei **Hollywood Dream Tours** (Tel. 213/957-9280) zu buchen, und mit **LA Nighthawks** (Tel. 310/ 392-1500) können Sie die Nachtklubs kennenlernen.

Ticket Agencies

Mehrere Agenturen verkaufen – auch per Kreditkarte – Tickets für Pop- und Rockkonzerte, Theateraufführungen sowie Football-, Basketball- oder Hockeyspiele, zum Beispiel **Ticket-Master** (Tel. 213/480-3232) oder **Al Brooks Agency** (Tel. 213/626-5863).

Ausflugsziele

Catalina Island ■ C 10

Das liebste Ziel der Angelenos für eine Tagestour aus der Stadt: eine kleine Insel 35 km vor der Küste, mit Wanderwegen, dem hübschen, mediterran wirkenden Hafenstädtchen **Avalon** und einem kleinen **Botanical Garden**, der die ursprüngliche Vegetation Südkaliforniens bewahrt.

Fährverbindungen vom Long Beach Harbor und von San Pedro, Reservierung unter Tel. 310/519-1212 oder 800/228-2546.

Pasadena ■ d 1, S. 176

Die historische Stadt in den Hügeln über LA wurde vor allem durch das **California Institute of Technology** am California Boulevard, an dem einst Albert Einstein lehrte, berühmt, und noch heute arbeiten hier einige Nobelpreisträger.

In den Seitenstraßen um Colorado Boulevard und Lake Avenue findet man viele schöne alte Bungalows und Herrenhäuser aus den zwanziger und dreißiger Jahren. Außerdem sehenswert: die Kunstschätze des **Norton Simon Museum** (411 West Colorado Blvd., Do–So 12–18 Uhr) und die **Huntington Library** (1151 Oxford Rd., Di–So 13–16.30 Uhr) am Südrand Pasadenas, wo neben mittelalterlichen Manuskripten, englischem Porzellan und Gainsboroughs »Blue Boy« auch eine Gutenberg-Bibel zu bewundern ist. Um das 1910 erbaute Anwesen erstrecken sich herrliche Gartenanlagen, darunter auch ein sehr sehenswerter Wüstengarten mit einer der besten Kakteensammlungen der Welt.

Alles schon gesehen: die Kulissenstadt Los Angeles

Wohin man auch kommt in Los Angeles, wohin man auch schaut, an fast jeder Ecke beschleicht einen das seltsame Gefühl, hier schon einmal gewesen zu sein, dies alles irgendwie schon zu kennen. Kein Wunder, denn LA, die Filmmetropole der Welt, war schon Kulisse für Hunderte von Seifenopern-Serien, Komödien, Gangster- und Action-Filmen. Bei ewiger Sonne vor der Haustüre können die Regisseure hier rund ums Jahr filmen und sich lange Trips an ferne Drehorte ersparen.

Nicht zuletzt dies war zu Anfang dieses Jahrhunderts der Grund, warum die ursprünglich in New York und New Jersey entstandene Filmindustrie nach Südkalifornien umzog. Seit D. W. Griffith im Jahr 1915 den ersten abendfüllenden Kinofilm »Birth of a Nation« (Thema war der amerikanische Bürgerkrieg) in den Hügeln von Hollywood drehte, diente Los Angeles als Kulisse für (Film-)Schauplätze aus aller Welt – von Babylon bis Bogota, von Italien bis Indien.

Auch bei einer normalen Stadtrundfahrt wird man daher so manches wiedererkennen, und mit etwas cineastischem Interesse können Sie sich auf eine ausgiebige Spurensuche durch die Filmgeschichte begeben. Einer der beliebtesten Drehorte war und ist der palmenbestandene Park über dem Strand von Santa Monica; mit dem alten Karussell am Pier fuhren schon Paul Newman und Robert Redford im Film »Der Clou«. Ebenfalls häufig auf Zelluloid zu sehen sind der Campus der UCLA in Westwood und natürlich die Straßen von Beverly Hills. Im **Regent Beverly Wilshire Hotel** verliebte sich Richard Gere in seine »Pretty Woman«, und die Aussichtspunkte beim **Griffith Observatory** und am **Mulholland Drive** wurden oft bei Sonnenuntergang oder nachts verewigt, wenn die Stadt als glitzernder Lichterteppich erscheint. Auch die Innenstadt von LA bietet Filmbekanntes: die Straßen von **Chinatown**, die charakteristische graue Spitze der **City Hall** oder gleich nebenan am Broadway das **Bradbury Building**, dessen Innenraum im Sci-Fi-Thriller

Mickey Mouse forever: Bei den 2500 Bronzesternen, die in den »Walk of Fame« eingelassen sind, darf sie natürlich nicht fehlen

»Bladerunner« zu Ehren kam.

Es gibt aber noch skurrilere Film-Attraktionen in der Kulissenstadt LA: Das Kaufhaus **Frederick's of Hollywood** (6608 Hollywood Blvd.) etwa zeigt in seinem Unterwäsche-Museum mehr oder minder reizende Film-Dessous einschließlich eines Original-Büstenhalters von Madonna. Und auf den großen Friedhöfen der Stadt liegen Stars und Sternchen zuhauf:

Im **Hollywood Memorial Cemetery** (6000 Santa Monica Blvd.) sind Filmgrößen wie Valentino, Douglas Fairbanks und Cecil B. DeMille, der Gründer der Paramount Studios, begraben. Im **Forest Lawn Memorial Park** in Glendale ruhen Clark Gable, Jean Harlow und Walt Disney, und auf dem **Westwood Cemetery** (Wilshire Blvd./Glendon Ave.) ist das schlichte Grab von Marilyn Monroe zu sehen.

Lebend können Sie die Stars auch zu Gesicht bekommen: entweder zufällig am Rodeo Drive, in Venice Beach oder in einem der Szenelokale. Sicherer aber bei einer der Fernsehaufzeichnungen zu den unzähligen Seifenopern, Game- und Talkshows, für die bei den großen Studios täglich Zuschauer gesucht werden. Karten hierfür bekommen Sie bei »Audiences Unlimited« (Tel. 818-506-0043), »NBC« (Tel. 818-840-3538) und »Paramount Pictures« (Tel. 213-956-5575).

Für jeden Westernfan schwingt im Namen dieses Staates die Nostalgie der Pionierzeit mit. Zahllose Wildwestfilme haben die rauhen Tage der Siedler, die vor 150 Jahren auf dem legendären Oregon Trail nach Westen zogen, zu einer amerikanischen Saga stilisiert. Heute sind es keine Planwagen, sondern Wohnmobile, die gen Oregon rollen. Das Ziel hat sich kaum verändert: ein Land mit viel Platz und unverbrauchter Natur, mit stillen grünen Tälern, wilden Bergen und zerklüfteter Küste.

Trotz aller Filmberühmtheit ist Oregon noch heute der am wenigsten erschlossene der drei Pazifikstaaten – und auch der am wenigsten bekannte. Sehr zu Unrecht. Auf einer Fläche von gut 250 000 qkm – das entspricht etwa der Größe Deutschlands vor der Wiedervereinigung – leben hier nur etwa drei Millionen Menschen, bei weitem nicht so viele wie in den Nachbarstaaten Kalifornien und Washington. Lediglich eine Großstadt gibt es, **Portland**, das zu Füßen des schneeglitzernden **Mount Hood** im Tal des Columbia River liegt.

Im Rest des Landes finden Sie nur Kleinstädte, Fischerorte, Farmerstädtchen und alte Holzfällersiedlungen – hübsch, ruhig und beschaulich. Auch wenn in den letzten Jahren immer mehr Kalifornier über die Grenze nach Norden in den »Biberstaat« gezogen sind, wird es noch lange dauern, bis hier drangvolle Enge herrscht. Aber Oregon war schon immer ein bißchen langsamer, ein bißchen hinterwäldlerischer und viel naturverbundener als das trendbewußte Kalifornien. Zum Pionierflair des Staates gehört allerdings auch, daß die Holzfäller sich in den riesigen Wäldern Westoregons recht unbekümmert bedienen. Erst massive Kampagnen der Naturschützer haben in den letzten Jahren die mächtige Forstindustrie in ihre Schranken gewiesen.

Wilde Küste am Pazifik

In Oregon regiert feines Understatement. Ein einziger Nationalpark, der tiefblaue **Crater Lake** hoch oben in den Cascade Mountains, ist als besondere Naturschönheit ausgewiesen. Doch viele andere Regionen würden das Prädikat ebenso verdienen: die spektakuläre Bergwelt der **Cascade Range** etwa, deren Vulkangipfel den Staat von Nord nach Süd durchziehen, und die gewaltige, von eiszeitlichen Überschwemmungen ausgeschliffene **Columbia Gorge** mit ihren zahllosen Wasserfällen.

Doch vor allem die **Pazifikküste** ist atemberaubend: gut 600 km Strände, Dünen und geheimnisvoll-nebelverhangene Redwood-Wälder,

Klippen und von malerischen Leuchttürmen überragte Kaps. Zwar ist das Wasser meist zu kalt zum Baden, aber für herrliche stundenlange Strandwanderungen gibt es kein schöneres Gebiet.

Daß Oregon bis heute nicht so bekannt und erschlossen ist, bedeutet auch, daß sich vielerorts die Natur noch in Ruhe erleben läßt. Mehr als 200 State Parks und 13 National Forests laden mit Campingplätzen und angelegten Wanderwegen zum Naturgenuß ein. Nur auf dem **Highway 101** entlang der Küste ist zur Hochsaison viel los, doch schon ein paar Schritte abseits vom Highway wird es an den weiten Stränden schnell ruhiger. Im idyllischen Farm- und Weinland des **Willamette Valley**, auf den Paßstraßen in den Cascades, im weiten, wüstenhaften, immer sonnigen Osten des Staates herrscht sogar zur Ferienzeit im Sommer vergleichsweise wenig Verkehr, und man hat die Panoramasträßchen oft für sich alleine. Eine ideale Gegend für eine Rundfahrt per Mietwagen oder Wohnmobil, per Motorrad oder – vor allem entlang der Küste – per Fahrrad.

Bleiben Sie aber nicht nur auf den Highways, ein Abstecher ins weite, oft weglose Hinterland lohnt sich im Biberstaat ganz besonders: Der **Rouge River** im Süden Oregons ist einer der beliebtesten und schönsten Wildwasserflüsse des Westens, die Bergwelt am **Mount Hood** gilt als grandioses Wanderrevier, und für hartgesottene Entdecker empfiehlt sich eine Tour in den wilden Osten – zu Pferd, versteht sich, ganz im Stil der alten Oregon-Pioniere.

Go West: Mit solchen Planwagen bahnten sich die Siedler auf dem Oregon Trail mühsam den Weg

Albany ■ B3

Lassen Sie sich von der stinkenden Papiermühle am Eingang des alten Fabrikortes etwas südlich von Salem nicht abschrecken: Die Innenstadt Albanys am Südufer des Willamette River birgt eine faszinierende Vielfalt herrlicher alter Gebäude. Gut 350 stehen unter Denkmalschutz und wurden restauriert.

Ashland ■ B5

Es waren Goldsucher, die 1852 dieses hübsche Städtchen mit heute rund 16 000 Einwohnern in Südoregon gründeten. Später entdeckte man hier Heilquellen, und Ashland wurde zu einem kleinen Kurort. Noch heute sprudelt das Mineralwasser aus mehreren Brunnen in der Innenstadt. Erhalten ist der historische Ortskern rund um die Plaza an der Main Street mit schön restaurierten Häusern. Die weitaus größere Attraktion der Stadt aber ist das **Shakespeare Festival**, das 1935 gegründet wurde und sich zu einem der größten Theaterfestivals Amerikas entwickelt hat. Von Mitte Februar bis Ende Oktober finden in drei größeren und mehreren kleineren Theatern Aufführungen statt – im Sommer auch Open-air- und längst nicht nur Shakespeare-Stücke.

Hotels und andere Unterkünfte

Hillside Inn
Weitläufige Motelanlage mit zweistöckigen Häuschen und beheiztem Pool. Alle Apartments haben eine große Küche, teilweise auch Balkon.
1520 Siskiyou Blvd.
Ashland, OR 97520
Tel. (541) 482-2626
31 Zimmer
Untere bis Mittlere Preisklasse

Das ehemalige Goldsucherstädtchen Ashland hat sich seinen historischen Ortskern mit schön restaurierten Häusern erhalten

Stratford Inn
Architektonisch interessant gestaltetes Hotel mit großen, hellen Zimmern, teilweise mit Balkon und Küche. Großes Hallenbad.
555 Siskiyou Blvd.
Ashland, OR 97520
Tel. (541) 488-2151
55 Zimmer
Mittlere Preisklasse

Museum

Museum of Natural History
Die Geologie, Tier- und Pflanzenwelt Oregons wird in dem großen Komplex mit modernsten Mitteln dargestellt: Videos, Computersimulationen und andere Vorführungen (mindestens 1 Stunde).
1500 East Main St.
Im Sommer 9–17, sonst 10–16 Uhr
Eintritt 6 $, Kinder 4,50 $

Essen und Trinken

Chateaulin
Gemütliches kleines Restaurant mit französisch-amerikanischer Küche auf hohem Niveau. Dennoch ist die Atmosphäre überhaupt nicht steif, und die Preise sind erstaunlich günstig.
50 East Main St.
Tel. (541) 482-2264
Tgl. 17–22.30 Uhr
Mittlere Preisklasse

Plaza Café
Café-Restaurant im Zentrum von Ashland mit exzellenter Bistroküche und hausgemachten Backwaren.
47 North Main St.
Tel. (541) 488-1122
Tgl. 8–22 Uhr
Untere Preisklasse

Service

Oregon Shakespeare Festival
Information und Kartenvorverkauf.
P. O. Box 158
Ashland, OR 97520-0158
Tel. (541) 482-4331, Fax 482-8045

Astoria

■ B2

Etwas Wehmut ergreift den Besucher in den Straßen von Astoria, das auf einer schmalen Uferbank nahe der Mündung des hier bereits gut 5 km breiten **Columbia River** in den Pazifik liegt: Die großen Hafenanlagen zeugen von der Blütezeit zu Anfang des Jahrhunderts, als der Holzexport und die Lachsfischerei hoch im Kurs standen. Reiche Kapitäne bauten sich damals prächtige viktorianische Villen, Chinesen schufteten in den Dosenfabriken, und die Lotsen verdienten sich auf dem gefährlichen Columbia eine goldene Nase.

Der Ruhm der Stadt reicht jedoch noch weiter zurück: Die Expedition von Lewis und Clark überwinterte hier im Jahr 1805, und nur sechs Jahre später kam der Pelzhändler John Jakob Astor und ließ von seinen Leuten ein Handelsfort anlegen – die erste Siedlung der Amerikaner im Nordwesten.

Den schönsten Blick über die Stadt, den Fluß und die gigantische Brücke, die hier den Columbia überspannt, haben Sie von der **Astoria Column** (Coxcomb Hill). Die 38 m hohe Säule ist mit bunten Szenen aus der Pioniergeschichte bemalt.

Bei der Rückfahrt in die Stadt sollten Sie durch die Seitenstraßen fahren, wo sich schöne historische Häuser entdecken lassen. Einige können besichtigt werden: zum Beispiel das im Queen-Anne-Stil erbaute

Flavel House (441 8th St.), das **Foard House** (1618 Exchange St.) mit dem historischen Museum und die **Feuerwache** von 1896, in der passenderweise ein Feuerwehrmuseum untergebracht ist (2986 Marine Drive).

Hotels und andere Unterkünfte

Crest Motel
Sauberes, freundliches Motel am östlichen Stadtrand gelegen, von den meisten Zimmern hat man einen herrlichen Blick über das Columbia-Tal.
5366 Leif Erikson Drive
Astoria, OR 97103
Tel. (503) 325-3141
40 Zimmer
Mittlere Preisklasse

Rosebriar Hotel
In früheren Zeiten war das große, verschachtelte Haus mal ein Nonnenkloster, heute dient es als Bed & Breakfast. Kleine, aber hübsch möblierte Zimmer; Garten und Blick auf den Fluß.
636 14th St.
Astoria, OR 97103
Tel. (503) 325-7427
11 Zimmer
Untere bis Mittlere Preisklasse

Campingplatz

Fort Stevens Campground
Großer staatlicher Platz mit Duschen an der Mündung des Columbia River – komplett mit altem Schiffswrack. Wander- und Radwege.
Fort Stevens State Park
Tel. (503) 861-1671

Museen

Columbia River Maritime Museum
Anhand von Schiffsmodellen, alten Karten und Fotografien wird die lange und bewegte Geschichte der Schiffahrt an der Pazifikküste erzählt. Am Pier nebenan kann ein altes Leuchtschiff besichtigt werden (mindestens 1 Stunde).
1792 Marine Drive
Tgl. 9.30–17 Uhr
Eintritt 5 $, Kinder 2 $

Fort Clatsop
Im nachgebauten Fort der Lewis-und-Clark-Expedition von 1805 spielen die Ranger das Leben der Trapper vor – fotogen und sehr anschaulich (mindestens 1 Stunde).
US 101, 8 km südlich von Astoria
Tgl. 8–18, im Winter bis 17 Uhr
Eintritt 2 $, Kinder frei

Essen und Trinken

Café Uniontown
Der alte Coffee-Shop unter der Brücke serviert heute gute Northwest cuisine. Abends häufig auch Live-Musik.
218 West Marine Drive
Tel. (503) 325-8708
Di–Sa 11–14 und 17–22 Uhr
Mittlere Preisklasse

Pier 11 Feed Store
Großes rustikales Lokal auf einem zum Shopping-Center umgebauten Hafenpier mit Blick über den Fluß. Auf der Karte stehen vor allem Fisch und Steak.
77 11th St.
Tel. (503) 325-0279
Tgl. 7–22, im Winter bis 21 Uhr
Mittlere Preisklasse

Bandon/Coos Bay ■ B4

Geographisch sind es nur 30 km, doch liegen Welten zwischen den beiden Städten an der Südküste Oregons: **Coos Bay** ist eine wichtige Industriestadt mit einem großen Holz- und Fischereihafen, mit großen Lagerhallen und rauchenden Sägewerken. Das putzige, kleine **Bandon** dagegen, mit einer hübsch renovierten **Old Town** am Ufer des Coquille River, lebt vom Tourismus, vom Fischfang und – von den Preiselbeeren. Rings um die Stadt gibt es riesige **cranberry bogs**, flache, feuchte Felder, die zur Erntezeit einfach geflutet werden. Die knallroten Beeren schwimmen obenauf.

Der wahre Reiz beider Orte aber ist die durch zahlreiche State Parks geschützte Küste dazwischen: **Sunset Bay** (mit sehr gutem öffentlichem Campingplatz), **Cape Arago** und **Bandon State Park** sind die schönsten. Zu ihren Reizen zählen dramatische Klippen und wildromantische Buchten, Wanderwege und reiches Meeresleben in den Gezeitentümpeln.

Hotels und andere Unterkünfte

Lighthouse B & B
Großzügiges, modernes Haus mit nur 4 Gästezimmern; herrlicher Blick auf den Leuchtturm.
650 Jetty Rd., P. O. Box 24
Bandon, OR 97411
Tel. (541) 347-9316
Mittlere Preisklasse

Sea Star Hostel and Guesthouse
Gemütliche Jugendherberge in der Altstadt: Schlafsaal und Doppelzimmer mit zusammen 38 Betten, außerdem noch 6 etwas luxuriösere Gästezimmer mit B & B. Angeschlossen ist ein gutes Bistro-Restaurant.
375 2nd St.
Bandon, OR 97411
Tel. (541) 347-9632, Fax 347-9533
Untere bis Mittlere Preisklasse

Bend ■ C4

Das besonders in den letzten Jahren schnell gewachsene Städtchen Bend (25 000 Einwohner) liegt an der sonnigen, wüstenhaft trockenen Ostflanke der **Cascade Mountains** fast genau in der geographischen Mitte Oregons. Es sind vor allem das gute Klima und die hervorragenden Freizeitmöglichkeiten, die Zuzügler wie auch Besucher anlocken: Golfplätze mit herrlicher Bergkulisse, idyllische kleine Seen zum Baden und klare Forellenbäche für die Angler, Wander- und Radwege, Reitställe – alles ist im Überfluß vorhanden. Erkunden läßt sich die Gegend an einem Tag auf dem Cascade Lakes Highway (→ S. 204).

Bend liegt inmitten eines seit 500 000 Jahren aktiven Vulkangebietes, dessen interessanteste Phänomene im **Newberry Crater National Volcanic Monument** südlich des Ortes bewahrt werden: Vom Highway 97 führt eine Straße auf den rostroten Aschekegel der **Lava Butte** (Visitor Center, Lehrpfade), von dem aus sich ein herrliches Panorama über die Lavalandschaft und die Cascades bietet. Im Schutzgebiet ringsum und am **Paulina Lake** können Sie auf Wanderwegen Lavahöhlen, Klippen aus vulkanischem Glas (Obsidian) und schöne Wasserfälle entdecken. In den großen Waldgebieten des **Deschutes National Forest** ringsum gibt es weitere Wege und idyllische Campingplätze.

Hotels und andere Unterkünfte

Best Western Entrada Lodge
Nettes Motel im Ranchstil am Westrand der Stadt; große Zimmer, Swimmingpool.
19221 Century Drive
Bend, OR 97702
Tel. und Fax (541) 382-4080
79 Zimmer
Untere bis Mittlere Preisklasse

Ponderosa Cattle Co.
(→ S. 298)

The Riverhouse
Sehr beliebte (weil preiswerte), große Hotelanlage direkt am Deschutes River; Swimmingpool, eigener 18-Loch-Golfplatz und mehrere Restaurants. In der Lounge treten öfters Country-Bands auf.
3075 North Hwy 97
Bend, OR 97701
Tel. (541) 389-3111
220 Zimmer
Mittlere Preisklasse

Sunriver Resort
Weitläufige Ferienanlage mitten in den Kiefernwäldern am Fuß des Mount Bachelor. Die Zimmer und großen Apartments sind auf mehrere Holzhäuser verteilt. Für die Aktivurlauber gibt es 3 Golfplätze, dazu gute Möglichkeiten zum Radeln, Kanufahren und Reiten.
P. O. Box 3609
Sunriver, OR 97707
Tel. (541) 593-1221, Fax 593-5458
330 Zimmer
Mittlere bis Obere Preisklasse

Museum

High Desert Museum
Eines der größten und besten Museen des Nordwestens. Von Stachelschweinen bis zu Adlern im Freigelände, von indianischer Kultur bis zu Trapperhütten und einem nachgebauten Sägewerk wird die Pionier- und Naturgeschichte gezeigt (mindestens 2 Stunden).
Hwy 97, 5 km südlich von Bend
Tgl. 9–17 Uhr
Eintritt 5,50 $, Kinder 2,75 $

Essen und Trinken

Broken Top Restaurant
Im eleganten Klubhaus des exklusiven Golfplatzes von Broken Top wird die beste Küche weit und breit serviert. Dazu ein toller Blick auf die Berge.
61999 Broken Top Drive
Tel. (541) 383-8210
Di–So 11–15 und 17–21 Uhr
Obere Preisklasse

Pine Tavern
Solide amerikanische Kost und gute Steaks in einem großen Blockhaus mit schönem Garten.
967 Brooks St.
Tgl. 11.30–14.30 und 17.30–21 Uhr
Tel. (541) 382-5581
Mittlere Preisklasse

Westside Bakery and Café
Sehr schräger, herrlich kitschiger Coffee-Shop mit eigener Bäckerei und gutem Frühstück.
1005 NW Galveston St.
Tgl. 7–21 Uhr
Untere Preisklasse

Vielleicht begegnen Sie während einer Wanderung in den Cascade Range bei Bend einem Fischotter?

Am Abend

Deschutes Brewery
Beliebter Pub mit selbstgebrauten Bieren, viel dunklem Holz und jungen Leuten. Restaurant angeschlossen.
1044 NW Bond St.
Tgl. 11–23 Uhr

Service

Bend/Central Oregon Information Center
63085 North Hwy 97
Bend, OR 97701
Tel. (541) 382-3221, Fax 385-9929

Cannon Beach/Seaside

B 2

Die beiden Städtchen an der Nordküste Oregons sind wie zwei ungleiche rivalisierende Schwestern: **Seaside** mit einem endlos langen, breiten Strand gibt sich schrill und quirlig, mit Volleyballturnieren und modernen Resorts, langer Promenade am tosenden Meer und viel Rummel für die Kinder. Schon vor hundert Jahren galt Seaside als beliebtes Seebad. **Cannon Beach**, ein paar Kilometer weiter südlich, ist die verspieltere, hübschere der beiden, mit Kunstgalerien, putzigen Häuschen an kleinen Buchten und dramatischen Felsmonolithen vor der Küste. **Haystacks**, »Heuhaufen«, heißen die gewaltigen, bis zu 70 m hohen Felsen im Meer hier. Beide Orte teilen aber das gleiche Schicksal: An Sommerwochenenden sind sie gnadenlos überfüllt, denn viele Städter aus Portland kommen auf dem Highway 26 fürs Wochenende.

Hotels und andere Unterkünfte

Cannon Beach Hotel
Zur Jahrhundertwende war das Haus eine Absteige der Holzfäller, heute ist es eine Pension mit zwar kleinen, aber ganz charmanten Zimmern. Gutes Restaurant im Haus.
1116 South Hemlock St.
Cannon Beach, OR 97110
Tel. (503) 436-1392
9 Zimmer
Mittlere Preisklasse

Hallmark Resort
Gepflegtes Strandhotel mit herrlichem Blick auf den **Haystack Rock**; große Zimmer mit Balkon. Aussichtsrestaurant im Haus.
1400 South Hemlock St.
Cannon Beach, OR 97110
Tel. (503) 436-1566, Fax 436-0326
53 Zimmer
Obere Preisklasse

Nightcap Inn
Modernes, preisgünstiges Motel am Südende des Ortes; einfach möbliert und nur zwei Straßen vom Strand entfernt.
241 Ave. U
Seaside, OR 97138
Tel. (503) 738-7473
24 Zimmer
Untere Preisklasse

Seaside Inn
Elegantes kleines B & B-Hotel direkt am Strand; die meisten Zimmer mit Blick aufs Wasser. Ausgezeichnetes Frühstück.
581 South Promenade
Seaside, OR 97138
Tel. (503) 738-6403
14 Zimmer
Obere Preisklasse

»Haystacks«, Heuballen, werden die Felsen genannt, die vor der Küste des beliebten Seebades Cannon Beach aus dem Wasser ragen

Sehenswertes

Ecola State Park
Am Nordrand von Cannon Beach beginnt die dramatische Steilküste des **Tillamook Head**, ein von Klippen und kleinen Buchten gesäumtes Kap, das zu den schönsten Küstenabschnitten Oregons zählt. Es gibt schöne Picknickplätze und Spazierwege, die hinab ans Wasser führen.

Ein 10 km langer Pfad windet sich um das Kap zu Aussichtspunkten, von denen aus man Seelöwen- und Vogelkolonien beobachten kann.

Weitere gute Wanderreviere um Cannon Beach sind der **Oswaldt West State Park** (Zeltplatz) an der Küste südlich des Ortes und der **Saddle Mountain State Park** im Binnenland, wo ein 4 km langer Trail im Zickzack auf den 1000 m hohen Gipfel führt – zu einem Rundblick über fast den ganzen Norden Oregons.

Essen und Trinken

Café de la Mer
Die blaue Holzhütte direkt an der Durchfahrtsstraße liegt zwar nicht schön, aber die Fisch- und Muschelgerichte sind hervorragend.
1287 South Hemlock St., Cannon Beach
Tel. (503) 436-1179
Im Sommer tgl. 17–22 Uhr
Obere Preisklasse

Knoodlz
Witziges junges Nudelrestaurant mit asiatischer Kunterbunt-Kost; auch zum Mitnehmen fürs Picknick am Strand.
171 Sunset Blvd., Cannon Beach
Tel. (503) 436-0123
Tgl. 11–22 Uhr
Untere Preisklasse

Lazy Susan Cafe
Sehr beliebtes Frühstücks- und Lunch-Lokal im Ortszentrum. Ausgezeichneter Kaffee und leckere Omelettes.
126 N. Hemlock St., Cannon Beach
Tel. (503) 436-2816
Mi–Mo 8–15 Uhr
Untere Preisklasse

Nostalgic Café
Nettes kleines Lokal an der Hauptstraße von Seaside; gute Steaks und Fisch. Ein Deutscher kocht – darum steht unter anderem auch Kassler auf der Karte.
521 Broadway, Seaside
Tel. (503) 738-0693
Di–So 11–21 Uhr
Mittlere Preisklasse

Einkaufen

Am **Broadway**, der nett gestalteten Hauptstraße von **Seaside**, findet sich das übliche Sammelsurium von Souvenirläden.

Interessanter ist **Cannon Beach**, wo entlang der Hauptstraße **Hemlock Street** und in kleinen Höfen zahlreiche Galerien örtliche Künstler ausstellen. Einen Blick verdienen zum Beispiel die »White Bird Gallery« (251 North Hemlock St.), die »Manzanita Gallery« (125 North 4th St.) und die »Haystack Gallery« (183 North Hemlock St.).

Service

Cannon Beach Information Center
2nd St./Spruce St., P.O. Box 64
Cannon Beach, OR 97110
Tel. (503) 436-2623, Fax 436-0910

Cascade Lakes Highway ■ C4

Die rund 140 km lange Rundstrecke entlang der Ostflanke der Cascades, vorbei am **Mount Bachelor** und den Dreitausender-Gipfeln der **Three Sisters**, ist ideal für eine Tagestour ab Bend (→ S. 199). Am Weg liegen – daher der Name – zahlreiche Bergseen, die im Sommer von einem dichten Blumenteppich eingerahmt werden. Am **Crane Prairie Reservoir** sind oft Fischadler zu beobachten.

Columbia Gorge ■ C3

Unmittelbar östlich von Portland beginnt die gewaltige Schlucht des **Columbia River**, der sich hier mit Macht seinen Weg aus dem Binnenland durch die Lavabarrieren der Cascade Mountains gebahnt hat. Während der letzten Eiszeit blockierten tief in den Rockies große Gletscher den Fluß und stauten ihn auf. Mehrmals brach das Wasser durch diese Eisdämme und schoß in einem gewaltigen, 300 m hohen Schwall hinab zum Pazifik – Eisberge, Wasser und mitgerissene Felsen hobelten die Steilwände der knapp 100 km langen Columbia Gorge ab.

Fast die gesamte Schlucht steht heute als »scenic area« unter Naturschutz: eine Welt steiler Basaltklippen, spektakulärer Wasserfälle und dunkler Wälder. Die I-84 führt am Südufer des Flusses entlang, ab Troutdale sollten Sie aber den **Columbia River Scenic Highway** (Hwy 30) nehmen, der sich teils hoch über der Schlucht die Steilwände entlangschlängelt und Aussichtspunkte wie **Crown Point** und zahlreiche Wasserfälle passiert. (Vorsicht: Mit einem großen Wohnmobil ist die schmale Straße bei stärkerem Verkehr nicht gut zu befahren – der Highway wurde 1915 für Model-T-Fords gebaut…)

Der höchste der Wasserfälle ist auch von der I-84 aus zu erreichen: Umrahmt von dichtem Grün stürzen die **Multnomah Falls** 189 m tief in einen Felskessel herab. Ein Stück weiter lohnt sich ein Stopp am **Bonneville Dam**, der den Columbia fast 80 km weit aufstaut. Ein großes **Visitor Center** auf **Bradford Island** erläutert Dammbau und Stromgewinnung, an großen **fishladders** (Fischleitern) kann man im Sommer die vorüberziehenden Lachse beobachten. In den Seitencanyons gibt es gute Wanderwege, besonders schön ist zum Beispiel der Weg ins **Eagle Creek Valley** gleich nahe dem Bonneville Dam.

Coos Bay

(→ S. 198)

Crater Lake National Park ■ C4

Der fast kreisrunde, tiefblaue See hoch oben am Grat der Cascade Mountains ist eines der eindrucksvollsten vulkanischen Phänomene des Westens und mit 589 m Tiefe auch der tiefste See der USA. Einst stand hier in Südoregon ein fast 4000 m hoher Vulkan, der **Mount Mazama**. Doch dann, vor etwa 7000 Jahren, explodierte der Berg, überzog fast den gesamten Nordwesten mit Asche und hinterließ eine riesige »Caldera«, einen Krater, der sich über die Jahrtausende mit Regenwasser füllte. Kein Fluß, kein Bach strömt in den glasklaren, völlig reinen See, nur Verdunstung und Regen halten das Gleichgewicht im

Wasserspiegel. Die ersten Weißen, einige Goldsucher, stießen erst 1853 zufällig auf den Crater Lake, denn die Indianer, denen der See heilig war, verrieten die Lage dieses Bergjuwels lange nicht. Von der 50 km langen Panoramastraße (im Winter geschlossen), die den See umrundet, bieten sich immer neue, herrliche Ausblicke: auf die steilen, teils bis zu 600 m hohen Basaltklippen, die den Krater in Grau und Orange umrahmen, und auf die beiden Inseln im See, den nachgewachsenen kleinen Vulkankegel des **Wizard Island** und die bizarre Lavaformation des **Phantom Ship**.

Zahlreiche kurze Wanderwege führen zu umliegenden Gipfeln wie etwa **The Watchman** oder durch die herrlich blühenden alpinen Wiesen (Naturlehrpfad **Castle Crest Wildflower Trail**). Im **Visitor Center** am südlichen Kraterrand wird die Geologie des Parks erklärt, nebenan am **Sinnott Overlook** halten die Ranger jeden Tag naturkundliche Vorträge.

Hotels und andere Unterkünfte

Crater Lake Lodge
Historische, sehr stilvolle Lodge vom Anfang dieses Jahrhunderts. Sie wurde erst jüngst renoviert und befindet sich in bester Lage in 2200 m Höhe am Kraterrand. Mehrere Restaurants. Möglichst lange vorab reservieren (nur Mitte Mai bis Mitte Oktober geöffnet).
P. O. Box 128
Crater Lake OR 97604
Tel. (541) 594-2511, Fax 594-2622
71 Zimmer
Mittlere Preisklasse

Top-Lage am Rande des Vulkans: Die ausgesprochen geschmackvoll ausgestattete Crater Lake Lodge eröffnet fabelhafte Aussichten – wer hier wohnen möchte, muß rechtzeitig reservieren

Crater Lake Resort
Einfaches Motel mit Campingplatz und Blockhütten ca. 30 km südlich des Parks.
P. O. Box 457/Hwy 62
Fort Klamath, OR 97626
Tel. (541) 381-2349
8 Zimmer
Untere Preisklasse

Campingplätze

Mazama Campground
Großer öffentlicher Platz am südlichen Parkeingang; keine Reservierungen. Weitere Campingplätze liegen in den National Forests ringsum, zum Beispiel an den Highways 62 und 138.

Service

Crater Lake National Park
P. O. Box 7
Crater Lake, OR 97604
Tel. (541) 594-2211

Crater Lake Boat Tours
Zweistündige Bootsrundfahrten; Abfahrt vom Dock der Cleetwood Cove am Nordende des Sees.
Tel. (541) 594-2511
Im Sommer tgl. 10–16.30 Uhr
Fahrpreis 10 $

Eugene ■ B 4

In vieler Hinsicht ist Eugene – mit 120 000 Einwohnern die zweitgrößte Stadt des Staates – höchst typisch für Oregon: Einerseits ist da die sehr bodenständige, konservative Bevölkerung, hauptsächlich Holzfäller und Farmer, die seit 150 Jahren hier im **Willamette Valley** siedeln. Andererseits gibt es die **University of Oregon** mit über 13 000 Studenten, die für eine liberale alternative Szene und ein manchmal recht wildes Partyleben sorgen (der amerikanische Studentenklassiker »Animal House« wurde hier gedreht). Im Umland dampfen die Sägewerke, in der Stadt engagieren sich die jungen Leute heftig für den Umweltschutz und gegen die Holzindustrie. Nirgendwo in Oregon gibt es so viele Radwege, so viele Batikhemden und so viele Demonstrationen wie in Eugene. In den sechziger Jahren war die Stadt eines der Zentren der Hippiebewegung Amerikas – und so manche Blumenkinder blieben bis heute in der Stadt.

Jedes Jahr am 2. Juliwochenende feiert die alternative Szene beim Oregon County Faire wie einst im »Summer of Love« – nur die freie Liebe unterliegt mittlerweile gewissen Einschränkungen.

Ein Bummel über den klassisch amerikanischen Campus der Universität am Ostende der 13th Ave. lohnt sich. Zahlreiche Cafés, schräge Boutiquen und Bars säumen die Straßen am Eingang zum Universitätsgelände. Auf dem Campus selbst sind im **Museum of Art** und im **Museum of Natural History** gute Ausstellungen zu besichtigen.

Hotels und andere Unterkünfte

Best Western New Oregon Motel
Gepflegtes Motel nahe der Universität; mit Hallenbad und Fitneßcenter.
1655 Franklin Blvd.
Eugene, OR 97403
Tel. (541) 683-3669, Fax 484-5556
129 Zimmer
Untere Preisklasse

Valley River Inn
Großes, komfortables First-class-Hotel mit hübschen Innenhöfen; viele der sehr großen Zimmer haben Balkon mit Blick auf den Willamette River. Restaurant, Pool.
1000 Valley River Way
Eugene, OR 97401
Tel. (541) 687-0123, Fax 683-5121
257 Zimmer
Mittlere bis Obere Preisklasse

Essen und Trinken

Mekala's
Thai-Küche, scharf und perfekt zubereitet.
296 East 5th St.
Tel. (541) 342-4872
Tgl. 11–14 und 17–21.30 Uhr
Untere Preisklasse

Oregon Electric Station
Sehr beliebtes Fisch-und-Steak-Lokal im denkmalgeschützten alten Bahnhof; gespeist wird in den Waggons. Schöne Bar, am Wochenende Live-Jazz.
27 East 5th Ave.
Tel. (541) 485-4444
So–Fr 11–15 und tgl. 17–22 Uhr
Mittlere Preisklasse

West Brothers Bar-B-Que
Hervorragende Spareribs und andere amerikanische Kost. Direkt aus dem Keller des Hauses kommen die Biere der Eugene City Brewery.
844 Olive St.
Tel. (541) 345-8489
Tgl. 11.30 Uhr bis spätabends
Untere Preisklasse

Einkaufen

Fifth Street Public Market
Eine renovierte alte Fabrik am Nordrand der Innenstadt mit Kunsthandwerksläden, anspruchsvollen Boutiquen und Cafés auf drei Stockwerken.
5th St./High St.

Saturday Market
Eine Institution in Eugene: Von April bis Dezember wird die Innenstadt jeden Samstag von 10 bis 17 Uhr zum Marktplatz der Szene: alternative Kunst und Kunsthandwerk, Essen vom Kebab bis zum Hot dog.

Service

Justus Outfitters
Ein- und mehrtägige Raft- und Angeltouren auf dem **McKenzie River**.
1090 Snell St.
Eugene, OR 97405
Tel. (541) 342-1755

Florence ■ B3

Vom verschlafenen Fischernest hat sich Florence in den letzten Jahren zum touristischen Boomstädtchen mit heute rund 6000 Einwohnern gewandelt. Kein Wunder, denn es liegt genau an der Trennlinie zwischen zwei höchst unterschiedlichen Küstenlandschaften: Nach Norden hin drängen die **Coast Mountains** ans Meer, unmittelbar südlich des **Suislaw River** beginnt die bizarre Sandlandschaft der **Oregon Dunes**.

Der moderne Teil der Stadt am Highway 101 ist mit seinen Malls und Motels nicht besonders attraktiv, aber in der Altstadt unter der großen Brücke sollten Sie einen Bummel an der **Bay Street** einplanen: Cafés,

Fischlokale und Läden drängeln sich um die alten Piers, mit einem Schaufelraddampfer (oder auf eigene Faust mit einem Mietboot) können Sie auf dem Fluß eine Bootstour unternehmen. Ein kurzer Spaziergang lohnt sich auch auf dem Lehrpfad durch die **Darlingtonia Gardens** am Nordrand des Ortes: Im dichten, feuchten Unterholz des Küstenwaldes wachsen fleischfressende »cobra lilies« (Darlingtonia californica).

Hotels und andere Unterkünfte

The Kittiwake
Luxuriöses, blitzsauberes Bed & Breakfast in herrlicher Lage an der Küste etwa 15 km nördlich von Florence.
95368 Hwy 101
Yachats, OR 97498
Tel. (503) 547-4470
3 Zimmer
Mittlere bis Obere Preisklasse

Park Motel
Rustikales Motel unter schönen alten Bäumen. Etwas südlich der Brücke am Highway 101, doch zurückgesetzt von der Straße und ruhig.
85034 Hwy 101 South
Florence, OR 97439
Tel. (541) 997-2634
17 Zimmer
Untere Preisklasse

Sea Perch Campground
Privatcampingplatz direkt am Meer etwa auf halber Strecke zwischen Florence und Yachats. (Zahlreiche weitere staatliche Campingplätze im Dünengebiet gibt es südlich von Florence.)
95480 Hwy 101, Yachats
Tel. (541) 547-3505

Sehenswertes

Heceta Head Lighthouse
Der 1894 erbaute Leuchtturm etwa 15 km nördlich von Florence ist bis heute der stärkste entlang der Küste Oregons – und der meistfotografierte. 33 km weit leuchtet sein Strahl nachts aufs Meer hinaus. Das Häuschen des früheren Wärters kann zeitweilig besichtigt werden. Den schönsten Blick auf die Steilküste haben Sie vom **Viewpoint** etwa 1,5 km weiter südlich am Highway 101.

Oregon Dunes National Recreation Area
Rund 80 km weit erstrecken sich von Florence aus nach Süden riesige, teils bis zu 100 m hohe Sanddünen am Meer entlang. Vom **Oregon Dunes Overlook** nahe dem Highway 101 bietet sich von erhöhter Warte ein herrlicher Blick über die sattbraunen Hügel, ein Weg führt hinab zum Meer. Vor allem im Südteil der Dünen um Reedsport dürfen auch Motorräder und Dünenbuggies fahren – höllisch laut und benzindünstend. Der Nordteil ist ruhiger und besser zum Wandern geeignet.

Sea Lion Caves
Der Rummel im als Souvenirladen getarnten Eingang ist eher abschreckend, doch wenn nicht zuviel los ist, lohnt sich der Besuch: Im Aufzug geht es hinab in eine gewaltige Grotte, in der eine Kolonie von 200 Steller-Seelöwen lebt. Ein zwar lautes und nicht besonders wohlriechendes, aber eindrucksvolles Erlebnis.
Hwy 101, ca. 15 km nördlich von Florence
Im Sommer tgl. 8 Uhr bis Sonnenuntergang, sonst ab 9 Uhr
Eintritt 6 $, Kinder 4 $

Essen und Trinken

International Seafood Market
Großes, sehr beliebtes Fischrestaurant direkt am Pier der Fangboote mit Blick über den Fluß.
1498 Bay St.
Tel. (541) 997-9646
Tgl. 11–15 und 17–21 Uhr
Mittlere Preisklasse

Travellers Cove
Freundliches kleines Café mit Terrasse am Hafen; gute Muschelsuppe und Caesar Salad.
1362 Bay St.
Tel. (541) 977-6845
Im Sommer tgl. 8–20 Uhr
Untere Preisklasse

Windward Inn
Die Lage am Highway ist nicht besonders schön, doch drinnen gibt es ausgezeichneten Fisch, Muscheln und dicke Steaks.
3757 Hwy 101 North
Tel. (541) 997-8243
Tgl. 7–21 Uhr
Mittlere Preisklasse

Service

C & M Stables
Halb- und ganztägige Ausritte an den langen, einsamen Stränden nördlich von Florence.
Hwy. 101, 10 km nördlich der Stadt
Tel. (541) 997-7540

Sandland Adventures
Vermietung von »dune buggies« zum wilden Ritt durch die Sanddünen.
85366 Hwy 101 South
Tel. (541) 997-8087

Das Heceta Head Lighthouse bei Florence richtet nachts sein starkes Leuchtfeuer aufs Meer. Ein beliebtes »Fotomodell« ist das leuchtendweiße Gebäude aber vor allem tagsüber

Gold Beach ■ A4

Der berühmte **Rogue River** sieht an seiner Mündung beim 1500-Seelen-Dorf Gold Beach nach gar nicht viel aus. Doch im Hinterland ändert sich das, und der Rogue schäumt durch einen grünen, engen Canyon. Vom Ort aus werden spritzige Fahrten mit 1000-PS-Jetbooten stromaufwärts auf dem Wildwasserfluß angeboten.

Gold Beach selbst, das in den fünfziger Jahren des letzten Jahrhunderts bei einem kleinen Goldrausch gegründet wurde, ist ein nüchterner kleiner Ort, bietet aber gute Unterkunftsmöglichkeiten für Touren entlang der ruhigen Südküste Oregons, etwa zum 200 m hohen **Cape Sebastian** oder dem von hohen Felsen im Meer überragten **Boardman State Park**. Auf der Forest Road 33 können Sie entlang des Flusses bis **Illahe** fahren, wo die Wildnispfade in den Rogue River Canyon beginnen.

Hotels und andere Unterkünfte

Gold Beach Resort
Solides, doppelstöckiges Motel am Dünenstrand südlich des Ortes; eigenes Hallenbad.
1330 South Ellensburg Ave.
Gold Beach, OR 97444
Tel. (541) 247-7066, Fax 247-7069
39 Zimmer
Mittlere Preisklasse

Tu Tu' Tun Lodge
Rustikales, aber doch sehr komfortables Wildnisresort am Ufer des Rogue River etwa 10 km landeinwärts von Gold Beach. Von den Zimmern haben viele einen Balkon am Fluß und einen offenen Kamin.
96550 North Bank Rogue
Gold Beach, OR 97444
Tel. (541) 247-6664, Fax 247-0672
19 Zimmer
Obere Preisklasse

Essen und Trinken

Nor'Wester
Beliebtes Fischlokal am Hafen, guter Heilbutt und Lachs.
10 Harbor Way
Tel. (541) 247-2333
Tgl. 17–22 Uhr
Mittlere Preisklasse

Service

Mehrere Gesellschaften in Gold Beach bieten Tagestouren mit Jetbooten und mehrtägige Schlauchbootfahrten: zum Beispiel **Jerry's Rogue Jets** (Tel. 247-4571) oder **Rogue River Mail Boats** (Tel. 247-7033). Als Wanderer können Sie sich auch absetzen und später wieder abholen lassen.

Grants Pass ■ B5

»It's the climate«, brüstet sich das Schild über der Hauptstraße von Grants Pass. Tatsächlich ist das Wetter hier den Sommer über fast immer herrlich sonnig und warm. Diese Tatsache macht das hügelige, waldreiche Umland der Stadt im Süden Oregons zu einer beliebten Region für Aktivurlauber. Besonders das als Wildnisgebiet geschützte Tal des **Rogue River** steht bei Schlauchbootfahrern und Wanderern hoch im Kurs. Grants Pass ist mit seinen preisgünstigen Motels ein guter Ausgangspunkt für Touren durch Südoregon, zu den **Oregon Caves** (→ S. 215) und zum **Crater Lake** (→ S. 204).

Hotel

Inn at the Rogue
Freundliches kleines Hotel in schöner Lage am Fluß. Im Innenhof ist ein kleiner Pool, viele der 54 Zimmer haben einen Balkon.
8959 Rogue River Hwy
Grants Pass, OR 97526
Tel. (503) 582-2200, Fax 582-1415
Untere bis Mittlere Preisklasse

Essen und Trinken

Yankee Pot Roast
Bei Einheimischen sehr beliebtes amerikanisches Restaurant in einem Häuschen aus dem Jahre 1905. Gute Steaks und frischer Fisch aus dem nahen Fluß.
720 NW 6th St.
Tel. (503) 476-0551
Tgl. außer Di 17–21 Uhr
Untere Preisklasse

Service

Grants Pass Visitors Bureau
Auskunft über Wanderwege, Reitmöglichkeiten und Raft-Touren.
1501 NE 6th St.
Grants Pass, OR 97526
Tel. (541) 476-5510, Fax 476-9574

Hood River ■ C3

Was der Gardasee für die Windsurfer Europas, das ist der mächtige Columbia River beim Ort Hood River für Surffans in Oregon. Die Steilhänge am Osteingang der **Columbia Gorge** (→ S. 204) schaffen genau die richtigen Windverhältnisse für die Surfer, die im Sommer aus aller Welt hierher pilgern. Tagsüber wird gesurft, was das Segel hält, abends trifft sich die Szene dann in den Kneipen der kleinen Altstadt am Hang über dem Fluß. Anfang Juli versammeln sich die weltbesten Surfer zum **Gorge Blowout**. Für Nichtschwimmer lohnen sich ein Besuch im **Hood River County Historical Museum** (Port Marina Park) und eine Fahrt durch die im Frühjahr herrlich blühenden Apfelplantagen des **Hood River Valley**.

Hotels und andere Unterkünfte

Columbia Gorge Hotel
Herrlich nostalgischer Country Inn von 1921, perfekt renoviert und noch immer mit dem eleganten Flair der »Twenties«. Allerdings ist er etwas überteuert, und die Zimmer sind nicht besonders groß. Ausgezeichnete Küche.
4000 Westcliff Drive
Hood River, OR 97031
Tel. (503) 386-1900, Fax 386-6090
42 Zimmer
Obere Preisklasse bis Luxusklasse

Hood River Hotel
Historisches Hotel, das ein Windsurfer 1989 stilvoll restaurierte. Die Zimmer sind zwar teils klein, aber hübsch möbliert. Gutes Bistro.
102 Oak Ave.
Hood River, OR 97031
Tel. (503) 386-1900, Fax 386-6090
41 Zimmer
Untere bis Mittlere Preisklasse

Essen und Trinken

Horsefeathers/Big Horse Brew Pub
Beliebter Pub der Surferszene am Hügel über der Altstadt; es gibt Pasta und Steaks und viel Bier.
115 State St.
Im Sommer tgl. 11–24 Uhr
Untere Preisklasse

Einkaufen

River Bend Country Store
(→ Die 10 lohnendsten Einkaufsadressen, S. 226/227)

Surfbedarf
Ein gutes Dutzend Läden verkauft und vermietet Bretter und Segel und bietet auch Kurse sowie Reparaturen an, zum Beispiel **Hood River Windsurfing** (101 Oak St.), **Hurricane Sails** (6 Oak St.) oder **Big Winds Windsurfing** (505 Cascade St.).

Jacksonville ■ B5

Schon 1852, drei Jahre nach dem großen Goldrausch in Kalifornien, entdeckten Prospektoren hier im Süden Oregons neues Gold. Schnell entstand eine Boomtown, die nach 1900 aber zur Geisterstadt verkam. Das hat sich seit den sechziger Jahren gründlich geändert: Jacksonville mit seinen stimmungsvollen Westernfassaden wurde unter Denkmalschutz gestellt, Cafés, Läden und B & B-Inns zogen in die historischen Gemäuer. Mehrere Häuser, so etwa die alte Bank, sind heute als historische Museen zu besichtigen.

Klamath Basin ■ C5

Das weite, von großen Seen durchsetzte Tal des Klamath River südlich des Crater Lake ist ein wichtiges Vogelschutzgebiet: Mehrere Millionen Zugvögel, vor allem Enten und Kanadagänse, kommen im Frühjahr und Herbst, auch im Sommer nisten hier zahlreiche Arten. Außerdem sehr sehenswert: das **Favell Museum** (125 West Main St.) in **Klamath Falls** mit einer großen indianischen Sammlung.

Lincoln City ■ B3

Lincoln City ist kaum mehr als ein langes Straßendorf am Highway 101 mit zahllosen Läden und Billigmotels. Doch die Motels haben auch ein Gutes: Im Hochsommer, wenn viele der kleineren, hübscheren Orte an der Küste ausgebucht sind, findet man hier immer noch ein Plätzchen. Als Zwischenstopp ist Lincoln City gut geeignet, man kann dann auf Tagestouren das Umland erkunden. Die Stadt selbst liegt an einem langen Strand (sehr beliebt zum Drachensteigen), ringsum erstrecken sich dramatische Kaps und Steilklippen wie etwa **Cascade Head** (Lehrpfade) oder **Cape Kiwanda** am spektakulären **Three Capes Loop** im Norden.

Wo früher Goldsucher die Saloons bevölkerten, drängeln sich heute Einheimische und Touristen: Jacksonville ist einfach stimmungsvoll

Hotels und andere Unterkünfte

Salishan Lodge
Elegantes, sehr geschmackvolles Ferienresort in einer großen ruhigen Parkanlage am Meer südlich von Lincoln City. Geräumige Zimmer mit offenem Kamin und Balkon; Golf- und Tennisplatz, Pool und Sauna. Das Restaurant mit großem Weinkeller wird weithin gerühmt.
Gleneden Beach, OR 97388
Tel. (541) 764-2371, Fax 764-3681
205 Zimmer
Obere Preisklasse bis Luxusklasse

The Sea Horse
Doppelstöckiges Motel direkt am Hügel über dem langen Sandstrand; große Zimmer, Hallenbad.
2039 NW Harbor
Lincoln City, OR 97367
Tel. (541) 994-2101
52 Zimmer
Mittlere Preisklasse

Essen und Trinken

Bay House
Gepflegtes Restaurant mit Blick über die ruhige Siletz Bay; hervorragende Fischgerichte, aber auch Lamm und Steaks können sich sehen lassen.
5911 SW Hwy 101
Tel. (541) 996-3222
Im Sommer tgl. 11.30–21 Uhr
Mittlere Preisklasse

Einkaufen

Catch the Wind Kite Shop
Drachen in allen Größen, Farben und Formen – das ideale Sportgerät an der windigen Küste Oregons.
266 SE Hwy 101

The Factory Stores Lincoln City
Große Outlet-Mall mit mehr als 50 Markenläden, die zu Fabrikpreisen verkaufen: Schuhe, Sportkleidung, Jeans und sogar Bücher.
Am Hwy 101 im Ortszentrum

Mount Angel ■ C3

Das Städtchen eine halbe Fahrstunde nordöstlich von Salem gibt sich bayerisch. Sogar ein Oktoberfest findet statt. Interessanter aber ist die **Mount Angel Abbey**, eine bereits 1882 gegründete Benediktinerabtei, auf einem Hügel über dem Tal. In der hochmodernen Bibliothek – entworfen vom finnischen Architekten Alvar Aalto – sind wertvolle mittelalterliche Handschriften zu sehen.

Mount Hood ■ C3

Der gletschergekrönte Hausberg Portlands ist an einem sonnigen Tag das ideale Ausflugsziel. Aus den Vororten der Stadt klettert der Highway 26 schnell die bewaldeten Flanken des 3426 m hohen Vulkangipfels hinauf. Gute Wanderwege für mehrstündige Touren führen zu den **Ramona Falls**, dem **Mirror Lake** und dem **Zigzag Canyon Overlook**. Trailguides und Karten gibt es im Visitor Center am Highway 26 bei **Welches** (Tel. 622-3191). Nicht verpassen dürfen Sie einen Abstecher zur **Timberline Lodge**, eine historische Lodge aus den dreißiger Jahren und Kulisse für Kubricks Gruselfilm »The Shining« (Restaurant und Unterkunft, Tel. (503) 231-7979). Über die SR 35 und die I-84 läßt sich von hier in einer Tagestour gut ein Bogen um den Berg zurück nach Portland schlagen – mit herrlichem Panorama rundum.

Newport

■ B3

Der alte Fischerhafen (9000 Einwohner) an der tief ins Land reichenden Yaquina Bay wurde bereits um 1860 gegründet. Die kleine Altstadt am **Bay Boulevard** vermittelt mit ihren Holzfassaden und alten Dosenfabriken noch etwas vom Flair der vergangenen Zeit. Heute jedoch lebt die Stadt vom Tourismus. Vor allem die schöne Küste lockt die Besucher an; im Ort haben sich einige skurrile Touristenfallen wie das Wachsmuseum breitgemacht. Weit seriöser und sehenswerter ist das neue **Aquarium**.

Newport, seit 1860 ein Fischerhafen, verdient sein Geld heutzutage mit dem Tourismus. Die kleine Altstadt vermittelt das Flair vergangener Tage

Hotels und andere Unterkünfte

Brown Squirrel Hostel
Kleine Jugendherberge mit 20 Betten nahe zum Strand und zur Innenstadt.
44 SW Brook St.
Newport, OR 97365
Tel. (541) 265-3729
Untere Preisklasse

Embarcadero Resort
Moderne, komfortable Zimmer, direkt vor dem Fenster dümpeln die Masten der Segelboote. Gutes Restaurant mit Blick über den Hafen von Newport.
1000 SE Bay Blvd.
Newport, OR 97365
Tel. (541) 265-8521, Fax 265-7844
80 Zimmer
Mittlere Preisklasse

Sylvia Beach Hotel
Ein Tip für alle Bücherfans: Jedes der Zimmer dieses hübschen B & B-Inn ist nach einem berühmten Schriftsteller benannt und im jeweiligen Stil möbliert. Agatha Christie ist ebenso

vertreten wie Edgar A. Poe. Die »Bestseller« haben Meerblick. Unbedingt reservieren.
267 NW Cliff St.
Newport, OR 97365
Tel. (541) 265-5428
20 Zimmer
Mittlere Preisklasse

Sehenswertes

Oregon Coast Aquarium
Nirgendwo ist die Unterwasserwelt des Nordpazifiks eindrucksvoller zu erleben als hier: Seelöwen und verspielte Seeottern sind unter den 190 Tier- und Fischarten ebenso vertreten wie Kraken und Hornlunde. Berühmtester Bewohner des Erlebnis-Aquariums ist Keiko, der Orca-Wal aus dem Film »Free Willy« (mindestens 2 Stunden).
2820 SE Ferry Slip Rd.
Im Sommer tgl. 9–18, sonst 10–16.30 Uhr
Eintritt 7,75 $, Kinder 3,30 $

Yaquina Head
Das felsige, baumlose Kap am Nordende von Newport wird überragt von einem fotogenen weißen **Leuchtturm** aus dem Jahre 1873. In den Lavaklippen des **Colony Rock** nisten Tausende von Seevögeln, unten in der Brandung kann man Seelöwen und mit etwas Glück sogar Wale beobachten. Bunte Seesterne und Muscheln bevölkern die Gezeitentümpel am Fuß der Klippen.

Essen und Trinken

Canyon Way
Witziges Restaurant in den Hinterräumen eines Buch- und Kramladens. Kunterbunte Küche (viel Fisch) und gute Nachspeisen.
1216 Canyon Way
Tel. (541) 265-83192
Tgl. 11–15 und 17–21 Uhr
Mittlere Preisklasse

Mo's Restaurant
Eine Institution: Auf einfachen Holztischen werden Muschelsuppe (**clam chowder**), fritierter Fisch und eimerweise Muscheln serviert. Mittlerweile gibt es eine ganze Reihe von »Mo's« entlang der Oregon-Küste, aber hier steht das Original.
622 SW Bay Blvd.
Tgl. 11–21 Uhr
Untere Preisklasse

Service

Newport Chamber of Commerce
555 SW Coast Hwy
Newport, OR 97365-4934
Tel. (541) 265-8801, Fax 265-5589

Marine Discovery Tours
Zweistündige naturkundliche Bootstouren mit Walbeobachtung.
345 SW Bay Blvd.
Tel. (541) 265-6200

Oregon Caves National Monument ■ B5

Tief in den **Siskiyou Mountains**, rund 80 km südlich von Grants Pass, hat das Grundwasser gewaltige Höhlen aus dem Marmorgestein der Berge gewaschen.

Entdeckt wurden die großen Höhlen im Jahre 1874 von einem Pionier auf der Suche nach seinem Hund. Ein Teil des unterirdischen Tropfsteinlabyrinths wird heute auf gut einstündigen Touren mit den Rangers erwandert. Nehmen Sie eine Jacke mit, es ist kalt dort unten: 5 °C (im Sommer tgl. 8–19 Uhr).

Wale: Wanderer der Meere

Jedes Jahr von März bis Mai kann man sie beobachten, vom Kajak, vom Schiff oder auch vom Ufer aus: Herden von Walen, die entlang der Pazifikküste nordwärts pflügen, vorbei an San Diego, am Point Reyes bei San Francisco, entlang der Felsenküste Oregons und der Olympic Peninsula. Etwa 20 000 Grauwale unternehmen alljährlich eine 8000 Kilometer lange Wanderung von ihren Winterquartieren in den Lagunen von Baja California hinauf in die Bering-See vor Alaska. Auf derselben Route zu beobachten sind rund 2000 Buckelwale, die den Sommer in Südalaska und den Winter vor Mexiko oder Hawaii verbringen.

Keine anderen Säugetiere unserer Erde nehmen regelmäßig solche Gewalttouren über derart weite Distanzen auf sich. Für die Grau- und Buckelwale aber sind diese Wanderungen unerläßlich für den Erhalt der Art: Nur in den kalten Gewässern im Norden finden diese Bartenwale genug Nahrung, Krill, kleine Fische und Krebse, um ihre 15 Meter langen, 40 Tonnen schweren Körper zu ernähren und sich dicke Speckschwarten zuzulegen. In den warmen Lagunen Mexikos dagegen fressen sie im Winter monatelang nichts, dort paaren sie sich, und die Weibchen bringen nach knapp zwölfmonatiger Tragezeit dort ihre Jungen zur Welt. Auch dabei ist das warme Wasser wichtig: Die Neugeborenen haben noch keine schützende Fettschicht und würden im eisigen Wasser Alaskas erfrieren.

Zwei bis drei Monate brauchen die Wale für den Wanderzug. Die Männchen starten von Mexiko schon kurz nach der Paarung Ende Dezember in Richtung Norden. Die Weibchen folgen ihnen mit den Jungen im März. Im September und Oktober ziehen sie dann gemeinsam wieder gen Süden, allerdings etwas weiter von der Küste entfernt.

Vor allem im Frühjahr findet ein regelrechter Waltourismus statt: Von vielen Häfen in Oregon, Washington, aber auch in Los Angeles und San Diego werden Beobachtungstouren angeboten. Die Charterboote folgen den Riesen der Meere ein Stück auf ihrem Weg – mit dem nötigen Abstand, um die

USA Westküste extra

Auf organisierten Beobachtungstouren kann man die Wale – hier Orcas – aus nächster Nähe erleben

Tiere nicht zu stören. Aber auch aus 100 Metern Entfernung sind die mysteriösen Meeressäuger in freier Wildbahn ein einzigartiges Erlebnis.

Doch auch wenn Sie im Sommer in den Nordwesten reisen, brauchen Sie auf ein Walerlebnis nicht zu verzichten. Das ganze Jahr über leben in den Gewässern um die San Juan Islands nämlich mehrere Herden von Schwertwalen, die meist sogar weit eindrucksvoller zu beobachten sind als die behäbig dahinziehenden »greys« und »humpbacks«.

Die Orcas, elegante, schwarzweiß gezeichnete Kraftpakete, springen oft hoch aus dem Wasser, und ihre charakteristischen Rückenflossen sind weithin zu sehen. Bei der Jagd auf Fischschwärme gehen die bis zu neun Meter langen, zehn Tonnen schweren Tiere sehr geschickt und intelligent vor. Die Hälfte einer Herde treibt die Fische genau auf die lauernden restlichen Herdenmitglieder zu. Sind die satt, wird gewechselt.

Orcas werden übrigens fälschlich oft als Killerwale bezeichnet. Sicher, sie sind die Raubtiere der Meere und im Gegensatz zu den »greys« Fleischfresser. Doch sie töten für den Nahrungserwerb, nicht aus mörderischer Berechnung. Menschen wurden noch nie grundlos von einem Orca angegriffen, Seehunde und Lachse schmecken ihnen offenbar viel besser.

Portland ■ C3

»Portland, welches Portland?« fragen selbst viele Amerikaner irritiert, denn die Metropole Oregons ist eine der unbekanntesten und am meisten unterschätzten Großstädte im Lande – und hat eine Namensschwester an der Ostküste in Maine. Dabei kann sich die dynamische, schnell wachsende 1,6-Millionen-Stadt an der Mündung des **Willamette** in den Columbia River durchaus sehen lassen. Mit ihrer herrlichen Lage zu Füßen des alles überragenden **Mount Hood** rangiert sie in Sachen Lebensqualität unter Amerikas Großstädten sogar ganz oben. Dazu zählt auch, daß hier vorbildliche Stadtplanung betrieben wird: In der Innenstadt sind Straßenbahnen und Busse kostenlos, die häßliche Autobahn am Flußufer wurde abgerissen und durch Grünanlagen und Promenaden ersetzt. Zahlreiche Brunnen, Alleen und fast 200 Parks lockern das Häusermeer auf. »Stadt der Rosen« nennt sich Portland gerne, und tatsächlich blühen im Sommer allerorts Hunderte von verschiedenen Rosenarten – Anlaß für das große **Rose Festival** Mitte Juni.

Seinen ersten Spitznamen bekam Portland allerdings schon viel früher: Als sich 1843 die beiden Stadtgründer Asa Lovejoy und William Pettygrove hier am Ufer des Willamette River niederließen, warfen sie eine Münze. Pettygrove gewann und durfte die Siedlung nach seiner Heimatstadt Portland in Maine benennen. Doch schon bald wurde das Pioniercamp »Stumptown« genannt, weil auf dem gerodeten Land noch so viele Baumstümpfe standen. Der Stadtrat ließ sie sogar weiß streichen, damit die Bürger nachts nicht mehr darüber stolperten.

Moderne Architektur, stolze Alleen, grüne Parks – ein Bummel durch Portland beweist, daß Oregons größte Stadt alles andere ist als ein eintöniges Häusermeer

Von den rustikalen Anfängen entwickelte sich die Stadt schnell zu einem wichtigen Hafen, heute der drittgrößte an der Westküste. Die Docks liegen zwar 160 km weiter im Inland am Columbia River, doch selbst große Ozeanfrachter können auf dem Strom bis Portland fahren. Vom Holzfällercamp hat sich die Stadt mittlerweile zum wirtschaftlichen Motor des Staates gemausert. Rund die Hälfte aller Oregonians lebt und arbeitet hier – im Hafen, bei den ständig wachsenden High-Tech-Firmen, in medizinischen Labors und Colleges. Fast alles »saubere« Industrien, Luftverschmutzung ist unbekannt.

Aber auch für die Besucher hat die Stadt ihre Reize: gute Museen, Restaurants und Straßencafés, den größten Buchladen Amerikas und eine kompakte Innenstadt zum Bummeln.

Hotels und andere Unterkünfte

Heathman Hotel ■ a 3, S. 220
Elegantes, denkmalgeschütztes Hotel aus dem Jahre 1927, perfekt renoviert und in bester Lage in der Innenstadt. Hervorragendes Restaurant.
1001 S. W. Broadway
Portland, OR 97205
Tel. (503) 241-4100, Fax 790-7110
151 Zimmer
Obere Preisklasse bis Luxusklasse

Mallory Hotel
Von außen sieht der alte Ziegelbau dieses Mittelklassehotels am Rand der Innenstadt etwas düster aus, doch drinnen ist es picobello.
729 S. W. 15th Ave.
Portland, OR 97205
Tel. (503) 223-6311, Fax 223-0522
142 Zimmer
Untere bis Mittlere Preisklasse

Mark Spencer Hotel ■ a 2, S. 220
Angenehmes, älteres Mittelklassehotel in guter Lage am Westende der Innenstadt; 100 große Zimmer und Apartments mit Küche.
409 S. W. 11th Ave.
Portland, OR 97205
Tel. (503) 224-3293, Fax 223-7848
Mittlere Preisklasse

Portland Hostel
Die Jugendherberge ist nur eine kurze Busfahrt von der Innenstadt entfernt.
3031 S. E. Hawthorne Blvd.
Portland, OR 97214
Tel. (503) 236-3380, Fax 235-0233
47 Betten
Untere Preisklasse

River Place Hotel ■ b 4, S. 220
Das beste Hotel der Stadt mit luxuriös eingerichteten Zimmern. Schöner Blick über den Willamette River, den Yachthafen und die Promenade.
1510 S. W. Harbor Way
Portland, OR 97201
Tel. (503) 228-3233, Fax 295-6161
84 Zimmer
Obere Preisklasse bis Luxusklasse

Spaziergang

Zentrum Portlands und Symbol der geglückten Wiederbelebung der Innenstadt ist der **Pioneer Courthouse Square**, ein begrünter, ziegelgepflasterter Platz, auf dem im Sommer oft Straßenkünstler auftreten. Beiderseits verkehren die Bähnchen der **MAX light rail**, der in der Innenstadt kostenlosen Straßenbahn. Die Kaufhäuser und Läden ringsum sind großteils in renovierten Bauten aus den Anfangsjahren dieses Jahrhunderts untergebracht. Im Zentrum verblüfft, wieviel alte Bausubstanz in der Stadt noch erhalten blieb. Nach einem ersten Milchkaffee bei »Starbuck's« am Nordrand des Platzes geht es los: zuerst auf der von alten Ulmen gesäumten **Park Avenue** nach Süden. Schon 1852 – keine 10 Jahre nach der Gründung Portlands – legten die Stadtväter diese Straße als Parkanlage an. Heute ist sie die Kulturmeile von Downtown: mit Konzerthallen, Bibliotheken und dem **Portland Art Museum**. Einen Blick verdienen die achtstöckigen Wandgemälde von Richard Haas um das **Oregon History Center** (1200 S. W. Park Ave., Mo geschl.), das wechselnde Ausstellungen zur Stadtgeschichte und zum Leben der ersten Pioniere zeigt.

Etwas weiter westlich liegt um die Ecke Madison Street/5th Avenue das

Die Buchstaben-Zahlen-Kombinationen im Text verweisen auf die Planquadrate dieser Karte.

Verwaltungszentrum der Stadt, die **City Hall,** rechter Hand, das ob seiner winzigen Fenster sehr umstrittene **Portland Building** des Stararchitekten Michael Graves links. Über dem Eingang des Baus thront die riesige Kupferstatue **Portlandia**, ein Wahrzeichen der Stadt. Auf der **Main Street** geht es dann weiter hinab zum Fluß, vorüber an der Hirschskulptur am Chapman Square und dem **World Trade Center**, in dem das **Visitors Bureau** der Stadt untergebracht ist.

Gleich gegenüber beginnt der **Tom McCall Waterfront Park**, der sich mit Grünanlagen und Brunnen am Willamette River hinzieht. Je nach Gusto können Sie am Wasser entlang oder parallel dazu durch den historischen **Yamhill District** auf der 1st Avenue weiter nach Norden bummeln. Dort wartet am Ende der Burnside Bridge das älteste Viertel Portlands, der **Skidmore/Old Town District**, in dem es besonders am Wochenende beim **Saturday Market** recht lebhaft zugeht. In die alten Lagerhallen des einstigen Hafenviertels sind heute Galerien und Kaffeehäuser eingezogen. Auch einige Attraktionen warten hier: etwa das **Oregon Maritime Museum** (113 S. W. Front Ave., Mo und Di geschl.), das buntverzierte **Chinatown Gate** (Burnside St./4th Ave.) am Eingang der kleinen Chinatown von Portland und die skurrilste Sehenswürdigkeit der Stadt, die **Church of Elvis** (Ankeny St./2nd Ave.). Die »kleinste Kirche der Welt« ist nicht mehr als ein Schaufenster. Für einige Münzen gibt es sogar eine Hochzeit samt Zertifikat. Mit der »MAX« kommen Sie – frischverheiratet – dann schnell wieder zurück in die Innenstadt.

Dauer: 4–5 Stunden

Die hohe Lebensqualität der Metropole offenbart sich nicht zuletzt durch eine lebendige Innenstadt mit guten Museen, schönen Läden und netten Cafés

Sehenswertes

Washington Park

Der 134 ha große Stadtpark in den Hügeln am Westrand der Innenstadt ist das Schmuckstück Portlands mit einer ganzen Reihe von Attraktionen für Naturliebhaber: Mit herrlichem Blick über die Stadt liegen hier die 1917 gegründeten **International Rose Test Gardens**, in denen von Juni bis September rund 400 Rosenarten blühen. Gleich nebenan wird in den **Japanese Gardens** der asiatischen Gartenkunst gehuldigt.

Etwas weiter westlich können Sie im **Hoyt Arboretum** auf ruhigen Waldwegen eine einzigartige Sammlung von seltenen Nadelbäumen aus aller Welt bewundern. Die Rolle der für den Nordwesten so wichtigen Forstindustrie und die verschiedenen Wald-Ökosysteme der Welt werden im **World Forestry Center** am Südeingang des Parks erläutert. Und gleich nebenan liegt der Eingang zum **Washington Park Zoo**, der für seine artgerechte Tierhaltung und die sehr erfolgreichen Zuchtprogramme (zum Beispiel für asiatische Elefanten oder peruanische Pinguine) schon mehrfach mit Preisen ausgezeichnet wurde.

Den Besuch abschließen können Sie mit einem Blick von der 1914 erbauten **Pittock Mansion** im Nordteil des Parks, das prächtige Schlößchen eines Zeitungsverlegers mit weitem Panorama über die Stadt.

Museen

Museum of Advertising

■ c 2, S. 220

Ein Museum, das sich nur der Werbung widmet: mit großen Sonderausstellungen zu besonderen Themen in Sachen Druckerzeugnisse, Radio und Film.
50 S. W. 2nd Ave.
Mi–So 11–17 Uhr
Eintritt 3 $, Kinder 1,50 $

Ein Ort der Stille und der Meditation: die Japanese Gardens

Oregon Museum of Science and Technology (OMSI)
Das Technikmuseum am Ufer des Willamette River präsentiert von Elektronik bis zur Erdbebenforschung die Welt der Wissenschaft. Auch für Kinder geeignet: Es gibt viele spannende Experimente zum Selbermachen. Museumsladen mit witzigem Nippes.
1945 S. E. Water Ave.
Tgl. 9.30–19, Do bis 21 Uhr, im Winter kürzer und Mo geschl.
Eintritt 7 $, Kinder 4,50 $

Portland Art Museum ■ a 3, S. 220
Neben internationaler Kunst mit Werken von Rodin und Diego Rivera besitzt das jüngst erweiterte Museum eine ausgezeichnete Sammlung indianischer Kunst. Häufig gute Wanderausstellungen.
1219 S. W. Park Ave.
Di–Sa 11–17, So 13–17 Uhr
Eintritt 4,50 $, Kinder 2,50 $

Essen und Trinken

Fong Chong ■ b 2, S. 220
Kantonesische Kost in der kleinen Chinatown von Portland. Jeden Mittag werden auf zahllosen Wägelchen Dim-Sum serviert.
301 N. W. 4th Ave.
Tel. (503) 220-0235
Tgl. 11–21 Uhr
Untere Preisklasse

Heathman Bakery and Pub ■ a 3, S. 220
Eine kuriose Mischung aus Bierbar und Restaurant, laut und immer voll. Sehr beliebt auch zum Frühstück.
901 S. W. Salmon St.
Tel. (503) 227-5700
Tgl. 6.30–23 Uhr
Untere Preisklasse

Jake' Famous Crawfish ■ a 2, S. 220
Das berühmteste Lokal Portlands wird seinem Ruf als Tempel der Fischliebhaber gerecht: Der Lachs ist unschlagbar. Dekor im Stil der Jahrhundertwende. Unbedingt reservieren.
Auch das dazugehörige Seafood-Lokal McCormick & Schmick's (235 S. W. First Ave.) ist zu empfehlen.
401 S. W. 12th Ave.
Tel. (503) 226-1419
Mo–Fr 11.30–23, Sa und So 17–24 Uhr
Mittlere Preisklasse

Papa Haydn
Beliebter Treff im Szeneviertel Nob Hill, bekannt vor allem für die Riesenauswahl an Desserts.
701 N. W. 23rd Ave.
Tel. (503) 228-7317
Di–Sa 11–23, So 10–14 Uhr
Mittlere Preisklasse

The Roxy
(→ Die 10 urigsten Diners und Hamburgerlokale, S.54/55)

Wildwood
Elegantes Trend-Lokal mit ausgezeichneter Northwest cuisine, kalifornisch verfeinert mit Designer-Pizzas. Sehr gut ist das Lamm. Große Weinkarte.
1121 N. W. 21st. Ave.
Tel. (503) 248-9663
Tgl. 11.30–14 und 18–22.30 Uhr
Mittlere bis Obere Preisklasse

Zefiro
Wer auf sich hält in der schicken Szene, kommt hierher zum Dinner.
500 N. W. 21st. Ave.
Tel. (503) 226-3394
Mo–Sa 11.30–14.30 und 18–22.30 Uhr
Obere Preisklasse

Einkaufen

Made in Oregon Stores
■ c 2/a 3, S. 220
Diese Ladenkette verkauft ausschließlich Produkte aus Oregon: Kunsthandwerk, Marmelade, Haselnußcreme etc. Filialen zum Beispiel beim **Saturday Market** (s. u.), im **Galleria Shopping Center** (10th Ave./Alder St.) und auch am Flughafen.

Niketown ■ b 3, S. 220
Nike kommt aus Oregon, und dies ist der Tempel der Schuhverkäufer: allerneueste Mode und High-Tech-Display.
930 S. W. 6th Ave.

Nob Hill
Das alte Wohnviertel mit hübschen viktorianischen Häusern ist die beliebteste Flaniermeile außerhalb der Innenstadt. Zahlreiche Kaffeehäuser, Restaurants, Boutiquen und Galerien. Auch abends einen Bummel wert.
23rd Ave. nördlich der Burnside St.

Portland Pendleton Shop
■ b 3, S. 220
Strickwaren und Wollhemden aus Oregon in bester Qualität.
SW 4th Ave./Salmon St.

Powell's City of Books
(→ Die 10 lohnendsten Einkaufsadressen, S. 226/227)

Saturday Market
Auch wenn er Samstagsmarkt heißt, so findet der große Kunsthandwerksmarkt den ganzen Sommer über sowohl Samstag wie auch Sonntag statt. Dazu gibt es Imbiß-Stände, Bands und Künstler treten auf.
1st Ave. unter der Burnside Bridge

Am Abend

Im Wochenmagazin »Willamette Week«, das kostenlos in vielen Kneipen ausliegt, erfahren Sie Termine für auftretende Bands, Rockkonzerte etc. Das beliebteste Abendvergnügen der Portlander ist ein Zug durch die zahllosen »brew pubs«, Minibrauereien mit Kneipe. Probieren Sie mal die **Rock Bottom Brewery** (210 S. W. Morrison St.), den **BridgePort Brew Pub** (1313 NW Marshall St.) oder das witzige **Badgad Theater** (3702 SE Hawthorne Blvd.), wo die Brauerei in einem herrlichen alten Kino untergebracht ist. Fürs echte Nightlife empfehlen sich Rockklubs wie **La Luna** (215 S. E. 9th Ave.) oder der **Lotus Card Room** (932 SW 3rd Ave.). Country-Fans sollten mal bei **Jubitz Ponderosa Lodge** (10310 North Vancouver Way) ihr Glück versuchen.

Mittwochabend treten im **Portland Art Museum** meist Blues- und Jazzbands auf. Klassische Konzerte, Theater und Ballett finden Sie auf den Bühnen des topmodernen **Center for the Performing Arts** (Programminfo unter Tel. 248-4335).

Service

Portland Oregon Visitor Association
3 World Trade Center, 26 Salmon St.
Portland, OR 97204
Tel. (503) 222-2223, Fax 275-9774

Stadtrundfahrten
Tägliche Rundfahrten und Ausflüge in die Umgebung bietet **Gray Line** (Tel. 285-9845). Lohnend sind auch die Bootsrundfahrten auf dem Willamette River und durch den Hafen Portlands: **Spirit of Portland** (Tel. 224-3900).

Kultur im Pulsschlag der Moderne: Das Center for the Performing Arts zeigt Konzerte, Theater- und Ballettvorstellungen für Oregonians von heute

Salem ■ C3

Mit rund 110 000 Menschen ist die Hauptstadt Oregons im Herzen des fruchtbaren **Willamette Valley** schon fast eine Großstadt, doch außer Politik passiert hier nicht viel. Ein Methodistenmissionar gründete die Siedlung 1841 und benannte sie nach dem biblischen Salem, »Frieden«. Und friedlich ist es heute noch hier, vor allem, wenn man auf den kleinen Landstraßen im Umland fährt. In der Stadt selbst sollten Sie einen Blick ins **State Capitol** werfen, dessen Innenhalle mit überdimensionalen Wandgemälden aus den dreißiger Jahren geschmückt ist. Im großen Museumsdorf **Mission Mill Village** (1313 Mill St. S. E.), das die Pioniergeschichte des Willamette Valley lebendig hält, ist u. a. eine Wollspinnerei zu besichtigen.

Seaside

(→ S. 201)

Wine Country ■ C3

Das Klima im Nordteil des **Willamette Valley** mit sonnigen Sommern und kühlen Herbsttagen ist ideal für die Reben. Vor allem Pinot noir, Chardonnay und Pinot gris, aber auch Sauvignon blanc und Müller-Thurgau werden angebaut. Auf dem **Highway 99 W** läßt sich von Portland aus eine beschauliche Tagestour in das »wine country« unternehmen, natürlich mit Probe aufs Exempel. Einen Besuch verdienen in Dundee zum Beispiel die **Argyle Winery** (691 Hwy 99 W), die **Knudsen Erath Winery** an der Worden Hill Road und etwas weiter südlich am Highway 99 W das Gut **Sokol Blosser**, von dem aus sich ein schöner Blick über das Willamette Valley bietet.

Die 10 lohnendsten Einkaufsadressen

The Cockpit ■ b 2, S. 260
...weil es hier von der Fliegerkappe bis zur Mini-Boeing alles rund um die Fliegerei gibt und man sich sogar alte Fliegerjacken nachschneidern lassen kann (Seattle, 1800 4th Ave.).

Fillmore Street ■ b 4, S. 108
...weil diese Szenemeile abseits der Touristenviertel von San Francisco liegt und mit kleinen Läden und Restaurants genau richtig ist für einen genüßlichen Bummel (San Francisco, Pacific Heigths).

Horton Plaza (Foto) ■ b 3, S. 152
...weil die Architektur dieser Shopping Mall in der Innenstadt von San Diego so verrückt-postmodern ist. Und bei 140 Läden und Lokalen keine Kreditkarte ungenutzt bleibt (San Diego, 4th St./Broadway).

Melrose Avenue ■ b 1/c 1, S. 176
...weil die Einkaufsstraße von West Hollywood jeden Tag zur skurrilen Bühne der Selbstdarsteller und Szene-People wird (Los Angeles).

Pike Place Fish ■ b 3, S. 220
...weil sich dort die Verkäufer die bestellten Fische über eine Entfernung von 10 Metern zuwerfen (Seattle, Pike Place Market).

Powell's City of Books ■ a 2, S. 220
...weil es hier im größten Buchladen Amerikas kein Buch gibt, das es nicht gibt. Mehr als eine Million Bücher stehen in den Regalen. Müde Bücherwürmer erholen sich im Café (Portland, 1005 West Burnside St.).

10x10

Recycled Records ■ b 6, S. 108
…weil es hier die größte Auswahl an Secondhand-LPs aus der Hippie-Zeit gibt (San Francisco, 1377 Haight St.).

River Bend Country Store ■ C 3
…weil man in diesem alten Knusperhäuschen im Tal des Columbia River die beste Marmelade Oregons kaufen kann (Hood River, 2363 Tucker Rd.).

San Francisco Shopping Centre ■ d 5, S. 108
…weil es in diesem schicken Einkaufszentrum mit gut 100 Läden auch Rolltreppen gibt, die um die Kurve gehen – einzigartig auf der Welt (San Francisco, 865 Market St.).

Third Street Promenade ■ b 2, S. 176
…weil die frischrenovierte Fußgängerzone derzeit die beliebteste Szenemeile in LA ist und ein totales California Feeling verströmt (Santa Monica, 3rd St. zwischen Wilshire Blvd. und Colorado Blvd.).

Der immer noch günstige Dollar macht's möglich: Amerika als Shoppingparadies!

Der »immergrüne Staat«, »The Evergreen State«, nennt sich Washington gerne, und tatsächlich dominiert die Farbe allerorten im nördlichsten der Pazifikstaaten. Daß es dafür auch mal regnet, nimmt man gerne in Kauf: ohne Regen kein Regenwald. Die Wälder und saftigen Wiesen sind jedoch nur zwei der höchst vielfältigen Attraktionen des Staates – gletschergekrönte Vulkangipfel und felsumrahmte Strände am Pazifik, verschlafene viktorianische Fischerdörfer und umbrandete Inseln mit pittoresken Leuchttürmen runden das Bild ab.

Eine Tour durch den Bundesstaat hoch oben an der kanadischen Grenze bezaubert durch ständig wechselnde Eindrücke. An einem einzigen Tag kann man im **North Cascades National Park** eine Bergwanderung zu den Gletschern unternehmen, dann das gewundene Sträßlein hinabfahren an die Küste, dort vielleicht in einem der Fischerstädtchen wie **Anacortes** oder **La Conner** etwas bummeln, ein gutes Stück Räucherlachs essen und anschließend einen »caffè latte« trinken – um schließlich mit der Fähre auf die **San Juan Islands** überzusetzen, jene idyllische Inselgruppe der stillen Buchten und menschenleeren Strände. Unternimmt man dort in der Abenddämmerung noch einen kleinen Spaziergang, so kann es passieren, daß man draußen in der **Haro Strait** ein paar Wale vorbeiprusten sieht.

Man kann im **Olympic National Park** durch die Zauberwelt des Regenwalds wandern, dann am Visitor Center in einem über und über mit Moos bewachsenen Telefonhäuschen schon mal einen Tisch fürs Lachsdinner bestellen – und keine 30 Minuten später an der Pazifikküste auf einem angeschwemmten Baumstamm sitzen und das Brausen des Meeres genießen.

Man hat, etwa in **Oysterville,** die Möglichkeit, am Hafen zuzusehen, wie auf quietschenden, rostigen Förderbändern die leeren Austernschalen aus der Fischfabrik rumpeln und klirrend auf einen riesigen Haufen fallen. Anschließend kann man sich auf ein Motorrad setzen und kilometerweit den Strand entlangbrausen.

Eine Welt aus Feuer und Eis: Den gletschergekrönten Gipfel des Mount Rainier sieht man bereits aus weiter Entfernung – unter seiner weißen Decke verbirgt sich der größte Vulkan der Cascade Mountains. Seit über hundert Jahren schläft der Koloß

Und man kann durch ein Gebiet wandern, in dem vor wenigen Jahren ein Vulkan ausbrach, himmelhoch Staub und Asche schleuderte und im weiten Umkreis die Erde meterdick mit Geröll zudeckte, gar einen halben See unter sich begrub. Man starrt ungläubig auf die endlos karge Landschaft um den **Mount St. Helens**, nimmt jedoch zugleich wahr, wie die ersten Blumen wieder sprießen. Man fühlt sich angesichts der unvorstellbaren Kräfte, die hier noch vor kurzer Zeit wüteten, den Naturgewalten ergeben.

Für die Menschen in Washington – es sind nur etwa 5 Mio. – ist dies der Normalzustand. Es sind offene, freundliche Leute, die zu leben wissen und um nichts in der Welt hier wegwollen. Man pflegt ein gesundes Verhältnis zur Natur. Man liebt die Gletscher genauso wie das Meer, man hat Achtung vor den Bergen und Ehrfurcht vor der See. Die enge Beziehung von Mensch und Natur spürt man sogar in einer Großstadt wie **Seattle** (→ S. 258). Man erkennt dies spätestens, wenn man einen Weißkopfadler über den Hafen fliegen oder nach einem Schauer hinter der Skyline plötzlich den weißen Gipfel des **Mount Rainier** aus den Wolkenfetzen auftauchen sieht. Und erst recht merkt man es den Menschen auf dem Land an, draußen auf den Inseln und in den stillen Bergtälern.

Richtig erschlossen ist von allen Regionen des weitflächigen Staates nur die Küstenebene um den Puget Sound, jene Meeresbucht, die von der Juan de Fuca Strait gut 100 km weit südwärts reicht. Hier liegt Seattle, hier baut Boeing seine Flugzeuge, und von den Häfen laufen die Fischkutter zum Fang aus. Der Rest des Staates ist nur spärlich besiedelt.

Aberdeen/Hoquiam ■ C2

Noch heute strahlen die benachbarten Städtchen in der weiten Bucht **Grays Harbor** (entdeckt 1792 vom Amerikaner Captain Robert Gray) den rauhen Charme der Lachsfischer- und Holzfällerstädte aus, die sie um die Jahrhundertwende waren. Die Hafenviertel sind morbide und düster, noch immer erscheinen die Lagerhallen zugestaubt von den Sägemühlen, die einst hier dampften. Ein rechter Ort für Industrienostalgiker, aber auch ein guter (und preiswerter) Ausgangspunkt für Touren auf der **Olympic Peninsula**. Nicht verpassen dürfen Sie außerdem einen Besuch im **Hoquiam's Castle** (515 Chenault Ave.), einer der herrlichen viktorianischen Villen in Hoquiam.

In der **Aberdeen Trout Hatchery** etwas nördlich der Stadt können Sie bei der Aufzucht der Steelhead-Forellen zusehen.

Hotel

Olympic Inn Motel
Gepflegtes Motel in der Nähe des Hafens. Freundliche Atmosphäre.
616 West Heron St.
Aberdeen, WA 98520
Tel. (360) 533-4200, Fax 533-6223
55 Zimmer
Untere Preisklasse

Essen und Trinken

Billy's Bar & Grill
Einst der berüchtigte Saloon der Stadt, heute renoviert und ein guter Tip für Burger und Bier vom Faß.
Heron St./G St., Aberdeen
Tgl. 11–23 Uhr
Untere Preisklasse

Anacortes ■ C 1

Mit seinem großen Fährhafen ist das hübsche Städtchen ideal für Touren auf die San Juan Islands. Anacortes selbst – von einem Pioniersiedler nach seiner Tochter Anna Cortes benannt – liegt bereits auf einer der Inseln, ist jedoch durch eine Brücke mit dem Festland verbunden.

Hauptstraße des 11 500-Einwohner-Städtchens ist die von Kneipen, Restaurants und Wandgemälden gesäumte **Commercial Avenue**, die zum alten Hafen führt.

Nicht entgehen lassen dürfen Sie sich den **Deception Pass State Park** (→ S. 257) und eine Fahrt auf den 387 m hohen **Mount Erie** 8 km südlich der Stadt. Hier, vom höchsten Punkt auf **Fidalgo Island**, öffnet sich ein herrlicher Rundblick über die Inselwelt, die Olympic Mountains und die Schneegipfel der Cascades. Ideal zum Schwimmen sind mehrere Seen rund um den Berg.

Im autoverrückten Amerika findet sich immer ein Plätzchen für liebevoll gehegte Oldtimer

Hotels und andere Unterkünfte

Hasty Pudding House
1913 erbautes, familiär geführtes Haus mit großen, stilvoll eingerichteten Zimmern. Es sind nur wenige Minuten bis zur Innenstadt.
1312 8th St.
Anacortes, WA 98221
Tel. (306) 293-5773, Fax 299-9208
8 Zimmer
Untere bis Mittlere Preisklasse

The Majestic
Altehrwürdiges Haus aus dem Jahre 1889, das stilvoll und behutsam renoviert und modernisiert wurde. Angegliedert sind ein empfehlenswertes Restaurant, das «Courtyard Bistro«, und ein Pub.
419 Commercial Ave.
Anacortes, WA 98221
Tel. (360) 293-3355, Fax 293-5214
23 Zimmer
Mittlere bis Obere Preisklasse

Sunset Beach
Etwas verschachtelt gebautes Bed & Breakfast in herrlicher Lage auf einer kleinen Klippe mit Zugang zu einem weiten Sandstrand.
100 Sunset Beach
Anacortes, WA 98221
Tel. (360) 293-5428
3 Zimmer
Mittlere Preisklasse

Sehenswertes

Washington Park
90 ha Wald und Küstenlandschaft an der Nordwestspitze von Fidalgo Island etwas westlich der City: Eine Rundstraße sowie Spazierwege mit Blick übers Meer führen um die Landzunge **Fidalgo Head**. Campingplatz beim **Sunset Beach** (Tel. 293-1927).

Essen und Trinken

Anacortes Brewhouse
Riesiges, rustikales Lokal mit selbstgebrauten Bieren, dicken Steaks, Pizza, Seafood und Pasta.
320 Commercial Ave.
Tel. (360) 293-2444
Tgl. 11–22 Uhr
Untere Preisklasse

Boomer's Landing
Herrlich gelegenes Seafood-Restaurant an der Nordostspitze der Insel mit Blick über den Guemes Channel.
209 T Ave.
Tel. (360) 293-5108
Tgl. 11.30–22, Fr und Sa bis 23 Uhr
Mittlere Preisklasse

Service

Washington State Ferries
Autofähren verkehren häufig nach Friday Harbor und zu den kleineren Inseln sowie meist einmal am Tag nach Sidney auf Vancouver Island. Im Sommer oft längere Wartezeiten. Fährterminal am Fuß der Oakes Ave.
Tel. (206) 464-6400

Ship Harbor Bike Rentals
Fidalgo Island ist ideal für Fahrradtouren.
Am Fährhafen/Oakes Ave.
Tel. (360) 293-5177

Bellingham

■ C1

Die wohlhabende alte Hafenstadt (50 000 Einwohner) mit dem mächtigen **Mount Baker** im Hintergrund ist der letzte größere Ort vor der 35 km entfernten kanadischen Grenze. Das kreuz und quer verlaufende Straßengewirr erinnert daran, daß Bellingham ein Zusammenschluß aus vier Gemeinden ist, die in der zweiten Hälfte des 19. Jh. an der weiten Bellingham Bay entstanden. Das heutige Zentrum bildet die überschaubare **Downtown** (Holly St./Prospect St.). Ringsum erstrecken sich Wohngebiete mit schmucken alten Villen und zahlreichen Parks wie dem **Sehome Hill Park** (Botanischer Garten mit schönen Aussichtspunkten) oder die mit Skulpturen verschönte Grünanlage **Gardens of Art** (2900 Sylvan St.). Einen Bummel lohnt auch die von Lokalen und Läden gesäumte Promenade von **Squalicum Harbor**.

Hotels und andere Unterkünfte

Best Western Heritage Inn
Sehr komfortables, edel ausgestattetes Hotel nördlich der Innenstadt.
151 East McLeod Rd.
Bellingham, WA 98226
Tel. (360) 647-1912, Fax 671-3878
90 Zimmer
Mittlere Preisklasse

The Park Motel
Ruhiges, modernes Motel mit 56 Zimmern etwas außerhalb der City. Es umfaßt mehrere Gebäude und wird umgeben von einem kleinen Wald und einer Gartenanlage.
101 North Samish Way
Bellingham, WA 98225
Tel. (360) 733-8280, Fax 738-9186
Untere Preisklasse

Sehenswertes

Fairhaven Historic District
Dieses ursprünglich eigenständige Städtchen etwa 4 km südlich der Innenstadt von Bellingham entstand zwischen 1889 und 1893, als die Eisenbahn hierher verlegt werden sollte. Knapp 150 Häuser wurden in dieser Zeit gebaut: Hotels, Lagerhallen, Saloons und Hafenkontore. Doch die Bahn kam nie, Fairhaven geriet in Vergessenheit und wurde erst ab den sechziger Jahren renoviert und unter Denkmalschutz gestellt.

Seither hat sich der Bezirk zum Zentrum der Alternativkultur mit Theatern, Kneipen und Buchläden gemausert. Sehenswert sind das alte **Fairhaven Hotel** (12th St./Harris St.) mit seinem markanten Turm, das **Monahan Building** (1209 11th St.), in dem sich der erste Saloon der Stadt befand, sowie das älteste Gebäude des Viertels, das **Terminal Building** (11th St./Harris St.) aus dem Jahre 1888.

Museum

Whatcom Museum
Im ehemaligen Rathaus der Stadt, einem stolzen Gebäude im viktorianischen Stil, illustrieren Ausstellungen die Stadtgeschichte; außerdem gibt es Werke zeitgenössischer Künstler sowie indianische Kunst zu sehen.
121 Prospect St.
Di–So 12–17 Uhr
Eintritt frei

Essen und Trinken

Archer Ale House
Kneipe im Keller des Schering-Hauses aus dem Jahre 1903. Gute Biere vom Faß und kleine Speisen.
1212 10th St. (Fairhaven District)
Tel. (360) 647-7002
Mo–Do 15–23, Fr 15–24, Sa 13–24, So 13–21 Uhr
Untere Preisklasse

Cliff House
Anständige Steaks und frische Meeresfrüchte, dazu ein herrlicher Blick auf die Bucht. Schöne Terrasse.
331 North State St.
Tel. (360) 734-8660
Tgl. 17–22 Uhr
Mittlere Preisklasse

Einkaufen

Paper Dreams
Ein Laden, in dem es einfach alles gibt: Souvenirs, Karten, Kunst, Schokolade und Gewürze, sogar ein kleines Postamt.
1206 11th St. (Fairhaven District)

Village Books
Riesiger Buchladen auf zwei Etagen. Angeschlossen ist ein Restaurant mit zwei Terrassen.
1210 11th St. (Fairhaven District)

Service

Bellingham Visitors Bureau
904 Potter St.
Bellingham, WA 98226
Tel. (360) 671-3990, 647-7873

Bootstouren
Vom Bellingham Cruise Terminal aus bieten die **Victoria/San Juan Cruises** (Tel. 738-8099) ein- und mehrtägige Touren ins kanadische Victoria an. **Island Mariner** (Tel. 734-8866) unternimmt ganztägige Bootsfahrten zur Natur- und Walbeobachtung in den San Juan Islands; Abfahrt im Squalicum Harbor.

Everett

■ C 1

Als die Stadt der Jumbo-Jets ist Everett heute weltweit bekannt, doch der Ort eine halbe Fahrstunde nördlich von Seattle wurde um 1890 eigentlich als Holzfällercamp gegründet. Später entwickelte sich Everett zu einem bedeutenden Fischereihafen. Der eigentliche Aufschwung kam jedoch erst Mitte der sechziger Jahre, als Boeing zum Bau des Jumbo-Jet am Südrand der Stadt (heute knapp 80 000 Einwohner) die größte Montagehalle der Welt errichtete, die sich bald zur bedeutendsten Sehenswürdigkeit Everetts entwickelte – sie ist ein Muß für jeden Technikfan. Ebenfalls lohnend ist ein Bummel im Yachthafen und durch die Innenstadt mit ihren geschmackvoll restaurierten Häusern aus der Zeit derJahrhundertwende.

Hotels

Holiday Inn
Angenehmer Neubau südlich der City, in der Nähe von Autobahn und Boeing-Gelände; Hallenbad und Restaurant.
101 128th St. S. E.
Everett, WA 98208
Tel. (206) 745-2555, Fax 337-0707
251 Zimmer
Mittlere Preisklasse

Marina Village Inn
Gepflegtes kleines Hotel direkt am Yachthafen mit herrlichem Blick auf die Bucht und die weißen Gipfel des Olympic National Park.
1728 West Marine View Drive
Everett, WA 98201
Tel. (206) 259-4040, Fax 252-8419
27 Zimmer
Mittlere bis Obere Preisklasse

Sehenswertes

Boeing Tour Center
Auf einem riesigen Gelände südlich der Stadt fertigt die Firma Boeing die Maschinen des Typs 777, 747 und 767. Im Tour Center wird ein Film über die Herstellung gezeigt, anschließend folgt ein Rundgang durch die gigantischen Hallen. Kommen Sie möglichst früh: Die Führungen sind oft schon mittags ausgebucht.
I-5 Exit 189; SR 526/Airport Rd.
90minütige Führungen Mo–Fr 9, 10, 11, 13, 14 und 15 Uhr
Eintritt frei, Kinder nur ab 8 Jahre

Essen und Trinken

Ivar's Mukilteo Landing
Riesiges Fischrestaurant direkt am Fähranleger im Nachbarort **Mukilteo** (hübscher alter Leuchtturm!) 12 km südlich von Everett.
710 Front St.
Tel. (206) 347-3648
Tgl. 7–21, Fr und Sa bis 22 Uhr
Untere bis Mittlere Preisklasse

Portobello
Herrlich am Hafen gelegenes Restaurant mit italienisch-amerikanischer Küche. Am Wochenende Live-Musik.
1728 Marine View Drive
Tel. (206) 258-6254
Tgl. 10–23, Sa und So ab 9 Uhr
Mittlere Preisklasse

Einkaufen

Everett Mall
Großes Einkaufszentrum mit 140 Fachgeschäften, Kaufhäusern und Restaurants; etwas südlich der Stadt in der Nähe der Boeing-Werke.
1402 S. E. Everett Mall Way

Forks ■ C1

Das hübsche Holzfällerstädtchen im Nordwesten des **Olympic National Park** hat seinen Namen (»Gabeln«) von drei kleinen Flüssen, die sich hier vereinigen. Die 3000 Einwohner leben zum Teil noch wie einst von der Forstwirtschaft (was das **Timber Museum** und die Berghänge ringsum nur zu deutlich belegen), hauptsächlich aber von den vielen Touristen, die von hier aus Touren in den **Hoh Rain Forest** und zur **Pazifikküste** (→ S. 247) unternehmen.

Hotels und andere Unterkünfte

The Forks Motel
Gepflegtes Motel im Stadtzentrum, gut für eine Nacht auf der Durchreise.
Hwy 101, P. O. Box 510
Forks, WA 98331
Tel. (360) 374-6243, Fax 374-6760
73 Zimmer
Untere Preisklasse

Miller Tree Inn
Ein Haus aus der Pionierzeit, ruhig in einem großen Garten gelegen.
6th St./East Division
Forks, WA 98331
Tel. (360) 374-6806
6 Zimmer
Untere bis Mittlere Preisklasse

Shoreline/Ocean Park Resorts
Der Abstecher ins 20 km westlich von Forks gelegene **La Push** lohnt sich. Die beiden Motel-Resorts werden gemeinsam verwaltet und stehen direkt an einem herrlichen, 1,5 km langen Sandstrand. Einfache Zimmer und Cottages; Campingplatz.
P. O. Box 67
La Push, WA 98350
Tel. (360) 374-5267
45 Zimmer
Untere Preisklasse

Ein hübsches altes Holzfällerstädtchen erzählt von seiner Vergangenheit – im Timber Museum von Forks

Essen und Trinken

The Smoke House
Urwüchsiges Restaurant mit deftiger Küche. Frische Meeresfrüchte, geräucherter Lachs auch zum Mitnehmen.
Hwy 101
Tel. (360) 374-6258
Tgl. 11–22 Uhr, Fr und Sa bis 23 Uhr
Untere bis Mittlere Preisklasse

Hoquiam (→ S. 230)

La Conner ■ C 1

Es ist nicht groß, dieses Hafenörtchen am **Swinomish Channel**, der zwei Buchten nördlich des Puget Sound verbindet. Doch es hat einen eigenen Charme: Viele der pittoresken Holzhäuser stammen aus der Gründungszeit, einige stehen auf Pfählen über dem Wasser der Meerenge. Schon früh entstand hier eine Künstlerkolonie, heute säumen Dutzende von Galerien und Ateliers die **First Street**. Benannt wurde der Ort nach Louisa A. Connor, der Gattin eines Händlers, der den Ort um 1870 gründete. Zuvor lebten hier die Swinomish-Indianer, ihr Reservat liegt heute auf der anderen Seite des Kanals. Es ist mit der Stadt durch die **Rainbow Bridge** verbunden.

Hotels und andere Unterkünfte

Channel Lodge
Komplex aus mehreren Holzhäusern direkt am Wasser. Große gemütliche Zimmer mit Kamin, viele mit Balkon.
205 North 1st St.
La Conner, WA 98257
Tel. (360) 466-1500,
Fax 466-1525
41 Zimmer
Obere Preisklasse

Country Inn
Gute Lage im Ortszentrum. Ruhige und behagliche Atmosphäre.
107 2nd St.
La Conner, WA 98257
Tel. (360) 466-3101, Fax 466-5902
28 Zimmer
Mittlere Preisklasse

Essen und Trinken

Palmers
Gehobenes Restaurant mit exzellenter American cuisine im Obergeschoß eines Holzhauses. Kleinere Speisen im Pub im Erdgeschoß.
205 East Washington St.
Tel. (360) 466-4261
Tgl. 11–22 Uhr
Mittlere bis Obere Preisklasse

Long Beach ■ B 2

Eine der schönsten (und noch nicht zu überlaufenen) Küstenregionen Washingtons ist die Halbinsel von Long Beach: 45 km Sandstrand, nette kleine Ferienorte, weite, stille Buchten und herrliche Wanderwege. Die bewaldeten Nord- und Südspitzen wurden zu geschützten State Parks erklärt, die Zivilisation spielt sich in Orten wie **Long Beach**, **Seaview** und **Ilwaco** ab – der Rest ist Natur. Man trifft zwar unter Umständen am befahrbaren Strand von Long Beach auf Kolonnen von Autos mit johlenden Beachboys, wenige Minuten weiter aber auf Kolonien von Wasservögeln in urwüchsiger Natur.

Besonders beschaulich der Hafenort **Oysterville** im Norden. Er kam Ende des 19. Jh. zu Reichtum, als in San Francisco die Austern aus der **Willapa Bay** begehrt waren. Noch heute werden hier Austern gezüchtet, Berge von Schalen zeugen davon.

Hotels und andere Unterkünfte

Klipsan Beach Cottages
Komfortabel eingerichtete, geräumige Holzhäuschen in einem Wäldchen nur wenige Schritte vom Strand entfernt.
22617 Pacific Hwy
Ocean Park, WA 98640
Tel. (360) 665-4888
11 Cottages
Mittlere Preisklasse

Shaman Motel
Modernes Motel in der Ortsmitte, es sind nur wenige Minuten zum Strand. Manche Zimmer haben einen offenen Kamin.
115 3rd St.
Long Beach, WA 98631
Tel. (360) 642-3741, Fax 642-8599
42 Zimmer
Untere bis Mittlere Preisklasse

The Shelbourne Inn
Stilvoll renoviertes und geschmackvoll mit antiken Möbeln ausgestattetes Haus von 1896 in Strandnähe. Die Atmosphäre ist locker, das Hotel wird von jungen Leuten mit Liebe und Engagement betrieben.
4415 Pacific Way, P. O. Box 250
Seaview, WA 98644
Tel. (360) 642-2442, Fax 642-8904
17 Zimmer
Mittlere Preisklasse

Sehenswertes

Fort Canby State Park
Der 800 ha große Park um das sagenumwobene **Cape Disappointment** (Kap der Enttäuschung), an dem schon über 100 Schiffe zerschellten, ist ideal zum Camping, für ausgedehnte Wanderungen zu Leuchttürmen und Klippen und für Radtouren

Ein nicht nur bei Familien beliebtes Ferienziel: die Halbinsel Long Beach

mit Picknick am Strand und herrlicher Aussicht über die Mündung des Columbia River. Im Park liegt außerdem das hervorragende **Lewis and Clark Interpretive Center**, das die erste Expedition der Amerikaner quer durch den Kontinent dokumentiert (tgl. 10–17 Uhr, Eintritt frei). Meriwether Lewis und William Clark kampierten hier im Herbst des Jahres 1805. Planen Sie einen halben Tag für den Park ein – es lohnt sich.

Essen und Trinken

The Lightship Restaurant
Perfekt zubereitete amerikanische Küche mit herrlichem Blick im obersten Stock des **Nendels Inn**.
410 SW 10th St.
Long Beach
Tel. (360) 642-3252
Tgl. 11–21, Sa und So 8.30–22 Uhr
Mittlere Preisklasse

Sanctuary Restaurant
In Amerika ist alles möglich, sogar ein Restaurant in einer Kirche. Statt Hostien gibt's heute Steaks und Seafood. Getrunken wird nach wie vor Wein.
Hwy 101/Hazel St., Chinook
Tel. (360) 777-8380
Mi–So 17–21 Uhr
Untere Preisklasse

The Shoalwater Restaurant
Im Restaurant des **Shelbourne Inn** wird exzellente Küche im modernen Stil des Nordwestens serviert. Für die gebotene Qualität erstaunlich preiswert, die Weinkarte ist herausragend.
4415 Pacific Way, Seaview
Tel. (360) 642-4142
Tgl. 12–21 Uhr
Mittlere Preisklasse

Einkaufen

E. H. Bendiksen Co., Inc.
Die Adresse für Austern und Seafood: frisch, geräuchert oder in der Dose, zum sofortigen Verzehr oder als Mitbringsel.
Am Hafen in Oysterville

Service

Long Beach Peninsula Visitors Bureau
Hwy 101/SR 103
Long Beach, WA 98631
Tel. (360) 642-2400, Fax 642-8841

Back County Horse Rentals
Vermietung von Pferden für einen Ausritt an den langen Stränden.
10th St. South, Long Beach
Tel. (360) 642-2576

Makah Indian Reservation/Neah Bay ■ B1

Die etwa 50 km lange, kurvige Fahrt auf dem Highway 112 wird mit herrlichen Aussichten über die **Juan de Fuca Strait** belohnt. Am Ende der Straße liegt Neah Bay, der Hauptort des gut 11 000 ha großen Makah-Indianerreservates. Das Land um das dramatische **Cape Flattery**, der nordwestlichsten Spitze Washingtons, wurde dem Stamm im Jahre 1855 zugewiesen. Rund um das Kap führen mehrere Wanderwege mit herrlicher Aussicht über Küste und Meer.

Museum

Makah Museum
Eines der besten indianischen Museen des Westens: Schwerpunkt ist die faszinierende Darstellung der

Lebensweise der Makahs vor der Ankunft der Weißen. Gezeigt werden Kanus und Kleidung, Angel- und Jagdgerät, sogar ein 18 m langes Clan-Haus ist originalgetreu aufgebaut. Viele der Exponate stammen aus der Ausgrabung von Ozette, wo vor 500 Jahren ein ganzes Indianerdorf verschüttet wurde (mindestens 1 Stunde).
Neah Bay, SR 112
Im Sommer tgl. 10–17 Uhr
Eintritt 4 $, Kinder 3 $

Mount Baker ■ D 1

Er ist von weither zu sehen, der von ewigem Eis bedeckte Vulkangipfel des 3285 m hohen Mount Baker am nördlichen Ende der Cascade Range. Ab Bellingham sind es etwa 60 km zum kleinen Ort **Glacier**. Von dort schlängelt sich der Highway 542 entlang des **Nooksack River** knapp 40 km die Nordflanke des massigen Berges hinauf. Nicht verpassen dürfen Sie die 53 m hohen **Nooksack Falls** etwa 10 km von Glacier. Der Mount Baker ist übrigens ein noch immer aktiver Vulkan: Zuletzt spie er im Jahre 1975 Dampfwolken in den Himmel.

Im Sommer ist die als **Mount Baker Wilderness** geschützte hochalpine Landschaft ein beliebtes Wanderrevier: Von den Parkplätzen entlang des Highway führen Pfade von 3 bis 16 km Länge in die Natur, zum Beispiel vom **Artist Point** am Ende der Straße oder vom **Picture Lake**, einem idyllischen Bergsee, in dem sich der Eisgipfel des **Mount Shuksan** (2782 m) spiegelt.

Im Winter tummeln sich die Ski- und vor allem die Snowboardfans auf den steilen Pisten der **Mount Baker Ski Area**.

Unterkunft

Glacier Creek Motel & Cabins
Ruhiges Motel im Tal neben einem Bächlein, vermietet werden Zimmer und kleine Hütten (**cabins**) mit Küche.
Hwy. 542
Glacier, WA 98244
Tel. (360) 599-2991, Fax 599-1048
21 Zimmer und Cabins
Untere bis Mittlere Preisklasse

Essen und Trinken

Innisfree
Gemütliches kleines Restaurant gehobener Klasse, das von einem Farmerehepaar betrieben wird, das sich dem biologischen Anbau verschrieben hat.
9990 Mount Baker Hwy, Glacier
Tel. (360) 599-2373
Do–Mo 17–22 Uhr
Mittlere Preisklasse

Mount Rainier National Park ■ C 2/D 2

Allerorten in Zentral-Washington dominiert der weiße Koloß des Mount Rainier das Panorama. Mit 4392 m ist er der größte Vulkan der **Cascades** und der höchste Berg Washingtons – ein Dorado für Bergwanderer und Alpinisten, eine faszinierende Welt aus Feuer und Eis. 26 Gletscher strömen seine Flanken herab, und seine Geburt aus immer neuen Lavaschichten ist noch heute augenfällig. 500 000 Jahre reicht die Entstehung des Berges zurück, der letzte Ausbruch war im 19. Jh.

Der 1899 gegründete, rund 950 qkm große Nationalpark um den massigen Gipfel birgt dichten Urwald in den Tälern und saftige alpine Wiesen in höheren Regionen, die von Frühjahr bis Herbst von Wildblumen übersät sind – sie verleihen Wanderungen einen zusätzlichen Reiz. Über 480 km Pfade sind ausgewiesen, der berühmteste ist der **Wonderland Trail**, der auf 150 km den Berg umringt. Doch auch unten in den Tälern gibt es Interessantes zu entdecken, etwa die bis zu 1000 Jahre alten Bäume der **Grove of the Patriarchs** am Ohanapecosh River.

Mit dem Auto können Sie über die Highways 706, 123 und 410 einen Bogen um den Berg fahren – von allen Seiten genießen Sie ein überwältigendes Panorama. Vom **Nisqually Entrance**, dem südwestlichen der vier Parkeingänge, kommen Sie zum **Longmire Visitor Center**, in dem Sie Karten und Tips für Wanderungen erhalten. Das kleine **Longmire Museum** mit vielen Exponaten zum Anfassen macht die Flora und Fauna des Parks begreiflich (Juni–Sept. tgl. 9–17.30, sonst Sa und So 9–16.30 Uhr). Von hier schlängelt sich die Straße 21 km die Flanke des Vulkans hinauf bis **Paradise**, dem touristischen Zentrum des Parks mit einem großen **Visitor Center** (Ausstellungen, Audio-Video-Shows).

Von Paradise beginnen viele Wanderwege, etwa der 8 km lange **Skyline Trail** oder der 10 km lange **Mazama Ridge Trail**, beide mit herrlichen Aussichten auf den Mount Rainier. Empfehlenswert ist es, in Richtung Osten weiterzufahren und den Park auf der SR 410 im Norden wieder zu verlassen. Unterwegs lohnt ein Abstecher zum **Sunrise Visitor Center**, von dem aus sich eine andere Perspektive des Mount Rainier bietet.

Hotels und andere Unterkünfte

Alta Crystal Resort
Geschmackvolle Hotelanlage mitten im Wald, nur 3 km vom Nordosteingang des Parks entfernt. Vermietet werden Häuschen und Zimmer, alle mit eigener Küche und offenem Kamin.
68317 SR 410 East
Greenwater, WA 98022
Tel. (360) 663-2500
25 Zimmer und Häuschen
Untere bis Mittlere Preisklasse

Paradise Inn
Eine einfache Lodge mit Jugendherbergsatmosphäre. Die Zimmer sind spartanisch, der Umgangston ist eher kühl, die Qualität des Restaurants entsetzlich, und die Preise sind gesalzen. Dennoch ist die Lodge ideal als Ausgangspunkt für Wanderungen, da sie in 1600 m Höhe direkt am Berg liegt.
P. O. Box 108, Ashford, WA 98304
Tel. (360) 569-2275, Fax 569-2770
Mitte Mai–Okt.
126 Zimmer
Mittlere Preisklasse

Campingplätze
Es gibt im Park fünf mit insgesamt fast 600 Stellplätzen. Die schönsten sind **White River** und **Cougar Rock**. Info unter Tel. (360) 569-2211

Service

Mount Rainier National Park
Tahoma Woods, Star Route
Ashford, WA 98304
Tel. (360) 569-2211

Mount St. Helens ■ C2

Die Fahrt auf den berühmtesten Berg Washingtons ist ein Lehrstück von Naturgewalt und der unbändigen Kraft des Lebens. Bis zum Morgen des 18. Mai 1980 war der perfekt ebenmäßige, von glitzerndem Schnee bedeckte Gipfel des Stratovulkans ein idyllisches Fotomotiv – doch dann, um 8.32 Uhr, explodierte der Berg. Bereits im März hatte er zu grollen begonnen, Kamerateams und Vulkanologen aus der ganzen Welt eilten herbei, weil sie den Ausbruch erwarteten. Die Naturerscheinung geriet zur Katastrophe: 57 Menschen starben, ebenso Tausende von Rehen, Hirschen, Bären und Fischen, als 400 m des Berggipfels in einer gewaltigen Eruption abgesprengt wurden. Eine Wolke aus Asche und Staub schoß 24 km in die Stratosphäre, die umgebenden Wälder wurden wie Mikadostäbchen umgeblasen, Geröllawinen verschütteten die Täler, Asche bedeckte die Landschaft im Umkreis bis zu 60 m hoch. Seither ist er wieder still, der Koloß in den südlichen Cascades von Washington, durch den Ausbruch um 400 m auf 2550 m verkürzt. Doch er ruht nur... Rund 450 000 ha Land rings um den Berg sind heute als **National Volcanic Monument** unter Naturschutz gestellt, und noch immer kommt man sich vor wie in einer Mondlandschaft: Baumstämme, scheinbar von Riesenhand verstreut, graue Asche überall. Doch dazwischen zeigt sich, wie die Natur die Ödnis zurückerobert: Wildblumen, Büsche und Bäume wachsen langsam nach.

Von drei Seiten kann man den Berg erkunden: Von **Castle Rock** im Westen schlängelt sich die SR 504 den Toutle River entlang zu spektakulären Ausblicken über die verwüstete Landschaft. Im **Coldwater Ridge Visitor Center** (im Sommer tgl. 9–18 Uhr) erläutern Ausstellungen den Ausbruch, mehrmals täglich werden von den Rangers geführte Wanderungen unternommen. Im Süden des Parks können Sie an der SR 503 einen 2000 Jahre alten Lavatunnel erkunden, die **Ape Cave**. Bei der Anfahrt von Osten über die Forststraße 99 kommt man – ebenfalls mit herrlichem Blick auf den Berg – bei **Windy Ridge** bis fast an den **Spirit Lake** heran, einen Bergsee, der 1980 fast völlig verschüttet wurde (Wanderwege). Im Park selbst gibt es keinerlei Unterkünfte; gute Motels finden Sie in **Kelso**, Campingplätze in **Silver Lake** am Highway 504 sowie am Südeingang des Parks.

Service

Mount St. Helen National Volcanic Monument
Visitor Center mit Filmvorführung und einem großen Modell des Kraters an der SR 504, Exit 49 an der I-5 (im Sommer tgl. 9–18 Uhr).
Postadresse: 42218 N. E. Yale Bridge Rd.
Amboy, WA 98601
Tel. (360) 750-3900

North Cascades National Park ■ D1

Das 2000 qkm große Schutzgebiet, das im Norden Washingtons bis an die kanadische Grenze heranreicht, ist einer der unbekanntesten Nationalparks Amerikas: eine urwüchsige, spektakuläre Hochgebirgslandschaft mit über 300 Gletschern und fast 3000 m hohen Gipfeln, mit dunklen Talwäldern, reißenden Bächen und saftigen Bergwiesen. Zusammen mit den angrenzenden National Recreation Areas (NRA) **Ross Lake** und **Lake Chelan** sowie mehreren National Forests ist die Region eines der größten Wildnisgebiete des Westens. Vor allem Wanderer werden hier ihr Paradies finden.

Hotels und andere Unterkünfte

Clark's Skagit River Cabins
Urwüchsige Anlage mit Tankstelle, Diner (→ Die 10 urigsten Diner- und Hamburgerlokale, S.54/55) und allerlei Nippes. Vermietet werden saubere, geräumige Häuschen; dazu ein kleiner Campingplatz.
5675 Hwy 20
Rockport, WA 98283
(360) 873-2250
Untere Preisklasse

Colonial Creek
Der größte der 3 Campingplätze am Highway 20; zahlreiche weitere Plätze in den National Forests ringsum.
Tel. (360) 873-4590

North Cascade Inn
Solides, rustikales Motel am Westrand des Parks. Gutes Restaurant.
4284 Hwy 20
Concrete, WA 98237
Tel. (360) 853-8870, Fax 853-7123
14 Zimmer
Untere Preisklasse

Sun Mountain Lodge
Luxuriöses Ferienhotel mit 78 Zimmern vor herrlicher Kulisse eine halbe Fahrstunde östlich des Parks; Reitmöglichkeit, Bootsvermietung.
P. O. Box 1000
Winthrop, WA 98862
Tel. (509) 996-2211, Fax 996-3133
Obere Preisklasse

Sehenswertes

Cascade River Road
Diese 36 km lange Schotterpiste ist neben dem Highway 20 die einzige Zufahrt in den Park. Sie beginnt in **Marblemount** und endet unterhalb des 1641 m hohen **Cascade Pass**. Ein 6 km langer Wanderweg führt mit atemberaubenden Ausblicken durch die alpinen Wiesen hinauf zum Paß, wo man an das Trailnetz auf der Ostseite der Berge anschließen kann.

North Cascades Highway
Rund 200 km schlängelt sich der Highway 20 von der I-5 im Westen über die Cascade Mountains in den sonnigen, trockenen Osten Washingtons. Von Oktober bis Mai ist die Strecke gesperrt, im Sommer gilt sie als eine der schönsten Panoramastraßen des Nordwestens. Von Westen her folgt die Route dem **Skagit River** hinauf in die Berge. Der Wildwasserfluß ist Winterquartier mehrerer hundert Weißkopfseeadler, die hier nach Lachsen fischen. Der Highway verläuft weiter am Ufer einiger großer, von steilen Bergen umrahmter Stauseen. Die drei Dämme **Gorge**, **Diablo** und **Ross** wurden bereits in den dreißiger Jahren von der Elektrizitätsgesellschaft Seattles gebaut. In den Seitentälern entlang des Weges kann man auf Naturpfaden den dichten Urwald erkunden, etwa auf dem **Happy Creek Forest Walk** oder dem **Thunder Woods Trail**. Dann steigt die Straße hinauf zum 1671 m hohen **Washington Pass**. Vom Aussichtspunkt schweift der Blick weit über die Cascades und den schroff aufragenden **Liberty Bell Mountain**, das Wahrzeichen des Parks.

Essen und Trinken

Log House Inn
Uriges Wirtshaus im Westernstil mit deftiger amerikanischer Küche.
North Cascades Hwy
Marblemount
Tel. (360) 873-4311
April–Sept. tgl. 7–22 Uhr
Untere Preisklasse

Service

North Cascades National Park
Wanderkarten, Campingplatznachweis etc. Infozentren in Sedro Woolley und Newhalem.
2105 Hwy 20
Sedro Woolley, WA 98284
Tel. (360) 856-5700, Fax 856-1934

North Cascades River Expeditions
Raftingtouren auf dem Skagit River.
P. O. Box 116
Arlington, WA 98223
Tel. (360) 435-9548

Ocean Shores ■ B2

Der gut 40 km lange, feine Sandstrand zwischen Moclips an der Südgrenze der Quinault Indian Reservation und Ocean Shores ist eines der beliebtesten Sommerziele Washingtons. Zahlreiche Örtchen säumen die Küste:
Im Norden sind sie ruhiger, je weiter südlich man kommt, desto geschäftiger und rummeliger werden sie.
Die preiswerten Motels, die manchmal sehr schön direkt am Meer liegen, sind gut geeignet für ein paar Ruhetage mit Ausflügen in die Umgebung.

In einer urwüchsigen Hochgebirgslandschaft wie dem North Cascades National Park sind auch Begegnungen der sonst eher seltenen Art drin

Hotels und andere Unterkünfte

Iron Springs Resort
Kein Hotel, sondern mehr ein Dorf aus bunt zusammengewürfelten Häuschen, die an einem bewaldeten Hang über dem Meer liegen. Alle haben einen phantastischen Blick.
Hwy 109, 5 km nördlich der Stadt
P. O. Box 207
Copalis Beach, WA 98535
Tel. (360) 276-4230, Fax 276-4365
25 Häuser
Untere bis Mittlere Preisklasse

Moonstone Beach Motel
Direkt am Meer gelegenes, sauberes Motel mit freundlicher Atmosphäre.
4849 Pacific Ave.
Moclips, WA 98562
Tel. (360) 276-4346
8 Zimmer
Untere Preisklasse

Ocean Shores Motel
Solides Motel in ausgezeichneter Lage direkt am Strand mit großen, hellen Zimmern, zum Teil mit offenem Kamin und Küche.
681 Ocean Shores Blvd.
Ocean Shores, WA 98569
Tel. (360) 289-3351, Fax 289-8682
40 Zimmer
Mittlere Preisklasse

Essen und Trinken

Surf & Sand
Einfaches, urwüchsiges Restaurant, angeschlossen an einen Campingplatz am Strand. Serviert wird in Riesenportionen Deftiges wie Steak, Burger oder Fischplatte.
29 Heath Rd., Copalis
Tgl. 7–21 Uhr
Untere Preisklasse

Olympia

■ C 2

Wie in den meisten Staaten der USA ist auch in Washington nicht die größte Stadt – in diesem Fall also Seattle – automatisch die Hauptstadt. Regierungssitz des Staates ist vielmehr Olympia: An der Südspitze des **Puget Sound** landeten nämlich um 1840 die ersten weißen Siedler, und ihr Örtchen wurde 1853 zur Kapitale des neuen Washington Territory bestimmt. Heute hat Olympia 37 000 Einwohner und ist eine beschauliche Kleinstadt mit historischem Kern und vielen Wohnvierteln für die Politiker ringsum.

Das Regierungsviertel über dem **Capitol Lake** (in dem im Sommer sogar Lachse laichen) wird beherrscht vom kuppelgekrönten klassizistischen Bau des **Legislative Building** aus dem Jahr 1928 (im Sommer tgl. Führungen). Etwas südlich davon zeigt das **State Capitol Museum** (211 West 21st Ave.) Ausstellungen über die Geschichte des Staates und die indianische Kultur, darunter eine Sammlung von meisterhaft geflochtenen Körben. Am Hafen Olympias lohnt sich ein Bummel im **Percival Landing Park** mit schönem Blick auf die Bucht und die Olympic Mountains. Donnerstag bis Sonntag findet hier ein bunter **Farmers Market** statt.

Hotels und andere Unterkünfte

Aladdin Motor Inn
Gepflegtes Hotel der Best-Western-Kette, gut gelegen zwischen Innenstadt und Regierungsviertel.
900 Capitol Way
Olympia, WA 98501
Tel. (360) 352-7200, Fax 352-0846
100 Zimmer
Untere bis Mittlere Preisklasse

West Coast Tyee Hotel
Verkehrsgünstig gelegen, dennoch ruhig. Die 146 Zimmer haben Zugang zum Innenhof mit Pool.
500 Tyee Drive
Olympia, WA 98512
Tel. (360) 352-0511, Fax 943-6448
Mittlere Preisklasse

Sehenswertes

Olympia Brewing Co.
In der Mammutbrauerei (gegründet vom deutschen Auswanderer Leopold Schmidt), die heute zum Pabst-Bierkonzern gehört, wird die industrielle Produktion von Bier in Amerika eindrucksvoll präsentiert.
Custer Way, Tumwater
Führungen tgl. 8–16.30 Uhr
Eintritt frei

Essen und Trinken

Budd Bay Café
Ein Klassiker: Hier am Hafen mischen sich am frühen Abend die Regierenden unters Volk und besprechen bei Steak, Seafood und einem gepflegten Bier die Zukunft des Staates.
525 N Columbia St.
Tel. (360) 357-6963
Tgl. 11–22 Uhr
Untere bis Mittlere Preisklasse

Olympic National Park

■ C 1

Vergletscherte, über 2400 m hohe Gipfel, umgeben von blühenden Bergwiesen und geheimnisvollen Urwäldern mit Moosen, Farnen und Tieren, die nur in dieser Wunderwelt überlebt haben, dazu ein Küstenstreifen mit wildromantischen Stränden und schroffen Klippen – das ist der Olympic National Park. Das 1938 gegründete Schutzgebiet vereint auf einer Fläche von 3732 qkm drei grundsätzlich verschiedene Ökosysteme: die hochalpine Bergwaldzone, den Regenwald an der Westflanke der Berge und die Küstenzone. Vor allem die dichten Regenwälder sind einzigartig, daher wurde der Park von der UNESCO mit dem Prädikat »Erbe der Welt« ausgezeichnet.

Auch geologisch ist die Region bemerkenswert: Die Olympic-Halbinsel ist die Folge eines Zusammenstoßes von Nordamerika und der pazifischen Scholle vor 30 Mio. Jahren. Es entstanden von weither sichtbare Gipfel wie der **Mount Olympus** (2428 m). Diese Gebirgsfront hält die feuchten Winde vom Pazifik auf und läßt sie abregnen – so wucherte im Laufe der Jahrhunderte ein Regenwald an der Westseite der Berge (→ Regenwald – ein feucht-nebliges Pflanzenparadies im Nordwesten, S. 332/333). Der Highway 101 umrundet den Park, und Sie können nur auf einigen Stichstraßen in die Berge vordringen. Jedoch sind fast 1000 km Wanderwege ausgewiesen – die beste Art, die Tier- und Pflanzenwelt zu erleben. Neben einigen Hotels im Park gibt es gute Unterkünfte in den kleinen Orten am Highway 101 (→ Forks S. 235, Port Angeles S. 248 und Sequim S. 254).

Hotels und andere Unterkünfte

Elwha Ranch
Herrlich in einem abgeschiedenen Tal gelegenes Holzhaus mit Blick auf die Berge der Olympics. Etwa 16 km westlich von Port Angeles.
905 Herrick Rd.
Port Angeles, WA 98362
Tel. (360) 457-6540
2 Zimmer
Mittlere Preisklasse

Lake Quinault Lodge
Holzverkleidetes historisches Hotel direkt am Ufer des gleichnamigen Sees ganz im einsamen Südteil des Parks. Die Zimmer sind etwas kitschig eingerichtet, nicht alle haben Blick auf den See. Gutes Restaurant; Kanu- und Bootsverleih.
516 South Shore Rd.
Quinault, WA 98575
Tel. (360) 288-2900, Fax 288-2901
92 Zimmer
Mittlere Preisklasse

Rain Forest Resort Village
Einfache Anlage mit Campingplatz am Lake Quinault im Südteil des Parks. Blockhütten mit offenem Kamin und Zimmer im Haupthaus.
South Shore Rd., P.O. Box 7
Quinault, WA 98575
Tel. (360) 288-2535
10 Cabins, 16 Zimmer
Untere bis Mittlere Preisklasse

Campingplätze
16 Plätze liegen im Park, die meisten sind rund ums Jahr geöffnet. Besonders schön sind North Fork und Graves Creek im Süden sowie Hoh im Westen. Information bei der Parkverwaltung in Port Angeles.

Sehenswertes

Hoh Rain Forest
Zu diesem verwunschenen Regenwald führt ein 30 km langes Sträßchen, das südlich von Forks vom Highway 101 abzweigt. Vom Visitor Center führen Lehrpfade in den Wald, zum Beispiel der 1,3 km lange Hall of Mosses Trail zu mit Moos bewachsenen Ahornbäumen oder der von riesigen Sitkatannen gesäumte Spruce Nature Trail (2 km).

Angeschwemmtes Treibholz ist an den wildromantischen, einsamen Stränden des Olympic National Park keine Seltenheit

Hurricane Ridge
Mit 7 Prozent Steigung klettert von Port Angeles eine schmale Serpentinenstraße 28 km hinauf auf die Hurricane Ridge, einen 1590 m hohen Gebirgskamm. An klaren Tagen schweift der Blick weit über die umliegenden Gipfel, bei gutem Wetter sogar über die Juan de Fuca Strait bis auf das kanadische Victoria. Vom Ende der Straße zweigen einige schöne Wanderwege ab, so der 2,5 km lange **Hurricane Hill Trail**, der bis auf eine Höhe von 1800 m ansteigt.

Pazifikküste
Zusätzlich zum Hauptteil des Parks steht an der Westküste ein 90 km langer, fast völlig unberührter Küstenstreifen mit faszinierenden Gezeitentümpeln, Steilklippen und bizarren Monolithen unter Naturschutz. Schöne Trails von jeweils etwa 5 km Länge sind bei Ozette am **Cape Alava** und am **Sand Point** ausgeschildert.

Quinault Rain Forest
Der ursprünglichste Teil des Regenwaldes liegt bei Quinault im Süden des Parks. Wanderwege beginnen ab **Quinault** und bei der **Graves Creek Ranger Station**. Eine herrliche Rucksack-Tour mit Zelt kann man auf dem 40 km langen Weg durch das Tal des Quinault River ins **Enchanted Valley** unternehmen. Lohnend ist aber auch eine Tagestour, bei der man nur einen Teil der Strecke zurücklegt.

Sol Duc Hot Springs
Wenn es an der Westflanke der Berge mal wieder so richtig schüttet, dann sind die Becken der heißen Quellen gerade richtig. Das Tal des **Soleduck River** im Nordwesten des Parks eignet sich aber auch gut zum Wandern; mehrere Trails sind ausgewiesen.
Im Sommer tgl. 9–21 Uhr
Eintritt 5,50 $

Service

Mosquito Fleet
Kreuzfahrten mit einem Schaufelraddampfer auf dem **Lake Crescent**.
Milepost 233, Hwy 101
Port Angeles, WA 98363
Tel. (360) 452-4520

Olympic National Park
Infos, Karten und Auskunft über Campingplätze bei den Visitor Centers in Port Angeles (3002 Mount Angeles Rd.; gute Ausstellungen) im Hoh Rain Forest sowie in Quinault.
Postadresse für Vorab-Infos:
600 East Park Ave.
Port Angeles, WA 98362
Tel. (360) 452-0330, Fax 452-0307

Olympic Raft and Guide Service
Geführte Wander- und Raft-Touren im Nationalpark.
239521 Hwy 101 West
Port Angeles, WA 98363
Tel. (360) 452-1443

Port Angeles ■ C 1

Mit 18 000 Einwohnern ist Port Angeles die größte Stadt auf der **Olympic Peninsula**. Von fast jeder Stelle der hügeligen Stadt bietet sich ein schöner Blick hinunter auf den Hafen, wo die Boote der Fischereiflotten liegen und die Fähren nach Kanada festmachen. Entdeckt wurde die Bucht bereits 1791 von dem Spanier Francisco Eliza, im 19. Jh. war Port Angeles gar der wichtigste Hafen der Westküste. Heute lebt man von der Fischerei, dem Holzhandel und dem Tourismus, denn Port Angeles ist idealer Ausgangspunkt für Touren zur **Hurricane Ridge** (→ S. 247). Am City Pier können Sie in den Becken des **Feiro Marine Laboratory** (im Sommer tgl. 10–18 Uhr) die Unterwasserwelt des Nordpazifik hautnah erleben.

Hotels und andere Unterkünfte

Bavarian Inn
Gemütliches Bed & Breakfast in der Innenstadt mit nicht zu familiärem Charakter. Trotz des Namens gar nicht bayerisch.
1126 East 7th St.
Port Angeles, WA 98362
Tel. (360) 457-4098
4 Zimmer
Mittlere Preisklasse

The Pond Motel
Ruhiges Motel in einem Wäldchen am Stadtrand; große Zimmer.
1425 Hwy 101
Port Angeles, WA 98362
Tel. (360) 452-8422
12 Zimmer
Untere Preisklasse

Red Lion Bayshore Inn
Große Hotelanlage direkt am Fähranleger mit komfortablen Zimmern, die meisten mit Balkon und schönem Blick auf die Bucht.
221 North Lincoln St.
Port Angeles, WA 98362
Tel. (360) 452-9215, Fax 452-4734
187 Zimmer
Mittlere bis Obere Preisklasse

Essen und Trinken

Bushwhacker
Beliebtes Restaurant mit nordwestamerikanischer Küche. Die Steaks sind riesig, Seafood und Fische fangfrisch, die Biere süffig.
1527 East 1st St.
Tel. (360) 457-4113
Tgl. 17–23, So –21 Uhr
Untere bis Mittlere Preisklasse

Toga's
Kleines, etwas abseits gelegenes Lokal mit gehobener, doch preisgünstiger neuamerikanischer Küche.
122 West Lauridsen Blvd.
Tel. (360) 452-1952
Tgl. außer Mo 17–23 Uhr
Mittlere Preisklasse

Service

Fähren
Mehrere Bootsgesellschaften bieten täglich Verbindungen über die Juan de Fuca Strait nach Victoria an. **Black Ball Transport** (Tel. 457-4491) setzt Autofähren ein. Für einen Tagesausflug können Sie als Passagier ohne Auto mit dem **Victoria Express** (Tel. 452-8088) fahren.

Port Townsend ■ C1

Schöne Lage am Meer, herrliche alte Bausubstanz – Port Townsend ist eines der hübschesten viktorianischen Städtchen Washingtons. Und dank der Fährverbindung von **Whidbey Island** läßt es sich auch gut als Stopp bei einer Rundfahrt einbauen. Bereits 1851 wurde hier an strategischer Stelle am Tor zum **Puget Sound** ein Handelsposten gegründet. Der Hafen florierte, und es entwickelte sich bald ein lebhaftes Städtchen mit eklektizistischen Gebäuden, schummrigen Bars und stolzen Villen. Ein Hauch der alten Zeiten weht noch heute durch die Stadt.

Das einstige Hafenviertel entlang der **Water Street** ist mit seinen Buchläden und Cafés das Zentrum von Port Townsend, die viktorianischen Wohnviertel liegen bergauf im hinteren Teil der Stadt. Einige der Häuser sind zu besichtigen, so etwa das 1868 erbaute **Rothschild House** (Jefferson St./Taylor St.).

Hotels und andere Unterkünfte

Palace Hotel
Der viktorianische Backsteinbau aus dem Jahre 1889 war einst das erste Haus am Platze. Nun ist es stilgetreu renoviert und immer noch ein stolzes und gemütliches Hotel.
1004 Water St.
Port Townsend, WA 98368
Tel. (360) 385-0773, Fax 385-0780
15 Zimmer
Untere bis Mittlere Preisklasse

Port Townsend Hostel
Jugendherberge in einer restaurierten Baracke des Fort Worden.
272 Battery Way
Port Townsend, WA 98368
Tel. (360) 385-0655
27 Betten

Quimper Inn
Herrlich auf dem Berg gelegener Bed & Breakfast-Inn mit familiärer, doch unaufdringlicher Atmosphäre in einer viktorianischen Villa.
1306 Franklin St.
Port Townsend, WA 98368
Tel. (360) 385-1060
5 Zimmer
Mittlere Preisklasse

In Port Townsend kann man noch gut eine ruhige Kugel schieben – nicht nur in den alten Bars offenbart sich die Muße vergangener Zeiten

The Tides Inn
Modernes Hotel direkt an der Küste. Die Zimmer sind praktisch eingerichtet, fast alle haben Blick aufs Meer.
1807 Water St.
Port Townsend, WA 98368
Tel. (360) 385-0595, Fax 385-7370
21 Zimmer
Mittlere Preisklasse

Sehenswertes

Fort Worden State Park
Diese 170 ha große Militäranlage am Nordrand der Stadt wurde um die Jahrhundertwende zur Verteidigung des Puget Sound erbaut. Eine Reihe Offiziershäuser neben dem mit gepflegtem Rasen bewachsenen Exerzierplatz wurde originalgetreu restauriert. Cineasten wird manches bekannt vorkommen – aus dem Film »Ein Offizier und Gentleman«.
Tgl. 6.30 Uhr bis zur Dämmerung
Eintritt frei

Essen und Trinken

Public House
Ehemaliger Saloon mit riesiger Theke, guten Steaks und Fischgerichten sowie einem exzellenten Faßbier.
1038 Water St.
Tel. (360) 385-0497
Tgl. 17–22 Uhr
Untere bis Mittlere Preisklasse

Silverwater Café
Bistro-Restaurant in einem historischen Gebäude mit leichter Küche und lässig-angenehmer Atmosphäre.
237 Taylor St.
Tel. (360) 385-6448
Tgl. 11.30–21 Uhr
Untere bis Mittlere Preisklasse

Einkaufen

April Fool & Penny Too
Nippes gehobenen Niveaus, witzige Postkarten und Antiquitäten.
725 Water St.

Am Abend

Town Tavern
Ein Saloon alten Kalibers – viel dunkles Holz, viele schräge Gestalten, viele Sorten Whisky und Bier.
635 Water St.
Tel. (360) 385-4706

The Water Street Theater
Man sitzt in einer Kneipe, man ißt und trinkt – und um einen herum wird modernes Theater gespielt.
926 Water St.
Tel. (360) 385-2422

Service

Puget Sound Express
Bootstouren durch die San Juan Islands mit Stopp in Friday Harbor.
Tel. (360) 385-5288

Sidewalk Tours
Geführte Spaziergänge durch alte Saloons und viktorianische Häuser.
820 Tyler St.
Tel. (360) 385-1967

San Juan Islands ■ C 1

Am Schnittpunkt des Puget Sound, Strait of Juan de Fuca und Strait of Georgia, knapp vor der Grenze zu Kanada im äußersten Norden Washingtons, da liegen weit versprenkelt einige hundert Eilande. Sie entstanden vor etwa 15 Mio. Jahren, als durch die Kontinentalverschiebung eine Bergkette versank und nur noch die Gipfel aus dem Wasser ragten. Da der Archipel im Regenschatten von Vancouver Island liegt, herrscht auf den Inseln ein verblüffend mildes, sonniges Klima – eine ideale Ferienregion.

Als die Spanier 1775 die San Juan Islands entdeckten, waren sie noch das Reich der Lummi-, Sanish- und Songish-Indianer, die sie als Sommerlager zum Fischen und Beerenpflücken nutzten. Zehn Inseln sind heute bewohnt, nur die vier größten werden jedoch von den Fähren ab Anacortes, Bellingham und Port Townsend angesteuert. Von den übrigen Eilanden stehen 48 unter Naturschutz und bieten seltenen Vögeln Nistplätze. Die erschlossenen Inseln eignen sich gut zum Wandern und Radfahren – vorbei an Meeresbuchten, felsigen Küsten und malerischen alten Fischerdörfern.

San Juan und Orcas sind die beiden beliebtesten Ziele des Archipels. **Orcas Island**, mit 150 qkm Fläche die größte Insel, bezaubert vor allem durch die Schärenlandschaft im Ostteil sowie durch die überwältigende Aussicht vom **Mount Constitution**. Seit Jahren ist Orcas auch ein Refugium von Psychoheilern und Selbstverwirklichungsgruppen. Die meisten der 3300 Inselbewohner leben in den beiden Orten **Eastsound Village** im Norden und **Orcas Village** im Süden, der Anlegestation der Fähre. Hauptort des bergigen **San Juan Island**, mit 21 km Länge und 12 km Breite die zweitgrößte Insel, ist das quirlige, pittoreske Fischerstädtchen **Friday Harbor**, das vor allem als Startpunkt zum »whale watching« dient.

Von den beiden kleineren Inseln, die von den Fähren angesteuert werden, wird **Lopez Island** vor allem

Wer auf den charmanten, stillen San Juan Islands seinen Urlaub verbringt, hat beste Chancen, dem stressigen Alltag einfach davonzusegeln

landwirtschaftlich genutzt, man baut hier Wein, Kiwis und Schnittblumen an. Schöne Strände liegen im **Odlin County Park** sowie im **Agate Beach County Park**.

Das nur 8 km lange **Shaw Island** wird dominiert von einem Franziskanerinnen-Stift. Die Nonnen betreiben auch die Anlegestelle der Fähre, jegliche touristische Infrastruktur ist per Gesetz verboten.

Fähren sind die einzigen »Brücken« zwischen dem Festland und den San Juan Islands

Hotels und andere Unterkünfte

Mariella Inn & Cottages
Sorgsam und stilvoll restauriertes Herrenhaus aus dem Jahre 1902 direkt an der Bucht. Vermietet werden auch 7 kleine Häuschen mit Küche und offenem Kamin.
630 Turn Point Rd.
Friday Harbor, WA 98250
Tel. (360) 378-6868, Fax 378-6822
18 Zimmer
Mittlere bis Obere Preisklasse

Orcas Hotel
Charmantes, altehrwürdiges Haus direkt am Fähranleger auf Orcas mit herrlichem Blick aufs Meer. Schöne Veranda, Café und ein hervorragendes Restaurant.
P. O. Box 155
Orcas, WA 98280
Tel. (360) 376-4300
12 Zimmer
Mittlere Preisklasse

Outlook Inn
Liebevoll restauriertes Holzhaus aus dem Jahre 1880 in bester Lage, ausgezeichnetes Restaurant.
P. O. Box 210
Eastsound, WA 98245
Tel. (360) 376-2200, Fax 276-2256
41 Zimmer
Mittlere Preisklasse

Rosario Resort
Große, schon etwas ältere Hotelanlage in ruhiger Lage mit eigenem Strand. Zum Ort Eastsound sind es etwa 10 Autominuten.
1 Rosario Way
Eastsound, WA 98245-2222
Tel. (360) 376-2222, Fax 376-2289
179 Zimmer
Mittlere Preisklasse

San Juan Inn
Gepflegtes Bed & Breakfast im viktorianischen Stil, zentral gelegen nahe dem Hafen von Friday Harbor.
50 Spring St.
Friday Harbor, WA 98250-0776
Tel. (360) 378-2070, Fax 378-6437
10 Zimmer
Mittlere Preisklasse

Campingplatz

San Juan County Park
Hübscher, auf mehreren Ebenen direkt an einer schönen Badebucht angelegter Campingplatz.
380 Westside Rd. North
Friday Harbor, WA 98250
Tel. (360) 378-2992

Sehenswertes

Moran State Park
Herrliche Natur und einen fabelhaften Blick bietet dieser 2400 ha große Naturpark im Ostteil von Orcas. Viele Wanderwege sind ausgeschildert, Höhepunkt ist der Aufstieg auf den 734 m hohen **Mount Constitution**.
Tgl. 6 Uhr bis zur Dämmerung

Museum

Whale Museum
Alles, was Sie schon immer über Wale wissen wollten: Man kann Originalskelette von Grau- und Orca-Walen anschauen und lernt viel über ihr Verhalten. Sogar die Stimmen der Wale werden vom Band vorgespielt (mindestens 1 Stunde).
62 1st St. North
Friday Harbor
Ende Mai–Anfang Okt. tgl. 10–17, sonst 11–16 Uhr
Eintritt 3 $, Kinder 1,50 $

Essen und Trinken

Front Street Ale House
Schöne Kneipe mit selbstgebrauten Bieren und amerikanischer Küche. Immer voller junger Leute.
Front St./Spring St., Friday Harbor
Tel. (360) 378-2337
Tgl. 10–22 Uhr
Untere Preisklasse

Maloua's
Dachgartenrestaurant mit herrlichem Blick auf den Hafen. Gekocht wird amerikanisch mit orientalischem Einschlag.
1 Front St., Friday Harbor
Tel. (360) 378-8485
Mai–Sept. tgl. außer Di 11–22 Uhr
Untere Preisklasse

Springtree Café
Gemütliches Café-Restaurant mit leichter nordwestamerikanischer Küche.
310 Spring St., Friday Harbor
Tel. (360) 378-4848
Tgl. 11.30–14.30 und 17–21, Fr und Sa bis 21, So ab 9 Uhr
Untere Preisklasse

Einkaufen

Orcas Island Artworks
Kunsthandwerk in allen Variationen: Töpfereien, Fotografien, Lederarbeiten, Strickwaren, Gemälde und Glaskunst, teils von örtlichen Künstlern.
Olga Corner, Olga
Orcas Island

Sunshine Gallery
Handgearbeitete Kunstgegenstände und Geschenkartikel.
85 Nichols St.
Friday Harbor

Service

The San Juan Islands Visitor Information Center
P. O. Box 65
Lopez Island, WA 98261
Tel. (360) 468-3668, Fax 468-3637

Fahrradverleih
In Anacortes ebenso wie auf den größeren Inseln werden Tourenräder

und Mountainbikes vermietet, in Friday Harbor bei **Island Bicycles** (380 Argyle St., Tel. 378-4941), auf Orcas am Fähranleger bei **Dolphin Bay Bicycles** (Tel. 376-4157).

Wal-Touren
Rund ein Dutzend Chartergesellschaften bieten Bootsfahrten zum Beobachten der Grau- und Schwertwale an. Von Friday Harbor aus fahren zum Beispiel **Bon Accord Charters** (Tel. 378-5921), **Western Prince Cruises** (Tel. 378-5315) und **San Juan Excursions** (Tel. 378-6636), ab Orcas Island fährt **Deer Harbor Charters** (Tel. 376-5989).

Kajaktouren durch die Inselwelt der San Juans bietet **Sea Quest Expeditions** von Friday Harbor aus an (Tel. 378-5767; auch Anfänger).

Sequim ■ C 1

Es ist vor allem die herrliche Umgebung, die einen Tag in dem 4000-Seelen-Örtchen am Nordrand der **Olympic Peninsula** lohnt. Der Name Sequim (»Skwim«) stammt aus der Sprache der Klallam-Indianer und bedeutet »ruhiges Wasser«. Er bezieht sich auf die große Sequim-Bucht, die zum State Park erklärt und zum beliebten Ausflugsziel wurde.

Hotels und andere Unterkünfte

Dungeness Bay Motel
Nur eine schmale Straße trennt diese Motelanlage vom Meer. Die 5 Cottages sind alle groß, sauber, zu jedem gehört eine vollausgestattete Küche.
140 Marine Drive
Sequim, WA 98382
Tel. (360) 683-3013
Mittlere Preisklasse

Groveland Cottage
Nettes kleines Hotel ähnlich einer europäischen Pension.
4861 Sequim Dungeness Way
Dungeness, WA 98382
Tel. (360) 683-3565, Fax 683-5181
5 Zimmer
Mittlere Preisklasse

Sehenswertes

Dungeness National Wildlife Refuge
12 km nordwestlich von Sequim bildet die gut 10 km lange Sandbank des **Dungeness Spit** eine malerische Lagune. Im Marschland ringsum leben über 250 Vogelarten. Die urwüchsige Landschaft ist ideal für ausgedehnte Spaziergänge.
Eintritt 2 $ pro Auto

Olympic Game Farm
Man fährt mit dem eigenen Wagen durch das fast 40 ha große Gelände, vorbei an Bisons, Zebras, Grizzlys, Lamas und Hirschen, die gelegentlich neugierig am Wagen schnuppern (mindestens 2 Stunden).
383 Ward Rd., Sequim
Im Sommer 9 Uhr bis zur Dämmerung
Eintritt 8 $, Kinder 5 $

Essen und Trinken

Hi-Way 101 Diner
(→ Die 10 urigsten Diners und Hamburgerlokale, S.54/55)

Three Crabs
Herrlich gelegen ist dieses Fischrestaurant, weit außerhalb und einsam am Meer.
113 Crabs Rd., Dungeness
Tel. (360) 683-4264
Tgl. 11.30–22 Uhr
Untere bis Mittlere Preisklasse

Snohomish ■ D1

Das Städtchen 15 km südöstlich von Everett wurde 1859 als Hauptstadt von Snohomish County gegründet und hat sich mit heute mehr als 350 Antikläden zu einem Zentrum des Antiquitätenhandels gemausert. Sehr sehenswert sind auch die prächtig restaurierten viktorianischen Häuser der kleinen Innenstadt.

Service

The River Queen Scenic River Cruise
Rundfahrten in der Bucht und auf dem Snohomish River mit einem Schaufelraddampfer.
1712 West Marine Drive
Tel. (206) 259-2743

Tacoma ■ C2

Die zweitgrößte Stadt Washingtons (177 000 Einwohner) ist ein verkanntes Juwel, an dem die Touristenströme meist vorbeiziehen. Tacoma entwickelte sich dank der günstigen Lage am Südende des **Puget Sound** schon früh zur Industriestadt. Sägewerke und Werften brachten Reichtum – aber auch einen schlechten Ruf. Doch das ist vorbei. Die Lagerhallen und Kontore des **Old Town District** – mit ihren schönen alten Fassaden oft schon Kulissen für Hollywoodfilme – wurden seither renoviert. Auch in die alten Wohnviertel im Nordosten der City ist wieder Leben eingekehrt, und entlang des **Ruston Way** an der **Commencement Bay** herrscht in Kneipen und Restaurants reges Treiben. Entstanden ist eine Stadt, in der die Tradition lebendig ist – nur die alten Bars sind leider fast verschwunden.

Hotels

Sheraton-Tacoma Hotel
Dieser Neubau ist zwar keine Perle der Hotel-Architektur, doch das einzig akzeptable Hotel in der Innenstadt, zudem relativ preiswert und mit herrlichem Blick auf die Bucht.
1320 Broadway Plaza
Tacoma, WA 98402
Tel. (206) 572-3200, Fax 591-4105
319 Zimmer
Mittlere Preisklasse

Sherwood Inn
Freundliches Hotel, etwas außerhalb nahe der Interstate. Gut für eine Übernachtung auf der Durchreise.
7414 South Hosmer St.
Tacoma, WA 98444
Tel. (206) 535-2800, Fax 535-2777
113 Zimmer
Untere Preisklasse

Sehenswertes

Point Defiance Park
Der weitläufige Park auf der Spitze einer Halbinsel, die weit in den **Puget Sound** ragt, birgt neben Spazierwegen an der Bucht eine ganze Reihe von Attraktionen: einen ausgezeichneten **Zoo** mit Aquarium, den Kinder-Märchenpark **Never Never Land** und das restaurierte **Fort Nisqually**, ein Palisadenfort der Hudson Bay Company aus dem 19. Jh. (im Sommer tgl. 11–18 Uhr). Ebenfalls sehr interessant ist das **Camp Six Logging Museum**, das die frühen Tage der Holzfällerei dokumentiert. Werkzeuge, Maschinen und ein kompletter Zug aus den Holzfällercamps der Pioniere sind zu sehen. Man kann sogar auf einer Dampflok mitfahren (im Sommer Mi–So 10–18 Uhr).

Museum

Washington State Historical Society Museum
Eines der besten Museen zur Pioniergeschichte: Von den indianischen Ureinwohnern bis heute wird in diesem architektonisch interessanten Neubau die Geschichte Washingtons aufgerollt.
1911 Pacific Ave./Union Station
Di–So 10–17, So ab 12 Uhr
Eintritt 2,50 $, Kinder 1 $

Essen und Trinken

Antique Sandwich Company
Ein verrückter Laden mit verrücktem Publikum. Serviert werden hausgemachte Backwaren, Lasagne, Quiche, Sandwiches, zu trinken gibt's Antialkoholisches und exzellenten Kaffee. Dienstags spielt abends die Musik.
5102 North Pearl St.
Tel. (206) 752-4069
Tgl. 7–20, So 8–19 Uhr, Di open end
Untere Preisklasse

Katie Downs
Das riesige Selbstbedienungsrestaurant steht auf Pfählen über dem Wasser. Zu essen gibt's Pizza, Seafood, Burger und Sandwiches.
3211 Ruston Way
Tgl. 11–22 Uhr
Untere Preisklasse

Lobster Shop South
Eines der besten gehobenen Seafood-Restaurants der Stadt; direkt an der Waterkant.
4013 Ruston Way
Tel. (206) 759-2165
Tgl. 16.30–21, Sa bis 22.30, So bis 21 Uhr
Mittlere Preisklasse

Service

Tacoma-Pierce County Visitors and Convention Bureau
906 Broadway
Tacoma, WA 98401-1754
Tel. (206) 627-2836, Fax 627-8783

Whidbey Island ■ C1

Grün, flach und 72 km lang ist die schmale Insel am Nordende des **Puget Sound**. Von Fidalgo Island im Norden kann man sie über eine Straßenbrücke erreichen, von Süden und Westen her nur mit der Fähre. Etwa 19 000 der über 60 000 Einwohner leben im relativ uninteressanten **Oak Harbor** im Nordosten der Insel, rund 8500 auf mehreren Stützpunkten der US-Navy, der Rest in putzigen Städtchen wie dem viktorianischen **Coupeville** oder dem noblen Hafenort **Langley**. Im Binnenland der 1792 von Captain George Washingon entdeckten und nach seinem Steuermann Joseph Whidbey benannten Insel dehnen sich Felder und Wäldchen, ringsum erstrecken sich herrliche Strände und Felsküsten. Weite Teile des Eilandes werden allerdings von der amerikanischen Marine in Beschlag genommen.

Hotels und andere Unterkünfte

Auld Holland Inn
Große Hotelanlage in verkehrsgünstiger Lage. Vermietet werden einfache Motelzimmer und moderne Suiten mit Designermöbeln, offenem Kamin und Whirlpool.
5861 Hwy 20
Oak Harbor, WA 98277
Tel. (360) 675-2288, Fax 675-2817
54 Zimmer
Untere bis Mittlere Preisklasse

The Captain Whidbey Inn
Rustikales Landhaus aus dem Jahre 1907 direkt am Ufer der Penn Cove. Ausgezeichnetes Fischrestaurant mit schöner Terrasse.
2072 West Captain Whidbey Inn Rd.
Coupeville, WA 98239
Tel. (360) 678-4097, Fax 678-4110
32 Zimmer und Cottages
Mittlere Preisklasse

The Coupeville Inn
Haus im viktorianischen Stil mit schönem Blick auf den Hafen; zum historischen Zentrum von Coupeville sind es nur wenige Schritte.
200 Coveland St.
Coupeville, WA 98239
Tel. (360) 678-6668, Fax 678-3059
24 Zimmer
Untere bis Mittlere Preisklasse

Deception Park Campgrounds
An mehreren Stellen im Deception Park sind Campingplätze mit insgesamt 246 Plätzen eingerichtet.
Tel. (360) 675-2417

Sehenswertes

Deception Pass State Park
Das sehr beliebte Erholungsgebiet umfaßt den Nordzipfel der Insel und den Südteil von Fidalgo Island. Bindeglied ist die bereits 1935 erbaute, 55 m hohe Brücke über den von steilen Klippen gesäumten Deception Pass. Die dramatische Meerenge erhielt ihren Namen (deception = Täuschung), weil Captain Vancouver im Jahre 1792 zuerst meinte, Whidbey Island sei eine Halbinsel.
Auf 48 km Wanderwegen können Sie in dem 1700 ha großen Park zerklüftete Klippen und Badestrände entdecken.

Museum

Historical Society Museum
Ein lebendiges Museum zur Geschichte der Insel mit Ausstellungen zum Leben und Arbeiten der Pioniere (mindestens 30 Minuten).
902 North West Alexander St.
Coupeville
Im Sommer tgl. 10–17 Uhr
Eintritt 2 $

Essen und Trinken

Christopher's
Kleines Restaurant im Hinterhof eines historischen Gebäudes mit moderner amerikanischer Küche.
23 Front St.
Coupeville
Tel. (360) 678-5480
Tgl. außer Mo und Di 17–21 Uhr
Mittlere Preisklasse

Mi Casita
Mexikanisches Restaurant auf zwei Etagen mit authentischer Hausmannskost und herzlichem Service.
1380 West Pioneer Way
Oak Harbor
Tel. (360) 675-4800
Tgl. 11–23 Uhr
Untere Preisklasse

Service

All Island Bikes
Verleih von Mountainbikes und Tandems.
302 North Main St.
Coupeville
Tel. (360) 678-3351

Luftfahrt- und Computerindustrie haben Seattle, die heimliche Hauptstadt des Nordwestens, zur Boomtown und kräftig wachsenden Metropole mit heute rund 2,7 Millionen Menschen gemacht. Vor allem junge Leute zieht es hierher: Die herrliche Umgebung – Seen und Meeresarme ringsum, im Hintergrund der gletschergekrönte Viertausendergipfel des Mount Rainier – bietet reichlich Sportmöglichkeiten, die lebendige, aktive Kultur- und Nightlife-Szene bestimmt Trends für die ganze Westküste. ■ C2

Demjenigen, der das erste Mal nach Seattle kommt, wird sofort die warme, offene Atmosphäre der Stadt auffallen. Sei es unten am **Pike Place Market**, jenem bunten Markt an der Waterfront, sei es im Kneipenviertel **Pioneer Square** oder sogar in den Straßenschluchten von **Downtown**, wo die Manager im feinen Zwirn ihrer Arbeit nachgehen. Man spürt eine Aufbruchstimmung, eine ehrliche Gastfreundschaft, eine Freude darüber, daß Seattle nach langem Schattendasein in den letzten zwei Jahrzehnten zu »everybody's darling« geworden ist.

Kein Zweifel, Seattle liegt im Trend. Wohl leben in der Stadt selbst nur rund 500 000 Menschen, doch der gesamte Großraum am Ostufer der gut 120 km langen Meeresbucht **Puget Sound** ist mit 2,7 Mio. Einwohnern dicht besiedelt, Tendenz stark steigend. Sogar aus dem sonnigen Kalifornien ziehen viele nach Norden ins eher regnerische Seattle, auf der Suche nach einer höheren Lebensqualität, die aus mehr besteht als »Beach and Fun«. Nicht umsonst gibt es in Seattle zahllose Hersteller von Outdoor-Ausrüstung und Hiking-Klubs, nicht umsonst hat der Cappuccino (→ Kaffee – die neue Sucht, S. 274/275) von hier aus seinen Siegeszug durch Amerika angetreten.

Von Holzfällern und Goldgräbern

Die Geschichte Seattles begann im Jahre 1851, als sich fünf Siedlerfamilien am **Alki Point** im heutigen Westteil der Stadt niederließen. Sie benannten ihr Dorf nach dem weisen – und geschäftstüchtigen – Indianerhäuptling Noah Sealth, dem sie, so heißt es, 16 000 Dollar »Lizenzgebühr« dafür zahlen mußten. Die Siedler bauten ein Sägewerk und legten einen

Das Wahrzeichen von Seattle wirkt zwischen den kompakten Hochhäusern fast filigran. Die Space Needle ist zwar 184 Meter hoch, aber alles andere als wuchtig

Grosvenor House

Hafen an, der dank der geschützten Lage am Puget Sound bald stark frequentiert wurde. Holzfäller, Fischer und Händler ließen sich nieder, es entstand eine kleine Stadt. Als im Jahre 1889 ein großer Brand viele der Holzhäuser zerstörte, baute man sie aus Stein wieder auf – das heutige historische Viertel rund um den **Pioneer Square** entstand.

Steilen Aufschwung brachte schließlich das Jahr 1897 mit dem legendären **Klondike-Goldrausch**. Seattle wurde zur Basisstation für die Goldgräber auf dem Weg nach Norden, man verdiente kräftig am Handel mit Vorräten, Schaufeln und Goldwaschpfannen. Der nächste Boom kam erst im Zweiten Weltkrieg: In den geschützten Fjorden des Puget Sound

Die Buchstaben-Zahlen-Kombinationen im Text verweisen auf die Planquadrate dieser Karte.

wurden Kriegshäfen und Schiffsbauwerften angelegt, die bis dahin wenig bedeutende Flugzeugfirma **Boeing** wurde durch Rüstungsaufträge zum Großkonzern (→ S. 234/→ Boeing: Jumbos vom Fließband, S. 264/265).

Dennoch führte die Stadt in der nordwestlichsten Ecke Amerikas ein Schattendasein. Erst mit der Weltausstellung von 1962 änderte sich dies. Immer mehr Investoren fanden es attraktiv, sich im grünen, sauberen Staat Washington niederzulassen. Im Zeitalter der Düsenjets expandierte Boeing immer mehr, später kamen Marktführer wie die Softwarefirma **Microsoft**, die im Vorort Redmond residiert, hinzu und mit ihr zahlreiche andere High-Tech-Unternehmen. Die Stadt auf dem schmalen Landstrich zwischen Puget Sound und Lake Washington wurde zum Trendsetter.

Bunte Märkte und Hafenflair

Symptomatisch für das Lebensgefühl der Stadt ist der **Pike Place Market**, der Dreh- und Angelpunkt der City. An den bunten Marktständen über dem Hafenviertel an der **Elliot Bay** wird eingekauft, hierher kommen die Angestellten aus den nur wenige hundert Meter entfernten Bürohochhäusern zur Mittagspause, hier trifft man sich abends zum Dinner, zum Jazz oder zum Spaziergang entlang der Piers. Die gesamte Downtown mit ihren Läden, Restaurants und Kneipen erstreckt sich über nur sieben Straßenzüge stadteinwärts, ein Paradies für Fußgänger. Nur ein paar Schritte sind es zum **Pioneer Square**, dem historischen Kneipen- und Galerienviertel. Zum **Seattle Center**, dem früheren Gelände der Weltausstellung mit Oper, Theater und vielen anderen kulturellen Einrichtungen, fährt eine Hochbahn, die **Monorail**, in 90 Sekunden vom **Westlake Center** am Nordostende der Innenstadt.

Doch Seattle besteht nicht nur aus Downtown. Oft vergessen werden die umliegenden Bezirke wie etwa das Szene- und Künstlerviertel **Capitol Hill** entlang des Broadway, die Gegend rund um den Jogger-See **Green Lake** oder der **U-District**, das bunte, quirlige Viertel um die **University of Washington** mit über 35 000 Studenten. »The Ave«, wie die Hauptstraße University Way hier genannt wird, ist gesäumt von Studentenkneipen, Buchhandlungen und verrückten Boutiquen. Das Szeneviertel wie auch die kleine Hausbootkolonie am nahen **Lake Union** boten die richtige Kulisse und das richtige Flair für den Tom-Hanks-Film »Schlaflos in Seattle« – und schlaflos sind hier dank der vielen Kneipen vor allem die Nächte am Wochenende. Jazz und Blues, Grunge und Rock tönen dann aus allen Türen. Altgediente Rockfans sollten übrigens in Seattles südlichen Vorort Renton pilgern: Dort liegt auf dem **Greenwood Cemetery** Jimi Hendrix begraben.

Wer sich eine Pause von der Großstadt gönnen möchte, braucht nicht lange zu suchen. Der **Lake Washington** im Osten bietet beschauliche Strände und Spazierwege. Und wer das kalte Wasser des Puget Sound nicht scheut, der sollte auf dem West Seattle Freeway über den Hafen zu den herrlichen Stränden von **Alki Beach** im Westen fahren. Dort wohnen heute die »besseren Leute« von Seattle. Dort, wo einst die fünf Siedlerfamilien am Alki Point landeten und ein Dörfchen namens »Seattle« gründeten.

Hotels und andere Unterkünfte

The Alexis ■ b 3, S. 260
Das verblüffend kleine Hotel ist eines der vornehmsten der Stadt. Die Zimmer in dem fein restaurierten Haus aus der Zeit um die Jahrhundertwende sind sehr geschmackvoll eingerichtet, der Service ist perfekt.
1007 1st Ave.
Seattle, WA 98104
Tel. (206) 624-4844, Fax 621-9009
54 Zimmer
Luxusklasse

Camlin Hotel ■ c 2, S. 260
Altehrwürdiges, geschmackvoll renoviertes Haus aus dem Jahre 1926. Die Zimmer sind modern möbliert, einige haben einen herrlichen Blick über die City. Tip: das Restaurant im Dachgarten.
1619 9th Ave.
Seattle, WA 98101
Tel. (206) 682-0100, Fax 682-7415
136 Zimmer
Mittlere Preisklasse

Claremont Hotel ■ b 2, S. 260
Ein stilvoll renovierter Altbau, gut gelegen im Herzen der Stadt. Die meisten der Zimmer sind komfortable Suiten, teilweise mit voll eingerichteter Küche. Besonders schön sind die Eckzimmer.
2000 4th Ave.
Seattle, WA 98121
Tel. (206) 448-8600, Fax 441-7140
110 Zimmer
Mittlere Preisklasse

The College Inn
Eine der preiswertesten Schlafstätten in Seattle, in Uninähe und daher mit viel jungem Publikum. Die Zimmer in der Frühstückspension aus dem Jahre 1909 sind einfach und sauber, Duschräume gibt's nach Geschlechtern getrennt im Erdgeschoß.

Hundert Jahre alt, aber kein bißchen senil: Das kleine, aber feine Hotel Alexis bietet modernsten Service

4000 University Way N. E.
Seattle, WA 98105
Tel. (206) 633-4441
25 Zimmer
Untere Preisklasse

The Edgewater ■ a 2, S. 260
Näher an der Elliott Bay kann man nicht wohnen. Das Edgewater ist nämlich ein Pfahlbau und steht über dem plätschernden Wasser der Bucht. Zu Fuß sind es nur wenige Minuten zur Innenstadt. Eingerichtet ist das Hotel in einem etwas kitschigen, doch gemütlichen Landhausstil. Hervorragend: das Restaurant **Ernie's** (→ S. 273).
2411 Alaskan Way/Pier 67
Seattle, WA 98121
Tel. (602) 728-7000, Fax 441-4119
237 Zimmer
Mittlere bis Obere Preisklasse

Four Seasons Olympic ■ c 3, S. 260
Die Grande Dame der Hotels in Seattle: ein prachtvoller historischer Bau mit mehreren Restaurants, Pool und Fitneßclub. Allein die Lobby ist – falls die Urlaubskasse nicht für eine Übernachtung reicht – einen Rundgang wert.
411 University St.
Seattle, WA 98101
Tel. (206) 621-1700, Fax 682-9633
450 Zimmer
Luxusklasse

Hostelling International Seattle ■ b 3, S. 260
Jugendherberge im alten Einwanderungsamt mitten in der Innenstadt.
84 Union St.
Seattle, WA 98122
Tel. (206) 622-5443
138 Betten
Untere Preisklasse

Pacific Plaza Hotel ■ b 1, S. 260
Stilgetreu renovierter, siebenstöckiger Altbau mit gutem Preis-Leistungs-Verhältnis in der Innenstadt.
400 Spring St.
Seattle, WA 98104
Tel. (206) 623-3900, Fax 623-2059
160 Zimmer
Mittlere Preisklasse

Sixth Avenue Inn ■ b 2, S. 260
Modernes Mittelklassehotel im Herzen der Stadt, mit zweckmäßigen, behaglich eingerichteten Zimmern.
2000 6th Ave.
Seattle, WA 98121
Tel. (206) 441-8300, Fax 441-9903
166 Zimmer
Mittlere Preisklasse

St. Regis Hotel
Sehr einfaches Altbauhotel mit vielen Musikern zweitklassiger Klubs als Dauergästen. Empfehlenswert für Freunde morbiden Charmes.
116 Stewart St.
Seattle, WA 98101
Tel. (206) 448-6366, Fax 448-5536
132 Zimmer
Untere Preisklasse

Spaziergang

Zentraler Ausgangspunkt für einen Bummel durch Seattle ist der **Pike Place Market** am Hang über dem Hafen. Gleich hier auf dem im Jahre 1907 eröffneten dreistöckigen Stadtmarkt gibt es eine Menge zu entdecken. Sie können etwa am Pike Place Nr. 1906 bei »Piroshky« zusehen, wie russisches Hefegebäck mit Äpfeln, Nüssen, Lachs oder Käse gebacken wird. Oder nebenan in der Nr. 1904 durch die kleine »Cucina Fresca« streifen, wo frische Ravioli geformt werden. Und an vielen

Boeing: Jumbos vom Fließband

Man schrieb das Jahr 1915, da kam der Holzhändler William E. Boeing aus Seattle auf eine Idee. Zwölf Jahre zuvor hatten die Gebrüder Wright ihre ersten Flüge erfolgreich absolviert, gleichwohl galt das Verlassen des Erdbodens immer noch als Abenteuer. Mr. Boeing bekam dies zu spüren – bei seinem ersten Flug stürzte er ab, blieb jedoch unverletzt. Das Erlebnis gab dem Unternehmer zu denken: Er wollte Fluggerät in besserer und sicherer Qualität herstellen.

Es war Gründerzeit in Amerika, zudem stand das Eingreifen der USA in den Ersten Weltkrieg bevor – für Industrielle ein potentiell lukratives Ereignis. Boeing begeisterte den befreundeten Ingenieur Conrad Westervelt von seiner Idee – und zwölf Monate später erhob sich die erste »B & W« in den Himmel über dem Puget Sound, eine einmotorige Maschine mit der stolzen Spitzengeschwindigkeit von 120 km/h. Boeing & Westerfield (B & W) hatten den richtigen Riecher. Schon ein Jahr später bestellte die U.S. Navy 50 Flugzeuge des zweisitzigen Nachfolgemodells »Model C Trainer«. In den folgenden Jahren baute B & W fast ein Dutzend weitere Modelle, die meisten für den militärischen Gebrauch. Die »Red Barn«, die erste Fabrikationshalle Boeings im Süden Seattles, war bald voll ausgelastet.

1927 nahm Boeing den ersten Luftpostdienst zwischen San Francisco und Chicago auf, mit dem eigens dafür konstruierten, einmotorigen Modell »40«, das den rasanten Aufstieg der Firma sicherte. In den dreißiger Jahren baute man so legendäre Maschinen wie das Flugboot »Pan American Clipper« und den »Stratoliner«, das erste Serienflugzeug mit Druckausgleich in der Kabine. Der Zweite Weltkrieg schließlich machte die Firma Boeing groß, und die Flugzeugbauer in Seattle trugen entscheidend dazu bei, die Deutschen und Japaner zu besiegen. Boeing wurde zum Industriegiganten mit 44 000 Angestellten. In einem einzigen Monat wurden damals 362 der legendären viermotorigen Langstreckenbomber B-17 hergestellt. Allein im Jahr 1943 verließen 5000 Maschinen des Typs B-17 das Werk.

USA Westküste extra

In den Flugzeugwerken von Everett und Renton werden jährlich an die 250 Boeingmaschinen hergestellt

Bei Kriegsende war Boeing ein blühendes Unternehmen. Bill Boeing setzte weiter auf die Produktion für die US Airforce, die B-47- und B-52-Bomber waren im Korea- und Vietnamkrieg im Dauereinsatz. Zugleich konzentrierte man sich wieder auf den Bau ziviler Flugzeuge. 1955 wurde die Boeing 707 ausgeliefert, der erste zivile Düsenjet der Welt. Beim Jungfernflug vor Tausenden geladenen Gästen wagte Cheftestpilot Tex Johnston in gewohnter Rodeomanier das Kunststück, die 707 in nur 150 Meter Höhe über dem Lake Washington gleich zweimal hintereinander um die eigene Längsachse zu drehen. Der Gag war nicht mit der Konzernleitung abgesprochen, doch die Öffentlichkeit war begeistert – und die 707 wurde zum Bestseller. Firmengründer William E. Boeing starb ein Jahr später im Alter von 74 Jahren; er hinterließ eines der größten Luftfahrtunternehmen der Welt.

Heute verlassen jährlich rund 250 Maschinen die Werke in Everett und Renton. The Boeing Company beschäftigt weltweit rund 120 000 Mitarbeiter und setzt jährlich über 30 Milliarden Dollar um. Täglich befördern die Maschinen aus Washington über 2,5 Millionen Menschen, alle zweieinhalb Minuten startet oder landet irgendwo auf der Erde eine Boeing. Und das alles, weil im Jahre 1915 ein Holzhändler eine Idee gehabt hatte.

Ständen gibt es ausgezeichneten Cappuccino und Espresso, etwa bei »SBC« (Pine St./Post Alley).

Über mehrere Treppen geht es hinab zur belebten **Waterfront** beim Pier 59, einer hölzernen Mole, an der einst die Handelsschiffe festmachten. Heute beherbergt es das **Seattle Aquarium** und das Erlebniskino **Omnidome**. Die umliegenden Piers 57-54 werden dominiert von Souvenirläden, Straßenkünstlern und Seafood-Restaurants, die alle anständige Fischgerichte auftischen. Das älteste ist »Ivar's Acres of Clams«, gegründet von einem Seattler Original.

Am Pier 52, dem **Colman Dock**, kann man zusehen, wie die großen Fähren be- und entladen werden, ehe man über den **Yesler Way** wieder stadteinwärts geht. Er ist benannt nach Henry Yesler, dem hier Mitte des 19. Jh. eine – damals hochmoderne – mit Dampf betriebene Sägemühle gehörte. Das gesamte Altstadtviertel bis hinauf zur 2nd Avenue wurde nach dem Stadtbrand von 1889 um einige Meter aufgeschüttet, da zuvor bei hohem Wasserstand die Erdgeschosse überflutet wurden. So kam es, daß die unteren Etagen der Häuser, die den Brand überstanden, nun unter der Erde liegen – Anlaß für Entdeckungstouren im Untergrund. Der Bezirk um den Pionier Square (1st Ave./Yesler Way) war im 19. Jh. das Vergnügungsviertel der Stadt. Als jedoch in den zwanziger Jahren die Innenstadt boomte, verfiel es viele Jahrzehnte lang. Erst in den sechziger Jahren entdeckten Galeristen die maroden Backsteinbauten für ihre Geschäfte und begannen sie zu renovieren. Zehn Jahre später wurde das ganze Viertel unter Denkmalschutz gestellt und hat sich seither zum beliebten abendlichen Unterhaltungsviertel entwickelt.

Rasantes Tempo, tolle Akrobatik, knackiges Styling: Die Rollschuhläuferinnen von Seattle stehen ihren Kolleginnen aus dem sonnigen Kalifornien in nichts nach

Ein Stückchen bergan, an der Ecke Yesler Way/2nd Avenue, ragt Seattles erster Wolkenkratzer gen Himmel, der **Smith Tower**. Das terrakottaverkleidete Hochhaus wurde 1914 vom New Yorker Büromaschinenhersteller L. C. Smith gebaut und galt seinerzeit mit 42 Stockwerken als das höchste Gebäude westlich des Mississippi. Von der Aussichtsterrasse im 35. Stock (tgl. 10–22 Uhr) läßt sich ein herrliches Panorama über die Stadt und den Puget Sound genießen. Eine Ecke weiter an der 3rd Avenue/ Cherry Street sollten Sie einen Blick auf das **Arctic Building** werfen, das sich mit Walroß-Reliefs schmückt. Über die von Geschäften gesäumte 3rd Avenue kommen Sie von hier wieder zurück in die Innenstadt.
Dauer: ein halber Tag
Karte: S. 260

Sehenswertes

Hiram M. Chittenden Locks

Um Lake Union und Lake Washington als Häfen nutzen zu können, baute man um die Jahrhundertwende den 13 km langen **Lake Washington Ship Canal** aus. Herzstück sind die Hiram M. Chittenden Locks, eine gewaltige mehrstufige Schleusenanlage nordwestlich des Zentrums, die jährlich von über 100 000 Booten und Schiffen passiert wird. Hauptattraktion (besonders für Kinder) aber sind über eine Million Lachse, die sich von Juni bis Ende September über die eigens errichtete **Fish Ladder** (Fischleiter) stromaufwärts zu ihren Laichgründen im Landesinneren kämpfen. Durch Unterwasserfenster kann man die Fische sehr gut beobachten, Schautafeln erklären den Lebenszyklus der verschiedenen Arten. Ein schöner Blick auf den Kanal bietet sich von den angrenzenden **Carl S. English, Jr. Botanical Gardens**, einer Parkanlage mit über 5000 Arten seltener Pflanzen, die sich auch gut zum Picknicken eignet.

In der **Salmon Bay** etwa 2 km östlich kann man werktags am **Fisherman's Terminal** unter der Ballard Bridge der Fischereiflotte Seattles beim Entladen des Fangs zusehen.
Botanischer Garten tgl. 7–21 Uhr
Fischleiter tgl. 7–21 Uhr
Visitor Center Juni–Sept. tgl. 10–19, sonst 10–17 Uhr
Eintritt frei

Kingdome

Hier treten die Sportstars von Seattle auf. In dem riesigen Kuppelbau spielen das Football-Team »Seattle Seahawks« und die Baseballmannschaft »Seattle Mariners«. Außerdem finden hier Konzerte, Messen und große Kongresse statt. Im angeschlossenen Sportmuseum wird den Größen von Football und Baseball gehuldigt.
2nd Ave./King St. (im Süden des Zentrums)
Führungen April–Sept. Mo–Sa 11, 13 und 15 Uhr, sonst nur 11 Uhr
Eintritt 4 $, Kinder 2 $

Lake Washington

Der rund 30 km lange Lake Washington im Osten der City ist ein beliebtes Naherholungsgebiet und ein Paradies für Windsurfer und Segler. Das Ostufer nahe der City gilt als bevorzugtes Wohngebiet, ist aber auch gesäumt von etlichen schönen Parks mit Badestränden. Besonders der 110 ha große **Seward Park** auf einer bewaldeten Halbinsel am Südende der idyllischen Uferstraße Lake Washington Boulevard bietet eine herrliche Erholungsmöglichkeit für Großstadtgestreßte.

Omnidome Film Experience ■ a 3, S. 260
Wollten Sie schon immer mal mit einem Hubschrauber mitten in den Krater eines ausbrechenden Vulkans fliegen? In Seattle kein Problem: Das Erlebniskino an der Waterfront zeigt auf einer gewölbten Leinwand hautnah den Ausbruch des Mount St. Helens im Jahre 1980 sowie andere spektakuläre Dokumentarfilme.
Pier 59, Alaskan Way
Mai–Sept. tgl. 10–21, sonst 10–17 Uhr
Eintritt 6 $, Kinder 4 $

Pike Place Market ■ b 3, S. 260
1970 sollte der alte Marktkomplex bereits abgerissen werden, erst eine Bürgerinitiative setzte den Erhalt und eine umfassende Renovierung durch. Heute ist Pike Place Market das Aushängeschild der Stadt, ein buntes Gemisch von Gerüchen, Geräuschen und Genüssen. Verkäufer in langen Schürzen preisen lautstark fangfrische Fische an und werfen sich gegenseitig kiloschwere Lachse über die Köpfe der Zuschauer zu, jedoch nicht ohne auf Schildern vor »tieffliegenden Fischen« zu warnen. Metzger bieten Wild und Würste an, andere Händler Gemüse und Blumen. Künstler verkaufen Schmuck, Musikanten schrammeln, und Pantomimen gaukeln. Und die unzähligen Garküchen, Pizzerien, Coffee-Shops und Bäckereien bieten Schmankerln für zwischendurch.
Western Ave./Pike St.
Kernzeit 9–17 Uhr

Pioneer Square ■ c 4, S. 260
Der Bezirk um den dreieckigen Pioneer Square ist das älteste Viertel von Seattle. Schon 1852 siedelten sich hier die ersten Holzfäller und

In Seattle sollten Sie unbedingt die Hiram M. Chittenden Locks besuchen, eine gigantische Schleusenanlage, die jedes Jahr von über 100 000 Schiffen passiert wird

Fischer an. Der Yesler Way wurde damals »Skid Road« genannt, da auf dieser »Rutschbahn« oben angelieferte Baumstämme zum Sägewerk am Hafen hinabglitten. Noch heute bilden die 20 Straßenzüge mit den denkmalgeschützten roten Backsteinbauten eines der lebhaftesten Viertel der Stadt. Hier werden in winzigen Boutiquen und Kunstläden die verrücktesten Dinge verkauft, hier erwachen am späten Nachmittag Dutzende von Musikkneipen zum Leben. Hierher strömen Touristen und Einheimische, Grunge-Kids, Jazzfans, Yuppies und auch die Obdachlosen, die einen zum Dinieren und Musikhören, die andern zum Essenfassen in den nahen Suppenküchen.
Yesler Way/First Ave.

Seattle Aquarium ■ a 3, S. 260
Es packt einen sofort die Sehnsucht nach mehr Meer, wenn man die Stadt am Puget Sound besucht. Das Seattle Aquarium hilft da weiter. Über 650 Arten von Meereslebewesen, Fischen, Vögeln und Korallen sind naturnah zu bewundern. In einem 1,5 Mio. Liter Wasser fassenden Becken kann man von einer Kuppel aus Haie und bunte tropische Fische betrachten. Ebenfalls zu sehen ist der größte Oktopus der Welt und ein nachgebildetes Korallenriff. Besonders beliebt sind die putzigen Seeotter.
1483 Alaskan Way
Ende Mai–Anfang Sept. tgl. 10–19, sonst 10–17 Uhr
Eintritt 6,75 $, Kinder 4,25 $

Seattle Center/Space Needle ■ a 1, S. 260
Sie ist von weither zu sehen, die 184 m hohe »Weltraumnadel«, das Wahrzeichen Seattles. Längst wirkt der dünne Turm nicht mehr so futuristisch wie bei seiner Eröffnung bei der Weltausstellung 1962. Von der Aussichtsplattform in 159 m Höhe kann man das Panorama über die Stadt und den Mount Rainier genießen und in den beiden (leider weniger empfehlenswerten) Drehrestaurants einkehren. Das 30 ha große Expo-Gelände am Fuße des Turms ist heute das Kulturzentrum der Stadt mit dem Vergnügungspark **Fun Forest**, dem **Bagley Wright Theater**, der **Oper**, dem Technikmuseum **Pacific Science Center** sowie dem **Seattle Children's Museum**, allesamt untergebracht in den ehemaligen Ausstellungshallen.
Aufzug zur Space Needle tgl. 8–24 Uhr
Fahrt 3,50 $, Restaurantgäste frei

Tillicum Village
Auf einer Insel vor der Innenstadt zeigen die letzten vom Stamme Chief Sealths ihr Erbe: ein Langhaus, geschnitzte Totempfähle und Masken, dazu gibt es eine indianische Show und ein Lachsdinner. Touristisch, aber durchaus sehenswert.
Abfahrt am Pier 56, Reservierung unter Tel. (206) 443-1244
Eintritt 46,50 $, Kinder 18,50 $

Woodland Park Zoo
In den acht unterschiedlichen Ökozonen des renommierten Tierparks leben rund 300 Tierarten. So beherbergt etwa der tropische Regenwald 50 Tier- und über 800 verschiedene Pflanzenarten, in der Nachbildung der afrikanischen Savanne leben Elefanten, Zebras und Schimpansen.
550 Phinney Ave. North
15. März – 14. Okt. tgl. 9.30–18, sonst bis 16 Uhr
Eintritt 7 $, Kinder 4,50 $

Die 10 spektakulärsten Aussichtspunkte

Cabrillo National Monument ■ a 3, S. 152
...weil von hier schon im 16. Jahrhundert die Portugiesen die Bucht von San Diego überblickten (→ S. 153).

Cape Perpetua ■ B 3
...weil vom Gipfel dieses alten Vulkans an der zerklüfteten Küste Oregons der Blick weit über den Pazifik reicht (→ S. 325).

Emerald Bay ■ C 7
...weil man von hoher Warte über der blaugrünschimmernden Bucht einen zauberhaften Teil des Lake Tahoe überblikken kann (→ S. 74, 318).

Griffith Observatory ■ c 1, S. 176
...weil sich vor der berühmten Sternwarte die Farbenpracht des Sonnenuntergangs über LA am schönsten entfaltet – je nach Smog rot, gelb oder sogar grünlich (→ S. 182).

Keys View ■ D 10
...weil der Blick bei klarem Wetter von hier im Joshua Tree National Park unendlich weit über die Colorado Desert und manchmal sogar bis nach Mexiko reicht (→ S. 143).

Lava Butte ■ C4
...weil man vom Gipfel dieses feuerroten Aschekegels sowohl die Cascade Range als auch die Wüste Oregons betrachten und dabei putzige Streifenhörnchen beobachten kann (→ S. 199).

Mount Constitution ■ C1
...weil vom Gipfel des kleinen Berges auf Orcas Island der Schneegipfel des Mount Baker und die San Juan Islands gleichzeitig zu sehen sind (→ S. 251).

San Marcos Pass ■ B10
...weil von hier bei Sonnenuntergang Santa Barbara in einem ganz anderen Licht erstrahlt (→ S. 315).

Space Needle ■ a1, S. 260
...weil man von hier sieht, wie klein Seattle eigentlich ist, und weil mit etwas Glück zwischen den Wolkenkratzern der Eisklotz des Mount Rainier am Horizont hervorschimmert (→ S. 269).

Twin Peaks (Foto) ■ A7
...weil man sich von hier einen Überblick über ganz San Francisco verschaffen kann (→ S. 117).

Nehmen Sie immer ein paar mehr Filme mit – die Aussichten an der Westküste sind einfach zu schön

Museen

Asian Art Museum

Ein Leckerbissen für Asienliebhaber: Der jüngst renovierte Bau im hübschen **Volunteer Park** zeigt eine der besten chinesischen und japanischen Sammlungen Amerikas (mindestens 1 Stunde).
1400 Prospect St. (nördlich des Zentrums)
Di–Sa 10–17, Do bis 21 Uhr
Eintritt 6 $, Kinder frei

Center For Wooden Boats

Ein Museum für Hobbysegler und Bootsleute: Über 100 Holzboote sind hier am **Lake Union** ausgestellt, darunter auch Kanus aus Nordamerika und Polynesien (ca. 1 Stunde). Auch Bootsvermietung für Paddeltouren auf dem See.
1010 Valley St. (nördlich des Zentrums)
Tgl. 12–18 Uhr
Eintritt frei

Klondike Gold Rush National Historical Park ■ c 4, S. 260

Kleines Museum, das die Geschichte des legendären Klondike Gold Rush im Jahre 1897 mit alten Fotos, Karten und Ausrüstungsgegenständen der Goldsucher erläutert.
117 South Main St.
Tgl. 9–17 Uhr
Eintritt frei

Museum of Flight

Seattles Rolle als Wiege der Luftfahrt wird in diesem Komplex gewürdigt. In der »Red Barn«, der ersten Boeing-Fabrikhalle aus dem Jahre 1909, sind rund 50 Originalflugzeuge von den Anfängen der Luftfahrt bis ins Zeitalter der Düsenjets ausgestellt. Schmuckstück ist die letzte erhaltene dreimotorige Boeing 80A

Der »Hammering Man«, die 15 Meter hohe Eisenskulptur, die auf das Seattle Museum of Art aufmerksam macht, hat einen Zwilling in Frankfurt am Main

aus dem Jahr 1929. Das Museum ist auch für Kinder spannend, denn sie können in die Cockpits steigen und Pilot spielen (mindestens 3 Stunden).
9404 East Marginal Way South
Tgl. 10–17, Do bis 21 Uhr
Eintritt 6 $, Kinder 3 $

Museum of History and Industry
Seattle, wie es einmal war und wie es sich entwickelte: Zu sehen sind alte Autos, Holzfällerwerkzeug, Modelle von Werften und Fabriken und eine Sonderausstellung über das verheerende Feuer von 1889 (mindestens 1 Stunde).
2700 24th Ave.
Tgl. 10–17 Uhr
Eintritt 5,50 $, Kinder 3 $

Seattle Art Museum ■ b 3, S. 260
Der »Hammering Man« weist den Weg: Der von Jonathan Borofski entworfene, 15 m hohe schwarze Arbeiter aus Eisen ist das Wahrzeichen des Museums. Der dreistöckige Bau wurde 1991 von Stararchitekt Robert Venturi erbaut und birgt vorwiegend indianische, afrikanische und asiatische Kunst. Die zweite Etage ist der zeitgenössischen Kunst vorbehalten (mindestens 2 Stunden).
100 University St.
Mo–So 10–17, Do bis 21 Uhr
Eintritt 6 $, Kinder 4 $

Thomas Burke Museum
■ b 3, S. 260
Das Universitätsmuseum widmet sich vor allem der Naturgeschichte, ein weiterer Schwerpunkt ist die Völkerkunde der Kulturen um den Nordpazifik – einschließlich indianischer Kunst der Nordwestküste.
17th Ave./45th St. N. E.
Tgl. 10–17 Uhr
Eintritt 3 $, Kinder 1,50 $

Essen und Trinken

Chinook's
Unkompliziertes Fischlokal in einer riesigen ehemaligen Lagerhalle im Fischereihafen am Nordrand der Innenstadt. Gekocht wird einfach, die Portionen sind riesig.
900 West Nickerson St.
Tel. (206) 283-4665
Mo–Do 11–22, Fr 11–23, Sa 7.30–23, So 7.30–22 Uhr
Mittlere Preisklasse

Costas
Gemütliches griechisches Lokal im Universitätsviertel mit authentischer Küche und jungem Publikum.
4559 University Way N. E.
Tel. (206) 633-2751
Tgl. 11–24 Uhr
Untere Preisklasse

Ernie's at Edgewater ■ a 2, S. 260
Hier wird die neue Cuisine des Nordwestens serviert, in eleganter Atmosphäre mit herrlichem Blick auf die Elliot Bay. Ernie's Restaurant im Pfahlbau-Hotel Edgewater (→ S. 263) hat sich zu einer der besten Adressen Seattles entwickelt. Selbstverständlich steht viel Fisch auf der Karte, pfiffig und phantasievoll zubereitet. Auch zum Frühstück oder Sonntagsbrunch empfehlenswert.
2411 Alaskan Way/Pier 67
Tel. (206) 728-7000
Tgl. 7–22 Uhr
Obere Preisklasse

Etta's ■ a 2, S. 260
»Strictly Seattle Seafood«, verspricht Etta's in seinen Annoncen, das heißt also Lachs, Lachs und nochmals Lachs. Von allen Seafood-Restaurants rund um den Pike Place Market bietet dieser Riesenschuppen an der

Kaffee – die neue Sucht

Früher war alles einfach – und für den Europäer fürchterlich. Wollte man in den USA Kaffee trinken, so gab es nur zwei Möglichkeiten: normalen (**regular**) oder entkoffeinierten (**decaf**) Kaffee. In Coffee-Shops, Restaurants, Supermärkten und Tankstellen standen zwei Warmhaltekannen, eine mit braunem, eine mit orangefarbenem Deckel. Drückte man oben drauf, spratzelte aus dem Zapfhahn eine dünne, wässrigbraune Flüssigkeit in den Pappbecher. Je nach Gusto tat man Milchpulver hinein, Zucker oder Süßstoff.

Heute ist alles anders, zumindest im Nordwesten. Es fing an im Jahre 1969, als die Gebrüder Stewart im Westward Center von Seattle eine Eisdiele mit Coffee-Shop eröffneten. Sie legten schon damals großen Wert auf Aroma. Zwei Jahre später eröffnete im Pike Place Market ein weiterer Kaffee-Spezialitätenladen: Starbuck's, ein Importeur und Röster von »Gourmet-Kaffeebohnen«. Schon bald kam Starbuck's auf die Idee, dem Kaffee einen zusätzlichen Geschmack zu verleihen. Man versetzte ihn mit allerlei Aromen wie Brombeere, Vanille, Kakao-Sahne oder Haselnuß. Der Gag kam an, Starbuck's expandierte und eröffnete Filialen im Umland. Mitte der Achtziger schließlich kam man auf die verblüffende Idee, Kaffee schlicht, aber intensiv nach Kaffee schmecken zu lassen – der Espresso hielt seinen Einzug im Nordwesten Amerikas. Trendsetter waren Starbuck's und als örtliche Konkurrenz die Brüder Stewart.

Mittlerweile gibt es in Seattle fast mehr Espresso-Bars als Hamburgerbuden. An fast jeder Tankstelle, in jedem Supermarkt, in Buchläden, Hotelfoyers, Peep-Shows, Kaufhäusern und Drugstores – überall brodeln und zischen die Espressomaschinen. Die Stewarts änderten werbewirksam ihren Firmennamen von »Stewart Brothers Coffee« in »Seattle's Best Coffee«, behielten somit das Kürzel »SBC« bei. SBC beliefert vorwiegend die Gastronomie, unterhält aber auch fünf Coffee-Shops, so etwa an der Ecke Pike Street/Post Alley beim Pike Place Market oder nach wie vor im Westlake Center, wo

USA Westküste extra

Sein Siegeszug ging sogar bis zum urwüchsigen North Cascades National Park: Der Espresso hat die Amerikaner im Sturm erobert

täglich über 1000 Tassen Espresso aus den Maschinen tröpfeln. Starbuck's ist immer noch im Pike Place Market vertreten – und heute der größte Spezialkaffeeröster der USA mit fast 700 Coffee-Bars überall im Lande.

Espresso ist in der Stadt der Koffeingenüsse längst nicht mehr nur Espresso. Angeboten werden der normale **Espresso**, der mit heißem Wasser verlängerte **Americano**, der **latte** mit heißer Milch, der **Cappuccino** mit geschäumter Milch, der **con panna** mit Sahnehäubchen und schließlich der **Mocha** mit geschäumter Milch, Schokosirup und ebenfalls einem Sahnehäubchen. Nicht zu vergessen: Ordert man einen **single**, enthält der nur einen Schuß Espresso, der **double** dagegen zwei. Und schließlich gibt es auch noch drei Tassengrößen: **short**, **tall** und **grande**.

Doch das Land der unbegrenzten Möglichkeiten bietet noch mehr. Hinzu kommen nämlich Kaffeespezialitäten, die das moderne Amerika fordert, also mit möglichst wenig Kalorien. So kreierte man den **skinny latte**, ein Latte mit entrahmter Milch. Doch auch hier gibt's noch eine Steigerung. Der absolut gesunde (und häufig verlangte) Kaffee ist ein **skinny decaf latte**, ein entkoffeinierter Latte mit entrahmter Milch. Der allerdings schmeckt dann so ähnlich wie vor zwanzig Jahren der **decaf** mit Milchpulver.

Waterkant die schmackhaftesten Zubereitungsarten des edlen Pazifikfisches.
2020 Western Ave.
Tel. (206) 443-6000
Tgl. 11–23 Uhr
Mittlere Preisklasse

Place Pigalle ■ b 3, S. 260
Die edelste Adresse im Pike Place Market. Serviert werden (natürlich) fangfrische Fische und Krustentiere, französisch zubereitet mit amerikanischem und asiatischem Einschlag. Die Weinkarte ist unschlagbar.
81 Pike St.
Tel. (206) 624-1756
Tgl. außer So 11–22 Uhr
Luxusklasse

The Poor Italian Café ■ b 2, S. 260
Die Speisekarte ist nicht groß, dafür wird täglich alles frisch zubereitet, man kann sogar dabei zusehen. Gekocht wird nämlich direkt hinter der langen Theke. Eine Seltenheit in Seattle: Es gibt eine Raucherzone!
2000 2nd Ave.
Tel. (206) 441-4313
Tgl. 11–23 Uhr
Mittlere Preisklasse

Rama on Post ■ b 3, S. 260
Thailändisch essen zu gehen ist eine Passion der Einwohner Seattles. Eines der besten Thai-Restaurants ist Rama on Post, zu empfehlen sind die frischen Fischgerichte.
83 Spring St.
Tel. (206) 340-9047
Mo–Fr 11–22, Sa 16–23 Uhr
Untere Preisklasse

Trattoria Mitchelli ■ c 4, S. 260
Alteingesessenes italienisches Ecklokal in mehreren mit Nippes vollgestopften Räumen nahe dem Pioneer Square. Die Atmosphäre ist urig, das Essen hervorragend.
84 Yesler Way
Tel. (206) 623-3883
Tgl. 7–4, Sa und So ab 8, So und Mo nur bis 23 Uhr
Mittlere Preisklasse

Triangle Tavern
Hier saßen schon in den Dreißigern schräge Gestalten bei Steaks und Blauen Bohnen. Seither wurde zwar modernisiert, doch behutsam, die Atmosphäre blieb erhalten. Die Küche ist amerikanisch-italienisch-asiatisch, das Publikum künstlerisch angehaucht.
3507 Fremont Place North
Tel. (206) 632-0880
Mo–Fr 10–23, Sa und So 17–23 Uhr
Untere Preisklasse

Einkaufen

Bon Marché ■ b 2, S. 260
Gepflegtes achtstöckiges Kaufhaus mitten in der Innenstadt, besonders günstig für exklusive Damen- und Herrenmode sowie Geschenkartikel.
3rd Ave./Pine St.

Bud's Jazz Records ■ c 4, S. 260
Das beste und größte Jazz-Angebot westlich von Chicago, darunter auch viele Raritäten.
102 South Jackson St.

The Cockpit
(→ Die 10 lohnendsten Einkaufsadressen, S. 226/227)

Elliott Bay Book Company ■ c 4, S. 260
Der größte Buchladen Seattles rühmt sich damit, 150 000 Titel auf Lager zu haben.
101 South Main St.

Golden Oldies
Eine riesige Auswahl gebrauchter CDs, Kassetten und LPs.
201 NE 45th St.

Northgate Mall
Großes Einkaufszentrum am Nordrand der Stadt mit Kaufhäusern und rund 120 Geschäften exklusiver Hersteller.
555 Northgate Mall/I-5

Pike Place Market ■ b3, S. 260
Hier findet sich an den vielen Kunsthandwerksständen immer ein hübsches Mitbringsel. Auch deutsche Zeitschriften und Zeitungen sind erhältlich. **Pike Place Fish** (→ Die 10 lohnendsten Einkaufsadressen, S. 226/227).
Western Ave./Pike St.

Ralph's Grocery & Deli
■ b2, S. 260
Ein riesiger Supermarkt mit Delikatessen, besten Weinen und allem, was der Mensch so braucht.
Geöffnet bis 2 Uhr nachts.
4th St./Lenora St.

R.E.I.
Der bekannteste Sportausrüster der Stadt: Zelte, Schläfsäcke, Kanus und Wanderschuhe bester Qualität. Auch Vermietung von Ausrüstung; dazu werden Hiking-Wochenenden, Paddel- und Kletterkurse angeboten.
1525 11th Ave.

SuperMall of the Great Northwest
170 Geschäfte von Markenherstellern, die ihre Ware weit unter Ladenpreis verschleudern. Günstig besonders für Jeans, Sportkleidung, Schuhe etc.
Auburn, etwa 50 km südlich nahe der SR 167

Den Abbruchkommandos nur knapp entgangen: Der Pike Place Market ist in seinem »zweiten Leben« eine Touristenattraktion

Am Abend

Seattle bietet das beste Nachtleben im ganzen Nordwesten. Was wo und wann los ist, erfahren Sie im Wochenblatt »The Stranger« sowie im Monatsmagazin »Where«, beide liegen kostenlos in Hotels und Kneipen aus. Zentrum für Live-Konzerte ist immer noch der **Pioneer Square** mit einem guten Dutzend Klubs. Gespielt wird alles, von Mellow Jazz bis Hard Rock. Tip: Der Stempel auf der Hand, den man beim Eintritt in einen Klub erhält, gilt den ganzen Abend über auch für die meisten anderen Klubs.

Gute Rockbands hören Sie zum Beispiel im **Crocodile Café** (2200 2nd Ave.), aus dem schon Größen der Grunge-Bewegung wie Nirvana oder R.E.M. hervorgingen. Ebenfalls gute Rock- sowie Rhythm-&-Blues-Bands bieten die typische, wunderbar schmuddelige Kneipe **Doc Maynard's** (610 1st Ave.) am Pioneer Square und **Eah's** (4720 University Way) im Univiertel. Rock aus der Jukebox und original amerikanische Riesenburger erwarten Sie im urigen **Palmers** (2034 3rd Ave.), Live-Jazz mit örtlichen Bands im **Belltown Billards** (90 Blanchard St.), einem großen Schuppen mit vielen Billiardtischen, in dem auch italienische Kost serviert wird. Viel feiner ist die Atmosphäre in **Dimitriou's Jazz Alley** (2066 6th Ave.), einem noblen Dinner-Klub, wie man ihn sonst nur in New York findet: gedämpftes Licht und hervorragende neuamerikanische Küche, dazu spielen die besten Jazzer Amerikas.

Für Disko-Gänger zu empfehlen sind Szeneklubs wie das bis 4 Uhr morgens geöffnete **Downunder**

Augen-, Ohren- und Gaumenschmaus in einem: In der nobel gestylten Dimitriou's Jazz Alley hört man die besten Jazzer und genießt neuamerikanische Küche

(2407 1st Ave.) oder das etwas gehobenere **Borderline** (124 South Washington St.).

Auch für klassische Künste ist Seattle bekannt; Symphonie, Ballett und Oper haben landesweit einen guten Ruf, die Theaterszene gilt als sehr experimentierfreudig. Die wichtigsten Bühnen, etwa die **Seattle Opera** (Tel. 389-7676) oder das **Bagley Wright Theater** (Tel. 443-2222), liegen im Seattle Center.

Karten können Sie unter Angabe der Kreditkartennummer auch beim **Pacific Northwest Ticket Service** bestellen (Tel. 232-0150), Tickets zum halben Preis gibt es für denselben Abend bei **Ticket/Ticket** (Tel. 324-2744).

Service

Seattle/King County Convention & Visitors Bureau

■ c 2, S. 260

Ein Besucherzentrum am Convention Place ist Mo–Fr 8.30–17 Uhr und im Sommer auch Sa/So 10–16 Uhr geöffnet. Im Visitors Bureau ist kostenlos das **Seattle Coupon Book** erhältlich, eine Broschüre mit über 50 Coupons, die in Hotels, Restaurants, Museen etc. zu Preisnachlässen verhelfen.
Postadresse: 520 Pike St., Suite 1300
Seattle, WA 98101
Tel. (206) 461-5840, Fax 461-5855

National Park Service/US Forest Service Outdoor Recreation Information Center

Diese Infostelle für alle Nationalparks und Forests im Staat Washington ist die beste Anlaufstelle für Aktivurlauber.

Es gibt Karten, Trailguides und Broschüren für alle Schutzgebiete, Auskunft über den Zustand der Wege und Tips für Reservierungen in den Campingplätzen.
915 2nd Ave., Suite 442
Seattle, WA 98174
Tel. (206) 220-7450

Öffentliche Verkehrsmittel

Mehrere Fahrgesellschaften verkehren von Seattle ins kanadische Victoria, z. B. **Victoria Clipper** (Tel. 448-5000), und bieten auch die Möglichkeit für einen Tagesausflug. In Downtown kann man bequem zu Fuß unterwegs sein, aber auch das **Busnetz** ist sehr dicht – und in Downtown von 6 bis 19 Uhr kostenlos zu benutzen.

Entlang der Waterfront verkehren alle 20 Minuten historische **Street Cars** aus den dreißiger Jahren.

Die 1962 erbaute Magnetbahn **Monorail** fährt auf einer 1,5 km langen Strecke von Westlake Mall im Norden der City bis zum Seattle Center, Fahrpreis 90 ¢.

Stadtrundfahrten/Stadtrundgänge

Eine Alternative zu den üblichen geführten Stadtrundfahrten zum Beispiel mit **Gray Line** (Tel. 626-5208) sind die **Seattle Trolley Tours**, deren offene Oldtimer-Busse auf fester Route alle größeren Sehenswürdigkeiten ansteuern. Nach Belieben können Sie den ganzen Tag über zu- und aussteigen (11 $).

Eine (nicht ganz ernstzunehmende) Wanderung durch die Katakomben unter dem Pioneer Square bietet **Bill Speidel's Underground Tour** für 5,50 $; Abmarsch ist am Doc Maynard's Public House (610 1st Ave., Reservierung unter Tel. 682-4646).

Hafenrundfahrten veranstalten **Seattle Harbor Tours** (11,55 $; Abfahrt am Pier 55) und – mit Lunch oder Dinner – **Spirit of Puget Sound** (28–50 $; vom Pier 70).

USA Westküste spezial

Die rauhe Pazifikbrandung an der Westküste ist für Wassersportler eine echte Herausforderung: Am häufigsten toben sich Surfer in den Wellen aus, aber auch Jetski-Fahrer sind hier, wie man sieht, in ihrem Element

4
PONY

Der Kampf um das Ei aus Leder ist in Amerika ein Volkssport – und hat auch in Europa mittlerweile viele Anhänger. Die Regeln zu durchblicken ist zwar nicht ganz einfach – aber keine Sorge: Der Besuch eines Spiels ist schon aufgrund der spannungsgeladenen Atmosphäre unvergeßlich

So recht was für Autonarren: In der Oregon Dunes National Recreation Area nahe Reedsport kann man mit Buggies durch die bis zu hundert Meter hohen Dünen kurven

Musikfestivals, Goldgräbertage, mexikanische Fiestas – gefeiert wird ständig an der Westküste, und dies am liebsten unter freiem Himmel. Vor allem im Sommer sind die »Calenders of Events« prall gefüllt mit Terminen.

Die Amerikaner lieben Paraden. Ob zum Seafood-Festival oder zu traditionellen Pioniertagen, marschiert wird fast immer: Von der Highschool-Band über den Veteranenklub bis hin zur örtlichen Schwulenvereinigung sind alle mit Begeisterung dabei. Ein Anlaß findet sich immer, und wenn es ein Froschweitspringen ist wie etwa Mitte Mai im Goldgräbernest Angels Camp.

Daneben gibt es aber auch einige Termine, an denen landauf landab in jeder größeren Stadt ein Fest ausgerichtet wird. Am 17. März feiern die Iren den **St. Patricks Day**, und grünes Bier fließt in Strömen. Am **5. Mai** bejubeln die Mexikaner Kaliforniens mit rauschenden Fiestas ihren Nationalfeiertag, und am 4. Juli krachen anläßlich des **Unabhängigkeitstags** allerorts Feuerwerke. Am 31. Oktober ziehen zu **Halloween** die Kinder verkleidet durch die Straßen, und am **Thanksgiving Day**, dem 4. Donnerstag im November, versammeln sich die Familien zum Truthahnessen.

Weihnachten in San Francisco: kein Schnee, aber dafür ein riesiger, nicht zu knapp geschmückter Tannenbaum an der Fischerman's Wharf

Januar

New Year's Day Swim ■ A 7

Etwas für Extremisten: Wer genug abgehärtet ist, schwimmt von Alcatraz durch die Bucht nach San Francisco.
1. Januar

Chinese New Year ■ A 7/C 10/C 3

Neujahrsfeier der Chinesen mit Drachen und Feuerwerk: Der größte Umzug ist in der Chinatown von San Francisco, aber auch in Los Angeles und Portland wird gefeiert.
Ende Januar oder Februar

März

Snowfest in Tahoe City/Truckee ■ c 1, S. 318

Zehn Tage lang wird am Lake Tahoe in der Sierra Nevada das größte Winterfestival des Westens zelebriert.
Anfang März

Harvest and Wildflower Festival ■ D 10

Großes Frühjahrsfest mit Musik und einem Umzug in Palm Springs.
Ende März/Anfang April

April

LA Fiesta Broadway ■ c 1, S. 176

Downtown Los Angeles wird zur Bühne mexikanischer Mariachi-Bands und bunter Umzüge.
Anfang April

Fisherman's Festival ■ A 7

Fischerfest mit viel Musik, Essen und Bootsparade rund um den Hafen von Bodega Bay bei San Francisco.
Mitte April

Rhododendron-Festival, Eureka ■ A 5

Riesiges Blumenfest mit Paraden und Musik im Humboldt County.
Ende April/Anfang Mai

Mai

La Fiesta de San Luis Obispo ■ B 9

Straßenfest im spanischen Stil mit Paraden, Musik und Tanz.
Mitte Mai

Waterfront Festival & Boat Show ■ C 1

Riesiges Fest am Hafen von Anacortes in Washington mit Seafood-Markt, einer Bootsparade und Konzerten.
Mitte Mai

Il Madonnari ■ B 10

Über 200 meist italienische Straßenmaler zeigen ihre Künste in der Innenstadt von Santa Barbara.
Ende Mai

Sacramento Jazz Jubilee ■ B 7

Das größte Dixieland Jazz Festival der Welt, an dem mehr als hundert Bands teilnehmen.
Ende Mai

Juni

Sand Castle Contest ■ B 2

Am breiten Strand von Cannon Beach in Oregon türmen sich die Sandburgen.
Anfang Juni

Salty Sea Days in Everett ■ C 1

Umzüge, Bootsparaden und Oldtimershows sind die Highlights des Stadtfestes in Everett, Washington.
Anfang Juni

Tent Town Diggins 1852 ■ b 2, S. 318

Goldgräberfest mit historischer Parade und Jahrmarkt in der alten Pionierstadt Columbia.
Anfang Juni

Grunge – Musik gegen den Trend

Seattle, eine aufstrebende Stadt, voll im Trend, Wiege moderner Düsenjets und Geburtsort von Microsoft, jener Softwarefirma von Bill Gates, der mittlerweile als einer der reichsten Männer Amerikas gilt. Die High-Tech-Stadt bietet alle Möglichkeiten, man muß nur jung sein, intelligent, pfiffig, anpassungsfähig, mobil und belastbar. Und man muß nur wollen.

Gegen diesen allgemeinen Trend entwickelte sich ab Mitte der achtziger Jahre eine Jugendbewegung, die eben all dies nicht wollte. »Grunge« hieß der Slangbegriff, der in Anlehnung an Worte wie »grouchy« und »grumpy« (mißmutig, mürrisch) gebildet wurde. Grunge, das bedeutete bewußt anders zu sein, lange Flanellhemden und einen leichten Schmutzrand unter den Fingernägeln zu tragen, statt Lasagne und Hamburger lieber Dosenravioli und Corned beef zu essen, auf Luxus, Erfolg und Karriere zu verzichten – und auf eine ehrliche Rockmusik zu stehen. In unzähligen Garagen und Kaschemmen in Seattle entwickelten Jugendbands einen eigenen Musikstil, eine Mischung aus zurückhaltendem Punk und gemäßigtem Metal mit melancholischen Weltuntergangstexten. Man lehnte sich auf gegen Konsum und Kommerz, man antwortete auf die alltägliche Floskel »Wie geht's« mit »schlecht«. Die Depression wurde hoffähig, und die Siebziger wurden wiederbelebt, man näherte sich The Who und deren Lebensgefühl.

Schnell wurde der neue Stil akzeptiert. Gruppen wie Nirvana, Alice in Chains, Soundgarden und Pearl Jam feierten urplötzlich Erfolge – doch eigenartigerweise nicht in Seattle, sondern weit weg an der Ostküste, sogar im fernen London. Als sich im europäischen Programm des Musiksenders MTV die Moderatoren schon im Grunge-Flanellhemd lümmelten, hatte der Durchschnittsbürger in Seattle noch immer nichts von Grunge gehört. Nur zögerlich begannen dann Clubs wie das »Crocodile Café« (2200 2nd Avenue), »RKCNDY« (1812 Yale Avenue) oder »Off Ramp« (109 Eastlake Avenue East) die Grunger ins Programm zu nehmen.

Doch nun geschah, was in der heutigen Welt immer geschieht – Grunge wurde kom-

USA Westküste extra

Er verkörperte wie kein anderer die Grunge-Bewegung: Kurt Cobain, Sänger der Band Nirvana

merzialisiert. Nirvana verkaufte weltweit über 15 Mio. Platten, Designer entwarfen Edel-Flanellhemden, Dosenravioli entwickelten sich zum Fashionfood. Der Aufstand gegen das Establishment wurde zur leichten Muse, die Bewegung zum MTV-Programm. Nirvana-Sänger Kurt Cobain galt plötzlich als Weltstar, dabei hatte er doch genau das eigentlich nie gewollt. Er wollte aufmucken, provozieren, wachrütteln. Cobain tat das aus seiner Sicht einzig Konsequente. Im April 1994 schoß er sich eine Kugel in den Kopf – und die Kids weltweit trauerten. Cobain in seinem Abschiedsbrief: »Ich spüre keine Leidenschaft mehr, das schlimmste Verbrechen ist, etwas vorzutäuschen.« Des Sängers Asche wurde in den Bergen Washingtons und in Indien verstreut, sein Mythos lebt weiter.

Der Tod Cobains trieb die Verkaufszahlen erst recht nach oben. Mittlerweile ist Grunge ein gängiger Musikstil, Dutzende von Bands suchen in Seattle den großen Erfolg – und die regnerische Trendstadt im grünen Nordwesten wurde auch in kultureller Hinsicht neuer Dreh- und Angelpunkt Amerikas. Grunge ist mittlerweile an der ganzen Westküste ein arrivierter Musikstil – doch irgendwo in den Garagen von Seattle oder Portland basteln die Kids bestimmt schon am nächsten Trend.

Haight Street Fair in San Francisco ■ A 7
Verrücktes Straßenfest im alten Hippie-Viertel Haight-Ashbury.
Zweites Wochenende im Juni

Portland Rose Festival ■ C 3
Die »Stadt der Rosen« feiert mit einer gigantischen Blumenparade.
Zweites Wochenende im Juni

Graffiti USA in Modesto ■ B 8
Das Farmerstädtchen war Kulisse für den Kultfilm »American Graffiti« und feiert nun alljährlich die »Fifties« mit Cruising-Paraden und Rock'n' Roll.
Mitte Juni

Pier Summer Kite Festival ■ a 2, S. 176
Bunte Drachen schmücken den Himmel über dem Pazifik in Santa Monica.
Mitte Juni

Lompoc Valley Flower Festival ■ B 9
Kaliforniens Stadt der Blumen richtet eine große Parade aus.
Mitte Juni

Treaty Days Celebration ■ C 3
Großes Powwow der Indianer in der Warm Springs Reservation in Oregon.
Mitte Juni

Wagon Train Week in Placerville ■ B 7
Zum Gedenken an die Pionierzeit fährt ein historischer Planwagentreck von Nevada nach Placerville.
Mitte Juni

Outdoor Summer Art Festival in Carmel ■ B 8
Einheimische Künstler zeigen auf einem großen Straßenfest ihre Werke.
Ende Juni

Lesbian and Gay Freedom Parade ■ c 6/e 4, S. 108
Großer farbenprächtiger Umzug der Schwulen und Lesben auf der Market Street in San Francisco.
Letzter Sonntag im Juni

Juli

World Championship Timber Carnival ■ B 3
In Albany, Oregon, hacken die Holzfäller um die Wette.
Am Wochenende des 4. Juli

Salmon Barbecue in Fort Bragg ■ A 6
Fest der Lachsfangflotte im Fischerhafen des nordkalifornischen Ortes.
Samstag nach dem 4. Juli

Festival of Bells in San Diego ■ C 11
Volksfest zum Gedenken an die Gründung der Mission San Diego.
Mitte Juli

California Rodeo in Salinas ■ a 3, S. 318
Die Ranchstadt lädt Profi-Cowboys aus aller Welt zum wilden Ritt auf den Broncos und Bullen.
Mitte Juli

Seattle Seafair ■ C 2
Dreiwöchiges Volksfest an der Waterkant von Seattle mit Umzügen, viel Seafood und Musik.
Zweite Julihälfte

Gilroy Garlic Festival ■ B 8
Kein Fest für Vampire: Zwei Tage lang dreht sich im kalifornischen Gilroy alles um die Knoblauchzehe.
Ende Juli

Good Time Jazz Festival ▪ C 1
In Friday Harbour auf San Juan Island, Washington, treffen sich die Jazzfans zu drei Tagen Jamsessions mit internationalen Bands.
Letztes Wochenende im Juli

August
Old Spanish Days Fiesta in Santa Barbara ▪ B 10
Fünf Tage feiert Santa Barbara mit Musik und spanischen Märkten ihre Gründung durch die Patres vor 200 Jahren.
Anfang August

Reggae on the River ▪ A 6
Riesiges Reggae-Festival im Flußbett des Eel River nahe der Marihuana-Stadt Garberville.
Anfang August

Logger' Jubilee in Morton ▪ C 2
Das Städtchen am Fuße des Mount Rainier richtet alljährlich das größte Holzfällerfest Washingtons aus: mit großem Wettsägen und Balancierwettbewerb auf einem Stamm im Wasser.
Zweites Wochenende im August

International Kite Festival ▪ B 2
An Wind mangelt es hier schließlich nie: Beim großen Drachenfest in Long Beach, Washington, sind die verrücktesten Drachen zu bewundern.
Ende August

September
Ellensburg Rodeo ▪ D 2
Der Treff für Cowboys und Indianer im Staate Washington: Rodeo, Paraden, indianische Tänze im Städtchen Ellensburg bei Yakima.
Erstes Wochenende im September

Pendleton Round-Up ▪ E 3
Das Städtchen Pendleton im Osten Oregons richtet das schönste und größte Rodeo des Nordwestens aus.
Anfang September

Russian River Jazz Festival ▪ A 7
Das Städtchen Guerneville nördlich von San Francisco richtet eines der renommiertesten Jazzfestivals der Westküste aus.
Zweites Wochenende im September

Monterey Jazz Festival ▪ A 8
Immer noch eines der berühmtesten der Welt (Karten unter Tel. 408/373-3366).
Mitte September

November
Dia de los Muertos
In den mexikanischen Vierteln von Los Angeles, San Diego und San Francisco werden zu Allerheiligen die Toten mit Prozessionen, Maskentänzen und Fiestas geehrt.
1./2. November

Hollywood Christmas Parade ▪ c 1, S. 176
Verrückter Weihnachtsumzug mit Filmstars, Promis und Nikolaus.
Letztes Novemberwochenende

Dezember
Christmas Parades
Viele Hafenorte an der Westküste veranstalten an den Wochenenden im Dezember Paraden mit buntbeleuchteten Yachten, z. B. Marina del Rey, San Diego und Portland.
An Land werden vor allem die Innenstädte der kleinen viktorianischen Orte prächtig geschmückt. Die größte Show in der Weihnachtszeit ist die »Rose Bowl Parade« in Pasadena am 1. Januar.

Sehr im Trend liegen heute vor allem Sprachkurse im schicken Kalifornien. Für alle anderen Fortbildungsaktivitäten sollten Sie gute Englischkenntnisse mitbringen. Empfehlenswert sind in den so reich mit spektakulärer Natur gesegneten Staaten der Westküste ganz besonders die naturkundlichen Seminare und Workshops.

Kurse für Hobby-Ornithologen, wissenschaftliche Beobachtung von Schwertwalen oder Robben, »workstays« als Hilfs-Ranger in einem Naturpark oder National Forest – das Angebot an naturorientierten Fortbildungsmöglichkeiten ist groß. Gute Auskunftsstellen hierfür sind zum Beispiel die Büros der National und State Parks.

Daneben gibt es aber in vielen Orten auch zahlreiche andere Optionen für spezielle Interessen – und bei ausreichenden Englischkenntnissen: Schauspielkurse in Hollywood etwa, New-Age-Seminare in San Francisco, Malkurse in Laguna Beach oder Weinseminare im Napa Valley. Wenn Sie solch spezielle Interessen haben, können Sie bei den örtlichen Chambers of Commerce nachfragen und sich Adressen der jeweiligen Veranstalter schicken lassen.

Fast alle Städte besitzen außerdem **Community Colleges**, Volkshochschulen, die manche Kurse auch als mehrtägige oder einwöchige Kompaktseminare anbieten. Wenn Sie längere Zeit in einer Stadt zubringen werden – etwa bei einem Verwandtenbesuch –, lohnt es sich, vorab den Katalog des örtlichen Colleges zu bestellen und eventuell einen der meist relativ preiswerten Kurse zu belegen.

Die Natur der Westküste ist mehr als eindrucksvoll, auch im Detail – doch es ist nicht selbstverständlich, daß das auch so bleibt. Was beispielsweise die stacheligen Wüstenbewohner brauchen, um Jahr für Jahr so schöne Blüten zu tragen, können Sie in naturkundlichen Kursen lernen

Naturkundliche Kurse

Earthwatch
Diese gemeinnützige Organisation bietet Forschungs- und Studienkurse auf vielerlei Gebieten: Archäologie, Tierschutz oder auch Ökologie. Im Puget Sound bei Seattle z. B. können die Projektteilnehmer beim Studium und der Identifikation der Orca-Wale mitmachen. Kontaktadresse ist:
Earthwatch Deutschland
Rissener Landstr. 193
22599 Hamburg
Tel. 0 40/81 02 35, Fax 81 03 48

Olympic Park Institute ■ C 1
Die Einrichtung veranstaltet naturkundliche Seminare, Wanderungen und Kanutouren im Olympic National Park. Ähnliche Einrichtungen haben die meisten Nationalparks.
111 Barnes Point Rd.
Port Angeles, WA 98363
Tel. (360) 928-3720, Fax 928-3046

Pacific Crest Outward Bound School ■ C 3
Renommierte Organisation mit breitem Angebot an Erlebniskursen im gesamten Westen: Wildnistouren, Wanderungen, Raft-Expeditionen etc.
0110 S. W. Bancroft St.
Portland, OR 97201
Tel. (503) 243-1446, Fax 274-7723

Sierra Club Outings
Der größte Naturschutzverband Amerikas bietet eine breite Palette von naturkundlichen Kursen, Workshops, Aufräumaktionen und preisgünstigen Touren in der gesamten Westküsten-Region an. Lassen Sie sich einen Katalog schicken.
730 Polk St.
San Francisco, CA 94109
Tel. (415) 923-5630, Fax 923-0636

USDA Forest Service Public Affairs
Die staatliche Forstverwaltung bietet zahlreiche Programme für »voluntary rangers«: Tierbeobachtung, archäologische Ausgrabungen und verschiedene Forschungsprojekte, Forstarbeiten, Campingplatzbetreuung oder auch Wegebau. Schreiben Sie an das Hauptquartier, und fragen Sie nach Programmen in der jeweiligen Region, an der Sie interessiert sind.
P. O. Box 96090
Washington, DC 20090-6090
Tel. (202) 205-1760, Fax 205-0885

Sprachkurse

Wo wäre die Motivation größer, so ganz nebenbei auch noch Englisch zu lernen, als in der Traumstadt San Francisco oder in einem der schicken Surferstädtchen in Südkalifornien? Die Veranstalter von Sprachreisen haben den Trend längst erkannt. Während früher die Sprachkurse meist nur in London oder Südengland angeboten wurden, haben viele Anbieter heute ihre Angebote auf die USA ausgedehnt – und die Schulungsorte liegen zumeist in Kalifornien. Nach Unterrichtsende kann man dann gleich die amerikanische Umgangssprache üben oder noch etwas Surfer-Talk lernen.

Fachverband Deutscher Sprachreise-Veranstalter e. V.
Der Verband verschickt zusammen mit dem »Ratgeber Sprachreisen« (Schutzgebühr 5 DM) eine Liste der Anbieter von Sprachkursen in den Vereinigten Staaten.
Hauptstr. 26
63811 Stockstadt/Main
Tel. 0 60 27/27 90, Fax 41 88 47

Ob Radfahren, Bergsteigen oder Surfen, Wandern oder Golfen – es gibt kaum eine Sportart, für die Sie an der Westküste nicht die optimalen Bedingungen vorfinden. Eine herrliche Naturkulisse gehört als Extralohn für die sportlichen Anstrengungen immer dazu. Und wenn Sie sportlich im Trend liegen wollen, müssen Sie ohnehin hierher: An der Westküste entstanden sämtliche neuen Sportarten der vergangenen Jahre – vom Rollerblading bis zum Snowboarding.

Die breiteste Palette von Möglichkeiten für den Aktivurlaub bietet unbestritten **Kalifornien**, das Land des Jugendkults und der Fitneßwelle. Vom Wüstenwandern bis zum Tauchen, vom Bodybuilding im Club von Arnold Schwarzenegger bis zum Surfen wird hier alles geboten. Jedes nur etwas größere Hotel hat mindestens einen eigenen Fitneßclub, dazu häufig Tennisplätze und oft sogar einen eigenen Golfplatz.

Weiter nördlich in **Oregon** und **Washington** wird es wilder, uriger, ursprünglicher – und entsprechend sind dort auch die Sportarten: Rafting auf Wildwasserflüssen, Mountainbiking, Angeln, lange Bergwanderungen entlang der rauhen Küsten und in den Cascade Mountains. Auch hier läßt die Infrastruktur kaum Wünsche offen: In vielen **rental shops** bekommen Sie Mieträder, Surfboards und anderes Gerät. Zahlreiche kleine örtliche Veranstalter haben sich auf spezielle Sportarten wie Tauchen, Klettern oder Rafting eingestellt und bieten auch geführte Touren an. Infos bei den örtlichen Visitors Bureaus (→ Die Westküste der USA und ihre Orte).

Kleinere Touren und sportliche Aktivitäten für nur einige Stunden können Sie meist problemlos vor Ort buchen oder dafür Ausrüstung mieten. In den »rental shops« bekommen Sie auch Tips und Karten für die jeweilige Region. Alle längeren Unternehmungen wie etwa Rafting-Trips oder mehrtägige Radtouren in die Wildnis sollten Sie dagegen unbedingt einige Monate vorab bei den Veranstaltern reservieren. Nicht nur, weil sie sonst ausgebucht sind, sondern auch, weil einige Tage oder gar Wochen im unwegsamen Hinterland spezielle Planung und Ausrüstung erfordern – Amerikas Westen ist über weite Strecken viel einsamer und rauher als jedes noch so abgelegene Alpental im seit Jahrhunderten besiedelten Europa.

Bergsteigen

Die schönsten Kletterreviere Amerikas liegen in den Staaten der Westküste: Aus aller Welt kommen die Freeclimber, um sich an der fast 1000 m hohen Steilwand des El Capitan im **Yosemite National Park** zu versuchen oder um an den griffigen Granitfelsen des **Joshua Tree National Park** neue Techniken zu trainieren. Weiter nördlich warten in Oregon zum Beispiel der **Smith Rock** bei Bend oder die Gletscherrouten am **Mount Rainier**. Viele der besseren Kletterausrüster bieten Trainings-»Clinics« und geführte Touren an, zum Beispiel R.E.I. in Seattle (→ S. 277).

Auf den rauhen Granitfelsen im Hidden Valley des Joshua Tree National Monument haben die Kletterer ihren Sport gut im Griff

Fahrradfahren

Aufgrund der großen Entfernungen sollten Sie sich möglichst immer nur Teilstücke der Küstenhighways für eine Radtour aussuchen, etwa die zentrale Küste Oregons oder den **Highway One** von Monterey bis San Luis Obispo. Auch im Hinterland gibt es gute Strecken, zum Beispiel die Region um den **Lake Tahoe** oder den **Cascade Lakes Highway** in Oregon. Ausrüstung und Mieträder bekommen Sie bei den Bike-Shops in Seattle, Monterey und Portland, die auch gutes Kartenmaterial und Tips für die Touren bereithalten.

Mountainbiking ist vor allem auf den alten Forststraßen der **Sierra Nevada** und der **Cascades** beliebt. Auch hier finden Sie heute überall in den kleinen Orten Radverleiher, so daß auch eine Tagestour per Rad während einer längeren Rundfahrt mühelos einzuplanen ist.

Die 10 reizvollsten Wanderreviere

Cape Flattery ■ C 1
…weil man rund um das Nordkap der Olympic Peninsula kilometerweit am tosenden Pazifik entlangwandern kann (→ S. 245).

Ecola State Park ■ B 2
…weil um das Kap von Tillamook Head an der Nordküste Oregons die wildesten Felsen aus dem Meer ragen und man schöne Buchten entdecken kann (→ S. 203).

Hurricane Ridge ■ C 1
…weil man hier von den Blumenwiesen hoch oben im Olympic National Park bis hinüber nach Kanada sehen kann (→ S. 247).

Joshua Tree National Park ■ D 10
…weil im Frühjahr die Wüste so prachtvoll blüht und die bizarren Joshua Trees eine herrliche Kulisse abgeben (→ S. 143).

Mount St. Helens (Foto) ■ C 2

...weil man in der bizarren Aschelandschaft immer noch etwas von der Urgewalt des Vulkanausbruchs im Jahre 1980 spüren kann (→ S. 241).

North Cascades National Park ■ D 1

...weil man hier vor dem Liberty Bell Mountain eines der schönsten Bergpanoramen des Nordwestens vor Augen hat (→ S. 242).

Oregon Dunes National Recreation Area ■ B 4

...weil man zwischen den gewaltigen Wanderdünen mitten in Oregon glaubt, in der Sahara zu sein – und dann urplötzlich am rauschenden Meer steht (→ S. 208).

Redwood National Park ■ A 5

...weil die Wanderwege sowohl entlang der Küste Nordkaliforniens als auch durch geheimnisvoll düstere Redwood-Wälder führen (→ S. 90).

Sequoia National Park/ Kings Canyon ■ C 8/C 9

...weil nur ein ganz kleiner Teil der beiden Parks durch Straßen erschlossen ist und man die schönsten Ausblicke über die Sierra Nevada ganz in Ruhe erleben kann (→ S. 168).

Yosemite National Park ■ C 8

...weil sich im schönsten Wandergebiet Kaliforniens trotz der vielen Besucher immer noch ein ruhiger Trail finden läßt, zum Beispiel der zum Elizabeth Lake, der von der Tioga Pass Road abzweigt (→ S. 102).

Für längere Wandertouren sollten Sie sich immer bei einem Ranger abmelden und ihn über Ihre Route informieren

Golf

Golfen ist – im Gegensatz zu Europa – in Amerika mittlerweile Volkssport, und fast jeder noch so kleine Ort hat einen eigenen – zumeist öffentlichen – Platz, der auch von Nichtmitgliedern für 20 bis 40 $ Gebühr bespielt werden kann.

Die Privatplätze der großen, berühmten Golf-Resorts von San Diego, Palm Springs oder Monterey/Carmel sind zwar teurer, gelten aber als absolute Traumziele für jeden passionierten Golfer – so etwa der **Pebble Beach Golf Course** auf der Monterey Peninsula, einer der besten Plätze der Welt.

La Costa Resort & Spa ■ C 11
Großes Sporthotel mit zwei 18-Loch-Golfplätzen und guter Golfschule.
Costa del Mar Rd.
Carlsbad, CA 92009
Tel. (619) 438-9111, Fax 438-9007
480 Zimmer
Obere Preisklasse

Rafting

In den letzten zehn Jahren hat sich das Wildwasserfahren mit Schlauchbooten zur Trendsportart gemausert. Vor allem der **American River** in der Sierra Nevada und der **Rogue River** in Südoregon bieten beste Bedingungen für spritzige Tagestouren, aber auch für längere Flußfahrten durch die Berge.

River Adventure Float Trips ■ B 5
Bietet organisierte mehrtägige Schlauchboottouren auf dem Rogue River an.
P. O. Box 841
Grants Pass, OR 97526
Tel. (541) 476-6493, Fax 479-5634

Reiten

Trailriding heißt das Zauberwort für alle Pferdebegeisterten im Westen. Immer wieder lockt ein Schild entlang der Highways im Hinterland zu einem Ausflug hoch zu Roß. Große Reitkenntnisse sind dazu gar nicht nötig, denn auf dem breiten Westernsattel sitzt man bequem, die Gangart bei den Trailrides ist eher gemächlich, und die Pferde sind meist lammfromm. Wenn Sie dagegen schon gut reiten können, sollten Sie den Wranglers Bescheid sagen und ganz nach eigenem Gusto einen Ausritt buchen.

Neben den einfachen Trailrides gibt es aber vor allem in Nordkalifornien und im Osten Oregons auch echte Ranches, auf denen man für einige Tage oder eine Woche rustikalen Westernurlaub machen kann. Man hilft den Cowboys bei der Rancharbeit, schläft in urigen Blockhütten und kann vielleicht sogar bei einem richtigen »cattle drive« mitmachen.

Ponderosa Cattle Co. ■ D 4
Große Rinderranch im wüstenhaften Osten Oregons mit schönen Blockhütten. Reiten kann man den ganzen Tag.
P. O. Box 190
Seneca, OR 97873
Tel. (541) 542-2403, Fax 542-2713

Skifahren/Snowboarding

Obwohl Kalifornien eher für seine Strände bekannt ist, kann es mit einigen der besten und größten Skigebiete Amerikas aufwarten.

Allein rund um den **Lake Tahoe** liegen etwa zehn Skiberge, auf denen sich zwischen Ende November und Anfang Mai die Ski-Schickeria aus San Francisco tummelt. Berühmtestes Skiresort ist **Squaw Valley**, wo 1960 die Olympischen Winterspiele stattfanden. Das größte Pistenrevier ist mit rund 6000 Hektar Fläche **Heavenly Valley** am Südende des Sees, und auf der **Donner Ski Ranch** treffen sich die Cracks der Snowboard-Szene. Am weißen Pulver mangelt es selten – 18 m Schneefall sind in der Sierra Nevada der jährliche Durchschnitt, in **Mammoth** an der Ostflanke der Berge kann man sogar noch bis Anfang Juli Ski fahren.

Auch die Pisten weiter nördlich sind nicht zu verachten: **Mount Hood** und **Mount Bachelor** sind die wichtigsten Skiberge in Oregon.

In Washington können Sie am Rand des **Mount Rainier National Park** mit Blick auf den mächtigen Vulkangipfel über die Hänge wedeln, und der **Mount Baker** in den nördlichen Cascades gilt als Geheimtip der Snowboarder.

Surfen/Windsurfen

Seit die Beach Boys die Surfszene in ihren Songs verewigt haben, steht das Wellenreiten als Symbol für das Lebensgefühl der Westküste schlechthin. Und an den Stränden von **Santa Barbara** und **Huntington Beach** ist das »easy living« auch heute noch spürbar. Mit etwas Kondition und Gleichgewichtsgefühl lohnt es sich durchaus, sich mal testweise auf ein Leihbrett zu stellen – ein Beachboy, der Tips gibt, findet sich immer, und abends in der Strandbar werden dann Erfahrungen ausgetauscht.

Auch wenn braungebrannte Surfer das kalifornische Lebensgefühl schlechthin verkörpern – in den nördlicheren Gefilden des Staates ist der »Nationalsport« ohne Neoprenanzug kein Vergnügen

Windsurfen ist als Sport nicht so weit verbreitet wie das Wellenreiten. Nur eine Region, die **Columbia Gorge** in Oregon (→ S. 204), ist wirklich als Windsurf-Paradies bekannt. Die Steilwände der Schlucht sorgen den Sommer über für starke Fallwinde und ideale Surfbedingungen.

Tauchen

Vor allem Südkalifornien ist ein ungewöhnliches und interessantes Tauchziel: Vor der Küste gibt es hier riesige **kelp beds**, richtiggehende Wälder aus langen Tangsträngen, zwischen denen sich Robben und Otter tummeln. Die Firma **Island Packers** (→ S. 138) bietet Tauchtouren zu den Kelpbetten im **Channel Islands National Park** an, aber auch von San Diego und Santa Barbara aus werden Tauchgänge veranstaltet.

Wandern

Die besten Wandermöglichkeiten finden Sie in den National und State Parks, wo die Ranger ein weitgespanntes Netz von Trails unterhalten. Besonders die **Yosemite**, **Mount Rainier** und **Olympic National Parks** sind als gute Hiking-Reviere bekannt, aber auch die Wüstenparks Südkaliforniens wie **Anza Borrego** und **Yoshua Tree** bieten gute Pfade durch die spektakulären Fels- und Kakteenlandschaften.

Für Tageswanderungen sind meist keine besonderen Vorbereitungen nötig. Mehrtägige Touren wollen dagegen gut geplant sein, denn Hütten im Hinterland wie etwa in den Alpen sind fast unbekannt. Hiking bedeutet in Amerika, mit Rucksack und Zelt in die Wildnis zu ziehen. Alles muß mitgebracht und jeder Müll auch wieder zurückgetragen werden. Für längere Wanderungen sollten Sie sich unbedingt bei den zuständigen Rangers oder bei der nächsten Forststation abmelden und Ihre Route angeben. Falls Sie überfällig sind, kann dann ein Suchtrupp losgeschickt werden.

Besonders beliebt ist als großer Fernwanderweg übrigens der **Pacific Crest Trail**, der von der kanadischen Grenze bis nach Mexiko am Grat der Cascades und der Sierra Nevada entlangführt (→ Die 10 reizvollsten Wanderreviere, S. 296/297).

Strände

Bei rund 3000 km Küstenlinie findet wohl jeder zwischen Seattle und San Diego das ideale Plätzchen am Strand. Entlang der gesamten Küste herrschen allerdings kühle Meeresströmungen vor, so daß sich nur die Strände in Südkalifornien, etwa bei San Diego oder Santa Barbara, wirklich gut zum Baden eignen, nur hier wird das Wasser im Sommer warm genug zum Schwimmen.

Nördlich von Monterey kann man zwar auch in der Brandung herumtollen, aber länger als zehn Minuten läßt es sich ohne Neoprenanzug im Wasser kaum aushalten. Die wildromantischen Strandbuchten im Norden sind daher besser für ausgedehnte Strandwanderungen oder idyllische Picknicks in den Dünen geeignet (→ Die 10 herrlichsten Strände, S. 144/145).

Ob im Hotel oder im Restaurant, im Museum oder am Strand – an die lieben Kleinen wird in Amerika überall gedacht. Und eine Reise mit dem Wohnmobil ist der Hit schlechthin – vor allem bei schon etwas älteren Kids.

Man kennt sie mittlerweile auch hierzulande, die Abteilungen in Kaufhäusern oder Restaurants, in denen die Kids betreut werden, während die Eltern essen oder einkaufen. In den USA ist diese kinderfreundliche Einstellung selbstverständlich. Im Lokal gibt's für den Nachwuchs farbenfrohe Kinderteller und natürlich Kindersitze, in vielen Museen stehen Exponate zum Anfassen, die Hotels bieten – meist ohne Aufpreis – separate Kinderbetten an, und zu jedem größeren Motel gehört neben einem normalen Pool auch ein Planschbecken für die Kleinen. Ein Babysitter wird in Ferienanlagen und größeren Stadthotels ohne Probleme vermittelt, manchmal werden sogar eigene **kid camps** angeboten, in denen die Sprößlinge betreut werden, während die Eltern golfen oder Tennis spielen. Und Kindersitze im Mietwagen sind nicht nur selbstverständlich, sondern sogar Pflicht und werden auf Anfrage von den Mietfirmen gestellt.

Ab einem Alter von etwa drei bis vier Jahren ist eine Reise über den Teich mit Kindern kein Problem. Am beliebtesten ist bei den Sprößlingen erfahrungsgemäß eine Reise im Wohnmobil: Das Fahrzeug schafft eine vertraute Umgebung, das Campingleben garantiert frische Luft, und abends wird gemeinsam gegrillt. Außerdem bieten viele Campingplätze Swimmingpools und oft sogar eigene Kinderspielplätze.

Wenn Sie mit Kindern reisen, dürfen Sie natürlich Top-Attraktionen wie **Disneyland** (→ S. 183), **Sea World** (→ S. 154) oder das **Monterey Bay Aquarium** (→ S. 80) nicht auslassen. Daneben gibt es aber in jeder größeren Stadt Attraktionen für die Kids: Wasserparks mit großen Rutschen, Märchenwälder und oft sogar ein eigenes **Children's Museum**. Ein besonderes Erlebnis sind die **Fish Ladders**, wo man etwa in **Seattle** (→ S. 267) oder am **Columbia River** (→ S. 204) zusehen kann, wie die Lachse über die Stauwehre klettern. Ebenfalls interessant: die Filmvorführungen der zahlreichen IMAX-Kinos, bei denen man ganz lebensnah einen Hubschrauberflug oder einen Vulkanausbruch miterlebt.

Children's Discovery Museum ▪ B 8

Ein Kinder-Computermuseum – natürlich im Silicon Valley (→ S. 96).

Dive! ▪ C 10

Ein Erlebnisrestaurant von Fantasy-Regisseur Steven Spielberg, das wie ein U-Boot gebaut ist. Zu essen gibt's üppige Sandwiches.
Century City Shopping Center
Los Angeles
Tgl. 11.30–23, Sa und So bis 24 Uhr
Untere bis Mittlere Preisklasse

Exploratorium in San Francisco
■ a 2, S. 108
Viele verblüffende und witzige Experimente – ein paar Englischkenntnisse (der Eltern) sind aber nötig (→ S. 125).

Knott's Berry Farm ■ e 3, S. 176
Nach Disneyland ist dies der berühmteste Vergnügungspark Südkaliforniens: Achterbahnen fahren durch Geisterstädte, Postkutschen werden überfallen, und im »Camp Snoopy« können die Kleinen die Figuren der Peanuts treffen.
8039 Beach Blvd., Buena Park
Im Sommer tgl. 9–24, im Winter bis 18 Uhr
Eintritt 28,50 $, Kinder 18,50 $

Marine World Africa USA
■ a 2, S. 318
Auf gut 60 ha Fläche zeigt dieser Safari-Park am Nordrand der San Francisco Bay von Schmetterlingen bis zu Tigern oder Delphinen alles, was in unserer Welt so flattert, läuft und schwimmt. Dazu gibt's ausgezeichnete Shows.
SR 37, Vallejo
Tgl. 9.30–18.30 Uhr, im Winter Mo und Di geschlossen
Eintritt 25,95 $, Kinder 17,95 $

Six Flags Magic Mountain ■ C 10
Die größten, wildesten, höchsten und überhaupt besten Achterbahnen des Westens: Auf gut 100 ha Fläche wird in desem Fun-Park nördlich von Los Angeles Action nonstop geboten. Die Älteren dürfen auf die Spuren von Batman gehen, die kleineren Kids können Bugs Bunny kennenlernen.
An der I-5, Santa Clarita
Tgl. ab 10 Uhr, im Winter nur Sa und So
Eintritt 31 $, Kinder 15 $

Vor der Westküste lassen sich Wale oftmals auch in Freiheit beobachten – so nah wie in einem maritimen Zoo, von denen es in Kalifornien einige gibt, kommt man ihnen dort freilich nicht

Behinderten-Parkplätze sind an der Westküste ebenso selbstverständlich wie abgesenkte Gehsteige für Rollstuhlfahrer. Hier kann die Alte Welt noch viel von der Neuen lernen.

Eine Vielzahl von Gesetzen erleichtert in Amerika besonders Körperbehinderten das tägliche Leben; Hoteliers, Restaurantbesitzer, Autovermieter und die Betreiber von Sehenswürdigkeiten sind überall verpflichtet, Einrichtungen für Behinderte zu schaffen. Aufzüge, Rampen und behindertengerechte Toiletten in allen öffentlichen Gebäuden, Hotels und Museen gestalten das Reisen mit Rollstuhl problemlos. Für Blinde sind an allen Aufzügen die Knöpfe in Braille beschriftet, oder eine Computerstimme nennt das Stockwerk. Dialyse-Patienten finden an allen Hauptrouten Kliniken, und für Taube gibt es häufig TDD-Nummern zum Telefonieren.

Besonders Oregon ist führend in der Gesetzgebung für Behinderte, sogar in Kleinstädten wie Eugene haben die Stadtbusse Hebebühnen, oder es gibt spezielle Fahrdienste.

Aber auch in den anderen Staaten an der Westküste finden Sie hervorragende Einrichtungen für Behinderte: Naturparks haben rollstuhlzugängliche Lehrpfade, in botanischen Gärten gibt es eigene Schnupper-Trails für Blinde. Spezielle Verzeichnisse und andere Informationen bekommen Sie bei den Verkehrsämtern (→ S. 338).

Reisen im Auto

Die großen Autoverleiher stellen auf Vorbestellung besondere Fahrzeuge mit Handgas für behinderte Selbstfahrer bereit. Einige bieten auch Kombifahrzeuge und Wohnmobile mit hydraulischer Hebebühne an. An den meisten größeren Tankstellen sind behindertengerechte Toilettenanlagen vorhanden. Ausgewiesene Parkplätze für Behinderte gibt es vor allen öffentlichen Gebäuden, in National und State Parks und überall in den Innenstädten.

Unterkunft und Restaurants

Fast alle Hotels und größeren Motels haben behindertengerechte Zimmer, es empfiehlt sich aber, sie einige Tage im voraus zu bestellen. Toiletten in Restaurants sind in aller Regel auch für Behinderte eingerichtet. Viele National und State Parks sowie Privatcampingplätze bieten rollstuhlgerechte Stellplätze und Toiletten.

Weitere Informationen

Bundesarbeitsgemeinschaft der Clubs Behinderter und ihrer Freunde e. V.
Eupener Str. 5
55131 Mainz
Tel. 0 61 31/22 55 14

Zellmer Reisen
Reiseveranstalter, der auf Behinderten-Reisen spezialisiert ist.
Am Anker 2
40668 Meerbusch
Tel. 0 21 50/18 61, Fax 54 63

Routen und Touren

Wer einmal auf dem amerikanischen Highway Number One unterwegs war, weiß, daß er zu Recht zu den Traumstraßen der Welt zählt. Die atemberaubenden Ausblicke auf den Pazifik und die schönsten Regionen der Westküste vergißt man nie mehr

Eine ganz normale Garage wäre für so ein Juwel von einem US-Schlitten doch wirklich zu einfallslos: Hier bietet ein Pferdestall in Oregon dem prächtigen Oldtimer Schutz vor rostfördernden Witterungseinflüssen

Tagsüber ist die Hitze im Death Valley schier unerträglich, so daß Sie auf keinen Fall ohne ausreichende Wasservorräte zur Erkundung starten dürfen, und auch ein Auto mit Klimaanlage ist mehr als empfehlenswert im Tal des Todes

Wie alle folgenden Tourenvorschläge läßt sich auch diese kurze Rundfahrt durch den sonnigen Süden Kaliforniens mit den übrigen Routen zu mehrwöchigen Reisen verbinden. Vom brodelnden Los Angeles geht es entlang der weiten Strände nach San Diego. Dann der Kontrast: brennendheißer Wüstensand, Kakteen, Canyons und schließlich die Oasenstadt Palm Springs. Eine Tour, die auch im Winter schön ist.

Aus Los Angeles geht es zunächst auf der I-5 oder I-405 südwärts (sind Sie zu mehreren im Wagen, dürfen Sie die »Car pool«-Spur ganz links benutzen) und dann auf dem SR 55 nach **Newport Beach**, wo im riesigen Yachthafen gut 9000 Boote liegen. Auf der Weiterfahrt nach Süden säumen die schönsten Strände den Highway One: zum Beispiel der **Corona del Mar Beach** und die weite Bucht von **Laguna Beach** (→ S. 143). In **Dana Point** sollten Sie sich die Zeit nehmen, vom **Marriott's Laguna Cliffs Resort** (Park Lantern) aus die Aussicht zu genießen und bei **Michael's** im Yachthafen einen Snack einzunehmen.

Im Laufe der nächsten Etappe folgen einige der berühmten spanischen Missionen Kaliforniens: **San Juan Capistrano** (→ S. 162) und die 1798 erbaute Mission **San Luis Rey de Francia** 6 km im Landesinnern an der SR 76, die besonders wegen ihrer indianischen Deckenmalereien lohnenswert ist. Ab **Oceanside** führt die Route auf der S 21 wieder direkt am Meer entlang durch kleine Badeorte wie **Carlsbad**, das wegen seiner Heilquellen nach dem tschechischen Karlsbad benannt wurde.

In **Del Mar** können Sie sich in der von Läden gesäumten 15th Street die Beine vertreten und bei **Jake's del Mar** (1660 Coast Blvd., Tel. 619/755-2002) einkehren, einem Seafood-Restaurant mit berauschendem Pazifikblick (und ebensolchen Cocktails). 3 km südlich der Stadt beginnt die **Torrey Pines State Preserve**, ein 400 ha großes Schutzgebiet mit Stränden, Buchten und einem Wald aus knorrigen Kiefern, durch den ein kurzer Wanderweg hoch über dem Meer verläuft. Wenige Minuten weiter beginnt **La Jolla** und damit die Großstadt **San Diego** (→ S. 150).

Begeben Sie sich ruhig auf Tour – für Verpflegung ist überall reichlich gesorgt. Nostalgische Diner liegen an der gesamten Westküste voll im Trend

Coca-Cola

Apfelkuchen im Goldgräbernest

Nach einem Aufenthalt in San Diego führt die Route auf der I-8 nach Osten in die Berge. Nun lohnt ein kleiner Schlenker: Von **Pine Valley** kurvt der **Sunrise Highway** (SR 1) vorbei an schönen Aussichtspunkten über **Mount Laguna** nach **Julian**, einem hübschen Bergnest, das besonders wegen seiner Apfelplantagen berühmt wurde. Im Herbst gibt es hier in fast jedem Lokal den berühmten Apple Pie zu essen. Julian entstand im Jahre 1870, als hier Gold entdeckt wurde, und war damals die zweitgrößte Stadt Kaliforniens. Die **Eagle Mine** in der C Street ist zu besichtigen (tgl. 10–15 Uhr), und im **Julian Pioneer Museum** (2811 Washington St., im Sommer Di–So 10–16, sonst nur Sa und So 10–16 Uhr) sind Relikte aus der Goldrauschzeit ausgestellt. 12 km westlich der Stadt liegt an der SR 79 die 1818 gegründete **Mission Santa Ysabel** mit einem kleinen Museum. Hobby-Sternengucker sollten sich den 50 km langen Abstecher auf der SR 79 zum **Palomar Observatory** nicht entgehen lassen, wo das berühmte Hale-Teleskop steht (Ausstellungen tgl. 9–16 Uhr).

Von Julian geht es auf der kurvigen SR 78 durch die Berge nach Osten bis zur Abzweigung der S 3, die Richtung Norden in die Wüstenlandschaft des **Anza-Borrego Desert State Park** (→ S. 136) führt – ein herrliches Wanderrevier für Wüstenfüchse. Die Straße führt fast kerzengerade nach **Borrego Springs**, wo Sie sich im urigen Western-Restaurant des **Palm Canyon Resort** (221 Palm Canyon Drive, Tel. 619/767-5341) ein dickes Steak gönnen sollten.

Über die S 22 und SR 86 setzt sich unsere Wüstenfahrt am Westufer der von großen Dattelplantagen umringten **Salton Sea** fort. Dieses Binnenmeer entstand 1905 im Imperial Valley nach einem Dammbruch am Colorado River. Da das Tal bis zu 60 m unter dem Meeresspiegel liegt und keinen Abfluß besitzt, begann der 56 km lange, ganz seichte See zu versalzen – in einigen Jahrhunderten wird er wieder verschwunden sein.

Durch die Wüste zur Oase Palm Springs

Reizvoll ist nun nicht der direkte Weg nach Palm Springs, sondern der Umweg über den **Joshua Tree National Park** (→ S. 143). Fahren Sie dazu über die SR 195 am Nordufer der Salton Sea zum **Cottonwood Visitor Center** am Südende des Parks. Quer durch die bizarre Felsen- und Wüstenlandschaft des Parks können Sie an die SR 62 anschließen und durch die endlosen Propeller-Wälder großer Windkraftwerke nach **Palm Springs** (→ S. 147) weiterfahren. In der ewig grünen Wüstenstadt lohnt sich zum Abschluß der Tour ein Faulenzertag am Pool eines der Resorthotels. Der 160 km lange Rückweg nach Los Angeles geht dann schnell und reibungslos über die breite I-10.

Falls Sie aber Gefallen an der Wüste gefunden haben, können Sie mit 2–3 Extratagen noch einen Ausflug quer durch die Mojave-Wüste ins Death Valley unternehmen – doch wegen der hohen Temperaturen möglichst nicht im Hochsommer.

Dauer: 4–6 Tage, je nach Aufenthalt in San Diego
Strecke: ca. 750 Kilometer
Karte: → Klappe hinten

Hier zeigt sich Kalifornien von seiner schönsten Seite: Die Tour von San Francisco nach Los Angeles auf dem Highway One, der legendären Traumstraße der Welt, steht ganz oben auf der Beliebtheitsskala – völlig zu Recht! Nirgendwo sonst sind die Ausblicke über die Felsenküste spektakulärer als bei Big Sur, nirgendwo die alten Missionsstädtchen malerischer als in Carmel oder Santa Barbara. Und nirgendwo ist der Pazifik blauer als hier.

Wenn Sie gleich ans Meer möchten, folgen Sie einfach vom Westende **San Franciscos** (→ S. 106) immer jenem weißen gezackten Schild mit der Aufschrift Highway One nach Süden. Doch die Küste hier ist noch nicht besonders spektakulär, es lohnt, mit einer Alternativroute zu beginnen: zunächst auf dem Highway 101 nach Süden, dann bei **Palo Alto** vorüber an der berühmten **Stanford University** (→ S. 95) zur I-280 und über SR 85 und SR 9 hinauf in die Küstenberge zum **Big Basin State Park**, dem südlichsten der großen Redwood-Wälder an Kaliforniens Küste (Visitor Center, Lehrpfade). Auch im **Henry Cowell State Park** ein Stück weiter am Highway 9 können Sie sich im grünen Halbdunkel zu Füßen der hölzernen Riesen schön die Beine vertreten.

Über **Santa Cruz** (→ S. 96) geht es nun am Highway One weiter nach **Capitola**, dem ersten typisch kalifornischen Strandort auf der Route: bunte Häuschen, ein langer Pier, Surfer unten im Wasser, junge Leute in den Cafés an Land. Einkehren können Sie hier im **Shadowbrook** (1750 Wharf Rd., Tel. 408/475-1511), einem Restaurant, das man nur über eine kleine Seilbahn erreicht. Zum Ausruhen danach eignet sich **Seacliff State Beach** südlich der Stadt. Die 70 km durch weite Gemüse- und Artischockenfelder bis nach **Monterey** (→ S. 79) kann man dann zügig durchfahren.

Hinter der Monterey-Halbinsel wird es wildromantisch. Ab **Carmel** beginnt der schönste Teil der Strecke. Die waghalsig anmutende Straße entlang der Küste wurde in den zwanziger Jahren von Sträflingen gebaut. Berühmt wurde hier **Big Sur**, ein Küstenabschnitt 40 km südlich von Carmel, »das schönste Zusammentreffen von Land und Meer«, wie Robert L. Stevenson einst schrieb. Seit gut hundert Jahren haben sich Maler, Fotografen und Dichter von der dramatischen Landschaft und dem sanften Licht dieser Steilküste inspirieren lassen, Henry Miller lebte hier sogar 17 Jahre in der wilden Einsamkeit.

Im **Pfeiffer-Big Sur State Park** und dem benachbarten **Andrew Molera State Park** läßt es sich schön spazieren, anschließend sollten

Sie im Lokal **Nepenthe** (Tel. 408/667-2345) etwa 5 km weiter südlich hoch oben auf den Klippen einkehren. Ein weiterer lohnender Stopp: der **Julia Pfeiffer Burns State Park**, wo ein Wasserfall von den Klippen auf den Strand plätschert.

Felsenküste und Pazifik pur

Die nächsten 60 km ist nicht viel geboten – außer einer berauschenden Landschaft mit Aussichtspunkten über die Klippen und den blauen Pazifik an jeder Kurve. Einzige Einkehrmöglichkeit: das einfache Restaurant im **Piedras Blancas Resort** (Tel. 805/927-4202), wiederum hoch über dem Meer gelegen. 12 km weiter sind bei **San Simeon** (→ S. 164) oben in den Bergen die Türme des **Hearst Castle** zu sehen: ein interessanter Abstecher für Kunstbegeisterte. Das Örtchen **Cambria** 13 km weiter ist bekannt für seine Galerien und Kunsthandwerksläden in der Main Street. Mit etwas Glück können Sie hier im **Shamel County Park** Seeotter und Seelöwen beobachten.

Nun treten die Berge zurück, entlang der Küste erstrecken sich lange, immer wieder von zackigen Felsen unterbrochene Strände. Die hübschesten warten etwas weiter südlich: **Cayucos State Beach** etwa und der **Morro Strand State Beach**. Nett bummeln können Sie im Fischerhafen von **Morro Bay** und anschließend auf eine Portion Fisch einkehren im **Harbor Hut Restaurant** (1205 Embarcadero (Tel. 805/772-2255) mit Blick auf den gewaltigen, 175 m hohen Vulkanfelsen Morro Rock, der vor der Stadt aus dem Pazifik ragt.

Über **San Luis Obispo** (→ S. 163) geht es auf der US 101 weiter zum Badeort **Pismo Beach**, wo man sogar mit dem Auto auf dem Strand fahren darf (das geht sonst nirgendwo in Kalifornien). Vor allem im Frühsommer, etwa von Mai bis Ende Juni, lohnt sich danach ein Abstecher von der Autobahn 101: Der Highway One führt durch riesige duftende Blumenfelder nach **Lompoc** und zur 1787 von den spanischen Franziskanern gegründeten **Mission La Purisima** (Purisima Rd., tgl. 9–17 Uhr).

Nun sollten Sie den Highway One für eine Weile verlassen, auf der SR 246 weiterfahren bis **Solvang** (→ S. 168) und dann durch die liebliche Hügellandschaft und die Weingärten des **Santa Ynez Valley** weiter nach Süden. Die SR 154 mäandert vorbei am **Lake Cachuma** und führt dann über den **San Marcos Pass** mit schönen Ausblicken über die Küstenebene nach **Santa Barbara** (→ S. 165) – wieder eines der altspanischen Missionsstädtchen, das auf jeden Fall einen Tag Aufenthalt verdient. Die rund 150 km Strecke weiter nach **Los Angeles** (→ S. 174) sind auf der I-405 schnell bewältigt. Viel langsamer, aber auch viel schöner ist die Fahrt auf dem Highway One, der sich an der felsigen Küste durch den Nobelvorort **Malibu** nach LA schlängelt.

Dauer: 5–6 Tage
Strecke: ca. 700 Kilometer
Karte: → Klappe hinten

Fußgänger spazieren kostenlos über die zweitgrößte Hängebrücke der Welt – die Fahrer der rund 50 Millionen Autos, die jedes Jahr über die Golden Gate Bridge rollen, müssen Maut bezahlen

Diesmal eine Route fast ohne Meer – aber dafür mit lieblichen Weingärten im Napa Valley, mit nostalgischen Goldgräberstädten, Bergseen und tiefen Wäldern in der Sierra Nevada, mit dramatischen Schluchten und Wasserfällen im berühmten Yosemite National Park. Erst am Ende der Reise wartet bei Monterey der tosende Pazifik. Eine Route voller Abwechslung, eine Reise für Genießer.

Stilvoller Abschied aus **San Francisco** (→ S. 106): Über die Golden Gate Bridge geht es auf der US 101 nach Norden, dann über SR 37 und SR 121 in das Weintal von **Sonoma** (→ S. 100). Nach einem Bummel in dem historischen Ort und einigen ersten Proben können Sie über den Oakville Grade bei Glenellen hinüberwechseln ins noch berühmtere Weintal **Napa Valley** (→ S. 86). Ausgeruht – und hoffentlich nicht verkatert – kommen Sie dann am nächsten Morgen über die SR 12 und I-80 schnell nach **Sacramento** (→ S. 91), der Hauptstadt Kaliforniens.

Auf der Spur der Goldgräber

Von hier geht es ab in die Berge der Sierra Nevada: zuerst auf der I-80 ostwärts, der Route, die einst im Jahre 1849 auch die Goldgräber nahmen. Das Städtchen **Auburn** nach 50 km ist einer der ältesten Goldgräberorte der Sierra. Hier fand 1848 ein Prospektor Gold, als er sein Kochgeschirr im Bach auswusch. Sehenswert sind das alte **Court House** und das **Gold Country Museum** (1273 High St., Di–Fr 11–15, Sa–So 12–16 Uhr), wo Sie sich auch selbst mal im Goldwaschen versuchen können. Ein stimmungsvoller Stopp für Lunch oder Dinner erwartet Sie auf einer echten Ranch im **Headquarter House at Raspberry Hill** (14500 Musso Rd., Tel. 916/878-7595) etwa 2 km östlich der Stadt.

Auburn liegt am legendären **Highway 49**. Dieses Sträßchen entstand bereits zur Goldrauschzeit, es folgt der 400 km langen, goldhaltigen Quarzader **Mother Lode** am Westhang der Sierra Nevada. Benannt ist die SR 49 nach dem Goldjahr 1849, und auch die Digger wurden »forty-niners« genannt.

Nach 37 km nördlich erreichen Sie **Grass Valley** und das benachbarte **Nevada City** (→ S. 89), zwei pittoreske Hochburgen der Goldgräber. Ein Abstecher für Interessierte: der **Malakoff Diggins State Historic Park**, rund 20 km nordöstlich an der SR 49 (tgl. 10–17 Uhr).

Die schönste Unterkunft im Yosemite National Park ist begehrt: Wer im luxuriösen Ahwahnee Hotel nächtigen möchte, sollte unbedingt rechtzeitig reservieren

Es war einst das weltweit größte Bergwerk mit »hydraulic mining«. 1884 wurde diese Technik verboten, weil die Anlage mit hohem Wasserdruck ganze Hügelketten wegspritzte und die Landschaft verwüstete. Ein kleines Museumsdorf schildert hier recht anschaulich das Leben der Miner von damals.

Zum Lake Tahoe

Von Nevada City führt die Route durch dichte Wälder über SR 20 und I-80 zum 2206 m hohen **Donner Pass** hinauf, benannt nach dem Deutschen Georg Donner, der hier 1846 mit einem Planwagentreck im Schnee steckenblieb. Mehr als die Hälfte der Siedler erfroren. Kurz hinter dem Paß zweigt die SR 89 ab, passiert **Squaw Valley**, wo 1960 die Olympischen Winterspiele stattfanden, und folgt dann dem schäumenden Truckee River zum **Lake Tahoe** (→ S. 74) nach **Tahoe City**, einer netten Kleinstadt mit vielen Cafés und Geschäften.

Die folgende Fahrt am Westufer des Lake Tahoe bietet traumhafte Ausblicke und in einigen Parks auch gute Spazierwege, etwa im **Sugar Pine Point State Park** und an der **Emerald Bay**.

Zum turbulenten Ferienstädtchen **South Lake Tahoe** (→ S. 74) sind es

Die Buchstaben-Zahlen-Kombinationen im Text verweisen auf die Planquadrate dieser Karte.

nur 50 km, doch die Straße ist eng und kurvenreich. Gleiches gilt für die SR 50 von **South Lake Tahoe** westwärts. Sie führt im Tal des American River durch Berge und Wälder und verschlafene Holzfällerorte (auch die noch ruhigeren, landschaftlich reizvollen Bergpässe an der SR 88 und SR 4 sind für den Weg nach Westen übrigens sehr zu empfehlen). Nächster Stopp: **Placerville** mit dem benachbarten **Coloma** (→ S. 70), wo 1848 das erste Gold in Kalifornien entdeckt wurde.

Zurück auf der SR 49 passiert man gen Süden nun in bunter Folge die alten Goldgräbernester von 1849: **Sutter Creek** etwa, das zu einem Bummel an der idyllischen **Main Street** und einem Besuch der **Historic Knight Foundry** (tgl. 9–16 Uhr) einlädt. Diese mit Wasserkraft betriebene Gießerei aus dem Jahre 1873 stellte einst Goldgräberwerkzeuge und -maschinen her und wird heute zu Museumszwecken noch betrieben.

Volcanos wilde Vergangenheit

Von Jackson müssen Sie unbedingt 18 km weit die SR 88 den Berg hinauf nach **Volcano** fahren! In dem urigen Nest mit heute nur noch hundert Einwohnern lebten einst 5000 Menschen. Der Ort galt wegen seiner Bars als Sündenpfuhl. Ein Zeuge der wilden Zeit ist das Hotel **St. George Inn** an der Main Street (Tel. 209/296-4458, 18 Zimmer, Untere bis Mittlere Preisklasse). Seit 1864 hat es sich wohl kaum verändert, das Essen im alten Dining Room ist grandios, die Zimmer sind passabel.

Am Ortsrand von Volcano könne Sie im **Indian Grinding Rock State Park** unzählige Mörserlöcher der früher hier ansässigen Miwok-Indianer sehen, die hier Eicheln und Grassamen zu Mehl verarbeiten. Ein angeschlossenes Museum erläutert die Kulturgeschichte der Indianer in der Sierra Nevada (Mo–Fr 10–15, Sa und So 10–16 Uhr).

Krönung der Tour: der Yosemite National Park

50 km weiter südlich warten die nächsten Goldrush-Städte rund um **Sonora** (→ S. 101): **Murphys**, **Jamestown** und die Museumsstadt **Columbia** verdienen auf jeden Fall einen Besuch, und auch einen ruhigen Spaziergang zu den Mammutbäumen im **Calaveras Big Trees State Park** 22 km östlich von Murphys sollten Sie sich gönnen. Von **Chinese Camp**, wo einst mehr als 5000 chinesische Bergarbeiter lebten, schlängelt sich die SR 120 dann wieder hinauf in die Berge zum landschaftlichen Crescendo der Reise: dem **Yosemite National Park** (→ S. 102).

Der Rückweg zur Küste verspricht dann völlig andere kalifornische Eindrücke: Durch die endlosen Plantagen des Central Valley, dem wichtigsten Agrargebiet der USA, fahren Sie über **Merced** auf der SR 140, SR 59 und SR 152 westwärts.

Ein Stopp am Weg lohnt in **San Juan Bautista** mit einer hübschen alten Mission (tgl. 9.30–16.30 Uhr), dann geht's weiter nach **Monterey** (→ S. 79). Rückfahrt nach San Francisco (→ Auf dem Highway One von San Francisco nach Los Angeles, S. 313).

Dauer: 10–12 Tage
Strecke: ca. 1400 Kilometer
Karte: → S. 318

Eine rauhe, zerklüftete Küste, Nebel auch im Sommer, dicke Steaks und wortkarge Menschen. Der Norden Kaliforniens widerlegt alle Klischees, die dem Golden State sonst so nachgesagt werden. Eine Route für Menschen, die die Natur lieben, die Brandung und die Einsamkeit.

Vor der Fahrt entlang der Küste sollten Sie zuerst einen Abstecher ins Weinland unternehmen: Von San Francisco geht es über die Golden Gate Bridge nordwärts und auf der SR 12 durch das **Sonoma Valley** (→ S. 100). Kurz nach Santa Rosa fahren Sie dann auf der landschaftlich sehr schönen SR 116 im wildromantischen Tal des **Russian River** weiter in Richtung Westen zum Meer. Am Weg liegen kleine Örtchen wie **Guerneville** (→ S. 91), das sich als Hippiekolonie schon in den sechziger Jahren einen Namen gemacht hat – heute sind es mehr New-Age-Jünger, Schwule und schicke Yuppies aus San Francisco, die hier durch die bunten Boutiquen streifen. Schön zur Kaffeepause: das **Blue Moon** (16248 Main St.), anschließend können Sie in der **Armstrong Redwood State Reserve** nördlich der Stadt einen Spaziergang unternehmen.

Küstenstraße mit prachtvollem Panorama

Ab **Jenner** (→ S. 69), das recht idyllisch an der Mündung des Russian River liegt, wird die SR 1 auf der Weiterfahrt nach Norden zur spektakulären Küstenstraße mit herrlichen Ausblicken über die Klippen und den Pazifik. Nach 21 km erreichen Sie **Fort Ross State Historic Park**, ein 1812 von russischen Pelzhändlern erbautes Fort auf einer Anhöhe am Meer (tgl. 10–16.30 Uhr). Ein Stück weiter nördlich blühen im Frühjahr in der **Kruse Rhododendron State Reserve** bis zu 3 m hohe Rhododendronbüsche (6 km Wanderwege).

Nächster Ort ist **Gualala**, ein Nest mit 600 Einwohnern, dessen Name von den Pomo-Indianern stammt, die mit »qhawala-li« eine Quelle bezeichneten. Von den Felsen am **Gualala Point Regional Park** im Süden der Stadt kann man Seehunde und im Frühjahr und Herbst auch Wale beobachten. Einkehren (oder übernachten) können Sie im **Gualala Hotel** (Tel. 707-884-3441) aus dem Jahre 1903 in der Ortsmitte. Kurz hinter dem nächsten Örtchen Point Arena bietet sich vom 1908 erbauten **Point Arena Lighthouse** ein grandioser Ausblick auf die Steilküste. Angeschlossen ist ein kleines Museum (tgl. 11–14.30 Uhr).

Im Örtchen **Albion**, 25 km weiter, das einst als Holzfällercamp entstand, kann man im Restaurant des **Albion River Inn** (3790 North Hwy 1, Tel. 707/937-4044) ausgezeichnet Steaks und Seafood essen – dazu gibt's einen weiten Blick über die Mündung des **Albion River**. Vorbei an der Strandbucht des **Big River Beach** sind es nun noch 13 km bis **Mendocino** (→ S. 77). Die 19 ha großen **Medocino Coast Botanical Gardens** (tgl. 9–17 Uhr) nördlich des beliebten Städtchens laden zu einem Spaziergang durch Wiesen und Blumengärten mit herrlichem Blick auf den Ozean ein.

Fort Bragg, der mit 6000 Einwohnern größte Ort der Region, wirkt mit seinen Sägewerken und Holzverladestationen eher wenig attraktiv, interessant allerdings ist der im tiefen Tal des **Noyo River** gelegene Fischereihafen. Große und kleine Eisenbahnfans dürfen hier eine Tagestour mit dem **Skunk Train** nicht verpassen, einem dampfbetriebenen Bähnchen, das einst Arbeiter, Material und Baumstämme auf der knapp 75 km langen »Redwood Route« durch das malerische Tal des Noyo River nach **Willits** transportierte. Seinen Spitznamen »Stinktierzug« erhielt es wegen der stinkenden Gasmotoren, die früher verwendet wurden (Tel. 707/964-6371, Fahrpreis 26 $, Kinder 12 $).

Von der Küste ins Inland zu den Redwoods

40 km von Fort Bragg entfernt, hinter dem langgestreckten **Westport Union Landing State Beach**, verläßt die Route die Küste und windet sich in die Berge. (Wenn Sie im Hochsommer unterwegs sind und bisher Nebel hatten: Jetzt wird es unter Garantie sonnig!) Hinein geht es ins Reich der Redwoods am Highway 101: Bald ragen die ersten der hölzernen Giganten am Straßenrand auf, in kleinen State Parks wie dem **Richardson Grove** oder dem **Humboldt Redwoods State Park** (→ S. 74) können Sie den ehrfurchtgebietenden Bäumen auf einigen Wanderwegen näher kommen.

Sie können von hier bis Eureka auf der gutausgebauten US 101 bleiben, aber schöner, wenn auch beschwerlicher, ist die Strecke auf kleinen Sträßchen entlang der **Lost Coast**: ein einsamer, gut 50 km langer Küstenstreifen am westlichsten Punkt Kaliforniens mit unberührten Waldgebieten und kleinen Stränden. Fahren Sie dazu hinter dem Örtchen **Weott** 35 km nördlich von Garberville auf der **Mattole Road** westwärts, nach 20 km erreichen Sie **Honeydew**, das sich rühmt, die stärksten Regenfälle der Westcoast zu haben. Über **Petrola, Cape Mendocino** (schöne Wanderwege) und **Capetown** geht's schließlich nordwärts nach **Ferndale**, einem 1000-Seelen-Nest mit bestens erhaltenen viktorianischen Häusern. Das **Ferndale Museum** (3rd St./ Shaw St.) illustriert die Geschichte der Stadt, einkehren sollten Sie im Speisesaal des historischen **Victorian Inn** (400 Ocean Ave., Tel. 707-4949). Von hier sind es dann noch 30 km bis nach **Eureka** (→ S. 72).

Am Nordende der großen Humboldt Bay lohnen sich erneut einige Kurzabstecher von der 101 hinab zur Küste: zum herrlichen **Little River State Beach** südlich des Küstenorts **Trinidad** zum Beispiel. Bestes Seafood mit schönem Blick auf den kleinen Hafen serviert das **Seascape Restaurant** (Tel. 707/677-3762, Mittlere Preisklasse) direkt am Pier des Ortes. Falls Sie anschließend wieder Kalorien abarbeiten müssen, empfehlen sich die Trails im **Patrick's Point State Park**, einem 250 ha großen Schutzgebiet nördlich der Stadt mit Stränden und Blumenwiesen, oder im angrenzenden **Humboldt Lagoons State Park**, besonders schön ist hier der **Dry Lagoon Beach**.

Abstecher nach Oregon

Nächster Stopp ist **Orick**, das Tor zum **Redwood National Park** (→ S. 90), der sich von hier entlang der Küste bis Crescent City erstreckt. Hier verläßt nun unsere Route den Pazifik und klettert auf dem Highway 199 im engen Tal des Smith River in die Fels- und Berglandschaft der **Siskiyou Mountains** zu einem Abstecher in den Nachbarstaat Oregon.

Von **Grants Pass** (→ S. 210) aus lohnt sich ein Abstecher auf der SR 238 durch das **Applegate Valley** zu der etwas östlich gelegenen Goldgräberstadt **Jacksonville**. Von hier können Sie dann gleich an die SR 62 anschließen, die stetig bergan durch dichte Wälder hinaufführt auf den Grat der vulkanischen **Cascade Mountains**, wo das nächste Highlight wartet: der tiefblaue, von roten und orangefarbenen Lavaklippen umrahmte **Crater Lake** im gleichnamigen National Park (→ S. 204).

Vulkane und Goldgräbernester

Durch das breite, sonnige **Klamath Valley** bringt uns die US 97 dann wieder nach Süden, zurück nach Kalifornien, wo aus der Ferne schon der schneebedeckte Vulkangipfel des **Mount Shasta** (→ S. 83) grüßt. Vom gleichnamigen Örtchen am Fuß des Berges aus folgt nun ein Stück Autobahn (I-5), die sich aber hier landschaftlich durchaus sehen lassen kann. Bei **Redding** geht es wieder auf Nebenstrecken weiter: auf der SR 44 hinauf zum **Lassen Volcanic National Park** (→ S. 77), dann auf der noch kurvigeren SR 89 durch den Park und am waldreichen Westhang der Sierra Nevada entlang nach Süden, vorbei am großen **Lake Almanor** und dem Städtchen **Quincy**, dessen Umgebung im Tal des Feather River zur Laubfärbung Ende Oktober besonders schön ist.

Bei **Calpine** beginnt der legendäre **Highway 49**, die Route der Goldgräber. Hinter dem 2042 m hohen **Yuba Pass** warten mit **Sierra City** und **Downieville** die ersten richtigen Goldgräberorte aus der Boomzeit vor 150 Jahren. Die Örtchen hier im Norden des Goldrauschlandes sind noch weit rustikaler und weniger überlaufen als die berühmteren Goldrush-Nester weiter südlich.

In **Nevada City** (→ S. 89) können Sie nun an die Tour »Highlights der Sierra Nevada« (S. 316) anschließen oder auf der I-80 über **Sacramento** (→ S. 91) nach San Francisco zurückkehren – eventuell mit einem genußreichen Abstecher ins **Napa Valley**.

Eine Tour durch den Lassen Volcanic National Park ist gleichzeitig eine Wanderung durch die Entstehungsgeschichte der Erde. Heiße Quellen und Geysire sind optische Highlights

Service

Redwood Empire Association
2801 Leavenworth Street, 2nd floor
San Francisco, CA 94133
(415) 543-8334, Fax 543-8337

Dauer: 10–12 Tage
Strecke: ca. 1900 Kilometer
Karte: → Klappe hinten/Klappe vorne

Oregons noch weitgehend ungezähmte Natur ist das wiederkehrende Thema dieser Rundfahrt: Die Felsmonolithen und Klippen am schäumenden Pazifik, die massigen Vulkangipfel und dichten Wälder der Cascades, die dramatische Schlucht des Columbia River, überall begegnet man einem grandiosen Naturschauspiel. Viel Zeit im Auto werden Sie hier bestimmt nicht verbringen, denn allerorts laden Strände und Bergpfade zu Wanderungen und bunte Fischerdörfer zum Bummeln oder einfach zum genießerischen Verweilen auf einer Aussichtsterrasse ein. Die kurvenreiche Strecke entlang der Küste eignet sich als Teilstück übrigens auch ausgezeichnet für eine Radtour.

Ausgangspunkt der Reise ist **Portland** (→ S. 218), die Tour läßt sich aber auch ab Seattle mit der im folgenden beschriebenen Washington-Rundfahrt zu einer drei- bis vierwöchigen Nordwest-Reise verbinden. Beste Reisezeit ist Mai bis Ende September, im Juli müssen Sie aber an der Küste öfters mit Nebel rechnen.

Ab Portland folgen Sie dem **Columbia River** stromabwärts zum Meer. Am besten zuerst auf der Autobahn I-5, ab Longview dann auf dem Highway 30, der hoch oben am bewaldeten Südufer des breiten Stroms verläuft, auf dem immer wieder große Ozeanfrachter auf dem Weg zum Hafen Portlands vorbeipflügen. Erster Stopp ist **Astoria** (→ S. 197), die alte Hafenstadt an der Mündung des Columbia. Von hier verläuft die Route auf der US 101 immer am Pazifik entlang nach Süden – zunächst noch an breiten, flachen Sandstränden entlang. Bei **Cannon Beach** (→ S. 201) rücken die Küstenberge näher ans Meer. Mehrere Parks bieten hier herrliche Wanderwege entlang der zerrissenen Steilküste, etwa der **Ecola** oder der **Oswald West State Park**, wo ein 6 km langer Trail zum Neahkahnie Mountain führt.

Käse aus Tillamook fürs Picknick am Strand

Tillamook, eine Autostunde weiter südlich, ist umgeben von Kuhweiden und berühmt für seinen Käse. In der **Tillamook Cheese Factory** (im Sommer 8–20 Uhr) am Nordrand des Örtchens können Sie bei der Produktion zusehen und im großen Laden würzigen Cheddar-Käse fürs nächste Picknick einkaufen. Und das liegt nicht weit: In Tillamook beginnt der **Three Capes Loop**, eine der schönsten Seitenstraßen an der Oregonküste: Auf gut 50 km windet sich das Sträßlein um Strandbuchten und Steilklippen, durch große Dünen und mehrere State Parks mit Picknickplätzen und Trails zu den schönsten Aussichtspunkten. Tip zum Einkehren: **Roseanna's Café** (1490 Pacific St., Tel. 842-7351) im Winzort **Oceanside** serviert guten Fisch mit herrlichem Blick übers Meer.

Vorüber an den langen Stränden von **Lincoln City** (→ S. 212) geht es weiter südwärts. Den klitzekleinen, felsumrahmten Hafen von **Depoe Bay** werden Sie vielleicht wiedererkennen: Hier spielte Jack Nicholson Kapitän im Film »Einer flog übers Kuckucksnest«. Es folgen immer neue Klippen und Buchten, immer neue Hafenorte: **Newport** (→ S. 214) etwa mit seinem hervorragenden Aquarium und das gemütliche kleine **Yachats**. Am **Cape Perpetua**, einem mächtigen Lavaklotz, der hoch über der Küste aufragt, dürfen Sie sich den 2 km langen **St. Perpetua Trail** nicht entgehen lassen: Er führt hoch auf das vulkanische Kap zu einem spektakulären Blick über die Küste. Unten am Meer tost die Brandung in die Felsen von **Devil's Churn**.

Über die Cascade Mountains zur Lavalandschaft bei Bend

Bei **Florence** (→ S. 207) treten die Berge wieder zurück und machen Platz für riesige Dünen – kilometerweit erblickt das Auge nichts als Sand. Zumindest bis zum **Oregon Dunes Overlook** (→ S. 208) sollten Sie am Highway 101 noch nach Süden fahren, dann führt die Route auf der SR 126 durch die dichten Wälder der Coast Mountains ins Inland. Über

Mitten in Oregon liegt eine seit 500 000 Jahren aktive Vulkanlandschaft, in die zahlreiche Seen eingebettet sind

Eugene (→ S. 206) geht es durch das satte Farmland des Willamette Valley ostwärts in die Cascade Mountains. Bei **Blue River**, an der Abzweigung der SR 19 vom Highway 126, beginnt im **Delta Campground** ein schöner Naturpfad durch den uralten Douglasienwald am Westhang der Berge. Kurz dahinter zweigt vom Highway 126 der **McKenzie Highway** (SR 242) ab, eine kurvige, schon 1862 von den ersten weißen Pionieren entdeckte Paßroute, die mit grandiosen Panoramablicken auf 1600 m Höhe über den Grat der Cascades klettert und durch den Bergort **Sisters** in die staubig-heiße Wüste Ost-Oregons hinabsteigt. Zahlreiche schöne Forst-Campingplätze liegen entlang des Wegs. Jenseits der Berge erstreckt sich eine gewaltige Beckenlandschaft, ein Ausläufer des »Great Basin« in Nevada. Lichte Kiefern- und Wacholderwälder bestimmen das Bild, vielerorts wächst sogar Sagebrush, das typische amerikanische Wüstengewächs.

Ein oder zwei Tage sollten Sie für Ausflüge in die sonnige Lavalandschaft rings um **Bend** (→ S. 199) einplanen, ehe Sie unserer Rundfahrt auf der US 97 wieder nach Norden folgen. Vor allem der **Cascades Lakes Highway** (→ S. 204) südlich des Ortes lohnt eine längere Tour. Knapp 40 km nördlich von Bend führt hinter Redmond eine Seitenstraße zum **Smith Rock State Park**, wo an den fast 250 m hohen Lavaklippen über dem Crooked River oft Dutzende von Kletterern zu beobachten sind. Ähnlich wilde Steilwände und Basaltformationen bieten die Canyons im **Cove Palisades State Park** mit einem großen Stausee am Deschutes River westlich des Highway 97 (Bootsvermietung, Campingplatz).

Informativer Aufenthalt im Indianerreservat

Durch die salbeiduftende Wüste geht es von Madras weiter auf der US 26 durch die 2600 qkm große **Warm Springs Indian Reservation** der Wasco-, Paiute- und Tenino-Indianer. Das moderne **Warm Springs Museum** (tgl. 10–17 Uhr), das von den Indianern selbst geführt wird, zeigt hier sehr anschaulich die Geschichte und Lebensweise dieser Stämme.

In den beiden ebenfalls von den Indianern betriebenen Hotels **Kah-Nee-Ta Resort** und **Kah-Nee-Ta Village** können Sie in modernen Hotelzimmern, aber auch in traditionellen Tipis übernachten (Tel. 541/553-1112, Fax 553-1071, Untere bis Mittlere Preisklasse). Zu den Ferienanlagen gehören die heißen Quellen des Reservats, es werden Ausritte durch die Wüstenlandschaft angeboten, und in den Restaurants gibt es auch indianische Kost.

Aus der Wüste in die Berge: Auf kaum 50 km Strecke führt die US 26 aus dem Reservat hinauf zum **Mount Hood** (→ S. 213), dessen dramatischer, gletscherbedeckter Vulkankegel das ganze Umland überragt. Unsere Route streift den Berg nur auf der Ostseite, doch besonders für Wanderfans lohnt sich ein längerer Aufenthalt in den kühlen Höhen; ein Rundwanderweg führt um den Gipfel, und in den Wäldern finden sich zahlreiche schöne Campingplätze.

Nicht verpassen dürfen Sie einen kurzen Abstecher zur historischen **Timberline Lodge** hoch oben an der Nordflanke des Berges, anschließend geht es durch die Obstplantagen des Hood River Valley auf der SR 35 hinab nach **Hood River** (→ S. 211), dem

Schiff ahoi: Der Fischfang spielt in den kleinen Häfen Oregons zwar keine tragende Rolle mehr, doch für den Bedarf der örtlichen Lokale reicht der Fang mühelos

Szeneort der Windsurfer in Oregon. Wenn Sie sich für Skurrilitäten interessieren, sollten Sie hier einen Abstecher ins 60 km entfernte **Maryhill** auf der Nordseite des Columbia River einplanen: Der Eisenbahn-Krösus Sam Hill baute sich dort zu Anfang des Jahrhunderts in der sonnenverbrannten Einsamkeit ein nobles Herrenhaus, das er als **Museum** (im Sommer tgl. 9–17 Uhr) einrichtete und von der rumänischen Königin einweihen ließ. Ein Museum komplett mit Rodin-Skulpturen, französischer Malerei und indianischen Körben. Und daneben stellte Hill einen exakten Nachbau von Stonehenge. Einfach verrückt.

An den bunten Segeln der Windsurfer von Hood River vorbei geht es dann auf der I-84 und dem **Historic Columbia River Highway** wieder nach Westen in Richtung Portland, vorüber an zahlreichen Wasserfällen und schönen Aussichtspunkten über die gewaltige **Columbia Gorge** (→ S. 204).

Zum Abschluß der Route können Sie noch im Restaurant der 1925 erbauten **Multnomah Falls Lodge** (Tel. 503/695-2376) einkehren – möglichst zum Dinner, dann ist es nicht gar so voll rings um die berühmtesten Wasserfälle Oregons. Oder Sie gehen zum Schluß noch einmal einkaufen, was die Koffer für den Rückflug aufnehmen können: am besten und günstigsten in den **Columbia Gorge Factory Stores** (Abfahrt am Exit 17).

Dauer: mit einigen Halbtageswanderungen und einem Tag in Portland etwa 10–12 Tage
Strecke: ca. 1300 Kilometer
Karte: → Klappe vorne

Go West – auf dem Oregon Trail

Abgekämpft und verstaubt kamen sie im Herbst des Jahres 1843 in Oregon an: 900 Siedler, die in einem sechsmonatigen Treck von Independence am Missouri River durch die Prärien und über die Rocky Mountains bis zur Westküste vorgedrungen waren. Sie waren die ersten, die auf dem schon bald legendären, über 3000 Kilometer langen Oregon Trail gen Westen kamen – an die 300 000 Pioniere sollten ihnen in den nächsten 25 Jahren folgen. Es wurde die größte Völkerwanderung in der Geschichte der Neuen Welt.

Das Jahr 1843 läutete für Amerika die Zeit der großen Expansion nach Westen ein. **Manifest Destiny** hieß damals das Schlagwort, und es bedeutete in den Augen der Amerikaner ihre »offenkundige Vorbestimmung«, den ganzen Kontinent von Meer zu Meer zu besiedeln und ihn sich – ganz im biblischen Sinne – untertan zu machen. Zwar hatten schon zuvor Entdecker, Fallensteller und Kartographen die Weiten des Westens durchstreift, doch echte Siedler gab es jenseits der Rocky Mountains nur wenige Dutzend. Das sollte sich nun drastisch ändern: Nach einer längeren Wirtschaftskrise und einer ständig größer werdenden Einwandererwelle machten sich nach 1840 immer mehr Menschen aus den überfüllten, verschmutzten Städten des Ostens auf den Weg, den weiten Westen zu erobern. In großen Planwagen-Trecks zogen sie von den letzten Außenposten der Zivilisation am Missouri River hinaus in die Wildnis, um sich in den grünen Tälern des Oregon Territory oder Kaliforniens eine neue Existenz zu schaffen.

20 bis 30 Kilometer schafften die Trecks pro Tag, je nachdem, ob die Pioniere mit Ochsen-, Maultier- oder (teureren und aufwendigeren) Pferdegespannen unterwegs waren. Die Abreise erfolgte im Frühjahr, wenn in den Prärien frisches Gras für die Tiere zu finden war. Bis die Emigranten dann zwei Monate später das Felsengebirge erreichten, waren die Pässe schneefrei, die Nachzügler mußten sogar aufpassen, nicht in die ersten Winterstürme zu geraten.

Es war ein hartes Leben auf dem Trail, von zehn Treckern starb im Schnitt einer unterwegs. Doch nicht, wie oft in

USA Westküste extra

Die unverbrauchte Natur ist bis heute Oregons größter Reiz

Filmen kolportiert, durch Indianer, obwohl der Zug durch deren Gebiete führte. Die Indianer halfen sogar oft den schlechtausgerüsteten, halbverhungerten Siedlern. Die meisten Opfer raffte die Cholera dahin, denn bei mehreren Zehntausend Menschen, die jeden Sommer unterwegs waren, verschmutzten die wenigen Wasserstellen in den Prärien und den Trockengebieten Wyomings schnell.

Mit Glück und viel Anstrengung fuhren die Siedler nach vier- bis fünfmonatiger Reise den steilen Flagstaff Hill bei Baker City an der Ostgrenze Oregons hinab (wo heute das hervorragende **Oregon Trail Interpretive Center** die Geschichte der Pioniere erzählt) – und hier bot sich ihnen der erste Blick auf die grünen Täler des verheißenen Landes. Doch das letzte große Hindernis lag noch vor ihnen: die Columbia Gorge. Die Trecker mußten hier einen mühsamen Umweg auf der Barlow Road über den Mount Hood in Kauf nehmen oder ihre Planwagen auf Flöße packen und den Rest des Weges auf dem Columbia River zurücklegen. Nicht wenige Pioniere ertranken in den gefährlichen Strudeln des Flusses schon in Sichtweite ihres Zieles, des fruchtbaren Willamette Valley. Wer es schaffte, wurde Farmer, Händler oder Holzfäller – und wird von den Urgroßenkeln heute als einer der Gründerväter des Nordwestens gefeiert.

Eine Route quer durch das abwechslungsreiche Washington, durch verblüffend unterschiedliche Landschaften und Klimazonen: Von der Trend-Metropole Seattle führt sie in die stille Bergwelt der North Cascades, dann mit der Fähre auf die San Juan Islands und weiter zu den Stränden und Regenwäldern der Olympic Peninsula. Als Kontrastprogramm folgen zum Abschluß die vulkanische Mondlandschaft des Mount St. Helens und ein Abstecher zum Eisgipfel des Mount Rainier. Zur besten – und sonnigsten – Reisezeit im Hochsommer und Frühherbst ist diese Tour auch perfekt für eine Motorradreise.

Die Fahrt beginnt in **Seattle** (→ S. 258) auf der I-5. Auch wenn Sie kein ausgesprochener Technikfan sind, die Boeing-Werke in **Everett** (→ S. 234) müssen Sie gesehen haben: gigantische Hallen voller halbfertiger Jumbos und anderem Fluggerät. Danach geht es hinaus in die Natur: Auf der US 2 beginnt der klassische **Cascade Loop**, eine Rundfahrt durch die schönsten Landschaften im Norden Washingtons. Die Straße windet sich gen Osten vom Meer hinauf in die einsamen grünen Höhen der Vulkanberge, überquert auf 1237 m Höhe den **Stevens Pass** und senkt sich dann hinab in die sonnigen Weiten auf der Ostflanke der Berge. Doch zuvor sollten Sie Ihre Fahrt in **Leavenworth** unterbrechen, einem skurrilen Städtchen im Bayern-Look. Schon in den sechziger Jahren verpaßten die Stadtväter als Tourismus-Gag ihrem Ort dieses Image – und der Plan ging auf. Heute glänzt der ganze Ortskern im Alpen-Design, in zahlreichen Lokalen serviert man »German beer and Sauerkraut«, und die vielen urlaubenden Amis sind begeistert. Wer keine Bratwurst mag, kann auf dem hier recht wilden **Wenatchee River** eine Raft-Tour unternehmen oder entlang des **Icicle Creek** wandern gehen.

Wenatchee liegt bereits im Tal des breiten Columbia River und ist dank seines guten Klimas das Zentrum des Apfelanbaus in Washington – an den endlosen Plantagen ringsum zu erkennen. Am Nordende des Ortes lohnt ein Besuch des **Ohme Gardens County Park**, ein 3,6 ha großer botanischer Garten auf einem Felsplateau hoch über dem Tal (im Sommer tgl. 9–19 Uhr).

Nehmen Sie nun die alte US 97 auf der Westseite des Flusses nach Norden. Am **Rocky Reach Dam** etwa 6 km weiter lassen sich im Sommer in der 500 m langen Fischleiter die vorüberziehenden Lachse beobachten (tgl. 8–20 Uhr).

Abgeschiedenheit am Lake Chelan

Nach weiteren 50 km erreichen Sie den **Lake Chelan**, einen fast 90 km langen, aber nur ganz schmalen See, der tief in die Berge reicht. Die kleine Ortschaft **Stehekin** am Nordende des Sees ist ein guter Ausgangspunkt für Wanderungen und für weltabgeschiedenen Natururlaub – und ist nur per Schiff oder Wasserflugzeug zu erreichen. Die **Lake Chelan Boat Co.** (Tel. 509/682-2224) bietet täglich Ausflugsfahrten nach Stehekin an, die **Chelan Airways** (Tel. 509/682-5555) bringt Sie im Flugzeug hin.

Von Chelan geht es noch ein Stück weiter am Columbia River entlang, dann zweigt die Route auf die SR 153 ins Tal des **Methow River** ab und folgt ihm nach **Winthrop**, einem Wildweststädtchen mit Holzfassaden und Brettergehsteigen. Trotz Tourismusboom hat sich das Nest noch viel Charme aus der Goldgräberzeit um 1890 bewahrt. Gute Steaks gibt's mitten im Ort im **Duck Brand Restaurant** (248 Riverside, Tel. 509/996-2192, Mittlere Preisklasse). Interessant ist übrigens auch die **North Cascades Smoke Jumpers Base** (tgl. 8–17 Uhr), ein Basislager der legendären »Feuerspringer«, die per Flugzeug Waldbrände im Hinterland bekämpfen.

Nach einem Tankstopp (die nächste Tankstelle kommt erst nach 112 km) geht es hinauf in die Berge – und nun wird's spektakulär. Vom 1669 m hohen **Washington Pass** bieten sich herrliche Ausblicke auf die Berge des **North Cascades National Park** (→ S. 242), den der Highway 20 durchquert. Zur Küste sind es nun etwa 240 km, die Orte unterwegs sind nicht sonderlich interessant. Nur **La Conner** an der Küste (→ S. 236) lohnt einen kleinen Abstecher, ehe Sie nach **Anacortes** (→ S. 228) weiterfahren, der Fährstation für die **San Juan Islands** (→ S. 251). Zumindest eine Tagestour zu einer der Inseln sollten Sie unternehmen – oder Sie lassen den Wagen für einige Tage stehen und machen Island-Hopping mit einem Mietfahrrad.

Höhepunkte auf der Olympic Peninsula

Wieder zurück auf dem Festland, geht's in Richtung Süden auf der Insel **Fidalgo** nach 20 km über die spektakuläre Brücke nach **Whidbey Island** (→ S. 256). Etwa in der Mitte der Insel liegt **Keystone**, wo die Autofähren nach **Port Townsend** (→ S. 249) auf der Olympic Peninsula ablegen. Die Überfahrt dauert nur 50 Minuten. Nach einem Aufenthalt in dem viktorianischen Örtchen können Sie sich dann an die Umrundung der Halbinsel auf der US 101 machen. Dabei lohnen einige Abstecher, zum Beispiel von **Port Angeles** (→ S. 248) hinauf in die Berge im Nordteil des **Olympic National Park**. Die SR 112 führt entlang der immer einsamer werdenden Küste bis nach **Neah Bay** (→ S. 238) ins Reservat der Makah-Indianer. Von **Forks** (→ S. 235) gelangen Sie ins 22 km entfernte **La Push** im Reservat der Quileute-Indianer. Hier gibt es kilometerlange paradiesische Sandstrände wie etwa den **Third Beach**, an denen man vor Klippen und tosender Brandung wunderbar spazierengehen kann.

Weiter geht es südwärts, vorbei am **Hoh Rain Forest** (→ S. 247) und herrlichen Stränden (zum Beispiel bei **Ruby Beach**) bis **Kalaloch**, einem kleinen Örtchen mit einem schönen

Regenwald – ein feucht-nebliges Pflanzenparadies im Nordwesten

Mitten im recht kühlen Bundesstaat Washington hat die Natur im Laufe der Jahrtausende ein Phänomen geschaffen, wie wir es sonst eher am Amazonas oder in anderen Äquatorregionen kennen: einen Regenwald. Allerdings handelt es sich hier nicht um einen tropischen Urwald, sondern um einen »kalten«, oft geheimnisvoll von Nebel verhangenen Regenwald der gemäßigten Breiten, wie er nur noch in Neuseeland und Patagonien vorkommt. Bis zu 5000 Millimeter Niederschläge fallen hier an der Westküste der **Olympic Peninsula**, da die feuchten Luftmassen vom Pazifik von den Olympic Mountains aufgehalten werden, aufsteigen und sich an der Westflanke der Berge abregnen. Umgekehrt schützen die Olympics den Regenwald im Winter vor den polaren Luftmassen, die vom Festland heranrücken.

In diesem feuchten Klima hat sich eine Art biologisches Refugium entwickelt, in dem Tier- und Planzenarten existieren, die andernorts ausgestorben oder gar nicht erst entstanden sind. So überwintern hier große Herden von Waipitihirschen, die sich im Winter hauptsächlich von Farnen und Baumschwämmen ernähren. Im Sommer ziehen sie hinauf auf die alpinen Wiesen der Olympics. Das ganze Jahr über im Regenwald bleibt das »black tail deer«, eine Rehart. In den Tälern leben Flußottern, Biber und Beardslee-Forellen, eine Fischart, die zu den »endemischen 16« gehört, wie Biologen die 16 Pflanzen- und Tierarten bezeichnen, die nur im Olympic National Park vorkommen.

Für die Pflanzen bietet das feuchte Klima ideale Wachstumsbedingungen. So werden die Sitkafichten hier bis zu 70 Meter hoch, in Alaska dagegen nur maximal 50 Meter, ebenso die rötlich-braune Douglasie, die im Regenwald Höhen von weit über 60 Meter und einen Durchmesser von bis zu zwei Metern erreicht. Die größte Douglasie der Welt steht im Queets Rain Forest und mißt knapp 69 Meter. Einer der häufigsten Bäume ist die Hemlocktanne, die nicht viel Licht braucht und daher besonders gut in dunklen, schattigen Wäldern gedeiht.

USA Westküste extra

Umgestürzte Bäume bilden einen idealen Nährboden für Sämlinge, die auf dem dichtbewachsenen Waldboden nicht gedeihen könnten

Die Bäume des olympischen Urwaldes sind über und über mit einer dicken Schicht aus Moosen, Flechten, Farnen und anderen Luftwurzlern bedeckt. Sie bilden ein natürliches Wasserreservoir und schützen die Stämme vor Schädlingen. Von solchen Epiphyten gibt es im pazifischen Regenwald über 100 Arten, auf und an manchen Bäumen leben bis zu 50 verschiedene. Am meisten verbreitet sind das wie ein lichtgrüner Vorhang von den Bäumen herabhängende »clubmoss«, das zu dicken Polstern wachsende »Spaghnum moss« sowie Flechtenarten, die nur in besonders feuchten Gebieten vorkommen.

Die Holzfäller haben in den Wäldern des Nordwestens kräftig gewütet, doch im Olympic National Park und anderen Schutzgebieten bleibt die Natur ganz sich selbst überlassen wie seit Urzeiten. Umgestürzte Bäume bleiben einfach liegen. Sie werden im Laufe der Jahrzehnte zu »Ammenbäumen« und versorgen Sämlinge mit einem idealen Nährboden. So kommt es, daß ausgewachsene Bäume manchmal wie in einer Baumschule in kerzengerader Reihe stehen. Manche haben sogar »Stelzen« gebildet. Mit der Zeit faulte der Ammenbaum weg – zurück blieben krakenartige Stützwurzeln, die nun tonnenschwere Bäume tragen.

Hotel, der **Kalaloch Lodge** (Kalaloch, WA 98331, Tel. 360/962-2271, Untere bis Mittlere Preisklasse) mit Holzhäuschen direkt an einem großen Sandstrand und einem guten Restaurant. Kurz danach verläßt die US 101 die Küste und schlängelt sich durch die Wälder (Vorsicht Holzlaster!) vorüber am **Lake Quinault** (→ S. 247). Auf einer Seitenstraße können Sie von hier gleich wieder zurück zur Küste bei **Moclips** fahren, wo auf den nächsten Kilometern bis **Ocean Shores** (→ S. 244) einige der schönsten Strände des Staates den Highway säumen.

Vorbei an **Aberdeen** (→ S. 230) umrunden Sie nun die weite Bucht von **Grays Harbor** und kommen nach **Westport**, einem Fischerort mit langer Hafenpromenade, der trotz des Tourismus wenig von seinem Charme verloren hat. Direkt am Hafen können Sie hier in dem verschachtelten griechischen Lokal **Constantin's** (320 East Dock St., Tel. 360/268-9859) ausgezeichnet Fisch essen. Ebenfalls sehr gut und dazu noch herrlich nostalgisch ist das Restaurant des schon 1885 erbauten **Tokeland Hotel** (100 Hotel Rd., Tel. 360/267-7006) im verschlafenen Örtchen Tokeland etwas weiter südlich an der SR 105.

Die Route führt nun um die langgestreckte **Willapa Bay** und weiter zu den Badeorten **Seaview** und **Long Beach** (→ S. 236), wo die beliebteste Sportart mit Sicherheit das Drachensteigen ist – fast ständig flattern hier am Himmel bunte Drachen. Es gibt sogar ein **World Kite Museum** (SR 103/3rd St., im Sommer tgl. 11–17 Uhr) mit mehr als 600 Drachen aus aller Welt.

An der Mündung des **Columbia River** können Sie – bei genügend Urlaubszeit – in Astoria an die zuvor beschriebene Tour durch Oregon anschließen. Ansonsten geht unsere Route nun weiter auf der SR 4 in Richtung Osten entlang des Flusses. In **Cathlamet**, einem hübschen, vorwiegend von Skandinaviern besiedelten Örtchen am Columbia River, zeigt das **Wahkiakum County Historical Museum** (65 River St., Di–So 11–16 Uhr) das Leben der frühen Pioniere. Danach folgen Longview und Kelso, beides weitläufige, nicht sehr attraktive Industriestädte. Die kleinen Motels hier eignen sich jedoch ganz gut für eine Nacht auf der Durchreise, ehe man auf der SR 504 hochfährt zum 90 km entfernten **Mount St. Helens National Volcanic Monument** (→ S. 241).

Um zum letzten großen Highlight dieser Tour zu kommen, müssen Sie zurück auf die I-5, um nach 32 km gen Norden dann auf die landschaftlich sehr schöne SR 12 nach Osten zum **Mount Rainier National Park** (→ S. 239) zu fahren – bei schönem Wetter ein grandioses Wanderrevier. Über die SR 123 und SR 410 läßt sich der gletschergekrönte Viertausender umrunden, und vom Parkausgang sind Sie nach gut zwei Stunden Fahrt dann wieder zurück in Seattle.

Dauer: 12–16 Tage, je nach geplantem Aufenthalt in Seattle und in den Nationalparks
Strecke: ca. 2200 Kilometer
Karte: → Klappe vorne

Auf der Straße zur Hurricane Ridge im Olympic National Park herrscht etwas weniger Verkehr als auf dem zehnspurigen Freeway 405 in Los Angeles…

Service und Info

Wer ist die Schönste im ganzen Land? Jedes Jahr stellen sich 50 »Königinnen« – eine Vertreterin aus jedem Bundesstaat – vielen kritischen Blicken, um vielleicht als Siegerin die Schärpe der Miss America um den wohlgeformten Body drapiert zu bekommen

Auskunft

California Division of Tourism ■ B 7
P. O. Box 1499, Dept. 300
Sacramento, CA 95812
Tel. (916) 322-2881, Fax 322-3402

Oregon Tourism Division ■ C 3
775 Summer St., N. E.
Salem, OR 97310
Tel. (503) 986-0000, Fax 986-0001

Washington State Tourism ■ C 2
P. O. Box 42500
Olympia, WA 98504
Tel. (360) 586-3534, Fax 586-1850

Die Verkehrsämter der Pazifikstaaten verschicken auf Anfrage recht detaillierte »Visitor Guides« und anderes Infomaterial: Landkarten, Unterkunftsverzeichnisse, Veranstaltungskalender und allgemeine Broschüren. Vor Ort gibt es in allen größeren Städten ein **Visitors Bureau**, in kleineren Orten eine **Chamber of Commerce**. Hier bekommen Sie regionale Broschüren und Tips für die Umgebung, auch bei der kurzfristigen Zimmersuche ist das Personal behilflich (Adressen → Die Westküste der USA und ihre Orte).

Diplomatische Vertretungen

In den USA

Deutsches Generalkonsulat ■ b 1, S. 176
6222 Wilshire Blvd.
Los Angeles, CA 90048
Tel. (213) 930-2703, Fax 930-2805

Deutsches Generalkonsulat ■ c 3, S. 108
1960 Jackson St.
San Francisco, CA 94109
Tel. (415) 775-1061, Fax 775-0187

Ein echter Harley-Davidson-Fan läßt es nicht bei der Liebe zu seinem Motorrad bewenden…

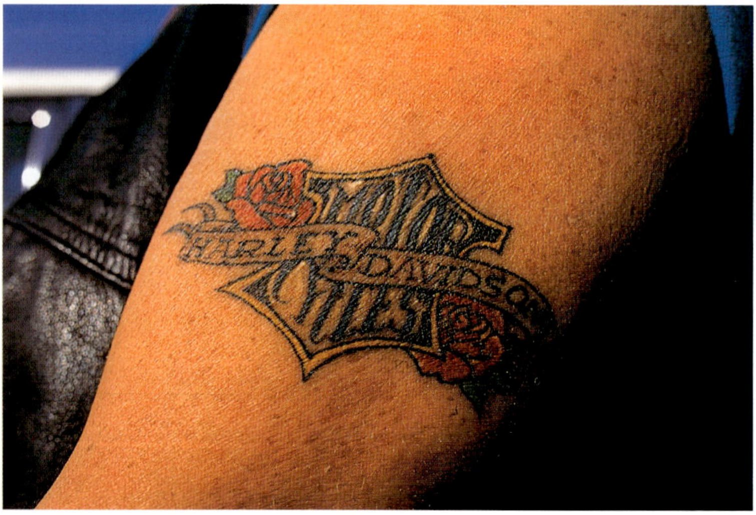

Deutsches Generalkonsulat ■ c 2, S. 260
600 University St.
Seattle, WA 98101
Tel. (206) 682-4312, Fax 682-3724

Österreichisches Generalkonsulat ■ b 1, S. 176
11859 Wilshire Blvd.
Los Angeles, CA 90025
Tel. (310) 444-9310, Fax 477-9897

Schweizerisches Generalkonsulat ■ b 1, S. 176
11766 Wilshire Blvd.
Los Angeles, CA 90024
Tel. (310) 575-1145, Fax 575-1982

Schweizerisches Generalkonsulat ■ e 3, S. 108
456 Montgomery St.
San Francisco, CA 94104
Tel. (415) 788-2272, Fax 788-1402

In Deutschland

Botschaft der USA
Deichmanns Aue 2
53179 Bonn
Tel. 0228/3391

In Österreich

Botschaft der USA
Boltzmanngasse 16a
1090 Wien
Tel. 01/31339

In der Schweiz

Botschaft der USA
Jubiläumstr. 93
3005 Bern
Tel. 031/3577011

Außerdem in Berlin, Hamburg, Frankfurt, München, Salzburg und Zürich.

Feiertage

1. Januar Neujahrstag
3. Montag im Januar Martin Luther King, Jr.'s Birthday
1. Montag im Februar Lincoln's Birthday
3. Montag im Februar Washington's Birthday
Letzter Montag im Mai Memorial Day (Heldengedenktag; Beginn der Sommersaison)
4. Juli Independence Day
1. Montag im September Labor Day (Tag der Arbeit; Ende der Sommersaison)
2. Montag im Oktober Columbus Day
11. November Veterans Day
4. Donnerstag im November Thanksgiving (Erntedankfest)
25. Dezember Christmas Day

Die großen öffentlichen Feiertage werden meist an einem Montag gefeiert, so daß ein langes Wochenende entsteht. Die Amerikaner nutzen diese **holiday weekends** vor allem im Sommerhalbjahr gerne für Kurzurlaube – entsprechend voll sind dann die Hotels in den Ferienregionen. Banken, Büros, Ämter und viele Museen bleiben an den Feiertagen geschlossen, Shopping Malls und Kaufhäuser sind dagegen geöffnet und bieten oft viele Sonderangebote an.

Fernsehen

Amerikas Medienlandschaft wird vom Fernsehen dominiert. In jeder Bar, in jedem Motelzimmer steht ein TV-Gerät, flimmern Seifenopern, Nachrichten und Sport über den Schirm – häufig unterbrochen von Werbepausen. Landesweit zu empfangen sind die großen Stationen wie ABC, CBS, NBC, der Nachrichtenkanal CNN und der Sportkanal ESPN. Hinzu kommen ein – in Großstädten auch mehrere – Regionalsender sowie 20 bis 30 weitere Programme, die per Kabelanschluß (**cable TV**) aus allen Landesteilen stammen. Hotels und Motels bieten außerdem oft werbefreie Kanäle wie HBO oder Pay TV an, die rund um die Uhr Spielfilme und auch aktuelle Kinofilme senden.

FKK

Bei der Kleiderordnung am Strand ist das sonst so fortschrittliche Amerika höchst prüde. In Südkalifornien findet man ganz vereinzelt einige Strände, wie etwa bei Santa Barbara oder La Jolla, an denen der nahtlosen Bräune gehuldigt wird. Auch an einer einsamen Meeresbucht oder einem Waldsee im Nordwesten wird kaum jemand Anstoß nehmen, wenn Sie die Hüllen fallen lassen. Doch an belebten Stränden oder am Hotelpool ist sogar »oben ohne« streng verpönt.

Fotografieren

Genügend Filmmaterial bringen Sie am besten schon von zu Hause mit, denn die Preise für Farb- und Diafilme (erhältlich sind meist Kodak oder Fuji) sind etwas höher als in Deutschland. Zudem ist in den USA bei Diafilmen die Entwicklung im Preis nicht eingeschlossen. Besonders für Aufnahmen am Strand und in den höhergelegenen Bergregionen sollten Sie einen **UV-Filter** einpacken, ein **Polfilter** leistet Ihnen bei Landschaftsaufnahmen gute Dienste, wenn Sie dramatische Wolkenstimmungen einfangen möchten.

Geld

Währungseinheit ist der **US-Dollar** (**$**), der in 100 **Cents** (**¢**) unterteilt ist. Im Umlauf sind Münzen zu 1 ¢ (**penny**), 5 ¢ (**nickel**), 10 ¢ (**dime**) und 25 ¢ (**quarter**), seltener zu 50 ¢ und 1 $. Banknoten gibt es in Stückelung von 1, 2, 5, 10, 20, 50 und 100 Dollar. Alle Dollarscheine sind gleich groß, grün-grau und nur am Aufdruck zu unterscheiden.

Nehmen Sie möglichst nur Dollar mit auf die Reise, denn europäische Währungen können fast nur an den internationalen Flughäfen sowie in großen Hotels und in den Hauptfilialen der Banken gewechselt werden – und meist zu einem schlechten Kurs.

Die Reisekasse sollte am besten aus einigen hundert Dollar Bargeld, Reiseschecks und einer Kreditkarte bestehen. In Dollar ausgestellte **Reiseschecks** werden in Läden, Restaurants und Hotels angenommen, und Sie erhalten das Wechselgeld bar zurück, so daß Sie zum Einlösen nie extra auf eine Bank müssen. **Eurocheques** sind in den USA dagegen unbekannt.

Unerläßlich für die Amerikareise ist eine der gängigen **Kreditkarten**: Kaum ein Betrag über 10 Dollar wird heute in den USA nicht mit Plastikgeld bezahlt, außerdem dient die Karte als Sicherheit in Hotels oder bei Autovermietern.

Visa und **Eurocard/Mastercard** werden praktisch überall in Hotels und Restaurants, in Läden und an Tankstellen akzeptiert. **American Express** und **Diners Club** sind vor allem in ländlichen Regionen weniger verbreitet.

Kleidung

Mit Jeans, T-Shirts und anderer legerer Freizeitkleidung sind Sie für die Urlaubsreise an die Westküste bestens gerüstet. Nur zum Dinner im Edelrestaurant und für Luxushotels brauchen Sie feinere Garderobe. Zur Ferienzeit von Juni bis September ist es im Binnenland sommerlich heiß, doch für die Küste und für San Francisco (Nebel!) sollten Sie etwas wärmere Kleidung mitbringen. Ein Pullover tut auch in den – meist eisig gekühlten – Restaurants und in den Bergen gute Dienste. Wanderschuhe gehören ebenfalls ins Gepäck und für die Nordküste auch eine Regenjacke. Packen Sie aber nicht zuviel Kleidung ein, Freizeitkleidung ist sehr preiswert in den USA, und in jedem Ort und sogar auf vielen Campingplätzen gibt es Waschsalons.

Maße und Gewichte

Längenmaße
1 inch (in.) = 2,54 cm
1 foot (ft.) = 12 inches = 30,48 cm
1 yard (yd.) = 3 feet = 91,44 cm
1 mile (mi.) = 1,609 km

Flächenmaße
1 square inch = 6,452 cm^2
1 square foot = 929 cm^2
1 acre = 0,4 ha (4047 m^2)
1 square mile = 2,59 km^2

Hohlmaße
1 gill (gl.) = 0,118 l
1 pint (pt.) = 4 gills = 0,473 l
1 quart (qt.) = 2 pints = 0,946 l
1 US gallon (gal.) = 4 quarts = 3,785 l

Gewichtsmaße
1 ounce (oz.) = 28,35 g
1 pound (lb.) = 16 oz = 453,6 g
1 stone (st.) = 14 lbs.= 6,35 kg
1 quarter (qt.) = 2 st. = 12,7 kg
1 ton (t) = 907 kg

Wechselkurs-Umrechnungstabelle

US-Dollar	Deutsche Mark	Schweizer Franken	Österreichische Schillinge
1	1,59	1,32	11,30
5	7,95	6,60	55,65
10	15,90	13,20	111,30
20	31,80	26,40	222,60
30	47,70	39,59	333,90
50	79,50	66,00	556,50
100	159,00	131,97	1113,00
250	397,50	329,92	2782,50
500	795,00	659,85	5565,00
750	1192,50	989,77	8347,50
1000	1590,00	1319,70	11 130,00

Stand: Juni 1996

Temperatur
Fahrenheitgrade (°F) lassen sich wie folgt in Celsius (°C) umrechnen: Grad Fahrenheit minus 32 mal 5 dividiert durch 9 ergibt Grad Celsius. Im Alltag genügt es aber, einige Eckdaten im Kopf zu behalten: 0 °C = 32 °F, 10 °C = 50 °F, 20 °C = 68 °F, 25 °C = 77 °F, 30 °C = 86 °F, 40 °C = 104 °F

Medizinische Versorgung

Impfungen sind für die USA weder nötig noch vorgeschrieben. Bei einem Unfall oder einer Krankheit vor Ort sind Sie in besten Händen, denn die Ausbildung der Ärzte ist hervorragend. Doch eine Behandlung oder ein Krankenhausaufenthalt können teuer kommen, denn als ausländischer Besucher sind Sie in jedem Fall Privatpatient. Sie sollten daher unbedingt eine **Reisekrankenversicherung** abschließen, damit Sie die Kosten später erstattet bekommen.

In einem akuten Notfall fährt man am besten zum **Emergency Room** des nächsten Krankenhauses oder ruft, falls nötig, über die Notfallnummer »911« den Notarzt oder Krankenwagen.

Medikamente bekommen Sie gegen Rezept in der **pharmacy**, die meist in einem **drugstore** untergebracht ist. Einfache Schmerzmittel und Vitaminpillen sind auch ohne Rezept in Drugstores zu finden.

Notruf

Landesweit sind unter der gebührenfreien Nummer »911« Feuerwehr, Polizei und Rettungsdienste zu erreichen. Auch der **operator** (»0«) verbindet Sie im Notfall an die zuständige Stelle weiter.

Öffnungszeiten

Banken sind von 9–15 Uhr, am Donnerstag und/oder Freitag oft auch bis 17 oder 18 Uhr geöffnet. Historische Häuser und Museen haben zwar variable Öffnungszeiten, Kernzeit ist jedoch meist 10–16 Uhr. Montags ist geschlossen, und am Sonntag öffnen viele Museen erst gegen Mittag. Die großen Vergnügungsparks und Ozeanarien in Kalifornien sind mindestens bis 18 Uhr, in der Hochsaison sogar bis 21 Uhr oder noch länger geöffnet (Öffnungszeiten der Geschäfte → Einkaufen, S. 58).

Post

Eine Postkarte in die Heimat kostet per Luftpost 50 ¢, ein Brief 60 ¢. Briefmarken bekommen Sie in den Postämtern (meist werktags von 8–17 Uhr, am Samstag von 8–12 Uhr geöffnet), aber auch in Souvenirläden, an kleinen Postschaltern in Supermärkten und an der Rezeption in den größeren Hotels. Von den Metropolen der Westküste braucht Post nach Europa etwa eine Woche, von kleineren Orten einige Tage länger. Pakete sind mit der »US-Mail« auf dem Seeweg rund sechs Wochen unterwegs, die privaten Paketdienste wie UPS oder Federal Express sind zwar etwas teurer, aber viel schneller: Kurierbriefe und Schnellpakete brauchen nur zwei bis drei Tage.

Rauchen

Keine andere Region Amerikas ist so fanatisch gesundheitsbewußt wie die Westküste. Vom Jogging- bis zum Wellness-Trend, alles kommt aus Kalifornien. Da verblüfft es nicht, daß Rauchen mittlerweile völlig verpönt ist. »No Smoking« ist als Schild meist schon gar nicht mehr zu sehen – in öffentlichen Gebäuden, Flughäfen usw. ist Rauchen automatisch verboten. Auch in den Restaurants darf höchstens noch in der Bar gequalmt werden, und so mancher B & B-Inn wirbt damit, komplett rauchfrei zu sein.

Reisedokumente

Zu einer Urlaubs- oder Geschäftsreise von maximal 90 Tagen Dauer genügt für Deutsche, Österreicher und Schweizer bei der Einreise ein noch mindestens sechs Monate gültiger Reisepaß. Wer länger als drei Monate bleiben will, muß sich bereits vorab (!) beim zuständigen Konsulat im Heimatland ein Visum ausstellen lassen. Für eine Stippvisite über die mexikanische oder kanadische Grenze genügt der gültige Reisepaß. Bei der Ankunft setzt der **immigration officer** die genaue Aufenthaltsdauer fest und fragt – manchmal recht detailliert – nach Sinn und Zweck der Reise. Es hilft, dem Beamten ein Rückflugticket und ausreichende Reisefinanzen vorweisen zu können. Paß- und Zollkontrolle finden bei Umsteigeverbindungen bereits am ersten Flughafen statt, auf dem man in den USA landet.

Reisewetter

Die Nord-Süd-Ausdehnung der amerikanischen Westküste bedeutet auf Europa übertragen etwa eine Entfernung von Nürnberg bis Tunis – entsprechend unterschiedlich ist das Klima. Nur Südkalifornien ist ganzjährig sonnig und warm, weiter nördlich liegt die beste Reisezeit zwischen Mai und Oktober: Dann ist das Binnenland sommerlich warm, nur an der Küste herrscht von Zentral-Kalifornien bis Oregon aufgrund der kalten Meeresströmungen oft Nebel – doch der reicht höchstens 10 km ins

Die genauen Klimadaten von **San Francisco**

	Durchschnittstemperaturen in °C		Sonnenstunden	Regentage	Wassertemperatur
	Tag	Nacht	pro Tag		in °C
Januar	13,2	7,5	4,9	11	11
Februar	14,8	8,5	6,9	10	11
März	15,9	9,2	7,9	10	12
April	16,6	9,7	9,1	6	12
Mai	17,4	10,7	9,6	3	13
Juni	18,3	11,7	11,0	1	14
Juli	17,9	11,8	9,3	1	15
August	18,3	12,2	8,3	1	15
September	20,5	12,8	8,8	1	16
Oktober	20,2	12,4	7,5	4	15
November	17,6	11,1	6,3	8	13
Dezember	14,2	8,6	4,6	11	11

Quelle: Deutscher Wetterdienst, Offenbach

Inland. Vor allem im Spätherbst und Winter zeigt sich hier der maritime Einfluß mit heftigen Regenstürmen und großen Schneemengen in der Sierra Nevada und den Cascade Mountains.

Ideale Reisezeiten für die gesamte Region sind Mai/Juni sowie September/Oktober. Zum Baden allerdings ist das Meer außer in Südkalifornien das ganze Jahr über zu kalt – die Wassertemperaturen gehen auch im Hochsommer kaum über 16–18 °C hinaus.

Rundfunk

In und um die Metropolen ist das Angebot schier überwältigend: Pop, Jazz, Klassik, Nachrichten, Wetter – für alles gibt es eigene Radiostationen. Auch auf dem Land hat jeder Ort zumindest eine eigene Station, die im FM-Band (Stereo) regionale Nachrichten, aktuelle Pop- oder Country-Musik sendet. Internationale Nachrichten und Klassik sind im Hinterland am besten auf Mittelwelle (AM) zu empfangen.

Steuern

In Amerika gibt es keine Inklusivpreise. Wundern Sie sich also nicht, die Verkaufssteuern werden in Läden und Restaurants immer erst an der Kasse auf die Preise addiert.

In Kalifornien beträgt die **sales tax** 7,25 Prozent, in Washington sind es 6,5 Prozent – nur in Oregon gibt es keine Verkaufssteuer. Einzelne Bezirke und Städte dürfen außerdem Zusatzsteuern von bis zu 1,25 Prozent und separate Hotelsteuern bis zu 7 Prozent erheben.

Stromspannung

Die Spannung beträgt 110 Volt, 60 Hertz Wechselstrom. Fön oder Rasierapparat, die Sie von zu Hause mitbringen, müssen deshalb umschaltbar sein. Außerdem ist für die amerikanischen Steckdosen ein Zwischenstecker nötig, wie er in allen Elektrofachgeschäften erhältlich ist.

Telefon

Telefone sind in den USA allgegenwärtig, und es lohnt, sie auch zu nutzen: für die Reservierung im Restaurant oder Hotel, zum Überprüfen einer Öffnungszeit oder zum Buchen eines Ausflugs oder eines Surfbretts. Für Ortsgespräche (**local calls**) werfen Sie 25 ¢ ein und wählen die – immer siebenstellige – Rufnummer. Für Ferngespräche (**long distance calls**) wählt man eine 1, die dreistellige Vorwahl und danach die Nummer; eine Computerstimme sagt Ihnen dann, wieviel Geld (in Münzen) einzuwerfen ist.

Bei allen Fragen hilft der **operator**, das »Fräulein vom Amt«, unter der gebührenfreien Nummer »0« weiter. Der Operator vermittelt auch R-Gespräche (**collect calls**) und Anrufe mit Voranmeldung (**person-to-person calls**). Weitverbreitet sind die gebührenfreien Reservierungsnummern mit der Vorwahl »1-800«, mit denen Sie bei Hotelketten, Airlines und Autovermietern vorausbuchen können.

Internationale Anrufe sind von jeder Telefonzelle aus möglich.

Im Hotel sollten Sie sich vorab zur Sicherheit nach dem Preis erkundigen, denn oft werden für Ferngespräche hohe Aufschläge berechnet.

Vorwahlnummern
D, A, CH → USA 0 01
USA → D 0 11 49
USA → A 0 11 43
USA → CH 0 11 41

Preisgünstiger sind Fern- und Auslandsgespräche – auch aus dem Hotel –, wenn Sie sich eine (kostenlos erhältliche) **AT & T-Telefonkarte** besorgen. Abgerechnet wird über eine der gängigen Kreditkarten (Auskunft in Deutschland unter Tel. 0130/83 88 88). Unter der Nummer 1-800-292-0049 können Sie aus den USA über eine deutschsprachige Vermittlung nach Hause anrufen – als R-Gespräch oder mit Bezahlung über die T-Card der Telekom.

Tiere

Hund' und Katz' bleiben bei der Urlaubsreise nach Amerika am besten zu Hause. Für mitgeführte Haustiere gelten nämlich neben den üblichen Impfbestimmungen zum Teil noch strenge Quarantänevorschriften von bis zu 6 Monaten. Weitere Auskünfte bei den amerikanischen Konsulaten und in den Reisebüros.

Trinkgeld

Vor allem im Restaurant dürfen Sie den **tip** nicht vergessen, denn in den USA ist anders als in Europa das Bedienungsgeld nicht im Preis eingeschlossen. Man läßt also etwa 15–20 Prozent des Rechnungsbetrages am Tisch liegen oder zählt sie auf dem Kreditkartenbeleg hinzu.

Auch sonst wird – nicht zuletzt aufgrund der niedrigen Grundgehälter – gerne Trinkgeld angenommen: Üblich sind für die Kofferträger 1–2 Dollar je Gepäckstück, Taxifahrer und Friseure bekommen etwa 10–15 Prozent des fälligen Betrages, die Zimmermädchen 1–2 Dollar je Aufenthaltstag.

Zeitverschiebung

An der gesamten Westküste gilt die **Pacific Standard Time** (MEZ minus 9 Stunden). Wie in Europa werden auch in den USA vom ersten Sonntag im April bis zum letzten Sonntag im Oktober die Uhren zur Sommerzeit (**daylight saving time, DST**) um eine Stunde vorgestellt, so daß der Zeitunterschied rund ums Jahr gleich bleibt.

Zoll

Zollfrei mitgebracht werden dürfen neben persönlichem Reisebedarf 200 Zigaretten oder 50 Zigarren oder 2 Kilo Tabak, Erwachsene über 21 Jahre können außerdem 1 Liter Spirituosen einführen. Dazu dürfen Sie noch Geschenke für Verwandte oder Freunde im Wert von insgesamt 100 $ zollfrei einführen. Zahlungsmittel wie Bargeld oder Reiseschecks im Wert von mehr als 10 000 $ müssen bei der Einreise deklariert werden.

Streng verboten ist die Einfuhr von frischen Lebensmitteln oder Pflanzen – sogar ein Blumenstrauß, Obst oder ein Wurstbrot als Reiseproviant fallen unter diese Regelung, denn es könnten sich in Nordamerika noch nicht verbreitete Schädlinge oder Bakterien darin verstecken.

Bei der Rückkehr aus den USA dürfen Sie Waren im Wert von 350 DM sowie 200 Zigaretten und 1 Liter Spirituosen zollfrei in die EU einführen.

Die USA auf einen Blick

Flagge Stars and Stripes
Staatsname United States of America
Staatsgründung Erklärung der Unabhängigkeit vom Mutterland England am 4. Juli 1776, im Frieden von Paris 1783 werden die USA als unabhängiger Staat anerkannt.
Staatsform Demokratische Republik mit 50 Bundesstaaten
Staatsfläche 9 372 610 Quadratkilometer, hinzu kommen einige kleinere Territorien im Pazifikraum und der Karibik.
Bevölkerung 260 Millionen Bürger, davon sind 80 Prozent weißer und 12 Prozent schwarzer Hautfarbe. Die Ureinwohner Amerikas, Indianer, Eskimos und Aleuten, zählen heute rund 2 Millionen Angehörige. Die Lebenserwartung der amerikanischen Männer liegt bei 72 Jahren, die der Frauen bei 79 Jahren; die Kindersterblichkeit beträgt 10 je 1000 Geburten, und auf jeweils 406 Menschen kommt im Durchschnitt ein Arzt (in Deutschland 319).
Staatssprache Englisch
Hauptstadt Washington, D.C.
Die fünf größten Städte New York (7,3 Millionen Menschen im Stadtgebiet und insgesamt rund 20 Millionen im Großraum); Los Angeles (3,5 Millionen Einwohner; im weit ausufernden Ballungsraum Los Angeles-Riverside-Orange County leben 15 Millionen Menschen); Chicago (2,8 Millionen Einwohner, in den Vororten um das Südufer des Lake Michigan leben weitere 5,6 Millionen Menschen); Washington (600 000 Einwohner, im bis Baltimore reichenden Ballungsraum sind es insgesamt 6,9 Millionen); San Francisco (724 000 Einwohner, rings um die San Francisco Bay leben rund 6,4 Millionen Menschen).
Grenzen Mexiko im Süden und Kanada im Norden sind die einzigen Nachbarn der USA.
Religion Rund 60 Prozent der Bevölkerung gehören zu einer der zahlreichen protestantischen Glaubensgemeinschaften (Baptisten, Methodisten, Lutheraner etc.), 28 Prozent sind Katholiken, 2 Prozent jüdischen Glaubens.
Bodenschätze Große Kohle- und Ölvorkommen, dazu Kupfer, Eisenerz, Phosphate, Uran und Edelmetalle. Daneben werden aber auch Buntmetalle wie Nickel oder Zink sowie Potasche und Erdgas abgebaut.

USA Westküste extra

Industrie Petrochemie, Stahlerzeugung, Fahrzeug- und Maschinenbau, Luftfahrt- und Elektronikindustrie. 16,4 Prozent aller Erwerbstätigen (125 Millionen) sind in der Industrie tätig, 56 Prozent im Dienstleistungssektor inkl. Handel und Tourismus.

Landwirtschaft 2 Prozent des Bruttoinlandproduktes, 20 Prozent der Landfläche sind nutzbar. Schwerpunkte: Getreideanbau, Rinderzucht. Wichtigste Landwirtschaftsregion ist das Central Valley Kaliforniens.

Außenhandel Ausfuhr 512 Milliarden $, Einfuhr 690 Milliarden $ (1994). Wichtigste Handelspartner sind Kanada (23 Prozent der Exporte) und Japan (12 Prozent).

Arbeitslosenquote
5,8 Prozent

Bedeutung des Tourismus
Rund 451 Millionen internationale Besucher gaben 1994 etwa 77 Milliarden $ in den USA aus. Herkunft der wichtigsten Besuchergruppen: Kanada, Mexiko, Japan, England, Deutschland und Frankreich.

Kommunikation Fernsehen ist die große Leidenschaft der Amerikaner. Es gibt ein Gerät pro 1,2 Personen in den USA (in Deutschland je 2,6 Personen). Auch telefoniert wird gerne: 1 Apparat ist je 1,3 Menschen zugelassen (in Deutschland je 1,7). Gelesen wird nicht so gerne: Pro 1000 Bürger werden täglich 250 Zeitungen verkauft (in Deutschland 424).

Eckdaten der Westküstenstaaten

– Kalifornien
Fläche: 411 049 km^2
Einwohnerzahl: 31,2 Mio.
Bevölkerungsdichte/km^2: 75,9
Hauptstadt: Sacramento
Eintritt in die Union: 1850
Höchster Punkt: Mt. Whitney, 4421 m
Tiefster Punkt: Death Valley, -86 m

– Oregon
Fläche: 251 419 km^2
Einwohnerzahl: 3,0 Mio.
Bevölkerungsdichte/km^2: 11,9
Hauptstadt: Salem
Eintritt in die Union: 1859
Höchster Punkt: Mt. Hood, 3428 m
Tiefster Punkt: Meereshöhe

– Washington
Fläche: 176 479 km^2
Einwohnerzahl: 5,3 Mio.
Bevölkerungsdichte/km^2: 30,0
Hauptstadt: Olympia
Eintritt in die Union: 1889
Höchster Punkt: Mt. Rainier, 4396 m
Tiefster Punkt: Meereshöhe

Sprachführer

Zwar hört man in Südkalifornien immer mehr Spanisch, doch die Landessprache ist Englisch – allerdings mit amerikanischem Akzent und Wortschatz. Auch wenn Ihnen aus der Schulzeit nur einige Brocken Englisch geblieben sind, werden Sie in den USA ganz gut zurechtkommen: Die Amerikaner sind sehr hilfsbereit und geduldig. Typische Floskeln wie »Hi, how are you?« oder »You're welcome« (die Antwort auf Danke) gehen Ihnen bestimmt bald locker von den Lippen. Auch an die Sitte, neue Bekanntschaften gleich mit Vornamen anzureden, gewöhnt man sich schnell. »Hi, I'm Bill« ist also nicht als plumpe Vertraulichkeit zu verstehen, sondern einfach als freundlich gemeinte Einleitung eines Gesprächs.

Wichtige Wörter und Wendungen

Ja: *yes*
Nein: *no*
Verzeihung bitte: *excuse me, please*
Danke: *thank you/thanks*
Herzlichen Dank: *thanks a lot/thanks a million*
Keine Ursache: *you're welcome*
Einen Augenblick bitte: *just a moment/just a minute please*
Einverstanden: *alright/okay*
Es tut mir leid: *I'm sorry*
Ich heiße...: *My name is.../I'm...*
What's your name?: *Wie heißen Sie?*
Hilfe: *help*
Hallo: *Hi, howdy*
Guten Morgen: *good morning*
Guten Abend: *good evening*
Wie geht's?: *How are you?*
Gut, danke: *Thanks, I'm fine*
Ich spreche nur wenig Englisch: *I speak very little English*
Das ist sehr nett: *This is very kind*
Können Sie das wiederholen?: *Can you repeat that?*
Wie bitte?: *Pardon?*
Können Sie mir helfen?: *Could you help me?*
Woher kommen Sie?: *Where are you from?*
Ich bin aus Deutschland: *I'm from Germany*
Wie lange bleiben Sie?: *How long are you staying?*
Auf Wiedersehen: *Good bye*
Auf bald: *See you soon*
Gute Reise: *Have a good trip*
Grüßen Sie ... von mir: *Tell ... hi from me*

Restaurant

(→ Eßdolmetscher S. 50)
Können Sie ein Lokal in der Nähe empfehlen?: *Can you recommend a restaurant closeby?*
Gibt es hier eine nette Kneipe?: *Is there a good bar/saloon around here?*
Reservieren Sie uns bitte für heute abend einen Tisch für zwei Personen: *Could you make a reservation for tonight, a table for two, please?*
Stehen Sie hier an?: *Is there a line?*
Können wir einen Fenster-/Balkon-/Terrassenplatz haben?: *Can we have a table at the window/on the balcony/on the patio?*
Die Speisekarte, bitte: *The menu, please*
Was hätten Sie gerne zu trinken/zu essen?: *What would you like to drink/to eat?*
Als Vorspeise/Hauptgericht/Nachspeise hätte ich gerne...: *As an appetizer/as the main course/for dessert I would like...*
Haben Sie vegetarische Gerichte?: *Do you have vegetarian meals?*
Prost, zum Wohl: *cheers*

Wo sind die Toiletten?: *Where are the restrooms?*
Die Rechnung bitte: *Can I have the check, please?*
Getrennte Rechnungen bitte: *separate checks, please*
Kann ich mit Kreditkarte/Reisescheck bezahlen?: *Can I pay by credit card/ travellers check?*
Stimmt so: *The rest is for you/keep the change*

Unterkunft

Haben Sie Zimmer frei?: *Do you have rooms available?*
...für eine Person/für zwei Personen: *...for one person/for two people*
Was kostet das Zimmer?: *How much is the room/What are your rates?*
Haben Sie einen Wochenpreis?: *Do you have a weekly rate?*
Kennen Sie ein gutes/billiges Hotel in der Nähe?: *Can you recommend a good/cheap hotel nearby?*
Ich hatte reserviert unter dem Namen...: *I have a reservation under...*
Ich möchte unsere Reservierung bestätigen, wir kommen gegen... an: *I'd like to confirm our reservation, we'll arrive around... o'clock*
Gibt es hier eine Jugendherberge/ einen Campingplatz?: *Is there a hostel/a campground around here?*
Welchen Stellplatz haben wir?: *Which is our space?*
Können Sie noch ein Kinderbett dazustellen?: *Would you have an extra bed/rollaway bed for the child?*
Wann ist Anreise-/Abreisezeit?: *When is check-in/check-out time?*
Können Sie mir einen Weckruf geben?: *Can I have a wakeup call, please?*
Wie lange kann ich vom Zimmerservice bestellen?: *How late can I order from the room service?*
Können Sie das in die Wäscherei/Reinigung geben?: *Can you give this to the laundry/drycleaner's?*
Ich hätte gerne die Rechnung: *I'd like to have the bill, please*

Einkaufen

Kann ich Ihnen helfen?: *Can I help you?*
Danke, ich sehe mich nur um: *Thanks, I'm just looking*
Ich suche nach...: *I'm looking for...*
Kann ich das anprobieren?: *Could I try this on?*
Wieviel kostet dieses Kleid/dieser Rock?: *How much is this dress/skirt?*
Haben Sie diese Jeans/Hosen auch in einer anderen Größe?: *Do you have these jeans/pants in other sizes, too?*
Ist das herabgesetzt?: *Is this on sale?*
Danke, das ist alles: *Thanks, that's all I need*
Kann ich eine Rechnung haben?: *Can I have a receipt, please?*
Ist hier ein Einkaufszentrum in der Nähe?: *Is there a shopping mall close to here?*
Wo kann man hier alkoholische Getränke kaufen?: *Where is the next liquor store?*
Ich suche eine/einen...: *I'm looking for a...*
...Apotheke: *pharmacy*
...Bäckerei: *bakery*
...Buchladen: *bookstore*
...Fotogeschäft: *camera store*
...Lebensmittelladen: *food store/ supermarket*
...Kaufhaus: *department store*
...Metzger: *butcher*
...Optiker: *optometrist*
...Sportgeschäft: *sporting goods store*

Unterwegs

Wo geht es bitte nach…?: *Which way is it to…, please?*
links/rechts/geradeaus: *left/right/straight ahead*
Wie weit ist es nach…?: *How far is it to…?*
Wo ist die Bushaltestelle?: *Where is the bus stop?*
Wo ist die nächste Tankstelle?: *Where is the nearest gas station?*
Gibt es hier eine Fahrradvermietung?: *Is there a bike-rental around here?*
Folgen Sie den Schildern nach…: *Follow the signs to…*
Gibt es hier irgendwo einen Parkplatz?: *Is there a parking lot around?*
Wo ist die nächste Werkstatt?: *Where is the nearest repair shop?*
Können Sie einen Abschleppwagen schicken?: *Can you send a tow truck?*
Wir haben einen Notfall: *We have an emergency*
Können Sie die Polizei/einen Krankenwagen anrufen?: *Could you call the police/an ambulance?*
Wo ist das nächste Krankenhaus/der nächste Arzt/die nächste Apotheke?: *Where is the closest hospital/doctor/pharmacy?*

Rund ums Auto/Wohnmobil

Abwasserstelle: *dump station*
Auspuff: *exhaust pipe*
Autobahn: *freeway*
Batterie: *battery*
Blinklicht: *indicator light*
Bremsen: *brakes*
Campingplatz: *campground*
Campingplatz für Wohnmobile: *RV-Park (recreational vehicle park)*
Dusche: *shower*
Gaskocher: *propane stove*
Klimaanlage: *air conditioning*
Kofferraum: *trunk*
Kotflügel: *fender*
Kühler: *radiator*
Kühlschrank: *refrigerator*
Lichtmaschine: *generator*
Motor: *engine/motor*
Reifen: *tire*
Scheibenwischer: *windshield wiper*
Scheinwerfer: *headlights*
Schlauch: *hose*
Servolenkung: *power steering*
Sicherung: *fuse*
Sicherheitsgurt: *safety belt*
Stoßstange: *bumper*
Strom-/Wasseranschlüsse: *hook-up*
verbleites/bleifreies Benzin: *leaded/unleaded gas*
Wohnmobil: *motorhome*

Post und Telefon

Luftpost: *airmail*
als Einschreiben: *registered mail*
Brief: *letter*
Briefmarke: *stamp*
Paket: *parcel*
Wo ist das nächste Postamt?: *Where is the nearest post office?*
Gibt es hier ein Telefon?: *Is there a phone around here?*
Hallo, hier spricht…: *Hi, this is…*
Kann ich die internationale Vermittlung sprechen?: *Can I talk to the overseas operator?*
Kann ich eine Nachricht hinterlassen?: *Can I leave a message?*

Zeitangaben

heute: *today*
morgen: *tomorrow*
gestern: *yesterday*
täglich: *daily*
abends: *in the evening*
mittags: *at noon*
nachmittags: *in the afternoon*
diese/nächste Woche: *this/next week*

Wann haben Sie geöffnet?: *What are your opening hours?*
Wie spät ist es jetzt: *What time is it now?*
Welchen Tag haben wir heute?: *What's the day today?*
10 Uhr: *ten o'clock (a.m.)*
15 Uhr: *three o'clock (p.m.)*
Um wieviel Uhr?: *At what time?*
In drei Stunden: *three hours from now*
Seit drei Tagen: *for three days*
Vor drei Tagen: *three days ago*

Monate

Monat: *month*
Januar: *January*
Februar: *February*
März: *March*
April: *April*
Mai: *May*
Juni: *June*
Juli: *July*
August: *August*
September: *September*
Oktober: *October*
November: *November*
Dezember: *December*

Wochentage

Wochentag: *days of the week*
Montag: *Monday*
Dienstag: *Tuesday*
Mittwoch: *Wednesday*
Donnerstag: *Thursday*
Freitag: *Friday*
Samstag: *Saturday*
Sonntag: *Sunday*

Jahreszeiten

Frühling: *spring*
Sommer: *summer*
Herbst: *fall, autumn*
Winter: *winter*

Wetter

Wie wird das Wetter heute?: *What is the weather going to be like today?*
Es wird heute sonnig/wolkig/regnerisch/bedeckt: *Today it'll be sunny/cloudy/rainy/overcast*
Wieviel Grad haben wir jetzt?: *What's the temperature now?*
Es ist 25 Grad: *It's 25 degrees centigrade/77 degrees Fahrenheit*

Zahlen

0: *zero*
1: *one*
2: *two*
3: *three*
4: *four*
5: *five*
6: *six*
7: *seven*
8: *eight*
9: *nine*
10: *ten*
11: *eleven*
12: *twelve*
13: *thirteen*
14: *fourteen*
15: *fifteen*
16: *sixteen*
17: *seventeen*
18: *eighteen*
19: *nineteen*
20: *twenty*
30: *thirty*
40: *forty*
50: *fifty*
60: *sixty*
70: *seventy*
80: *eighty*
90: *ninety*
100: *hundred*
101: *one hundred and one*
1000: *thousand*
Million: *million*
Milliarde: *billion*

Register

Hier finden Sie die in diesem Band beschriebenen Sehenswürdigkeiten, Museen, Hotels, Restaurants und Ausflugsziele. Außerdem enthält das Register wichtige Stichworte und landessprachliche Bezeichnungen. Wird ein Begriff mehrfach aufgeführt, verweist die **fett** gedruckte Zahl auf die Hauptnennung. Die **Buchstaben-Zahlen-Kombinationen** nach den Seitenangaben verweisen auf die Planquadrate und Seitenzahlen der Karten.

A

B

C

D

E

N

O

P

Q

R

S

An unsere Leserinnen und Leser:

Wir freuen uns, Ihre Meinung zu diesem Reiseführer zu erfahren. Bitte schreiben Sie uns, wenn Sie Berichtigungen und Ergänzungsvorschläge haben oder wenn Ihnen etwas besonders gut gefällt:

Gräfe und Unzer Verlag
Reiseredaktion
Stichwort: MERIAN XL
Postfach 40 07 09
Isabellastraße 32
80707 München

Lektorat: Karin Szpott
Bild-/Textredaktion: Martina Gorgas
Kartenredaktion: Markus Röleke

Gestaltung: Ludwig Kaiser
Produktion: Monika Pamp
Titelfoto: H. Dressler, Golden Gate Bridge
Karten: Kartographie Huber
Satz: Andrés Gomez, Hans Raab
Litho: Otterbach, Rastatt
Printed in Italy

Alle Fotos von H. Dressler/Look, außer:
W. Dietrich 237
Ch. Heeb/Look 166, 329
Süddeutscher Verlag 85, 99, 113, 133, 265, 289
K. Teuschl 37, 217
F. Werner/Look 333

Dieses Buch wurde auf chlorfrei gebleichtem Papier gedruckt

1. Auflage 1996

ISBN 3-7742-0433-0